# 货币商道

## ——银行高管履职与经营之道

张 衢 著

中国金融出版社

责任编辑：肖　炜
责任校对：孙　蕊
责任印制：丁淮宾

**图书在版编目（CIP）数据**

货币商道：银行高管履职与经营之道/张衢著．—北京：中国金融出版社，2021.5

ISBN 978 - 7 - 5220 - 1132 - 5

Ⅰ．①货…　Ⅱ．①张…　Ⅲ．①商业银行—经营管理　Ⅳ．①F830.33

中国版本图书馆 CIP 数据核字（2021）第 085919 号

货币商道——银行高管履职与经营之道
HUOBI SHANGDAO：YINHANG GAOGUAN LÜZHI YU JINGYING ZHI DAO

出版　**中国金融出版社**
发行
社址　北京市丰台区益泽路 2 号
市场开发部　（010）66024766，63805472，63439533（传真）
网上书店　www. cfph. cn
　　　　　　（010）66024766，63372837（传真）
读者服务部　（010）66070833，62568380
邮编　100071
经销　新华书店
印刷　北京市松源印刷有限公司
尺寸　169 毫米 × 239 毫米
印张　29.25
字数　410 千
版次　2021 年 6 月第 1 版
印次　2021 年 6 月第 1 次印刷
定价　88.00 元
ISBN 978 - 7 - 5220 - 1132 - 5
如出现印装错误本社负责调换　联系电话（010）63263947

# 序

金融是实体经济的血脉，是国家重要的核心竞争力，是国之重器。纵观世界近现代史，大国崛起离不开金融的强有力支撑。党的十八大以来，以习近平同志为核心的党中央高度重视金融事业发展，习近平总书记围绕做好金融工作作出一系列重要论述，明确了金融工作服务实体经济、防控金融风险、深化金融改革的"三大任务"，为新时代金融业发展提供了根本遵循。准确理解、全面落实党中央对金融工作的部署和要求，是广大金融机构和金融从业者的共同责任。

作为资深金融家、银行家，张衢同志对商业银行经营管理有着深刻思考和洞察。这次，他将自己在银行业摸爬滚打近30年的体悟，经由这本《货币商道》表达了出来，力图对银行经营中可能遇到的各种问题作一个总括的回答。其中很多观点和方法，可为银行经营所借鉴，对金融机构改进服务、深化转型、完善治理亦颇有裨益。

金融业作用重要、地位特殊，向来是政策关注的重点、宏观调控的焦点；并且，由于金融工作的高度敏感性，其面临的监管约束、合规性要求也较多。对于包括银行在内的金融机构来讲，如何统筹把握中央政策要求、行业监管要求，将其贯穿到经营管理各领域和全过程，并与市场化经营方式相协调，十分考验经营者的政治素质、领导能力、工作水平。

　　如张衢同志书中所讲，银行行长不仅要以企业家素质经营好银行，更要以政治家、改革者素质履行使命把握方向。这个描述看似简单，实际却蕴藏着大学问，非经反复的思想淬炼、政治历练、实践锻炼、专业训练，难以得其要旨、掌握精髓。

　　践行金融业使命，落实金融工作"三大任务"，就要构建具有高度适应性、竞争力、普惠性的现代金融体系；特别是进入后疫情时代，内外形势发生复杂深刻变化，金融工作在全局工作中的重要性进一步凸显，金融业的经营质态正在向更好适配新发展格局的方向加快转变。身处转型大潮之中，各个金融机构都在积极探索提升自身适应性、竞争力、普惠性的有效路径。对银行而言，这个任务很多时候就落在经营者特别是行长身上。正是从这个角度出发，张衢同志对银行行长所应具备的素质能力、观念理念、经营方法等进行了条缕清晰的分析，要言不烦，切中肯綮，不仅于整体把握银行经营是一种方法指导，也是对新形势下更好开展金融工作的理念引导。

　　文以载道，书以焕彩。张衢同志以"道"命名此书，意图从更高层面、以更超脱的视角审视银行经营，总结出一些规律性的东西。在我看来，本书确实达到了这样的效果。

中国工商银行董事长

2021 年 4 月

# 开篇　经营比什么都重要

经营是第一要务，事关生存风险、竞争发展，事关政策落地、发挥功能作用，事关业绩优劣、状态活力。银行以经营为本职，行长以经营为本事，业务以经营为本分，一切工作以经营为中心。懂经营善管理才能履职尽责，经营不佳则一事无成。

**经营是什么？是资本的市场活动，是企业的生存方式。市场就是资本经营的场景，一切资本运作表现为经营，一切市场变化都是经营活动的演绎。经营是经营者的实务，需要理念智慧、才干能力，需在市场竞争中决出成败风险。**

经营者、政策、市场、技术是决定经营的主要因素，经营者是经营主体，其他要素都不能取代它的核心地位。同时，经营思想起着主导作用，一种理念对应一种行为模式，或新思路想法、新策略措施，都会改变经营方式。政策的天性是管控，经济货币政策直接调控市场与经营；市场环境、客户变了，经营随之而变；技术手段催生新的经营模式，开发出新产品、新渠道、新模式和新市场。从属性看，后三种要素引出技术层面的变化，而领导者的经营思想起着重要的导航作用。

经营是市场的学问，世上少有经营的书。不谈什么理论却讲究策略套路、方法诀窍，全凭自身的经验积累，靠胸怀胆魄、智慧决策抓住了市场机会，并有效推进。经营实务具有丰富的内涵规律，有时输赢在瞬间，从市场来、向市场学、依市场变，实事求是来不得半点虚荣。经营运作离不开管理，经营是管理之魂，管理为提升经营效率。

银行的经营思想紧紧附着于国情与市场，中国的市场培育中国模式。紧跟经济发展的需求，为国民做好金融服务，做符合本国经营特色的银行，去跨越经营发展阶段中的一道道坎。经营银行没有现成的路，见招拆招、有雷排雷、勇往直前。过去的成功我们是这样走过来，信心与动力来自理论自信、道路自信、制度自信和文化自信，这是走向未来的出发点、立足点和力量源泉。

**经营的命门在哪里？经营自有逻辑、规律与要领，找到着眼点才有抓手，抓得住方向、动力。经营银行的要领可浓缩为几个词：内部最重要的一是增量、二是结构；外部最重要的一是客户、二是政策。**

增量是希望、是期待，收获成果比什么都重要。增量是经营绩效，是获取动力的源泉。第一，经理人需要价值体现，增量多少＝业绩大小，直接反映发展的状态成果，验证成功与否，决定自信度。第二，经理人需要得到资源，经营才有再投入，增量资源是力量的本钱，它能带来期待，激励人们去再奋斗。

结构是根本，能揭示问题和出路，抓结构调整就是战略。弄清结构才了解机构，包括优劣势、长短板、重点难点与分布、与同业的差异，抓住它就明确了阶段性目标与着力点，可对症制定办法与措施。每个时期都有最佳的结构，经营者始终要调整探求，以增量做文章，在努力改善结构中打基础、找方向。

客户是市场源头，是敬畏的神灵。市场要素是客户、业务、同业、政策与监管，客户是业务对象，同业是对手，政策监管是环境，始终要盯住想着、候着紧随，机会、变化、绩效与风险尽在其中。市场混沌却有规则，经营自由要守规矩，经营者要敬畏市场自律约束，遵循市场规律施展智慧，才能有效经营。

政策是经营的笼头，金融在管控下经营。政策直接调控着经营，关注政策盯住动向，在政策导向下经营银行。与之合拍才成节奏，与之共振才生动力，找到政策与市场的交汇点才有杠杆力，从政策内涵中领悟方向才走得远。了解政策不触犯不犯错，更是要弄懂政策意图，确定经营的空间以约束经营行为。

**经营的空间在哪里？银行从利差与服务费中盈利，大体是：利差收益占 8 成，服务费占 2 成。盈利要素可浓缩为几个字：经营的难点在资本、成本，管理的要害在风控、效率，经营智慧才干皆在其中。**

信贷谋求利差，是本源，盈利多少看成本。利差有多大？假设年利率上限定为 5%，下限呢？扣除 2% 的资金成本、1% 的财务成本和 1% 的风险成本，盈利空间在其中，全靠如何压缩三项成本。薄利依靠精致维系，精心管理成本＋风险控制到位＋合适的经营规模，一项都不能缺。

如何提高利差？第一，进入风险更高的市场，高风险提升利率，但定价受法律、政策约束及道德自律影响，最终由竞争博弈解决。第二，压缩资金成本是要害，也是经营难点，降低成本受限于政策及存款人意愿，竞争激烈；管理成本受规模约束，风险成本受市场能力的约束，最根本也最关键。第三，做大资产规模、拓展市场求得边际效益，信贷盈利靠规模经营，规模是实力与能力，但受到资本、市场与监管的限制，还有政策的开放度影响。做大银行、做好银行才能最有效地获取经营盈利的空间，这是经理人的职责。

服务费是第二空间，是副业，待开垦的市场。寻求中间业务，非信贷、表外业务收入，谋取非资本约束的收益，但这里政策监管最多。各家银行经营重点、方式各有侧重，形成多样化特色。随着市场的开放，中间业务越来越大，成为未来转型必定取得大发展的成长空间，是银行发挥新作用的经营大空间，如今这个领域并不强。

经营在有限的空间中，处处是高风险市场，事事遇政策变化、风险管理，考验着银行的经营，亟待提高经营力。

**经营方式还变吗？一定会，伴随着深刻转型，尽管当下很难具体描述怎样变，但已经听到了现代化进程的坚实脚步，感受到种种冲撞逼近的发展压力。银行已建立起了符合国情的经营体系，未来其作用不变结构变，功能不变内容变，期待一个更强大完善的银行。**

经营就是抓发展，适应市场、可持续盈利、增强功能能力、培育市场竞争力。前20年的重点是规模扩张，后15年重点是提升品质，经营方式当然随之改变。为什么如今谁干都难，越来越难干？因为市场环境变了，亟待经营转型，现代化仍将是一个艰巨的奋斗历程。

经营大背景变了，前20年从温饱社会→全面小康。2000年我国GDP为10.0万亿元，2020年为101.6万亿元；未来15年基本实现社会主义现代化，国内生产总值要翻番。当经济发展与结构调整、财富总量与构成发生了根本性变化，经营何以适应？唯有创新模式。

经营分阶段论，各时期环境不同、问题难度不同，经营方式亦不同。前20年的经营实现了从粗放→规范转型，构建系统框架的基本模式，完成了公司治理制度，奠定了经营基础。未来15年将进入市场新阶段，更加商业化自主经营，经营模式在转型中逐步完善成熟。

全球化市场也将改变现有的模式与经营结构。过去20年我们以国内的金融地位跻身于世界，未来15年将全面融入国际化经营，面对的各种挑战更为严峻。要以新的模式在全球市场发挥作用，以实力能力赢得发言权，营造国际竞争力，才能真正证明大国银行的强大。

符合国情的发展规律与经营的规律紧密合拍，就能营造符合我国银行自身特色的经营方式，如今已初步构建起轮廓框架。

怎样评价银行业经营？这是社会关注和纠结之问，银行经营是社会的事。盈利多了少了都麻烦，多了要兼顾与各业平衡，少了要问责经营者，不多不少才是经营者的大智慧。原因是银行与经济同命相连，金融是经济的核心，经济转型期企业银行经营都难。

对银行经营状态可做两项比较：第一，与自身发展相比，采用规模、风险、盈利的基本指标作回答，看其可持续性；第二，与全球同业相比，同样用这些基本的指标来衡量，也看可持续性。前者以银行业统计数据为证，后者采用国际大银行做典型分析，判断一种大体的状态。

业绩闪光耀眼。截至 2020 年末，我国银行总资产约为 300 万亿元，是 2000 年的 22.5 倍，年均一倍多；盈利总额达 1.94 万亿元，而 21 世纪之初是亏损；不良率为 1.95%，2000 年是 2 位数。在英国《银行家》连续披露的榜单中，我国几十家大中银行年年位次前移，四大银行连续 8 年跻身于全球之首，这种状态与实力足以证明，无需做细述。无需怀疑数据的真实性，凡是周期性结果，都是经营的市场轨迹。结论告诉我们，我国银行业整体的经营是可靠优秀的，流动性、安全性和盈利性令人放心。

业绩揭示了三点启示：第一，我们的经营方式、思想路径是正确的，经营体系是稳定可靠的，已经建成了本国模式的基本架构平台。第二，整个银行业经营是成功的，形成了未来再发展的基础、实力与能力，保持自信毫不动摇地向着现代化社会走下去，未来将变得更加完善、强大。第三，银行家是世界一流的，银行队伍是可靠、能干的，是值得信赖和依靠的。有这三个基本点，我对银行发展充满着期待与信心。

经营价值观与方法论是立场、观点与方法，决定了一切经营问题。理念是经营者对市场的认识，正确的理念具有强大的驱动力，经营转型始于转变观念。符合市场精神与大趋势的理念，与经营相向而行、顺水推舟；假如认识过时，各种摩擦会不断消磨经营力量，消极麻烦。

同一体制下有多种理念，形成不同的经营模式，彼此竞争着，改革就是从旧体制旧制度上起步的。一种认识能够独立存在，也可相互嫁接融合，也有的水火不容，但最活跃的理念一定会有效地影响行为方式。市场理念带来经营效率，新理念先行先导，实事求是推动体制改革。因此，体制不能变就转换观念，摸着石头过河，找到行之有效的经营方式。不要一谈体制就为难泄气，成功属于敢于作为者。

理念与经营的行为方式分不开，一旦形成便不肯轻易退出，人们总以为自己是正确的，其实环境背景日日变，时过境迁有的东西不适应了。改变体制很难，因为它与生产力、与社会国情、与银行制度紧密地关联，牵一发而动全身，稍不谨慎容易出事，或还未成功就下台了。改变观念则相对容易，但它一定要由领导者先行接受并启动，他人无法替代。

理念从经营活动中生来，是经营方法的认识论，起于解放思想。先进的理念引导方向，带来动力与意志，带来希望与召唤。理念随市场而演进，遵循否定之否定的规律，每一次更新都是一次革命。20 世纪 90 年代伴随着"思想不变就换人"，促使人们接受新的理念，推动经营转型，成为那个年代改革者成功的特征。未来走向现代化经营中，同样是面对一次次观念更新的自我挑战过程，观念守旧者一定失败。

**市场永恒使经营永远，生生不息。我一直在思考：无论银行的功能作用怎样演绎、未来发展向哪里去，无论业务在怎样变化、创新形式，无论制度体制在怎样深化改革、分业或混业，只要是市场的、只要银行存在，始终不变的是经营，只会越来越强化凸显，经营机能机制与经营力、竞争力变得越来越强大。**

经营是最重要的能力，银行家一生为此忙碌。经营的难点是市场化转型，市场才是经营的基础平台。无论在国内市场还是走向全球市场，无论是已经开放的业务还是未来逐步推出的市场，无论存款、贷款还是中间业务，无论哪个层级的领导干部、机构员工还是新进入者，无论政治的、经济的、社会与客户的所有金融难题……都围绕着经营这个核心基础问题。经营力是生产力，抓住经营就纲举目张，抓好经营才有一切。

我一进银行就与经营牵手，应是一个与众多人不同的特例。那时人们从政策管理、从计划经济思维逻辑认识银行，我却从经营、从市场进入，与市场经营结缘，是幸运儿。

1979 年我进入人民银行当了信贷员。那时政策的色彩浓厚，少有商业氛围，我却有幸从事设备贷款业务。这可是国家刚推出的金融业务革新试点，是完全的商业性运作，让我领悟到信贷的真谛。第一，从全市企业中挑选技术改造贷款项目，需要全面地分析技术、评估新增效益与还贷的可行性；第二，关注项目新增效益能否覆盖还贷，三五年还本付息是严苛的信贷条件，严格管理贷款直至收回；第三，严把信贷投向，将先进技术、更新改造，与企业进步、区域规划紧紧联系在一起。整个过程使我掌握了分析宏观经济与技术的视角、特别关注与了解企业生产经营财务与市场销售、坚守信贷原则与经营本质，这些都是成长中最为重要的职业培训。它与那时银行包揽统管企业资金的计划经济背景完全不同，使我一入行就深深打上了经营烙印，有了经营意识与方法视角，也为后来分管信贷、财务、资金、风险等各项业务工作，注入了经营价值观与基本方法立场，终身收益。

本书结构分为货币经营者、经营理念与经营之道三篇18章，从三个视角阐述经理人履职、经营思想和经营特征的问题，中心是行长经营银行。

我总想把第一章写得更精彩。2005 年我出版了第一本书《行长论》，是世纪之初的背景，当时很热销。但那时的商业银行制度不成熟、市场环境很弱，并不完全清楚行长该干什么、怎么干，并未真正搞明白。如今银行家人才辈出，有了转型实践的经验积累，有了丰富的素材积淀，可写得深沉到位，揭示事物的内涵。

经营理念包括两方面的内容：第一，本质是规律逻辑、基本原理；第二，时代赋予经营的新思想新观念。这就要向深度挖掘那些基础的学问道理，向前沿吸收那些新鲜的经营变化与时代因素。理念是市场对经营的映射，与时俱进才有生命力、作用力，未来新观念新事物不断涌现，要不断扬弃，与市场与时代同行。

经营之道是最难写的一章，缺少有关的资料借鉴，只凭我的理解与体会。经营方法论是个最神秘、隐秘的世界，最值得银行家探索。它不是学术，而是私传秘籍，成功者都有一招，真正高手才运筹帷幄；它对症下药一点即通，针对性强。它是神圣的，是市场真谛，我还不能完整地总结出来，期待着更多人去续写。

我把心中所想所思都呈献给读者，毫无保留与大家分享，期待着抛砖引玉、收获满满。

张　衢
2021 年 3 月于北京

# 目　录

## 第一篇　货币经营者

## 第三篇　经营之道

第 一 篇

# 货币经营者

# 第1章　行长从哪里来：从货币兑换商到职业经理人

什么是行长？其职务是银行高级管理者、领导干部；职业是货币经营商。社会上他们是重要的金融头面人物，是佼佼者，资深者称为银行家。这个职业是怎样形成的？要从银行的起源与发展说起，从银行制度的变迁中，寻找到生成演变的路径轨迹。本文所述行长，泛指银行董事长、行长、专业经理人等。

## 一、银行怎样进化的？制度演进的轨迹

现代银行起源于货币兑换业。英语中，银行 Bank（原意为存放钱的柜子）是从意大利语的 Banko（椅子）转化而来。

中世纪时，意大利的威尼斯、佛罗伦萨等地是世界贸易中心，各国商人均来此做贸易。但由于各国货币制度不一，货币（铸币）材料、重量、成色等都很不一致，使得交易因支付困难而难以完成。一些商人发现了商机，感知要完成支付行为，就必须进行货币兑换。最初时，他们在市场上摆一把椅子（Banko）就地营业，从事货币兑换的服务。这种所有者、经营者和生产者合为一体的货币兑换服务制度，我们可以看作是银行制度演进的始点。

**1.** **银行制度是自然演进的，遵循着市场需求推动的规律。**在商品生产和交换的过程中，商人们往来于各地，为了减少与避免自身携带货币的麻

烦及风险，就交给货币兑换商保管，并委托他们办理结算、收付现金及汇款等业务。这样，货币兑换商开始向经营商转变。

随着资本主义工商业的发展和资本积聚，货币经营商手中逐步沉淀、聚集起了大量的资金，他们开始利用这些资金从事放款，从中牟利。由此，银行业功能逐步扩展形成，银行的制度萌生建立。在这种早期方式下，生产者与经营者是相分离的，但所有者与经营者依然合为一体，即银行产权制度单一。

早期的借贷大部分贷给政府，16世纪后期，为商人服务的银行开始陆续出现，那时银行的制度带有明显的高利贷性质。但是，高利贷的银行体系和信用关系，使得新兴的资产阶级无利可图，因此，在资本主义生产方式的发展冲击下，银行制度开始发生了质的飞跃。**1694年，英国新兴的资产阶级按照资本的原则，以股份公司形式设立了第一家股份制银行——英格兰银行**。它的成立，标志着高利贷垄断地位被打破，产权多元化的现代银行制度开始建立。

17世纪末至18世纪，开始出现了近代金融制度。在资本主义经济迅速发展过程中，生产的集中与垄断也引起银行业资本的集聚与并购、集中与垄断，出现了利害共同制、银行团或辛迪加、银行康采恩等垄断组织形式，银行逐步"由普通的中介人变成万能的垄断者"①。它不再只是普通意义上的银行，而是**取得了对工商企业的监督、控制权，形成了金融资本和金融寡头的统治，在全社会范围发挥着公共簿记作用**。相应地，现代银行制度在这一过程中也日臻完善。

"二战"后，尤其从20世纪70年代以来，银行在已形成的垄断基础上，资本的集中进一步加剧，银行间的兼并与重组浪潮此起彼伏，进一步强化了垄断性。同时，业务也日趋多元化，商业银行逐步向全能的金融百货公司发展。由于生产的国际化和全球经济一体化进程的加快，跨国银行兴起并迅速地发展，银行对全球经济、政治的影响力达到了前所未有的广

---

① 《列宁选集》第2卷，第753页。

度和深度。

如今，银行早已身居现代经济的核心地位，**是社会资源的资金调节配置中心、资金流动与结算的枢纽，是经济的神经中枢和信息中心**。在公司治理的企业制度上，银行所有权与经营权已完全分离，专业行使经营权的职业经理人大量地产生，单一银行制、分支行制、银行持股公司制等多种体制并存发展。

**2. 早期中国银行制度演进的轨迹，与西方银行相类同，只是最终并没有自然生成典型意义的现代银行制度。银行本义是经营货币信用的机构，该词义中，"银"即白银，是通用货币；"行"即经商的店铺，从事存款、放款、兑换、汇款的机构，均可归属银行业。**

我国早在南北朝时期出现了这类"银行业务"的机构，那时的寺庙经营典当质押业务。在明朝中期，当铺、钱庄已经遍及大江南北，典当业成为银钱业主体，同时，也有了可办理汇兑业务的钱铺。到清代又有印局、账局和票号产生，这些机构最初的金融业务单一，例如当铺经营消费抵押贷款；印局经营短期或临时小额信用贷款，借款还款要盖印；钱庄经营钱币兑换；账局经营贷款业务；票号经营异地款项汇兑业务。但它们在发展过程中很快也办起存、贷、汇兑业务，综合经营中保留着各自的特征。外国人称钱庄为地方银行，有的机构在国外的分支机构直接注册的名称就叫银行①。

中国第一家近代意义上的银行，是设立于1897年的"中国通商银行"。民国时，我国银行业开始发达起来，成立了"中国银行""交通银行""中国农民银行"及"浙江兴业银行"等一批全国和地方性商业银行，只是大多带有官僚资本主义性质，产权结构较为单一。

新中国成立尤其在改革开放后，银行制度几经重大变迁，从大一统的中国人民银行到分设国家四大专业银行、重组交通银行，再到20世纪90年代后组建政策性银行，实行四大银行商业化转型，新设立一批股份制商

---

① 《山西票号与中国商业革命》，孔祥毅，《金融研究》2002 第 8 期。

业银行，成立邮政储蓄银行，城信社组建城商行，农信社组建农商行，成立村镇银行、民商银行，引进外资银行，等等。这样，形成了以国有商业银行为主体的、多种商业银行组织机构并存的中国商业银行体系。

# 二、行长怎样生成的？职业演进的轨迹

行长从哪里来？行长的生成包括两个方面的涵义：第一，行长的产生与进化；第二，行长的生成路径。从银行演进的过程看，作为行长的产生和职能发展，也经历了一个长期的演变过程与几个进化阶段，如图1-1所示。

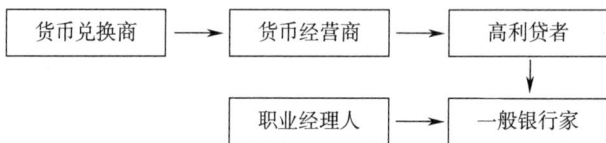

图1-1　行长的演进过程

**1. 如果把货币兑换业作为现代银行制度的始点，货币兑换商便是现代银行行长的雏形，顺理成章。从兑换商发育成行长究竟经历了哪些阶段？莫衷一是。焦点在于：高利贷者之前到底是行长的发育期，还是成长期？若要做出具体甄别，必须从银行的基本特质谈起。**

银行有两个基本特质：第一，经营的对象是货币；第二，以信用关系为基础。从银行演进的整个过程看，完全具备这两点特征的时期，是从货币经营商从事放款业务开始。贷款使资金从吸收→运用形成了经营的闭环，**即产生了信贷功能的银行，这时的"行长"可谓具备了行长的基本特征，货币兑换商发育变成为行长。**当然，在银行出现后的相当一段时期里，由于其典型的高利贷经营，行长也是典型的高利贷者。

发展到了现代银行的阶段，行长往往是以一般银行资本家的面目出现。当西方资本主义发展到垄断阶段，商业银行已成为万能的垄断者，行长就成了金融寡头，他们的影响力达到了前所未有的顶峰。"二战"后，随着西方推行产权制度和公司治理体制的变革，银行所有权和经营权的分离变得普遍起来，大量职业经理人登上了各级行长的位子。他们**受雇于股东资本成为经理人，不一定拥有银行的资本股份，形成一种委托 – 代理关系**。此时，现代意义的行长已发育完备，银行家阶层开始形成。

> 学界对职业经理人的定义有多种，一个有代表性的说法是，所谓职业经理人，是指在一个所有权、法人财产权和经营权分离的企业中承担法人财产的保值增值责任，全面负责企业经营管理，对法人财产拥有绝对经营权和管理权，由企业在职业经理人市场（包括社会职业经理人市场和企业内部职业经理人市场）中聘任，而其自身以受薪、股票期权为获得报酬的主要方式的职业化企业经营管理专家。……经理人最重要的使命就是经营管理企业，使其获得最大的经济效益。所以对职业经理人有其独特的评价标准、就业方式和利益要求，其报酬及社会地位的高低取决于经营业绩的好坏，他们必须承担经营失败后的风险。经理人的职业化，必须将经理人的利益与企业的经营绩效结合起来，将他们的命运与企业的生死存亡连接起来，从而形成同舟共济、荣辱与共的关系格局。[①]

**2. 行长的产生发育大体可划分为三个阶段：第一，孕育期，即从货币兑换商逐渐转化为具有现代特征的行长时期；第二，成长期，即从具有行长特征的货币经营者，逐渐转化为职业经理人的时期；第三，职业的完善期，即从职业经理人到银行家阶层形成的时期。**

**（1）各阶段因银行制度的不同，内在的变化也各有特征。行长雏形的孕育生成，其外因是社会分工的趋势要求，内因是货币兑换商对市场需求的选择。换言之，在生产者、经营者、所有者为一体的个体经营制度下，行长雏形生成的路径是：市场兑换的服务需求 + 商人逐利的天性，形成商人的从业选择。**

---

① 职业经理人一瞥，《人民日报》国际资料库栏目，2003 – 11 – 13。

进入成长期，一方面经济发展扩张了资金市场需求，另一方面货币经营者手中积聚起了大量资金，有了营造放款功能的冲动。标志是创造了银行新制度，即兼有所有者与经营者双重职能，所有权与经营权合一。因此，**行长生成的路径是：资金需求者认可货币经营商＋货币经营商拓展货币功能获利，创造信用是一种质变，生成了行长。**

随着科技进步、市场扩展、银行规模与业务的迅速扩张，竞争与风险在剧增，引出银行制度发生了根本性转折，走向两权分离，公司化成为普遍的形式。银行功能出现多元化、综合化，经营管理变得复杂化、专业化。面对这种状况，所有者因自身经营能力所限，不得不选拔委托具有才华的银行家代理经营，行长进入了完善和成熟期。

**（2）银行经营权是生成职业经理人焦点，至关重要。**假如经营权掌握在不称职、不尽职者的手中，经营风险会很大。同时，经营者本身的素养与利益，有可能招致与股东利益的冲突。因此，在实行两权分离中，需采用有效手段和监督机制，确保股东权益。

这需要两项重要的条件：第一，市场推进公司治理制度的演进，确立了银行董事会、监事会制度；第二，实行对经理人的考核监督机制，使经营者满足资本获利的要求。这些条件是在制度不断完善和利益博弈中形成的，生成了职业经理人特征的行长阶层，以及市场更换行长的机制。

在市场更换机制下，股东能够从职业经理人市场上自主地选聘行长，并通过薪酬机制、经营责任制、高管退出机制等，激励与约束经营者去实现经营目标。当然，职业型行长为了提高自我价值和竞争能力，也要不断地提升职业能力，塑造良好的职业道德素质以尽职履职。以职业经理人身份出现的行长，其生成路径各有特点，但仅有素质和任职意愿还不够，最终要通过所有者选择认可，即在公司化银行制度下，行长是由股东依据公司章程规定的程序，在市场上选择的结果。

**3. 综上所述，可得出基本结论：**

行长的**生成**，起于社会经济发展、行业分化及商人追逐利润，萌生出银行放贷的信用功能。市场发展丰富了银行业务，竞争与风险完善了行长职务的内涵，作为职业经理人的现代行长阶层的出现，则是市场推进银行制度演变的必然结果。

行长的**属性**，既可以是职业的经营人，也可拥有一些股份，但一定是在公司治理制度下股东的抉择。在早期业主创造的独资银行制度时，行长往往既是经营者又是所有者；而在公司治理的银行制度下，行长主要是一个经营管理者。

行长的**职能**，是经营货币者，全面承担经营管理职责和实现目标。在经营中担任金融中介、吸收存款并用于发放贷款，提供各种金融服务，防范金融风险，保障金融秩序稳定等职能。行长的地位和作用终究是由银行的地位和作用所决定。

行长的**定义**，是职业经理人。在两权分离和市场选择的机制下，银行制度的演进形成了现代行长的阶层。其依据董事会授权下经营，是股东委托的代理人。我国银行实行公司治理制度，多种所有制下经营方式一样，行长制度仍在演进发展。

## 三、高管是职业经理人吗？制度与路径

我国总共有各级银行机构网点 22.8 万多个，至少有三五十万个高管。尤其在大银行，总行、分支行各级行长都有数万人，他们能否走向职业化？可从银行性质以及制度演进中探析趋势。

**1. 职业经理人出自企业制度，我国银行干部制度自成一体。货币的国家属性使得经营货币的银行政治色彩浓郁，银行作为社会公共基础的组成部分，形成了高管层的特殊性。作为一国政治制度下的职业形式，经理人任命由股东资本决定，但必须适从经济体制。**

**（1）银行的所有制性质。**起初四大银行是国有独资银行，2004 年陆续实施股份制改革后，国家控股成为产权制度的基本形式。在中小银行的资本股份中，民营资本的比重较大，例如在股份制银行中占43%，城商行占

56%，农商行占 83%，保险公司占 49% 等（郭树清，2019.5）。股权结构表明，国有及控股仍是大中银行的基本特征，这个基础制度不会改变。

行长任用制度建立在产权制度上。党管干部，国家对高管的素质条件有严格的要求、选拔标准与流程。加强党的领导，从配备班子、政策纪律和经营监管等方面直接管控银行，经营以经济建设为中心，在政策导向下运营，一系列的制度保障是行长履职的基础。

> **国家对金融有明确的定位**："金融很重要，是现代经济的核心，金融搞好了，一着棋活，全盘皆活。"（邓小平）"金融是国家重要的核心竞争力，金融安全是国家安全的重要组成部分，金融制度是经济社会发展中重要的基础性制度。""金融是实体经济的血脉，为实体经济服务是金融的天职，是金融的宗旨，也是防范金融风险的根本举措""防止发生系统性金融风险是金融工作的永恒主题。"金融工作四条原则是：回归本源、优化结构、强化监管、市场导向。（《习近平总书记在全国金融工作会议上的重要讲话》，2017.7.14）

**（2）银行商业化的路径。**我国的银行早期履行政府机关的职能，从新中国建立初期成立大一统的中国人民银行，到 1984 年前后分设为中央银行和商业银行两大体系，中国人民银行独立行使央行职能，设立四家国家专业银行。

1998 年国家专业银行向商业化转型，实行股份制改造，完成了职能的转换，成为真正的商业银行。同时，90 年代起陆续成立股份制银行，信用社向商业银行转型等，银行体系基本形成。在向未来现代化社会的市场进程中，体制仍将深化改革。因此，我国的行长制度与生俱来具有行政性基因，生成在行政管理基础与环境下。

经理人制度带着市场基因，生于市场环境，脱离市场不复存在。西方行长在成熟市场下经营，企业家特性鲜明，而我国处在市场化初级阶段，经济市场化环境并不完善，社会还不具有生成纯粹职业经理人的肥沃土壤。银行体制仍在深化市场转型，经理人制度也在渐进过程中。

**（3）地位与作用的特殊性。** 大中银行是银行业的主体，除了发挥一般商业职能外，还承担着执行国家经济货币政策、维护金融秩序、支持经济建设的职责。这是行长履职的内核，规定了高管职责，中西方银行走着不同的市场道路，构成了本质的差别。国家对银行高管严格管理，正是银行家与企业家的基本差异点。例如，金融监管当局严格审核高管任职资格，需要资格考试，必须了解法规、政策、制度和监管要求，因此，银行高管总体上看整齐划一素质高，成为国家金融的有效担当者。

银行经营不再是完全的企业行为，中西方银行存在两项根本差异：第一，中国的银行组织具有明显的行政化特征，一般依行政区划设立机构，接受地方党政的政治领导和金融管理；第二，中国的银行宗旨多元化，经营半商业化，在政策导向和监管强约束下，围绕着政府工作的目标要求展开，形成一种经营特色。

**一切源于银行功能地位的重要性**：银行信贷占社会总融资 7 成多，是主体；占企业融资 7 成多，是主债；占银行资产近 6 成，是主角；住户消费信贷占 1/3 多，是主要需求。银行是国家的金融抓手，信贷关联经济运行，是核心；信贷落实货币政策，是杠杆；信贷体现政策动向，是信号；信贷配置社会资源，是渠道。

**2. 行长生成的路径。** 各国银行都有自身的政治色彩，在全球化、国际化的复杂环境中，货币经营变得更特殊。我国银行走了本国特色之路，在向现代化银行发展中，依然在行政与市场双重作用下经营，无非是两种力量的比重或形式不同，要求行长增强政治意识。

**（1）大中银行总行高管主要由党和政府选派和管理。** 在国有核心股东或控股的制度下，资本选择经理人。他们成为国有资产的代理人、国家政策的执行者、保障安全经营的责任者、行使经营管理的经理人。而在中小银行，股东的决定权更大，尤其民营银行对高管的选任完全由董事会决定，但要依据任职资格与条件监管。因此，从政治及选任制度看，并不简单以职业经理人作为定位目标。

**（2）行长服从地方党政的政治领导、政策指导和金融管理，经营围绕**

着地方经济与发展的目标。经济和环境影响决定了经营方式，金融资源也导向着经营。实务中，当银行经营与政府要求发生冲突时，行长一般会尊重和协调政府的建议。当然，行政干预方式也在改善，一般通过政策导向和协商指导，很少有指令贷款，经营责任要由行长承担。

（3）**对干部实行行政级别管理，组织方式具有行政色彩。**这与中国历史形成的行政层级制度有关，便于对机构与干部的管理。这种方式与商业化经营运作并不矛盾，政策通过各级机构贯彻落实，通过严格的组织纪律保证政令畅通，讲政治、讲政策是对银行高管的基本要求。如何实事求是地将政策与市场相结合，正是行长经营的难点或出彩之处。

（4）**行长的选聘路径。**中小银行有从社会招聘的做法，但总体未形成一种广泛的外部招聘机制，职业经理人市场并未形成。岗位选聘、竞聘一般局限于银行内部，多是分支行机构和部门的职位，至今未作为高层级行长的生成方式。原因较为复杂，有银行间人才的封闭、有岗位稀缺、有人才市场未形成……各种行政的、思想的、文化的因素。

（5）**高管的市场化流动难。**由于高端人才培育难，总体稀缺，职业经理人制度对中小银行十分重要。大银行的人才聚集，格局大，相对素质较高，具有管理的深度难度与规范性，但银行间的流动很难。除了组织调派外，谁会愿意优秀人才外流？在严密的干部管理制度、深奥的行政机制与复杂关系下，流动的动力机制未形成，有待于市场化进程。

**3. 何时形成职业化的行长阶层？这需要两个必备条件，即两权分离制度（必要条件）和市场化更换行长机制（充分条件）。国家早已确定将市场配置资源作为基础性、决定性方式，路径已经清晰，但这是一个渐进过程，取决于经理人市场的培育。**

第一个条件已经具备，大中银行股改上市走上了市场化之路，小银行的股份制改革也在逐步完善。第二个条件还待市场化进程，受到金融体制约束。是政府选任还是市场选择？涉及控制权与干部管理制度问题，中小银行容易解决或在形式上初步做到了，但大中银行转型之路依旧很长，复杂在现有的制度与体制，难度在它的政治属性。

何时能生成？人才市场和机制的生成依赖市场进化，发育需要时间和环境。从社会看，职业经理人制度仍处在初始培育阶段，无论民企国企都有试行，成功失败的案例都不少。一个关键的因素是，社会未形成经理人市场，并无大批的职业经理人储备。因为我国在高速发展中，每年新设立几百万个企业，经理人十分稀缺，这是中外市场的重要区别。

但是趋势和需求已露端倪，职业经理人制度作为国企改革的基本模式，银行制度也定将跟进。加快干部管理体制和分配制度改革的市场效应正在形成中，随着市场的深化与风险监管的加强，对银行的经营要求更高、难度更大，都将推动促使生成市场化更换机制，奠定起第二个必备条件。

例如，年薪制已经作为对国企领导人的分配制度，向社会公开招聘经理人也屡见不鲜，市场化的经营责任制逐步完善，都是形成经理更换机制的内在条件。未来，中小银行的高管将首先市场化职业化，薪酬与责任制考核挂钩，行长的流动更换屡见不鲜；外资银行的高管模式早已提供了示范效应。

综上所述，当今银行行长仍是委派方式下的经营者，伴随深化改革行政的色彩必定淡化。向职业经理人转变是市场的趋势，职业化的行长阶层也将逐步形成。

# 四、《行长论》序言

《行长论》是在21世纪之初我写作的第一本书，书中序言表达了我最初对行长职业的认识与崇敬，一种深切心情与初衷。至今回看内容并不过时，一些基本观点以后也将存在。序言转载如下：

"那是最美好的时代，也是最糟糕的时代；那是智慧的年代，也是愚蠢的年代；那是信仰的时期，也是怀疑的时期；那是光明的季节，也是黑暗的季节；那是希望之春，也是失望之冬；人们面前有着各种事物，人们前面一无所有……"。这是英国著名作家狄更斯的名著《双城记》开篇第一段的名句，他诉说了一切巨变年代的特征，一种内心期待的向往与悬疑，一种旧秩序瓦解和新秩序待建中的动荡不安。

20 世纪末，亚洲金融风暴的涛声和世界金融兼并的浪潮未尘埃落地，中国金融业再造进程如同岁序转换，除旧布新地步步进遍：机构重组、减员分流、全面成本管理、产品创新、网络银行、数据集中、公司治理等，在中国四大银行启动股份制改革的进程时，谁都不再怀疑银行的春天真正到来了。在一浪高过一浪的改革面前，银行人的心情正如狄更斯所言：欣喜激动又迷茫不定，一种强大的召唤，又似乎"前面一无所有"。

**中国不是一个金融强国，但也不是一个银行弱国，只是银行承担的分量太重压力太大**。从 1994 年开启优化国企资本结构改革，至今整十年，国有银行担当起困难并履行经济转型稳定器的职能。在金融历史的长河中，国际上所有大银行都经历过类似的金融风险问题。中国主体银行从计划经济中脱胎出来，从市场进程中演变速成，开启了自己的模式；中国银行家们在改革转型中充满自信，一定能够建成中国特色的商业银行，一定会做得更好。因此，不要用西方模式来指引我国银行的成长发展路径，不要用西方银行家的标准来比照衡量我国的银行家。

我国的银行家都很低调，在一个金融意识不强的社会中，更多人感受到银行的神秘，而不是权威。在国际银行业界，中国的银行与银行家的地位并不低，他们有效管理着与全球同业的金融交往，他们与世界一流银行家们平起平坐，共商经营之道；他们至少获得国际同业的尊重，而这种地位在企业界是难得一见的。一旦银行从改制中走过来，他们都是国际大银行家。

蓬勃发展的中国经济决定了银行业不可动摇的地位。四大银行转制改革是牵动中国经济最重要的核心问题，我们在为经济发展取得重大成就自豪骄傲之际，也深切忧虑着银行转型中出现的风险之痛，不良贷款令人汗颜。不必去责怪行长们！因为他们在努力奋斗。银行风险在哪个国家都有，当金融危机袭来的时候，没有几家银行可以幸免，重要的是抗风险能力。**我跟普华永道的会计师说，中国的银行有一些特别的现象：比如同一家银行，所属分行之间的经营状况有天壤之别，有的达到国际一流水平，有的是最差的，不正是体制和环境的原因吗？** 风险经历是难得，并不可怕，要学习成长，这是造就一流银行家的必经之路。

作为金融金字塔尖上的行长，他们肩负着国家经济金融复兴的使命，是银行改革的启动者、实干家；他们充满信心地拉开了序幕，策划和实践着我国金融史上前无古人的事业；他们有了清醒的思想理念，依据国情，既要支持经济体制改革和维护稳定，又要坚定奋力地挣脱各种羁绊，迈向国际化轨道；他们心中有美好的前景和信念，敢于竞争主导金融潮流，迎接全新挑战。凤凰涅槃，他们在改革中将成为全新的银行家。

我任职行长多年，深刻地了解这个职业，总是赞誉行长，寄希望有更多的后来者，汇成宏大的银行家队伍。

多年的银行职业生涯在我心中凝聚起一个强烈的愿望，想写一本行长的书，当作一种使命。我担任市分行行长、省分行行长、工商银行总行副行长近20年，亲历了国有银行成长的发展史，品尝过改革中种种阵痛的酸甜苦辣，真正了解行长成长的艰难坎坷。培育金融人才不易，造就优秀行长更难。**我当年多次在讲课中说，相当人体重量的赤金价值约六百万元，这不是培养一个行长的代价吗？从一定意义上说，数万亿不良资产也是为培育新一代行长付出的天价。** 它告诉我们，金融人才需付出昂贵的成本，在以后深化改革与经济转型中，这种学费仍将不断地支付。

就领导行为而言，每位行长都以其人生观、价值观认识世界，以自身的方式方法处理问题，差异很大，结果也不尽相同。总有失误者、失败者、成功者之区别，有经验教训之谈。唯有智者在走过一程之后，会去思考悟出许多经营之道。行进路上面对着混沌的市场，有人清醒，有人糊涂，差异在于每个人的经历不同、素质不同、认知度不同。许多朋友告诉我，在自己苦苦冥想的时候，如果有高手指点一下，会茅塞顿开，恍然大悟，轻松向前。这些年轻行长们的期待，揭示了更快成长成熟之路，也是老行长们的责任和义务。如今高学历的行长不少了，肩负着未来改革之重任，直面种种经营的挑战，他们需要时间来完成经验的积累。而我期待以书结友，与他们交流，为他们铺路，我愿后来者少点无为的试错，少付出无端的代价。

银行是一门经营货币的实务，很难找到解决问题的现成答案，都能按图索骥还要行长干什么？成功者多是个案，失败的逻辑总相似，管理方式常常很难复制。其实**不需要模仿别人怎么做，而要弄懂为什么这样做、如何解决难题、应当注意什么？这些才是精髓，是最重要的东西。这本书只想告诉你，一个行长应该怎么想、怎么做。**只要你有志于银行业，迟早能领悟经营的真谛。

我国金融改革遵循着以市场为取向的渐进式逻辑，基本建立起了符合社会主义市场经济要求的金融框架，未来需要不断地充实内容使之完善。世界经济金融变革的大环境，勾勒出未来深化改革的方向与趋势：**（1）中国金融必将在更加开放的背景下运行，并全面融入全球金融市场。（2）信息技术的广泛应用，必将开放金融服务，从银行机构延伸进千家万户。（3）在技术进步中，银行定将推动金融创新以降低成本、优化业务与机构的整合，提高盈利能力和市场竞争力。（4）商业银行筹融资功能也会进一步增强，混业经营成为可能。**

但是，人们的思想观念并不适应上述新趋势，传统的思维方式仍有相当的影响力，尽管市场化理念在潜移默化地向经营渗透，但违背市场规律的行为仍屡见不鲜，商业化运行机制还未能确立到位。因此，亟待引导和推动银行行长的观念和行为的转变，使之适应金融改革和发展的趋势，站立于时代的潮头，踏行于未来发展的浪尖，使银行业在深化改革开放中健康成长。

《行长论》围绕研究行长的性质、经营理念和行长行为三个方面，回答行长"是"什么（性质）、行长"想"什么（理念）和行长"做"什么（行为）。这三个问题是依次推进、逐层深入的三个层次，可为行长们对自身性质、理念和行为等问题，提供理性认识、合理导引和科学依据。

　　行长的思想认识，只有转变成为经营的理念和行为决策，才具有现实的价值。行长是银行领导者、组织者和管理者，与银行须臾不可分离、紧密融合在一起，离开了银行这个舞台和载体，则一事无成。行长是银行的人格化身，银行是行长的血脉根基，两者相互交融，在银行经营发展中起着主导作用。

# 第2章 行长做什么？
## 职责定位与职务角色

经济发展与金融改革日益丰富了银行功能，业务创新和规模扩张不断增添了经营内涵，行长的职责与扮演的角色自然色彩更浓郁。市场与政策在变，技术更新迭代，经营方式不断地应变调整，行长如何跟进发展与时俱进？扮演好自身角色才最重要。

## 一、职务定位与任职条件

银行功能落脚在具体业务上，资本要求落实在经营运作中，行长履职具有市场的、行政管理的鲜明特征。

**1. 行长是经理人，是业务人、实务者、经营者，是盈利机会发现者、成本与价格管理者，是资本代理人、机构代表人、员工代言人。在熙熙攘攘的市场中，要关注市场变化趋势与政策变动，组织核算、配置资源与实施有效管理，控制风险与成本，实现财务目标。**

银行归属金融服务业，无论其社会功能有何等重要，终究是市场的、企业的范畴，行长是个市场的货币商人。因而，经理人脱不开商业本性，带着市场风格、经营特性和商业习性。无论他从事哪种专业业务，还是担任某项管理工作，都被定义在市场平台上。经理人必须要时刻把握住经济脉搏与经营机会，提防、规避风险，能从经营货币中赚钱。

如果你认识并定位在这个基本点上，自然很容易进入角色。唯有市场化思维与理念，能使你感受到经营价值观的源泉与力量，不时地碰撞出商业灵感与火花，带给你生机与活力。假如你不懂得这个基本点，只能苦苦地徘徊于活跃的市场之外，感受不到商业精神与市场生灵，始终是一张不贴肉的皮，貌合神离，格格不入，很难在经营中有所作为。

**2. 行长是中介人，是存贷两类客户需求的中介、供求两类市场功能的中介。这种角色应讲求诚信、擅长关系、谙知客户心理，善于发现市场机会，提出解决方案。金融中介的个性是：认真热情自律，公正公平不欺诈，合法合规合情理，专业尽职尽业与讲究风控。**

银行是典型的商业中介，经营中表现有鲜明的金融特征：

特别讲求诚信为本。这是信用基石、执业守则，体现契约精神，缺乏诚信者不适合从业银行，也一定不会称职。对内，特别重视维护信用信誉，丝毫不容浸染，致力于营造诚实守信的文化。对外，特别关注客户的诚信度，丝毫不能容忍借款人违反诚信的风险行为。

特别重视客户关系。市场是关系场，关系是互信基础，信任赢得机会，口碑皆品牌，比什么都重要。经营离不开客户，业务随客户关系的脉络展开，每一个行长都应当擅长关系，关注并极力维护好各方的关系，尤其重要客户关系，这是金融中介的本事和基本能力。

特别关注客户信息。要解决信息不对称，消解风险才是合格的信用中介。每家银行都建有强大的客户分析系统，它是最重要的核心管理系统之一。尽管银行对外严守客户信息，但内部对客户数据实行详尽的分级分类管理，搞清楚真实信用状况，为构建安全经营基础。

**3. 行长是政治人。初心即宗旨，是出发点、指南和归宿。在加强党对金融工作领导下要讲政治，服务经济建设中心、服从经济政策导向。经营货币必须遵循货币政策管控，这是立场、原则与态度。找到政策与市场结合点，是领导者贯彻执行的职责、能力与要求。**

领导行为最基本的特征是执行。货币信贷是国家宏观调控的抓手，银行以支持经济建设为己任，重宏观、重全局、重贯彻，自然是政策的忠实执行者，不容犹豫迟疑。下级分支行对待上级的政策、考核，无需质疑其合理性，只讲服从贯彻，重要的是适应和紧跟当地市场的变化，提升敏感性和应变能力。

**银行家思维的职业特征是：一切着眼于实务不空谈，从发展中寻求出路，市场总能有机会走出路来。**务实是银行人重要的经营特征，市场使银行家注重行动不多论理，每每政策出台，一般不去关心为什么，而立马思考怎么做。以行政方式执行，用市场方式落实，认真测算影响、制定措施办法，统一认识有效地贯彻。银行是市场经营者，政策与监管变化是最重要的环境要素，只能去服从适应游戏规则，从经营中较量谁的竞争力更强，谁更有智慧和能力。那些喜欢较真钻牛角尖、惹是非的人，一般都缺少经营者的素养品质，很难成为合格的银行家。

市场宽广丰富多彩，赋予了行长有所作为的经营舞台。市场充满风险，又带着无穷活力与激情，有理性才有金融的稳定、富强，有感性才有服务的温情、信任。经营因理性理智受到约束，也因感性感情而充分自由，它既有审慎与冷漠的规则，也有向往与追求的理想，因而始终生机活跃，体现经营者的非凡智慧。显然，它们汇集成了中国银行家的鲜明特征。

**4. 行长任职必备的基本条件与要求。经理人、中介人和政治人是岗位职能定位的三个基本点，它反映了银行经营、服务与政策的三项基本关系。银行在市场环境、服务对象与行政监管等外在力量下运行，职务重要、职责严酷，具备基本的条件要求才能有效履职。**

**（1）必须懂得职务规定的岗位职责与要求。**它阐明了职务做什么、不能做什么、工作流程权限与责任是什么。总体上围绕着银行经营管理目标，为保障组织体系的正常运行和发展。经营是行长职务的核心要义，讲究领导力、执行力。职务规定了岗位职责，一切权力都是为了保障经营活动而设定，一切领导关系都是在保障机构正常运行中形成，一切职责都是约束行长经营行为的章法。因此，行长最重要的职责是改善银行的经营力、竞争力，离开了经营与业绩便失去职务的本义。

**（2）具备担当职务应有的领导素质与能力。**素质如基础，体现为能力，表现在业务经营管理活动中。素质越厚实，实践经历越丰富，则厚积薄发领导力越强，唯德才兼备者胜任。党委有干部提拔任用标准和选拔流程，监管设有严格的高管任职准入资格审核制度。优秀行长们大多有政策执行力、业务决断力、机构控制力、组织管理力、资源调配力、市场开发力、客户服务力以及各方协调力的个性特征，有效实施经营目标。领导能力绝不是空话，需要突出的经营业绩表现来证明。

**（3）具备领导工作应有的方法与技巧。** 策略技巧是应对市场的能力，体现领导者经营价值观与成熟度。经营讲门道技法，不懂市场则走投无路，不熟业务则缺少思路，不善关系则不熟套路，不善方法会把好事办坏、小事闹大、搞僵变得复杂，事后补台添麻烦。事情处理是否得体、拿捏是否准确到位、结果是否干净利落，都印证一个行长是否成熟老道、是否让人放心、是否能挑重担、是否能负责任，尤其面对突发性棘手事件时，能否处乱不惊、临危不乱，考验着领导者的才干。

三者相辅相成很难分得开，岗位职责与要求是前提、是根本、是职务规矩，规定了行长履职要承担最严肃、最重要的责任；素质与能力是自身品质、是基础、是任职条件，提高自身素养是对行长最基本、最常态的挑战；领导方法与技巧是技能、是本领、是领导艺术，它展示了行长智慧才干最生动、最精彩的境界。

# 二、行长的职业角色

什么角色唱什么戏，职务定位引出了职责要求。银行家与企业家有经营相似性，银行只是特殊企业、货币是特殊商品；银行家与官员有职能类同性，着眼宏观效应、服从政策导向，常有调任政府任职。从中西方行长角色对比中，能更深刻地了解职业特征。

**1. 从资本看，行长扮演着代理人角色。** 公司治理下，金融资本股东通常不担任行长、不直接参与日常经营活动，只是担当委托、监督及约束人的角色，委托专业经验丰富的行长经营管理。而受托人行长一般不是所有者，是受雇的代理人，行使经营权力取得薪酬。

在社会经济发展和制度演进中，股份制使"这种管理劳动作为一种职能，越来越同自有资本或借入资本的所有权相分离"①，两权分离，资本所有权归"单纯的所有者，即单纯的货币资本家"，资本使用权归"单纯的经理，即别人的资本的管理人"②。

**（1）国情体制与监管不同，规则与社会价值观不同，代理人的职责不一样。** 西方的银行行长是纯粹的市场经营者，是资本代理人，按照市场法则与机制经营，依法依据契约谋利。

我国银行行长不是纯粹的经营者，不是完全的资本代理人，经营以经济建设为中心，代理行使调控宏观经济，维护国家金融稳定与安全的职责。这种政策管理角色高于企业经营的角色，有时需要放弃盈利承担政策成本。经营始终以政策与调控作为导向，高管的服从意识更强，经营自主性求次。在这个大前提下，需要行长兼顾多重目标要求，盈利只是最终的商业结果。重要的是善于寻找到政策与市场的平衡点，成为岗位职能与能力的主要内容。

**（2）市场与股东诉求不同，制度与经营价值观不同，代理人的经营不一样。** 西方银行以市场导向定位，谋求资本收益、追逐利润最大化，经营目标单一，行长必紧盯市场。

我国银行经营的目标多元，首先是经济与金融货币政策的贯彻执行者，是行政干预、调节市场的重要抓手，服务实体经济与国民。银行在政策指导下经营，信贷的规模、利率和投向服从政策的安排，当政府调控与资本经营目标出现冲突时，需要行长认真地把握好平衡。银企间本是市场主体之间的关系，但依据商业银行法，银行不得入股企业，只是提供金融服务者，毫无介入、参与企业经营分红之念头，经营只为保障信贷安全和

---

① 《马克思恩格斯全集》第 26 卷，人民出版社 1975 年版，第 507 页。
② 同上，第 493～494 页。

收获利息。

**（3）经营考核制度不同，薪酬与劳动价值观不同，对代理人绩效评价不同。** 西方银行实行高薪酬激励机制，与经营盈利紧密挂钩，也有股权激励，使代理人参与利润分配。

案例：中西方薪酬制度不同，差异很大。2018年，美国摩根大通董事长兼CEO杰米·戴蒙，薪酬3003万美元。这一年工行的资产规模是摩根大通的1.54倍，利润是摩根大通的1.33倍，董事长、行长的年薪均为67.29万元人民币，只是戴蒙的0.3%。西方金融机构高管的薪酬并未显著高于企业：微软CEO萨蒂亚·纳德拉年薪是4291万美元，前谷歌云CEO黛安·格林是4750万美元，苹果CEO蒂姆·库克年薪是1568万美元。宝洁公司董事长兼CEO大卫·泰勒年薪2050万美元，强生公司董事长兼CEO亚历克斯-戈尔斯基年薪2010万美元等。[①]

表2-1　　　　　　　　2018年美国部分金融机构高管年薪

| 姓名 | 职务 | 薪酬（万美元） | 相对上年增减（万美元） | 持股数量（万股） | 持股比例（%） | 期末参考持股市值（万美元） | 薪酬与期末持股市值合计（万美元） |
|---|---|---|---|---|---|---|---|
| 摩根大通 | | | | | | | |
| 杰米·戴蒙 | chairman，CEO，director | 3003.37 | 172 | 742.06 | 0.23 | 72439.72 | 75443.10 |
| Daniel Pinto | Co-COO，co-president | 2110.59 | — | 46.82 | 0.01 | 4570.54 | 6681.13 |
| Gordon Smith | Co-COO，co-president | 2080.41 | — | 40.84 | 0.01 | 3986.33 | 6066.74 |
| Marianne Lake | CFO，EVP | 1416.05 | 119.95 | 18.52 | 0.01 | 1808.20 | 3224.25 |
| 美国银行 | | | | | | | |
| 布莱恩·莫伊尼汉 | chairman，CEO，director | 2275.45 | 97.47 | 155.47 | 0.02 | — | 2275.45 |
| Thomas K. Montag | COO | 1878.93 | 31.09 | 293.61 | 0.03 | — | 1878.93 |
| Terrence P. Laughlin | director，vice chairman | 1779.62 | 669.79 | — | | — | 1779.62 |
| 保罗·唐诺弗 | Chief Financial Officer | 1192.95 | -24.82 | 61.49 | 0.01 | — | 1192.95 |
| Geoffrey S. Greener | CRO | 1165.71 | 30.35 | 75.07 | 0.01 | — | 1165.71 |

① 周琼：《国外金融机构高管薪酬与争议》，财新博客，玉鉴琼田，2019.11.23。

续表

| 姓名 | 职务 | 薪酬（万美元） | 相对上年增减（万美元） | 持股数量（万股） | 持股比例（%） | 期末参考持股市值（万美元） | 薪酬与期末持股市值合计（万美元） |
|---|---|---|---|---|---|---|---|
| 富国银行 | | | | | | | |
| Timothy J. Sloan | president，CEO，director | 1842.67 | 86.27 | 94.78 | 0.02 | 4367.58 | 6210.25 |
| 约翰·施卢斯柏利 | SEVP，CFO | 1252.89 | 58.85 | 35.94 | 0.01 | 1656.14 | 2909.03 |
| Avid Modjtabai | senior EVP – department | 1038.72 | − 23.77 | 39.43 | 0.01 | 1816.99 | 2855.71 |
| Perry G. Pelos | senior EVP – department | 898.67 | 223.51 | 9.21 | 0 | 424.52 | 1323.19 |
| Mary T. Mack | senior EVP – department | 860.05 | — | 5.8 | 0 | 267.39 | 1127.44 |
| 伊丽莎白·杜克 | independent chairman | 63.1 | 14.8 | 0.6 | 0 | 27.53 | 90.63 |
| 花旗集团 | | | | | | | |
| 迈克尔·考伯特 | director，CEO | 2418.37 | 638.2 | 60.15 | 0.03 | 3131.55 | 5549.92 |
| James A. Forese | president | 2069.13 | 346.22 | 58.36 | 0.02 | 3038.33 | 5107.46 |
| John C. Gerspach | CFO | 1177.76 | 186.57 | 40.37 | 0.02 | 2101.46 | 3279.23 |
| Eugene M. McQuade | non – executive director | 33 | − 0.69 | 13.18 | 0.01 | 686.04 | 719.04 |
| Mark A. L. Mason | CFO | — | — | 6.12 | 0 | 318.63 | 318.63 |
| 迈克尔·奥尼尔 | chairman，independent director | 50 | − 7.3 | — | — | — | 50 |
| 高盛集团 | | | | | | | |
| 劳埃德·布兰克费恩 | chairman，CEO，director | 2339.07 | 139.54 | 239.31 | 0.65 | 39977.24 | 42316.30 |
| 苏德巍 | chairman，CEO，director | 2066.28 | 428.67 | 18.9 | 0.05 | 3156.66 | 5222.94 |
| R. Martin Chavez | director，vice chairman | 1806.65 | 233.26 | 14.17 | 0.04 | 2366.45 | 4173.09. |
| Richard J. Gnodde | director，vice chairman | 1806.16 | 166.72 | 29.21 | 0.08 | 4879.91 | 6686.08 |
| John E. Waldron | COO，president | 1681.49 | — | 11.7 | 0.03 | 1954.60 | 3636.09 |
| Stephen M. Scherr | CFO，EVP | 1529.96 | — | 12.37 | 0.03 | 2066.78 | 3596.74 |

资料来源：Wind。

　　市场机制下薪酬本是劳动力的价格，经营绩效与薪酬对称，但在我国不以薪酬衡量高管的经营能力与绩效。国家对高管薪酬实行严格的管理，行长只是分配制度的执行者。行长与员工利益一致，薪酬水准服从政府的要求，在政策规范下实行与绩效有限的挂钩。

　　**2. 从经营看，行长扮演着高级经理人角色。银行是社会资金的枢纽，**

是融资的主要供给者，是社会经济活动的簿记、出纳和信息中心，并调控与创造信用。行长的职责变得重要，担当社会资金守护人和配置者、支付结算的中介、信用管理和创造者，这是特殊性。

在西方，随着社会金融化和金融资本的渗透，银行广泛采用"参与制"等形式取得了对工商企业的监督、控制权，从而控制、垄断了经济体系，成为社会资源、资金配置中心和垄断者。通过跨国经营和金融市场的运作，银行的控制影响力也跨越了国界，在国际经济中的地位无可替代。

当然，不同体制下银行行长，其角色表现方式与侧重点并不相同：

**（1）单一的银行制度下不设立分支机构**。行长无须实行层级式系统管理，主要是实施专业管理，直接面对市场与客户经营，需要耗费更多的时间去寻求市场机会、协调客户关系。由于单一制度的银行多是小型银行，其社会影响力并不大，社会角色也明显受到局限。

**（2）分支行架构制度**。一般实行总行行长→省级分行行长→二级分行行长→支行行长的分级委托制度，形成多层次的委托代理。因此，总分行行长同时扮演代理人、委托人的角色。这只是经理人之间的授权代理，它与所有者对经营者的委托代理关系仍有本质区别。

各级行长角色的侧重点不同。总行行长担当经营发展的领导决策、组织、计划，系统的协调控制，以及对各分行行长的选任、指挥、监管和激励等方面的导演角色。而分行、支行行长重在执行，组织实施总行下达的经营计划，贯彻政策制度，发展市场业务，处理客户关系等，是经营执行者角色。

省级分行在一个省内拥有较大的经营自主权，承担着区域内的部分调节管理职能。从社会看，分支行制度的银行一般较大，实行跨地区或跨境经营，客户数量多，对社会有广泛的影响力，与经济运行紧密相连，经营难度也大为增加。因此，行长的责任重大，社会地位不低，影响力举足轻重。

**（3）银行持股公司制度**。通常持股公司总经理是从职业银行家中挑选，是通过资本投资获取经营成果，间接参与银行管理。经理人可以担任银行董事，参与股东决策，角色类似行长，却并不直接介入银行日常经营管理的业务活动，只制定重大政策和监督经营。

**3. 从管理看，行长扮演着多种经营者的角色。**亨利·明茨伯格认为：经理人在组织中扮演着 10 种不同的又高度相关的角色，这些角色相互联系。经理人也是投入产出系统，其中，权威和地位产生了人际关系的角色，继而导致投入（信息）与产出（信息和决策）。

**（1）行长是金融企业家。**可借用西方经济理论对企业家角色的描述，了解其角色作用，主要是：

① **协调者。**萨伊认为，企业家是企业内部生产过程的中心枢纽，是内部人、财、物等经营要素和产、供、销等经营活动的协调者。

② **创新者。**熊彼特认为，企业家是资本主义市场经济发展的发动机，是最具有活力的因素。企业家的创新是商业周期和经济发展的根本原因，创新包括引进新产品、开辟新市场、实现企业新的组织形式等。通过创新，打破原有的市场均衡，从而推进经济发展。

③ **X 低效率克服者。**利本斯坦认为，企业内部存在两种效率，即资源配置效率和非资源配置效率。后者即 X 低效率，是由于企业内部组织不合理、人际关系不融洽等原因而出现的。企业家的职责就在于克服这种低效率。

④ **判断性决策者。**卡森认为，企业家是专门就稀缺性资源做出判断性决策的人。判断性决策即完全依赖于决策者本人判断的决策，决策过程不存在任何一条明显正确的信息，其精髓在于，决策的结果取决于由谁来决策。

此外，行长还有充当中间商、市场均衡恢复者和不确定性承担者等多种角色的说法。

20 世纪 60 年代末，亨利·明茨伯格对 5 位公司 CEO 进行仔细跟踪研究后，得出了著名管理者角色理论，借鉴这个理论更能勾画出行长的角色，见表 2 - 2。

表2-2　　　　　　　　　　　明茨伯格的管理者角色表①

| 角色 | 描述 | 特征活动 |
|---|---|---|
| 一、人际关系 | | |
| 1. 挂名首脑 | 象征性的首脑，必须履行诸多的法律、社会性的义务。 | 接待来访者，签署法定文件。 |
| 2. 领导者 | 负责动员和激励下属，负责人员配备、培训和交往的职责。 | 从事所有的有下级参与的活动。 |
| 3. 联络者 | 维护自行发展起来的外部接触和联系网络。 | 发感谢信，从事外部委员会工作，从事有外部人员参加的活动。 |
| 二、信息传递方面 | | |
| 4. 监听者 | 寻求和获取各种特定的信息（有许多是即时的），以便更透彻地了解组织和环境；作为组织内部与外部的神经中枢。 | 阅读期刊和报告，保持私人接触。 |
| 5. 传播者 | 将从外部人员和下级那里获取的信息传递给组织成员——有些关于事实的信息，有些是解释和综合有影响人物的各种有价值的观点。 | 举行各种信息交易会；用电话方式传达各种信息。 |
| 6. 发言人 | 向外界发布有关的计划、政策、行动、结果等信息；作为组织所在产业方面的专家。 | 举行董事会议，向媒体发布信息。 |
| 三、决策制定方面 | | |
| 7. 企业家 | 寻求组织和外部环境的机会，制定"改革方案"以发起变革，监督某些方案的实施。 | 制定战略，检查会议决议执行情况，开发新项目。 |
| 8. 混乱驾御者 | 当组织面临重大、意外的动向时，负责采取补救行为。 | 制定战略，检查混乱和危机时期。 |
| 9. 资源分配者 | 负责分配组织的各种资源，事实是批准所有重大的决策。 | 调度、询问、授权，组织涉及预算的各种活动和下级的工作。 |
| 10. 谈判者 | 在主要谈判中作为组织的代表。 | 参与工会进行合同谈判。 |

为什么扮演的角色如此之多？是经营所致，经理人面对一个由竞争者、供应商、政府机关等组成的复杂环境，去适应就得扮演相应角色。领导者很难消除哪一种角色，又期望其余角色完整无缺。例如，不担当联络

① 资料来源：《经理工作性质》，中国社会科学院出版社，1986年中译本，119-120。

者就缺少直接的外部信息，会影响信息分析或不利于做出有效的战略决策。

领导人角色涉及经营管理的各方面，不难发现，这10种也正是行长扮演角色的真实写照。行长角色表现在协调、信息、决策等经营过程中，同时也是市场机会的发现者和经营风险的承担者。

**（2）在银行各级分支机构中，行长扮演的角色还存有相当的差异。**从法人的角度看，总行的董事长或行长是银行法人代表；而各分支行行长只是在总行行长授权下，履行有限的机构法人代表的义务。

从机构管理及经营的角度看，高层管理行的行长侧重扮演系统管理者的角色，例如总行行长、省级分行行长等；而城市级分行支行行长侧重扮演业务经营者的角色。若再做细分还有差别，例如，总行行长是战略规划顶层的总设计师，而省市分行行长是传导执行者，依据管辖区域的实际情况，领导制定实施的细则，并确定阶段性发展目标。二级分行、支行行长的差别是，分行行长管理和控制着支行，支行行长是最基层的直接经营者。

# 三、行长的岗位职责

经营宗旨与资本诉求两大因素决定了行长的角色，宗旨是政府对银行的定位要求，资本是经营对代理人的定位要求，行长岗位职责是实现两者的有效结合，体现出三种角色。

**1. 经营决策的制定者。决策是指向，在当下环境下为经营要素确定方向；决策是拍板，是对诸多方案的终极抉择。决策事关经营成败，最重要，面对不断变化的市场环境、不断转换的经营要素，在风险利弊相间的业务市场中，两害相权取其轻、两利相权取其重。**

**（1）按决策内容划分的职权层次，具有三个不同点。**银行对重大事项实行集体决策的原则机制，一把手在决策定夺中承担更重要的作用，核心地位不可替代。在分级授权体系下，各级正副行长、专业委员会、各业务部门等多层次、分专业都有各自决策的事项。

第一，职权不同。总行一把手是最高层经营决策者，拥有全面的指挥权；其他领导是辅助决策者，在授权内拥有对某方面分管工作的指挥权；分行行长拥有在分级经营下的决策权。

第二，分量不同。一把手指挥权具有方向性、全局性、战略性的特征；分管负责人指挥权相对具有阶段性、局部性、策略性特征，授权下经营的工作决策不能违背总行的经营意图。

第三，依据不同。一把手决策依赖全面的信息，相对具有宏观性、前瞻性，对其他层面的经营具有导向作用，而其他人的决策一般在行长决策目标之下，相对具有微观性、操作性。

**（2）决策的内容表明行长的职能角色。**

**一是在制定战略中担任首席执行官的角色。**经营发展战略的内容，包括长期发展目标、年度工作计划任务、战略步骤及重要策略措施、路径及资源配置、组织机构及职能的调整等。当然，制定经营战略是一项集体行为，各职能部门会对关键事项提出意见，但是行长是战略规划的最终拍板人，责任和权力也是最大的，因而往往使得战略决策和行为打上个人思想的印记。

**二是在选择方案中担任系统工程师的角色。**金融投机和投资理论家乔治·索罗斯认为：金融世界是不确定的，充满着许多混乱的因素，只有理解混乱，才能变得富有。这种不确定和混乱，使得任何一项重大经营决策的方案，绝不会是简单的，它必然是针对不同的变量提出不同的安排。面对复杂的市场，行长必须要弄懂金融市场的变化规律，并尽可能地选择最佳方案。

**三是在配置资源中担任高级管理者的角色。**任何经营过程都贯穿着资源配置活动，行长善于从资源结构与发展需求的高度来把握，围绕以核心资源管理为抓手，直接介入分配决策。最关注人力资源，这是最重要的成本因素；对投资资源的分配，一把手总是重要决策人；对财力资源，讲究效率与发展的原则；对信息资源，优秀的行长总是新技术应用的积极倡导推动者。

**2. 法人权益的维护者。公司治理是落实资本控制的制度，股东权益要靠行长去维护和实现，各级机构落实法人职责，围绕着经营宗旨，实现资本盈利。**这是股东与资本赋予代理人的职责要求和基本关系，贯彻于经营始终与各方面，为着保障资本安全与经营盈利。

**（1）在对外往来中，行长要认真行使与维护好银行权益。**例如，在签署各种对外的法律性文件时，都必须进行充分的论证，确保法人权益，避免因个别人的判断失误而造成损失。再如在对外的重要谈判中，行长无论是委托或直接出面，都必须审核洽谈的要件、方式及组织，避免因大意发生损伤本行的形象和利益。

**（2）在内部，努力维护团队合作精神，减少内耗损失。**银行依靠团队协同，具有流程式、权限式的大生产特征，每一项业务都要在多人多环节配合作业下完成，既合作又监督，矛盾和分歧是常态。要修正完善管理部门、岗位间的流程，及时预见可能性冲突，积极化解矛盾，维护各方合力，实现法人权益的最大化。

> 美国学者约翰·科特指出："一旦人员多样化和相互依赖达到某种巨大的程度，……会导致一场旷日持久的，以钩心斗角和大搞本位主义为特点的权力斗争"①。就是说，只要是非单一作业、通过相互合作运营的方式，就会产生分歧出现矛盾，合作者越多分歧的可能性越大，冲突越激烈。反之，合作者越少分歧越小，产生矛盾的可能性也降低。

**（3）严肃地维护内部管理控制制度，以保障实现法人权益。**经营有两个基本难题：一是激励；二是约束。解决这两个问题依赖内部的控制制度，管理权力应当制度化、规范化，即行长权力应在制度约束之下。

一个高效的银行，必有良好的内控，但具有良好内部控制的银行未必

---

① 《权力与影响》，约翰·科特，中文版，华夏出版社1997年版，第20页。

就能高效，原因多出自行长的领导方式。假如忽视制度，容易发生超越制度的滥用权力，以致削弱了制度的约束力，动摇制度的严肃性。因此，行长必须履行维护制度的尊严，为人表率，得以正常发挥制度的约束与激励两大作用。

**（4）维护经营目标，保障实现法人的发展目标。**经营目标是对外披露的重要信息事项之一，是社会了解和衡量银行经营状态的尺度，也是考核经营业绩的依据，具有严肃性。经营目标中包含有长期、中期和短期的内容，一经决策程序确定后，高管层应当坚决地维护，千方百计去组织实现，并抵制轻率修改目标的行为。

**3. 经营活动的领导者。政策源起高端，战略从高层引出，措施由高管部署，策略是高管制定，经营神来之笔，全在当家人。行长位居经营权力顶端，是决策拍板的核心，担当首要责任，是最重要的经营组织推动者，传播经营思想落实经营意图，以确保实现目标。**

**（1）行长肩负组织领导者的职责。**经营依靠组织实施，通过行政机制去落实各项职责，运用经营机制去传导效率，落脚在干部调配、资源调度和工作部署上。目标确定后，还需要如实评估经营状态与环境，去发现市场机会、确定市场方向，懂得行情是前提，心中有数管理才到位。

必须依据本行的经营特征和能力，制定切实可行的计划措施。心中有战略、有重点，经营万千事总有轻重缓急，缕清思路。资源决定竞争力布局，经营依靠资源来保障，有限资源分配要确保重点。善于围绕发展战略调配资源，扬长避短培育发挥优势，选择好方案使得资源效用最大化。这是一种战略思考和调度能力。

**（2）行长履行出色宣传员的职责。**对内是领头人，要善于鼓动和实施目标管理；对外是公众人物，要善于营销和实施品牌管理。唯有反复宣讲直接沟通，使干部员工统一认识，营造共同的经营价值观；唯有经常对外发布信息，增进社会关注了解银行，提高认知度和知名度。哪个优秀的行长不是激情的鼓动者？要当一个出色的宣传鼓动者，擅长发动群众，善用社会关系，这是基本素质与能力的要求，是走向成功的重要因素。

宣传是最重要的管理手段，重在为决策造势。造势即创造有利的环境氛围，使人感受到一种大势所趋的压力，得以统一思想，促成良好的状态。对内、对外的决策造势都需要技巧、策略与方法。内部造势是为实现既定目标进行深入有效的宣传动员，形成共识和能动性，消除和化解负面影响，改变事不关己的状态。外部造势是善于抓住各种机会，运用多种渠道方式广泛宣传，为银行品牌和营销造势，获得客户和社会的认同效应，形成良好的市场氛围。

**（3）行长承担有效控制者的职责**。经营的难点是在对过程的控制，表现为把握有度，刚柔之度、宽严之度、收放之度、褒贬之度、进退之度，拿捏充满着管理艺术。主要是：管人有度不管死，放手记得监管，灵活中讲求原则；风控有度不控死，审慎不忘活力，稳健讲究平衡点。管理的效应不靠强度，而在有效性，既要调动起激情与动力，又不偏离合规空间与方向。

心中要有分寸，谙知控制的规则、底线和围栏，清楚进退利弊，保持冷静思考；有激情又不冲动，明察秋毫才进退自如，符合实情策略才有效，控制到位才不偏离目标。控制从来是一种最重要的领导能力，越成熟控制越到位。

# 四、领导行为：新官上任的七点告知

三天出思路，三月成定局，三年见成败，开局只争朝夕。

20年前银行的经营很糟糕，大多处在风险高企、资产质量极差、管理粗放、严重亏损的状态，新任行长的开局艰难，时间精力大多耗在排雷打基础上，我总告诫要防陷阱、清家底、划分责任。如今的银行早已焕然一新，步入管理的常态，开局变得程式化，遵循规律与基本方式。干部在三五年必须交流已成为一种制度，如果求稳妥慢慢来，两三年不见成果，那对进步不利。

不成功的开局教训多。有的行长以为镇住局面才显权威，上任后揭伤疤追责任处处挑剔，抖家丑示众，抓辫子显威，结果人心自危唯恐牵连，怕你躲你，威严了却大失人心，向心力遽然收缩。

有的行长过于顾忌风险而消极对待信贷业务，搞僵了关系惹得地方领导不满，批评指责找麻烦、抽走存款，反使得经营环境压抑，难堪难干生情绪，任职路上起步维艰。

有的行长缺少经验，不懂得尽快下基层才最有影响力控制力、最稳定人心最重要。实地调研沟通，面对面解决问题，比看材料听汇报更能把握实情、找到办法、得出结论。到任数月仍蹲在机关开会忙事务，贻误了最初宝贵的时间与机会，基层盼断肠，猜疑风生水起。

有的行长缺乏全盘意识沉不住气，先入为主偏听偏信，讲过头话激化了矛盾，卷入是非漩涡中。也有缺乏整体思路，该细做的事粗做了，该暗做的事公开了，该以后做的事提前了，反倒搅乱了局。

领导者的职业生涯都经历一次次开局，哪个进步者都有三五次提拔、交流的机会，赴任开局是一道道坎。行长开局不易，举足轻重，无论是在本行提拔还是异地交流，都是严峻的挑战，需要智慧技巧认真安排，更需要懂得顺应规律。开局阶段短短二三个月，却是最精彩、最考验人、最富有传奇的经历，每一次都拉开了职业生涯新一程序幕，难以忘怀。

"水无常形，兵无常势。"开局方式因机构而异，各有侧重点；开局风格因人而异，各自有特点；开局策略因地制宜，量体裁衣效果才好。开局的规律性表现为技术性、复杂性和不可预见性，需要手段、策略和方法，因而令人关切。

开局阶段一般包括表态、业务突破和工作报告三项内容。表态是指新任行长在宣布任职会议上的首次亮相和讲话，这是一种仪式和宣誓，十分重要。业务突破是指抓住几件有成功效应的事，形成起色、解决难题、打开局面，在市场、业绩与效率上取得进展，以提振士气令人耳目一新，这常是成功的征兆。工作报告是指在掌握基本情况后，形成总体的工作构想和措施，通过干部会议阐明经营思想，告示经营发展观念，给人以全面的认识，去统一思想凝聚人心，形成感召力。如果拿不出工作纲领表明心中无数，或思想方法存在局限性。开局的步骤与形式各不相同，但内容必不可少。一般来说，新任行长在报告公布纲领、阐明方略之后，开局阶段告以结束，进入日常管理运行中。

新任职开局中应当注意下述问题：

**1. 充分理解上级意图，掌握基本情况，做好任前功课。**不在于有没有信心、是否担心，而是要把握开局要领，确立工作基调、重点和切入点，确定工作方向和目标。有思想定力便有章法，阵脚不乱；有方法基调便有措施，不犯糊涂。一切需要谋划、策略与套路。

**（1）有备而赴任，不能上马后才思考怎么打仗。**除特殊情况下紧急上任之外，都有一个等待期，要静下心来思考，充分做好思想转换和准备。一是要了解该行的基本经营情况，思考工作的意图、目标和重点措施；二是准备好宣布会议上的表态，思考讲话的要点、内容和态度；三是眼前要做的几项工作安排，思考几个方案，以便据实灵活地调整应对。

这些都涉及任职的基本立场与战略，思路正确则定而不乱，工作才能提纲挈领。一方面使你在生疏环境中不迷失方向，在千头万绪中抓得住主要矛盾，始终保持清醒的头脑，去组织推进、营造环境、增强动力、赢得人心，实现预期的目标。另一方面开诚布公使人们清楚了解你的意图，作为工作依据和方向。这样，尽管环境陌生、情况生疏复杂，或缺乏经验各种压力大，依然能够心有主见、有胆略勇气地向前进。

**（2）表态是就职的开场白。**宣布会议是一个由上级主持，或有外部人参加的庄严仪式，不同于本机构自家人的闭门会议，讲话要内外有别把握好效应。

表态的要领是：内容要朴实简练，主要表达本人的态度、愿望、信心和决心。记住两点：第一，言辞中多说好话、顺话和励志话，少说大话、空话与多余话，绝不讲差话、坏话和过头话，力戒措辞严厉。第二，宜粗不宜细，千万别去布置工作提要求，别将任职仪式开成了报告会，令人不畅，以后不有大把时间开会吗？表态只是表个态，表明对任职、对所在机构、对所在人员的态度。切记，初来乍到人地两生，下车伊始言多必失，说错了话、说不该说的，都会留下遗憾。因为你不了解情况底细，不体察员工的情绪和态度。

**（3）表态的目的，无非是传递出一种基调。** 在众所陌生、翘首以待又充满期望的氛围中，讲话是任职誓言和态度，给人第一印象。听话听声，锣鼓听音，人们记不住你多少句台词，一时猜不准你的意图和措施，但谁都在细品你的曲调和揣摩含义，感受一种气场与风格，带回去的也就是一个感觉、一个寄托，待到日后工作中真实去解读。要懂得用语言去营造祥和的氛围，套近乎沟通感情，给人以亲切随和之感，为深入接触架桥铺路。"下里巴人"入人心，"阳春白雪"生距离，有时越通俗越让人接受，越简练越让人理解记住。

**2. 不要卷入原班子复杂的领导关系中，不要企图去协调好关系。最有效的办法是：随着前任的离任，这一页就翻了过去，何必自找烦恼去搞清楚？不捣臭事不去翻旧账，只要放一边，会渐渐地消散淡忘。要以新的关系覆盖它取代它，不久旧的阶段自然就逝去了。**

每一届班子总会留下各种问题与矛盾，所有纠葛都有不同的成因、解读和责任，隐留下复杂紧张的关系，尤其是班子成员之间的问题。这是一个普遍的现象。新任者应如何对待？其实不难，即再复杂你不介入就简单，不当回事你就没事，不关心就不心烦，不卷入是非便自灭。清官难断家务事，不要轻率地表态，一味去协调反而卷入旧矛盾之中，讲话稍不慎反使人感到你偏袒在选边站，适得其反添了麻烦。协调关系只是一种良好的愿望，解铃还须系铃人，长期系下的铃子别人解不开。

开局中，**必须高高举起团结一致向前看的旗帜，唯有党性是每个人必须服从的大道理，在坚持这个大原则下，谁都没有理由把鸡毛蒜皮的事情翻出来。** 新任行长一张白纸，与谁都是重建关系的过程，彼此都抱着良好愿望希望搞好新关系，谨慎做事都想留下一个良好的印象。因此，重要的是以新关系去覆盖淡化旧关系，以新眼光重新审视所有人，了解谁在努力工作，谁有什么性格特点。哪怕是一些以往被认为差的人，也不一定真的差，可能只是关系差或有多种的原因背景。必须去重新认识每个人，鼓励他们放下包袱调动起工作积极性，向前看出业绩才最重要。是非判断上先入为主，待人处事情绪化，情况不明过早地决策等，都会导致被动与失误。

我在几家分行当过一把手，上任之前都曾传闻班子有多么复杂，关系难弄，长期内斗不合。我上任后感觉不复杂，不少人问我是怎么改变的？我说，我不复杂别人会对我复杂吗？做事规范、透明和原则，不贪不谋私，相处多讲团结，怎能复杂得起来呢？对一些关系复杂又有后遗症的事，至多不做罢了，不用过于担心后果。人们的认识观不同，有分歧时多包容忍耐、多沟通理解、多注意方法策略，和而不同才是境界。

**所谓复杂，要么未看透本质，要么未找到钥匙，要么未到火候，要么未下决心。大道至简，化复杂为简单者定是智者高手。**大事有原则，小事讲和气，善于阐明观点态度，及时修正错误，都是常用的技巧要领。开局中，暂缓介入复杂矛盾之中，免得被一些原本不相干的事情缠身，成为羁绊。切记，自己简单相处才不复杂，你就事论事，对事不对人，事物就恢复本来面目，人与事都简单起来。自己有架子，别人就抬轿子；自己不实在，别人就做样子；自己要面子，别人就捧场子，事情就会复杂起来。

**3. 新任者切忌过早调整与批量调动干部，重要的是重新站队，重在表现，保持稳定。中层干部是决定性因素，何以稳定、认可和发力？他们的状态、态度直接决定局势，他们稳则队伍稳，他们等则员工等，他们认可则形成基础，他们发力则经营发力，至关重要。**

**（1）对干部队伍应有一个基本判断。**第一，绝大多数都是你以后任职期间依靠的骨干，无论过去干得好与差、无论水平是高是低，依靠他们就得首先信任他们，才能担起大业。猜疑是自毁基础，不信任还能干好吗？第二，干部群体常是好的、一般的、差的结构组合，不会一成不变，要努力促使向良好结构转化。首要是调动积极性，从工作中分清谁愿意跟你干，从实干中验证行不行。对不行的先听听意见，好好谈谈，到时再看。第三，人的积极性主动性来自培育调动，士为知己者死，员工为知心者干，队伍素质靠培育，干部需要传帮带，带出一支强大的队伍才是本事。第四，淘汰是最后采取的手段，重要的是弄清楚情况，负责地对待每个人。这些基本认识是立足点。

**（2）开局阶段短暂，调整干部宜缓不宜急，宜少动宜平调。**一家机构总有些不力的干部和薄弱的部门，新任者首要搞清楚问题在哪里，不能着急动人。如果上任就想调整干部，以为调整了才到位，甚至大批地调动，结果搞得人心惶惶，业务中断无心发展。人们担忧动到自己，等待重新站队，或先去思考维护关系，无心关注工作。调动给人一种来者不善与不信任的信息，引发众人自危，也会使前任不悦，无谓地增添了阻力与距离，耗去了宝贵的时间与精力。那么多年都过来了，还耐不住几个月吗？

不要急于调整干部，迫不得已要动时，只对极少数不称职推不动、确不适合继续任职的调换，一切为实现平稳过渡的思考，目的是稳定大局，也是帮促和告诫后进者。须知，**每个干部背后都代表一群人，有时动一个会乱一批。**开局阶段稳定关系才最重要，力求使人们汇集到麾下，争取各类人都跟你认同你。因此，能拖则拖能忍则忍，施以赞扬肯定鼓励，多做带动帮助推动。当感受到更多人走近、认同、接纳支持你时，当中层干部及代表的员工队伍稳定了，才算真正实现了基本力量的交替。水到渠成，调整时就少了不必要的猜疑和添乱。

**（3）最重要的是抓紧发现、审视和检验干部，时间紧迫，新任行长必须独立思考去认识干部，旁人替代不了。**方法是多观察、多接触、多交流，尽快结识、了解他们，尽早取得在干部问题上的发言权，并为调整充实干部队伍做好准备。一把手变动是原有经营方式和风格的终结，调整中层干部势在必行，但对分支行一把手尽量逐步解决，看准一个做一个，先去解决突出的问题，不要搞批量调动，以确保面上总体的稳定，关键是把握好时机与技巧。

　　**案例**：某行长调去一家分行任职前，向我咨询开局策略。我开的方子很简单：坚持半年别动人，熬得住就成功。后来他采纳了，接班顺利深得人心，几年任期很成功。为什么前期不调动干部？因为前任干得不错，只需顺势推进。任何行长在三五年任期中，足以营造以核心骨干为基础的执行系统，形成依靠的人脉关系链和群体，许多被提拔的人带着感恩之心。新任者必须看到这种惯性的力量，不要轻率搅动，先要平稳接过来。另外，如果前任做得差，不等于中层干部差，一把手一换状态会随之改变。只要相信自己有能力把控住大局，就多容忍，调整只是个时间问题。

**4. 善于发掘本机构的特长优势和成绩，收集起来加以赞扬，这是认同和尊重，是一种有效的表态方式。看得到成绩，表明你的立场感情已经和大家站在了一起，你的眼光与能力水准令人尊敬。能够得人心获得亲近感，能拉近距离带来力量，为今后的工作奠定基础。**

　　**经营的动力在哪里？一在人心，二在发展，如何发掘和营造是核心问题。**每一家分支行都有发展史，形成了特长特色和成绩，只是未能被发现发掘、被淡忘掩盖了；每一个省市区域都有历史文化、经济发展的特征和传承，有人身在其中熟视无睹了。对优秀的分支行谁都会去赞扬，对落后的、一般的机构呢？一个新来的领导应该怎样去看待现状？这是个立场、方法与价值观问题。

　　谁都有优缺点，关键是如何对待，多看成绩才有信心，多励志才能进步。不应责怪员工落后，问题常是领导者管理不到位，况且这正是改善的空间与责任。新任者绝不能抱有怨气、泄气，不揭短不戳痛、切忌挖伤疤，伤害众人心必伤及自身名声，多点热情才温暖人心。当人地两生时，外圆内方中庸一点，主动担当领着一起干，人们更容易接受跟从，至少拉近了距离。你会见到许多与原任职单位不同的现象，不要急于干预而要能容忍，以便透过现象去看清真实的问题，只需问清了解原委，表明你的关注就行。这是一种胸怀。

处事一分为二，辩证地看待机构案发或问题，注意言辞。案件多有特殊性偶然性，在各家银行都强化管理的背景下，常是因某个方面的缺陷而触发。应当肯定成绩，看到绝大多数人的努力，以便激起信任和期待感，增强自信和希望。有的人总是从负面看问题，拿原单位的长处去比较该行的不足，而不去发掘优点和值得学习的一面，缺少了认同感，感情上格格不入才去挑剔。有的人把问题当成笑料抖出来，只能表明他还未真正融入，未当成自己的家。一旦融入其中，定家丑不外扬，责任和爱心油然而生，变成包容掩饰和庇护，才融为一体了。

**5. 从业务切入才是开局正确之道，更有效、更易突破和成功。开局中工作千头万绪，抓什么最重要、最权威、最合适？当然是紧紧抓牢业务龙头，千方百计稳住经营。应尽早向班子和中层提出要求，全力以赴把业务搞上去，推进各项工作进展，力求打开新局面。**

**（1）紧紧牵住业务的牛鼻子，最聪明、最有效、最具权威，又得心应手。**哪有比经营更重要事情呢？经营是本，抓业务是职责，符合常理，从执行上必然、从心理上自然被各方接受，阻力小而容易取得效果。唯有业务体系单纯明了，即权限、流程清晰，规矩明确有章可循。

行长受委派任职，具有行政指挥的绝对权威，是上级意图的贯彻者、执行者，更是考核者、监督者，抓业务无可非议，无人敢怠慢不服从。为难之事常在业务之外，拖累、麻烦、是非、事端等都在人际关系中，最难办、剪不断、理还乱，易形成放大效应影响大局，耗费精力时间还不见得有效果。

唯有业务关系直接单纯是非明了，业务是纲，纲举目张，其他都得让道。大凡成功者都狠抓业务去冲破一切羁绊，努力营造一心一意经营的环境，用以抵御、消解那些复杂的关系乱象。只要业务大发展了，关系就变得简单起来；假如业务进展不顺，则什么麻烦都涌现出来。记住，当你被各种是非烦恼弄得头昏脑涨时，就拖一拖或撇开它，专心抓紧业务经营，或许有的麻烦就淡化了。

**（2）要十分关注、管理好队伍情绪，千方百计将热点和注意力引导、调度到业务发展中。** 在多层震荡、广泛关注的场景下，如何实现平稳交接始终是重点和难点。**经营乱了才是真的乱，指标完不成才真为难。人心稳定的标志是工作正常有序、业绩上行、关系开始融洽信任。** 经营需要秩序，持续不稳定状态不利于经营，要减少对业务的各种干扰，多息事宁人少无事生非，形式上温柔一点更好，多一点中立中庸，暂时避开复杂矛盾的锋芒。情绪是表达人们态度的风向标，开局中要感知它、调节它。新任者需要5点思考：

怎样从纠结于眼前难题转为向前看？办法是搁置麻烦困难，倡导从发展中去解决，从困局枷锁中解脱出来，把希望和出路放到经营发展上，不纠结于眼前难题止步不前。

怎样将议论热点从人事转变引向业务经营？办法是抛开眼前的复杂是非，通过突出经营的热点，分解业务目标任务到人、到机构，促使人们多去关心如何完成工作任务。

怎样将从关注议论他人转向思考自己怎么做？办法是引导舆论，造就争先恐后创造业绩做贡献的氛围，加强落实责任制的考核、多找找自身的问题，使人变得冷静理智。

怎样使专业间的掣肘扯皮转变为相互协同联手？办法是以市场导向，改善考核机制，增加市场化的考核任务，大力倡导合作去纾解矛盾，一致对外服务客户去应对竞争。

怎样将各种思想观念统一引导到关心思考全行的发展中？办法是多讲形势、讲大局、讲发展，提出有效的机构发展目标，引导人们去关注目标，分散局部困难中的压力。

上述涉及前景、业务、市场、全局，都是经营的根本问题。需引导人们尽早把注意力从议论领导转向落实任务要求，从担心自身利益转向跟上发展的步伐，方法是转移矛盾、追求稳定，目的是在短期内控制好局面。

**（3）开局的基调是稳定过渡，稳住了团队骨干就稳得住大局。** 首先抓住班子明确分工，使副手职责到位，分兵把口各自负责落实工作，确保分管业务与机构的正常秩序。通过他们向外传递出稳定信号，就能稳定局面。干部承上启下，别轻易调动，不急于调整轮岗，免得乱了秩序。那些大支行行长、重要部门领导和主要骨干，都是排头兵、领头人，影响力大，重视他们则大局稳，稳定他们则全局顺，忽视他们则人心乱，稳住他们其他机构就顺从了。

通常做法是：多鼓励鼓劲，多支持认同，多问候交流，以示重视、信任和关注，使他们尽早摆脱观望情绪，减少过渡期的消极因素。不说负面话、不评价前任、不指责批评，以免言出伤人，导致无端的情绪对立和误解。也要深入了解考察他们，检验分辨干部的真实素质、工作能力和精神状态，识别和选拔一批优秀干部。

**6. 在前进中交班换位，千万别减速。接力赛中最关键是交棒，竞争中若停下来交接再跑，将落后很长一段。成功开局应该是不减速换棒，保持惯性，伺机在换位中加速给力。有的失败在于交接过细影响自我，旧的是非先入为主，会贻误时间与机会，反不利于发展。**

不管交接有多少事情与难题，**过去的事只是划清责任问题，无需纠缠以免误了再发展的大事。一旦任命，摊子都落在接任者肩上，推进发展才最重要。**须知，一旦发展慢了，一定议论四起是非内耗多。只有回归稳定紧张的节奏，人们才无暇闲聊，只去担忧怎么完成任务，注意力引向了发展，议论焦点就集中到了工作大事上，本能地将命运栓在与新领导同步上。这正是所期待的管理秩序和效应。发展与任务促使人们紧紧相随，主动适应不敢掉队。

保持经营的连贯性、系统性和秩序的稳定，善于把握好发展速度和工作节奏，建立起有效传导机制，借以造势来形成氛围，使人紧张起来去推进实现目标。高明的领导者总是呼唤鞭策人们向前看、向前进，绝不让队伍慢下来，更不能停顿，充分利用动能的惯性力。一旦减速停滞则麻烦大增，如同一堵车便殃及一片。这是机构运行的规律，好机构有高屋建瓴的压力，差机构有急于上进的压力。唯有鼓励奋进才是正确的选择，寄希望在发展中找到新办法，绝不能停下来商量事情。新任行长如果业绩不如前任，何以证明自己的价值？因此，必须紧紧抓住发展的牛鼻子，力戒开局中减速停滞。

新任行长要敢于担当风险，也叫履行职责，因为银行人对管理风向特别敏感，哪怕微小的言辞变化都会导致减速。常常是：你刮风下雨，他撑伞自保；你和风细雨，他乐意随同；你鼓励提示，他进取尝试；你探索提醒，他积极听从；你严厉指责，他止步退缩。因此，导向十分关键，要倡导进取，避免引向保守。

**案例**：某行长从西部调往东部分行任职，带去了西部思维。言辞严厉措施强化，使原本热气腾腾的局面顷刻遭受寒流。我立即提醒他，东西部省情不同，应当因地制宜，首要是转换立场、思路与方法，正确认识时务与环境，千万放开手脚不能去压抑。经营中难能可贵的是活力，一旦失去速度就掉落下来，再启动时又得费劲，留下挥之不去的阴影。

**有一种快车现象**。当车缓速行使时，车厢里人们热闹自在不关心车况；当车速提到 100 公里时，开始安静下来；当车速更快时，人们就会关注驾驶员、关注路况，担心行驶的安全。我称之为"快车现象"。经营也这样，业务发展慢了一定议论多、是非内耗多。但若节奏加快，压力之下人们顾不上闲谈，担忧起自己怎么去完成任务。注意力集中到发展动态上，关注的焦点自然集中到领导人和工作上，本能地把命运栓在领导者身上。这不正是所期望的管理秩序和效应吗？快速发展使人们紧紧相随，主动去调整适应，不敢掉队。因此，领导者要善于把握好发展速度和工作节奏，并建立有效的传导机制，运用速度的压力去改变行为状态，使人紧张起来，去推进实现目标。

**7. 开局阶段不要轻易启动改革事项，能缓的暂缓一下，待进入正常期再说。** 现有制度方式根深蒂固影响着人们的行为习惯，已形成了秩序和惯性，改革并不轻而易举，启动一套新方式、改变认识做法、触及利益变

**动……引来不稳定、麻烦与动荡。何必急于触动？**

改革往往指向体制与制度，可这些要素你无法把握；业务是指向经营与市场，这些要素你必须把握。实务不简单，别以为张扬改革就能控住局面解决难题。凭借分支行的有限权力，对许多制度性、体制性问题很难自主。制度体系很严密，看似简单的改变都充满了不确定性，那些触及深层次的变革更复杂，受到各方权力与制度的掣肘，也有既得利益者本能的抵制，引起广泛的影响。人们盼望加快改革，但也习惯于现有方式，因而改变现状会带来变动期的不稳定性、未来的不确定性，加大压力和工作难度，影响开局阶段的中心任务。

例如，某银行新任高管颁布了股权激励改革，在社会上产生轰动效应，过程中付出了很多的精力，却并无成效，表明决策不成熟。其实在严格管控下，分配激励并非是经营的根本动力，核心是经营发展问题，不抓住则一事无成。又如，兼并一家境外银行时，变更股权体制已经内外震动，假如再急于同时改变系统，要求所有员工从头学起，改变原有的技能习惯和管理方式，必添内乱。何必那么急呢？

人们总在观察新任者的本领与能力，假如革新事项达不到预期会大失所望，因而在短暂的开局期间尽量不要去涉及。在体制改革上分支行只是个执行者，待到开局稳定后再推动小改小革也不晚，那时会更顺利，可重点围绕着经营责任制，在权限范围内适度调整修正，会更加有效。

# 第 3 章　高管的经营使命、素质与领导能力

能力要与制度适配，当制度变革了，行长的素质能力也应提升再造。未来是全球百年未有之大变局，面对国内与国际两大循环，聚焦在这个高度上审视银行家队伍，规划银行现代化发展的宏大格局，使命感、紧迫感、责任感油然而生。

## 一、五大转型与现代化使命

发展带着时代的标记，经营要适应环境与形势之变，合拍才有动感，跟上才有节奏。挑战从发展来，责任从使命生，我国银行家肩负着营造现代化社会银行的伟大使命。

**1. 银行呈现出 5 大转型趋势，已十分明确，基本勾勒出未来银行特征的雏形，也构成了现代化银行模式下中国元素的内涵。现代化将引导银行经营发展，推进深化改革，亟待培育竞争力和营造各家银行的经营个性。不要被动地拖着走，而应能动地快步跟进部署。**

**（1）全面市场化的经营趋势：经营方式的根本转型。** 至今，银行市场化经营只走了半程，实现了公司治理，市场基础已越来越厚实，作用越来越强，依法合规经营成为基调，经营变得审慎规范。但量变的集聚未及经营质变，转型尚缺临门一脚。

市场化转型最艰难的一关是风险：第一，政策庇护减少后经营风险更

大，尤其中小银行如小舟入大海，何以扛得住市场的汹涌波涛？自主经营、自担风险、自负盈亏，稍有不慎会翻船。第二，对经营方式的影响很大，以往并不关心市场规律，当政策的干预逐步减少后，银行要以自身本领游弋市场，何以经营盈利？仍缺乏经验与能力。第三，面对深度开放金融的挑战，在金融市场业务、人民币国际化、资产管理、金融衍生产品等领域的竞争将更激烈，不少空白点太薄弱，竞争力差。

何以在市场生存发展？市场讲丛林法则弱肉强食，新市场是高附加值、高风险的处女地，当未来市场完全开放，只有内行更能感受到经营的艰难风险。

**（2）国际化之路是挡不住的趋势：国内市场的延伸转型**。谁也挡不住中国经济进入全球市场，经济贸易越来越与全球融为一体，金融只是随从者。若缺乏金融力量，国际化是一句空话。银行国际化势在必行，伴随经济和企业走出去，要提升竞争能力和储备经验。

跨国经营已有百年历史，成为全球大银行的基本模式，国际大银行从来是国际资本流动的主要承担者，这些金融巨头不断推进银行业务的创新发展。**我们是后来者，在国际市场没有优势，处处面对竞争和限制，只能狭缝求生**。西方从不会热情地拥抱我们，一定处处找麻烦制造风险。但是，国际化义无反顾，明知山有虎，偏向虎山行。**一个大国走向全球，大银行应敢当排头兵有作为，并为之付出代价**。

如何对抗国际金融风险？唯有靠自强，别无替代和保护伞，这是全球经营力的竞争。如果前20年国际化经营重点是在布局，走得很生涩，留下了宝贵的经验教训，那么未来15年将是成长成熟最为关键的时期，需要紧紧地把握风控和效益，要有一种清醒的认识和眼光。

**（3）全功能综合经营的趋势：经营服务功能的转型**。20年前多元化混业经营在全球启动，提高了银行综合效能和竞争力，如今已成为世界金融业普遍的模式。在我国，也成为大中银行发展的基本模式，朝野已无争议，但业务起步缓慢，因为与金融体制的改革纠缠牵连。

未来现代化社会最重要的金融特征是财富的积累和增长，表现在：**最**

**主要的机构特征是金融多元化，最显著的结构特征是直接融资比重持续增长，最重要的金融变化是投融资越来越活跃**。显然，小康型银行很难适应这些根本变化，这些都是社会金融需求对银行的召唤。

如何转型？银行业总资产继续增长只是压力，扩张不能完全解决财富需求，分解分流才是大势所趋。走什么路径？不靠肢解银行另起炉灶，金融集团化混业经营才是必由之路，既可借助银行强大的基础优势，有步骤有计划地推进转型，又能确保金融的稳定，有效地推进金融体制改革，得以提升整体竞争力。

> 1999年11月4日，美国颁布了《金融服务现代化法案》，结束了《1933年美国商业银行法》规定的银行、证券、保险分业经营历史，**成立了金融控股公司**。从此，混业经营成为国际银行业的主流。例如，花旗集团在100多个国家拥有1亿多个企业单位和私人账户，业务跨商业银行、投行、保险和基金等所有金融领域，成为金融"百货超市"。**2007年美国实施"沃尔克规则"新监管法案加以完善**，规定投资对冲基金和私募股权基金的规模不得超过一级资本的3%，管控商业银行开展证券、衍生品、商品期货等高风险自营业务的空间。**美国金融改革的背景是：**以德国为代表的欧洲大陆国家一直实行全能银行制度；日本20世纪90年代的金融改革，允许金融机构以金融控股公司和交叉性金融业务等形式开展综合经营；英国法案也准许在银行集团内部设立独立体，分别开展零售和投行业务。欧洲巴克莱、德意志、瑞士银行通过并购成为兼营储蓄和投行的全能银行。市场竞争使美国如坐针毡，混业诉求日益强烈，终于迈出改革之路。

**（4）深化应用信息技术的趋势：驱动管理方式的转型。** 20多年来互联网等技术改变了银行，银行逐步成为高度技术的公司。未来仍将继续提升技术含量，尤其是人工智能AI技术将广泛进入，引导业务向精细化管理方向延伸，向替代人力效率提升，强化风险控制，改变着经营管理方式。

当然，这种驱动是渐进式的，**现今基本架构仍将稳定 5～10 年，不会出现根本变化，因为颠覆性新技术尚未成型**，到广泛应用更需要时间。但未来 10 年技术迭代和经营需求一定涌现。中国银行业已经驶离了互联网金融风险的冲击潮，整治了技术万能的偏见，回归金融的本源，夯实了发展的基础。

未来新技术应用主要在新业务领域，第一，科技人员会大幅度增长，比重逐步提升到 5%～10%；第二，科技投资会大幅度增长，资管理财、投资市场、风险管控等业务都因个性化而极需技术含量，推进银行向更高技术方向发展转型。

**（5）大银行巨型化的趋势：驱动经营模式的转型**。规模代表了实力能力，我国大银行仍在成长期，或许未来 5 年资产规模将比西方同类银行大一倍。股份制银行也将逐步进入全球第一梯队，形成庞大的中国群。

未来经营模式会改换吗？是继续长大还是另辟蹊径？这是制度之问，谁都回答不了，只能由发展来见证。扩张仍在进行时，至少在 5～10 年内阻止与替代它的力量不够强大。因此，**我们要有经营更大银行的思想准备和管理安排，走出一条安全有效的经营之路，成功了就是中国模式**。

担子已在肩上，银行家唯有探索担当，负重前进。世上原本就没有对资产规模的限制，只有监管资本充足和审慎经营的制度。当一个更大银行群出现后，该如何监管？营造什么模式架构才更加有效？这是未来之问。如今，世上已无现成可作为借鉴比较的样板，我国银行只能自创模式走自己的路。

> 自 20 世纪 90 年代以来，全球银行业并购高潮迭起，形成一大批"航空母舰式"的巨型商业银行。这种扩张主要通过并购，有大银行并购中小银行，也有大银行、跨国大银行间的并购，先后有东京银行与三菱银行并购案（1995 年），大通银行与化学银行并购案（1996 年），花旗银行与旅行者集团的并购案（1998 年），美洲银行与费城国民银行合并成为美国第二大银行并购案

等。超级银行资产规模巨大，极大提升竞争力。世界1000家大银行的资产规模，已从1990年的19.9万亿美元，增加到2000年的36.7万亿美元，是1990年的1.84倍；到2019年达到128万亿美元，是2000年的3.48倍，扩张得更快。资产规模在前25位的西方银行多是通过并购形成的，而我国银行巨头都有自我成长方式。一览众山小，回首看以往的规模在变小，未来10年会有更大银行生成。

**2. 银行家的历史使命。** 从温饱型银行→全面小康型银行→现代化银行，是发展的三部曲。前2个阶段我国银行分别都走了20年，构造起商业银行基本形态，跻身全球第一梯队；未来两个15年的发展，我国银行将形成强大的市场竞争力、经营力，与西方并驾齐驱，任务艰巨而光荣。

10年前是跟着西方银行走，那时的梦想是超越；而今早已领先，面对该怎么领头的挑战，必须思考：未来向何处去？做怎样的银行？支持经济、发展转型、提升竞争力是三大使命，紧迫感、责任感油然而生。面对世界百年之大变局，大小银行都有自成模式的责任与担当。

**（1）构建现代化银行的制度体系和基础实力。** 预计今后10年，银行总资产规模基本定型，一是**在金融体系中的比重逐步稳定，大体会从2020年的87%下降至70%**，即按照每年下降1~2个百分点，合计下降10%~20%的幅度。其他非银金融业将得到极大的增长，它们依托银行业而发展。二是**信贷占社会融资总量的比重，会从现在的7成下降至5~6成；占企业负债的比重，也将从现在的7~8成下降到5~6成，形成一个较为稳健的金融机构布局和合理的资产分布。** 银行全面走向国际化，经营触角将从"一带一路"走向全球。

这是良好的愿景，将在现代化金融进程中逐步实现。前提是，第一，经济现代化健康发展和金融结构的重大调整；第二，金融体制和调控方式得到根本改革。银行承担着发展与改革的重任，既要维护新旧体系稳定地转型过渡，又要创新制度转换，从经营思想到制度体系都将有新面貌。这是银行家的重要使命。

**（2）为国民财富服务，这是实实在在的重大责任。** 未来是财富社会，我国的中产阶层将从 3 亿人增加到 6 亿人，国民财富更加丰厚。这才是决定经营方式最为根本的市场因素，即**银行的经营模式服从于社会富裕程度**。

财富社会最重要的特征是资产管理、财富管理。如果财富增长一倍，**这种市场力量就变得极其强大，直指金融市场，顺者昌逆者亡，银行只能去适应它，而无法改变它。** 2012 年爆发的金融违规，表现为表外、同业资管业务的泛滥，其实是财富力量的初现，形式上金融业违规了，实质是社会金融需求在搅动，监管体系并未能感知财富的势头，形成了失控。待到潮流聚成时才动手整治，风险损失就大了。未来财富力量的倍增使需求更难压抑，亟待金融创新产品和市场来分流。不要指望西方，假如自身都没有能力，进入国际市场会更糟糕，国际大鳄涌入更难控制。财富市场只能依靠本国经济发展来运行，路在脚下，唯有做好国内金融，才使国民财富有用武之地、增值之源。

**（3）为实体经济转型服务，为创造财富和经济实力，这是承担推进金融经济体制改革的使命。** 2019 年银行业盈利 1.99 万亿元，核销 1.06 万亿元不良资产损失，2020 年盈利 1.94 万亿元，贷款核销 1.22 万亿元。按照 ROA 为 1%、ROE 为 10%～15% 的比例简单测算，假如银行业总资产增长 1 倍，则依据这个比例简单测算，未来 10 年银行业将累积创造 25 万～30 万亿元盈利，需要消化 10 万～15 万亿元的信贷损失。这是横亘在经济整体转型中不可回避的经营现象，消化转型成本和获得经营盈利成为两大经营重任。

应当认识到，只有办好银行创造利润，才有实力去消化不良资产，才有发展后劲去支持经济建设，如果自身不保，一切皆成空谈。未来 15 年间，应当会遭遇一次大的金融风波，因为自 2008 年美国金融危机、2010 年欧债危机以来，又进入一轮新金融周期。新冠肺炎疫情对全球经济造成的破坏力，已经超过了历次全球性的金融危机，谁都难以独善其身，意料外的冲突此起彼伏，谁也不能侥幸。

# 二、职业基石：素质与能力

金融素养与品质，包括职业素质、经营管理素质、领导能力素质等，来自实践培育与经历积累。**对从业者、领导者都有基本素质的要求，职务越高必定责任越重，素质能力的作用越重要。它难用量化指标衡量，但一定表现在经营决策与实施过程中，成为基础性要素。假如一个干部有某种素质的缺陷，定会在领导工作中反映出某些不足；假如一个班子的成员缺少素质的互补，也容易在业务中留下隐患，带来风险后果。**

对行长素质的一般要求是什么？尽管机构有大小、层次不同，职务有职责、分管不同，分工有专业、任务不同，责任有轻重、范围不同，但对高管素质的要求总有其共同点。这是职业岗位所必备的。

**1. 诚信是金融基石，是从业者必备的品德素养。信用中介的信誉高于一切，它绝不是口头禅，表现在所有的业务行为之中，体现为一种职业道德、操守，依法合规守规矩，诚实守信讲德行。高级管理者若有任何不良诚信记录，都会影响对一家银行的信誉和信心。**

人品是基本品德和行为准则，是金融从业者立身之本，应当一生坚守。从业金融以合规经营、审慎稳健、忠于职守为荣，始终修身养性，廉洁奉公，成为社会公众信得过的人。行长应当是诚信、廉政的道德模范和榜样，以良好的职业操守取信于社会，取信于客户，取信于业界。不应当允许有违道德者、德行缺陷者、有失公信者进入高级领导层的岗位，这是金融行业的道德门槛，是对职业的终身要求。

**2. 业务是专业基石，掌握一二门业务＋经济金融常识，是岗位必备的专业素质，称为基本业务管理素质，不具备则难称职、易出事。所谓掌握，是指能够决策控制、指导督察、发现和解决难题，表现为业务领导和处理实务的能力。作为经理人还要感知发展趋势。**

经营始终围绕解决市场业务、沟通服务、革新发展等难题推动，管理始终依靠业务决策与流程体系展开。当外行不行，本本主义不行，实事求是才能解决个性化难题。内行才有权威，业务强则办法多，提纲挈领思路就开，因地制宜灵活地解决问题。

别以为实务越来越复杂，其实业务始终遵循传统逻辑，万变不离其宗，只是经营者跟不上变化，只会作业不懂内涵。**市场不全按常理出牌，谁都无力洞察经济与市场，只能见招拆招顺势经营。**"理论是灰色的，而生活之树常青"，谁能教会你怎样经营银行？学者们不懂经营，隔行隔山也无发言权，空谈误事，世上少有经营的书，经营只做实务、只在实践、只求策略做法。需懂得经济金融常识规律，更要懂得国情和社会经济的基本环境。

业务素质与功底是立身之本，靠专注业务固本强身，从实务识真知，从市场学本领。学历高低与业务经营是两码事，若缺乏业务本事，心中发虚难免犯错。假如对经营领悟不透，心中无底抓不住要领，又不了解趋势，靠什么去指导经营、决策拍板？这样的高管不少，每每曝出风险大事，都有这个原因。

**3. 经历经验是管理基石，是管理者必备的能力素养。**"宰相必起于州部，猛将必发于卒伍"，**经营银行是实务，业务离不开资格、资质、资历，依据经验和业务逻辑组织经营，是领导者成功的基本保障。这种素质要在复杂的经营实践中才能打磨出来，别无捷径。**

经历与经验是管理素质之本，凭借从业经验应对行业风险难题，能使人更深刻地认识经济规律、政策和市场情况，认清各项业务的综合整合关系。实务中，**成熟管理者多凭自身的直觉决断，表现出一种基本管理效率。**这种直觉出于对业务逻辑与规律的认识与反映，来自多年经验、教训厚实的积累，是在工作经历中铺成的路。"博观而约取，厚积而薄发"，正是经验的力量。

经营是一门政策与银行运营充分结合的实务，懂政策懂业务才能结合好；是一门收益与风险管控紧密结合的实务，懂经营懂风控才结合得好；是一个制度与业务技术相结合的处理过程，懂技巧懂拿捏才能获成功。许多事成败于掌控细节，取决于管理精细化程度。因此，懂得操作，熟悉业务作业制度、环节、流程、环境和组织等，可增加决策的可靠性。

**4. 信贷、财务是经营基石，是一把手必备的经营素质。信贷是银行最核心的功能，财务是经营最重要的手段。懂信贷才能懂得经济运行、懂得借款人、懂得市场风险与机会，懂财务才能懂得核算、懂得成本管理、懂得经营之道，这两项是经营商业银行的基本能力。**

信贷与财务的核心功能地位不可替代，当然成为经营之本。它们的风险技术含量和经营核算要求高，哪一方面能力素质的短缺，都会使经营跛脚拖行，影响竞争力。

在银行，负债业务是资金来源，资产业务是功能本源，信贷资产占到大半，是盈利与风险的焦灼点，假如缺乏强烈的风险意识、风险判断及控制能力，就难以对抗经营中信息不对称导致的逆向选择和道德风险，诱发决策失准；财务是经营管理的内核，伴随在所有业务过程中，假如缺乏强烈的成本意识、成本分析及控制能力，就难以应对经营中资本及财务目标的约束问题，容易发生经营失效。

两种基本能力构造起行长的稳健经营品质，即始终要用风险尺度和把控风险的眼光，精明地计量风险收益，有效地规避风险；始终要用目标管理和成本核算的眼光，分析考量每一项经营行为，把握每一个经营细节，以获取更好的收益。

**5. 判断和创新是发展基石，是市场运作必备的营销素质。这两项素质反映的是市场功底，以及对新事物的敏锐性、责任心和实务素养。能否找到新的业务增长点，是制胜关键。行长要善于从宏观、微观分析中把握市场走向，灵敏地捕捉信息机会，及时做出决策。**

**判断**市场变换和发展机会始终是领导者的职责，在经济动荡、金融风险云集时期尤为重要，它对行长提出更高的素质性要求。**创新**应变则是对市场判断能力的综合反映，所谓发展是因市场需求变化了，经营要依靠创新去跟进适应，再造竞争活力，带来业务的新面貌。创新自然是发展之源泉。

抢先部署那些事关未来核心竞争力的决策，能体现出领导者经营思想的高度与智慧。行长需要有一种敢于探索进取的精神，勇于冒险但不是蛮干；需要一种创新的勇气和魄力，去否定过时的思维程序，突破旧的制度约束，勇于独辟蹊径，创造新的经营方式，才是成功之路。

**6. 组织与协调是行政的基石，是领导者必备的行政管理素质。行政管理是基本的领导行为方式，业务管理、工作安排都是通过行政方式去落实，一切皆在行政管理之中，保障经营有序，动员推动业务有效。它才真正体现一个人的领导能力、作风效率和智慧风格。**

领导过程从来是管理人与管理业务相结合的过程，通过管人带队伍去实现经营。缺乏人事工作经验及交往能力的领导人常会把事情搞糟，正说明重视和善于处理人际关系，是领导者必备的一项素质。行政管理素质也是青年业务干部最缺乏的，只能从管理中去培育获取经验。

首先，行长要深谙用人之道，知人善任。经营好一家银行依靠队伍共同的价值观和努力，而用人是纲，纲举目张。实践早已证明，但凡成功的行长总能够集聚一个优秀的团队，这是构成向心力、凝聚力和战斗力的基本因素，否则难以形成领导力。

其次，一个成功的行长要善于协调沟通人际关系。对内，能充分调动各方的工作热情和创造性，旨在形成一个员工各尽所能、部门协作默契的高效率运作系统；对外，能协调疏通与客户、同行、媒体、政府的社会关系，善于维护银行的良好形象。

恋栈是任何掌握企业权力者的通病。继承人培养和交班的时间点颇有学问。首先，领导者不能挡住整整一代继任者的道路，这些人最终可能离职或幻想破灭。美国 CEO 的任期之所以通常在十年左右，就是要给手下人留以机会，不然你就是给其他大企业提供了人才的培养学院。在什么样的时点退场，会决定管理者的身后之名。其次，CEO 需要清楚理解公司面临的战略威胁和机遇可能的时间跨度。时代在发生巨大的变化，在这种变化的过程中，知识和经验的更迭其实很快。虽然每个人都可以终身学习，但称职的 CEO 最好循着一个周期去完成自己的生涯。GE 韦尔奇给我们的经验是，当演出已经快到尾声，如果 CEO 还是迟迟不下场，可能会掩盖越来越多的问题，留给继任者的摊子就可能更烂。[①]

# 三、职务素质的内核

职业要求是职务的基础，职务素质带着社会属性，内涵更加丰富。国家要求行长履行宗旨、服从政策，尽职尽责地发挥银行的功能作用，不仅要以企业家素质经营好银行，更要以政治家、改革者素质履行使命把握方向，守好银行大业。行长履职需要三方面的职务素质。

**1. 企业家素质是经营的基本要求。银行家以国家利益为己任，首先要着眼全局维护大局，努力发挥好银行的社会功能，执行政策维护金融稳定，在经营中支持实体经济发展，做好社会性与经营性的兼顾平衡。这是行长履职必备的经营素质和基本业务领导能力。**

**（1）银行家属企业家范畴，肩负有社会使命，不等同于一般经理人，表现出：经营能力＋政治立场＋眼光胸怀。** 企业家不只是局限于某一家企业的经营盈利，而是企业界的精神领袖，成为行业代表人、领头人。银行家拥有调配巨量资源的社会性权力和财富管理权，对国家、民族负有崇高的使命和强烈的责任，为国担当、为国分忧，为人民服务，是党和国家的期望和历史使命。

资金是经济的血液，银行是社会的良心，存贷款牵动着企业命运与国民财富。社会主义经营价值观，是我们建设强大银行的思想基础。经营盈利应当兼顾社会责任，这是经营宗旨的导向，体现一种崇高的境界，有别于西方银行家纯粹为资本盈利的价值观、义利观，也是中外银行家基本素质和能力的根本区别。

---

① 《经济学人·商论》App，2020 四月刊分析摩根大通接班的文章《大功告成》中提出了两项很值得参考的建议。

**（2）行长的经营素质具有两方面的要求。**

第一，行长必须是精明的货币经营者。在货币经营领域，他们是风险经营家、金融服务家、投融资管理家，依仗信用、信誉、信息、人才和经验，通过对资金风险组合的设计运筹，运用各种信用工具服务社会，从业务中获取利差和服务费收入。在经营货币上，没有人能够超越银行家的精明、精确、审慎和稳健。

第二，行长必须是最有效的组织管理者。在庞大的组织体系中，面对纵横交错的产品渠道、机构专业与人员，必须具有丰富的领导经验和管理能力，看得到市场与政策的机会，以原则为骨，灵活为腱，持续保持系统稳定及效率，实现经营目标。在风险管理上，没有人能够超越银行家的缜密、谋略、依规和坚守。

**2. 政治家素质是最核心的要求。从来没有纯粹的经理人，尤其银行具有强烈的国家属性，银行家一定是政治的，是带着国家政治印记的企业家，中外皆如此。领导干部丝毫不应回避这个内核问题，要增强思想政治基本素质，这是构成行长经营价值观的核心内容。**

大中银行、绝大多数中小银行的主要领导人都是党员，必须履行党性要求和坚定执行政策。在加强党对金融工作的领导下，经营当然要与经济体制合拍，无需向西方看齐，也不可能看齐。"国有金融机构领导人必须增强党的意识，牢记第一责任是为党工作，坚定不移把党中央决策部署和工作要求落实到实际工作中"[1]，这是政治纪律。

银行家要讲政治，"讲政治最根本的就是要讲党性，在思想政治上讲政治立场、政治方向、政治原则、政治道路，在行动实践上讲维护党中央权威、执行党的政治路线、严格遵守党的政治纪律和政治规矩。"[2]政治素质是选拔干部必备的条件，党和政府对大中银行高层领导进行严格的政治管理、组织纪律管理。他们是金融政策决策参与者、执行者，要自觉经常与中央对表，校准思想和行动；他们担当服务经济发展、把握金融发展与

---

[1][2]　习近平：《论坚持党对一切工作的领导》，中央文献出版社，2019.10。

稳定的重大责任。

银行行长要以政治家素质严格自律，努力成为"政治过硬、作风优良、业务精通的金融人才"，做到政治上坚定清醒，工作有原则性、全局性、预见性和创造性，以国家和人民的根本利益为己任，自觉维护经济金融安全稳定的大局，主动承担起社会责任。这是党委管理干部的核心工作内容，每个党员干部都要党性鲜明，"要不断提高思想政治素质、增强党性修养，从思想深处拧紧螺丝"，去完成党和人民赋予的使命与责任。

党中央已经就加强国有企业党的领导和党的建设作出部署，国有金融机构要全面贯彻落实。党的领导同公司法人治理必须是一体化的，必须贯彻到公司治理全过程，不能搞成"两张皮"，不能以公司法人治理结构建设弱化党的领导、架空党的领导，更不能以这样那样的名义和方式实际上否认党的领导。国有金融机构党组织要发挥领导作用，把方向、管大局、促落实。董事会中的党员要坚决落实党组织的意图，按党组织决定在董事会发表意见，实现对收益权、重大战略决策和干部管理的掌控。要扎扎实实抓好企业党的建设，加强理想信念教育，加强党性教育，加强纪律教育，加强党风廉政建设，不断增强党组织创造力、凝聚力、战斗力，使基层党组织充分发挥战斗堡垒作用，使广大党员充分发挥先锋模范作用，为做好工作提供坚强保证。（习近平在全国金融工作会议上的讲话，2017.7.14）

**3. 改革者素质是特别崇高的要求。从温饱社会到全面小康，银行业在改革开放中实现了转型发展，一步步的金融发展是银行家一项项改革创新推动的；未来30年将走向现代化社会，深化改革是更艰巨的任务。这是时代赋予银行领导者的使命，是光荣的历史责任。**

必须具有强烈的使命感、紧迫感、责任感，具有坚定的改革精神、胸怀胆略和不惧困难的意志，需要非凡的智慧和创新决策能力，把政策目标转变为行动措施。组织实施中必须牢牢把握改革的大方向，自觉担负起社会责任，不等不靠努力地实践与探索。

站在社会主义现代化大门口看银行，深化改革任务重，路途充满艰难，是又一次艰巨的挑战，国际国内环境迫使我们丝毫不能松懈。银行的任务主要是：完善企业制度，使之更具有中国特色；创新业务，开拓仍未开放的金融新市场；坚定"走出去"跨国经营，提升国际竞争力；优化管理体制和组织体系，更适应市场化；完善经营机制，提高效率和活力；加强科技投入，建设高技术管理的银行；培育和提高银行家和金融人才队伍素质，等等，各项任务都将注入现代化社会目标的内容。

至今银行改革只走了半程，要自信不要自满，要鼓劲再上一层楼。使命重任在身，银行家要以大无畏的改革精神，走出自己的路，再创辉煌。

> "建立中国特色国有企业制度，要立足我国国情，不要生搬硬套外国的做法。公司治理本来就没有放之四海而皆准的模式。世界经合组织认为：'好的或有效的公司治理制度是具有国家特性的，它必须与本国的市场特性、制度环境以及社会传统相协调。''英美模式'也好，'德日模式'也好，只是公司治理一般原理在不同制度背景下的反映。我们中国共产党领导的社会主义国家，国有企业当然要同大的体制合拍，不要向西方企业看齐，也不可能看齐。"①

综上所述，是对领导者总体素质和能力的要求，但对不同层次的行长有不同侧重点和内容。高层级领导者应具备领袖素养，最重要是信仰眼光胸怀、抱负使命感与精神境界。一级分行行长是高级领导干部，管辖一个省域的业务，范围大、经营权限也大，应具备较高的独立性、全局性素质和能力，得以正确领会和把握总行的意图和要求，主动创造性地开展工作。而城市分行、支行行长具体负责营业机构业务，面对市场、员工和客户直接经营，要求具有更强的市场经营素质，要有具备解决实际问题的能力。

---

① 习近平：《论坚持党对一切工作的领导》，中央文献出版社，2019.10。

# 四、三项领导能力：
# 市场能力、经营能力、行政能力

习近平总书记提出要增强"八项本领"提高"七种能力"：是面对复杂形势、完成艰巨任务的需要，是年轻干部成长的必然规律。**八项本领**：学习本领、政治领导本领、改革创新本领、科学发展本领、依法执政本领、群众工作本领、狠抓落实本领、驾驭风险本领。**七种能力**：政治能力、调查研究能力、科学决策能力、改革攻坚能力、应急处突能力、群众工作能力、抓落实能力。政治能力是第一位的。

领导力不只是职务赋予的权力，还要有人格魅力、领导能力和业务水准。一个优秀行长最鲜明的特点、最重要的表征，一定表现为经营业绩骄人，令人尊重、信服和诚服。业绩不优秀就谈不上优秀，也就谈不上领导力强。

**1. 什么是领导能力？是具有职业基因、性格特质，基本素质＋实践经历＋经营理念，缺一不可、相辅相成，这些构成领导者的有效能力。职务需能力支撑，能力不行成事不足，还会误事败事，如同弱马拉不动重车。能力从实践中炼成，最终形成一个优秀领导者的风格。**

**（1）角色需要相应的能力来配套支撑，当领导应具备基本领导能力。**职务扮演的各种脸谱角色，都需要履职能力。行长是机构领导人，是业务决策管理者，是经营担当者，既要维护国家利益和股东权益，也要作员工的代表。他是负责人，也是带头人，承担着多种义务、责任和考核，依靠智慧和能力才能应对。

经理人是代理人，面对着国家、股东、员工、经营和客户，五大对象的利益诉求不同，需要不同的应对方式与能力。**以人为本要有与人共事的领导艺术与能力；以资为本要有管理股东资本的方法与能力；以政策为本**

要有处理与国家利益大局的能力；以经营为本要有经营管理方法与能力；以服务为本要有处理好与客户关系的服务能力。此外，对班子、部门及各级机构的管理都不简单，如何在授权经营下调动发挥骨干的积极性、能动性，都是领导能力的重要表现。上述哪一项错位、不到位都会出错，能力不仅事关价值观，更要讲求方法论。

**（2）领导行为的基本法器：决策、用人、问责，是必备的基本工作能力**。这是职权赋予的管理手段，围绕着经营决策权、执行权、监督权实施领导权。掌握并熟练地使用权力，才体现有效的领导力，将思想意愿转变成为经营力。

决策能力是基本功，要领是讲流程、民主和决断，认真调研、取得共识最重要。高层决策选择战略与路径，中低层选择策略与措施。对重大经营决策要民主集中制，这是行政规矩。

用人是成败的关键，要领是用对人就成功、培养人就成才、关心人就出成效。用什么人是一面旗帜，有德才标准和规定，要去发现人、使用人、指导人，造就生机勃勃的经营环境。

问责是权力的鞭子，是效率的保障机制，监督贯穿于经营全过程。要领是：抓汇报、抓工作进度、抓责任到人，旨在跟踪控制工作的全过程，消除消极惰性，处罚失职未尽职行为。

决策、用人到问责的一整套工作方式方法，落在领导能力上，相配套才到位。

**（3）形成个人的领导风格与特质，是领导能力成熟的表现**。从许多优秀的行长身上，常能见到一些共有的性格特质，比如善于沟通、精于管理、思考得深、决断力强，勇于进取、严格自律、坚韧自信、精力旺盛等，都是成功的职业基因。他们都善于适应环境，在市场中练成了强大的经营能力，业绩伴随而来。无论他是哪个专业出身，当行长就得有领导能力，人们是以领导者来衡量和要求的。倘若缺乏某些特质，必定会有某方面的弱点，留下不良印象。

能力强了便会形成自身的风格，即管理的性格特征。例如，有的放手，有的集权，有的严厉，有的细腻，有的说一不二，有的绵中藏针，体现一种领导风格，形式不同但都控制到位，人们都会去适从他。

**2. 履职离不开三种领导能力，应对处理实务、协调关系、解决难题、化解危机、稳定秩序与部署未来，落脚在经营市场开发、业务管理与行政实务。表现为善于把握市场变化管控风险，不遗余力地发掘经营机会，求真务实地制定策略措施，排除困难去实现目标。**

第一种能力：经营货币的市场能力。为什么总盯住市场走势与政策动向？为什么最关注客户需求和同业动态？市场能力是经营成熟性标志，顺应市场就是跟进市场，了解客户才有效率和机会。市场永远在导向经营，客户永远是服务中心，构成了经营观、着眼点与归宿，注定了市场能力最为重要。市场观是经营价值观，市场能力是经营方法论。基本的市场能力表现在：

**(1) 应对市场变换敏感的判断力。** 在复杂混沌的经济活动中，有的人天天在市场转，却朦胧没有感觉；有的人与客户一交流，就敏锐感知到需求，发现并抓住机遇，差别在市场能力。优秀者具有市场眼光，善于找到机会切入点，并组织力量去突破。

**(2) 化繁为简高效应变的决断力。** 有的人对市场感知肤浅，实务经验不足，对事物内在逻辑关系不清楚，把一般问题想得复杂化，把简单管理做成繁杂，追求完善完美，贻误了效率。其实大道至简，市场需要精简，从简管理才是成熟的市场能力。

**(3) 主动有效营销市场的服务力。** 市场营销具有一套完整的理论和方法，需要具备特殊的能力要求，学会掌握它并不容易。前提条件是：第一，必须弄懂金融服务，弄清服务产品渠道；第二，必须充分了解客户的金融需求，策略与措施才行之有效。

第二种能力：经营管理的基本业务能力。业务功底和技能是高管必备的资格和本领，是能上能下、能官能员、安身立命的职业本钱，缺乏能力一事无成。业务优秀者未必都能当干部，但经营一定靠专家治行；行长未必都是业务精英，但业务功底厚实定能如虎添翼。一个行长要通业务、懂全局、善管理、会经营，专业水准与有效管理兼而有之，一专多能是基本功，总揽全局才有眼光和胸怀。应当讲得清政策趋势、监管及制度规定，说得明经营及专业常识、基本要求，把得住风控要领、底线红线。基本的业务能力表现在：

**（1）懂基本业务，不当外行**。至少弄懂信贷、结算及资金运营的基本方式与主要产品，才算真懂银行。有效经营建立在基本业务上，基本业务触及核心功能，与经济政策、市场机会和风险紧密相关。掌握才有发言权，若不能把握核心经营问题，心中无数必直接影响经营决策，等于授人予柄而风险责任在己。

**（2）懂经营业务，不只抓指标**。一切经营活动都落在财务上，核算、成本与资源配置是基础，实施成本管控、看懂财务报表，看出问题拿出办法。懂得业务内在关系，做好综合平衡；配置好资源发挥优势，谋求绩效。例如，互联网金融泡沫期间，网络创新产品多如牛毛最终都败去，实为立项中财务失控了。

**（3）懂金融服务，不只抓形式**。银行服务充满业务的技术含量，本质是解决客户的需求，落脚在了解客户、把握住市场变化及趋势，及时研发新产品与改善管理方式，去衔接求得效率。一头要清楚银行能提供哪些产品功能，另一头要了解客户存在什么难题应当怎样解决，服务就是沟通企业当好纽带与参谋。

**要发挥控制能力，保障实现经营目标**。有的人风险设防在先，早有预案与周密安排，规避掉许多意外风险，使经营变得有序稳定；有的人领导经验不足，事先未预测到，经营中不断出事，疲于应付显得很忙，似乎应对危机处理后事的能力很强，其实是领导力不足的表现。

经营以效率、效益和秩序为准绳，始终围绕着解决业务中出现的难题。在运营把控上，管理的内核是审慎稳健、严格规范，强化风险内控体系；在市场把控上，经营灵活应对，不断创新，因地制宜地解决个性化难题；在改革把控上，与时俱进，推进体制、机制创新，改善决策与流程体系。

**第三种能力：行政管理的组织能力。**行政管理的方法围绕着经营全过程，是落实各项工作的方式手段，与业务形影不离分不开。行政的宗旨是服务、简约、效率，规范办事的规则与流程，围绕经营目标与绩效，内核是实事求是、以人为本。银行行政管理以经营为主线，以精神、道德和纪律为操守，从人员与业务两线展开，旨在维系经营秩序、保障运营和实现管理目标。行政能力来自实践与交往，会带队、激励、协调、沟通、妥协，难点在管理人，它不做学问靠方法，不在智商靠情商。基本行政管理能力表现在：

**（1）组织领导经营活动的能力。**懂得运用行政管理手段和工作机制，做好规划决策、协调专业关系、管理业务事务、维护秩序、改善服务方式，解决发展管理难题。依靠组织和行政方式，组织发动、宣传动员、协调关系、推进落实，督查反馈、机构管理等，推动经营活动的正常运行。善用经营责任制和人事工作杠杆，运用考核、薪酬、奖惩、交流、培训、调配等管理机制和措施，去推进落实经营和工作效率。

**（2）党务工作、群众工作的能力。**第一，党员领导干部要有党务工作能力，开展党的活动，执行党性、党风、党纪的各项要求；第二，领导干部要有做好思想政治工作的能力，抓好队伍的精神文明建设；第三，擅长群众工作密切联系群众，通过组织发动推动工作，通过统一认识形成合力，通过关爱培养增强凝聚力，通过方法机制实现控制力、执行力。许多事看似与经营不相干，却是决定经营至关重要的内容。

**（3）社会交往与公关的能力。**必须善于管理人际关系、社会关系，擅长运用行政、经营、人事、组织、党务等基本领导方式，管理好人与人、与业务、与社会上下左右的关系。这是领导者最基本的社会能力。

**为何要搞好人际关系？关系是人脉，从商需要积累各种关系，是市场能力；乐于助人是业务中介的本性，是服务能力；关系是人事管理能力，是工作能力；关系是求得合作协同、认可共事的条件，是社会能力。**

工作不是一个人的游戏，经营依靠千丝万缕的社会关系。银行与社会鱼水难分，大中银行都有数亿、千万级开户人，占居民总量的比重极大；

与社会几乎所有单位都有往来，包括与党政部门、"一行两会"、企业与媒体等无所不包。因此，做好公关协调维护各方关系，是领导者不可疏忽的工作内容，是一项重要的工作能力。

人多了方法要变。一个专业部门总经理面对几个至十几个人，只需自身业务强＋协调沟通，以身作则就行；一个支行行长管几十上百人，一个市分行行长管数百、数千人，而省级分行要管数千、数万人。层级多了基层员工不认识高层，领导的表率变得微不足道，需要依靠系统领导力、管理力和执行力。假如行长缺乏领导能力，不谙熟社会、不善人际关系、不知经营关系的复杂性，工作就难到位，效率会打折扣，也难称职。

总体而言，领导能力带着时代特征、业务特征和经营管理特征。我国银行业规模发展太快，经营环境复杂，队伍年轻干部也提拔得快，经验尚未积累便要挑起重任，因而经营中发生问题多也实属难免。未来随着现代化进程，大批干部定将成熟起来，银行才能更加完善。

# ▶第4章 领导力、领导关系与领导艺术

假如交流不多、不够、不畅，会有信息不对称的问题。因为彼此的立场与视角不同，掌握的信息量及内容不同，接触问题的深度与范围不同，结论常不同，极易生成误解和猜疑。因此，需要及时、经常地沟通。例如，一家支行因大户存款波动下滑，行长花了九牛二虎之力终于补平了，但在报表上反映的只是增量不佳。若不及时汇报，上级并不知情，以为不作为。

大中银行有总行、省级分行、市级分行、支行等多个层级，高管任职一般都会有3~4层领导关系，还有条块、专业、子公司的结构，关系变得复杂交错。业务处处牵动领导关系，长袖善舞，擅长关系者会疏解矛盾，变得顺畅；不擅长关系者易滋生冲突，变得麻烦。工作要靠领导和他人予以评判，这又把关系提上一种尺度的意义，使人重视和敬畏，必须去管理它。

处理领导关系的学问不是来自教科书，而要从交往中领悟积累，靠摸索、体验和总结。业务干部缺乏领导知识的常识教育与经验，尤其青年干部多感到生疏为难。

## 一、弄懂职务关系的基本常识

领导关系是一种职业关系，是因职务、层级、交往和权力而生，形成人际关系、工作关系，围绕着经营关系展开，属公共关系的范畴。它是经

理人日常最重要、最核心的行为方式，受其牵制，无法回避和摆脱。人们在组织中，有工作就有了领导关系，每个人都要认真谨慎地处好关系，来维系工作环境和秩序。这是职场的基本常识。

领导关系的本质是工作关系、组织关系和职务关系。工作关系以经营的任务和要求来衡量；组织关系以组织的宗旨与纪律来维护；职务关系以职责分工和行政规则来实施。这三种关系参合渗透互不分离，围绕银行的经营发展活动展开，反映了职业要素在社会关系中的特征。

每一个从业者都应当弄懂三项领导关系的常识。

**1. 先要明白谁是主管你的领导，你对谁负责、向谁汇报工作。下级在上级领导、监管下工作，如同提线木偶，顶头上司是直接领导人，在管理考核你。你在做他在看，你对他负责期待他的支持，你的状况由他认定评价，一级一级地向上传递形成工作链、管理链。**

每个经理人都面对着两种关系：一种是直接关系，即要处理与行政领导、与专业领导的双重关系，这种关系存在于条块管理中，难以分开，忽视哪一方面都不行。另一种是间接关系，例如外部与监管、与党政部门的行政关系，与业务交易对手的市场关系等，更应当尊重敬畏。常说多一个朋友多一条路，社会太复杂，不惹事还得防人惹事，必须认真维护好。

**2. 必须去管理好领导关系，尽管难却很重要，社会都这样。领导关系包括工作关系＋个人关系两方面，内容分得开也分不开。工作关系因交往而建立，个人关系由互信而结缘，两者相辅相成，忠诚、诚信和尊重是基础，但关系能否紧密全靠管理，靠交往与维护。**

领导关系是需要管理维护的，通过经常的沟通、汇报、交流、帮助和往来维系，是一个不断交往的过程，如同客户关系一样。必须经常提醒自己去维护基本关系，拿出态度、行动和真诚，以免淡化、疏忽到急时才抱佛脚。管理关系是职业人的行为常识，在开放的环境下，职场早已演绎得充分至极，对每个人不是愿不愿意而是有无能力的问题。

搞好八方关系，如何得到领导肯定、同级赞同和下级拥护？首先从自身做起，使自己与周围的关系和谐起来。敞开才消除戒备，透明方化解猜疑，简单使人不复杂，这是相处的逻辑。

**3. 工作业绩是基础，是处好领导关系的前提，是消除对关系误解的根本。没有纯粹的关系，领导关系以工作为本、靠绩效支撑，其他因素都是派生、其次的。** 经营有硬指标，上级选用人不就为了经营成效吗？在公开选聘的严厉规则下，靠走关系上位越来越难了。

**想得到上级肯定吗？** 拿出成绩单来，业绩报告是根本途径，有所作为作出贡献最重要，这常是上级对干部素质能力状态的求证。在领导关系链中，每一级都亟待出业绩，以此求得上一级的肯定性评价。能否出业绩最为核心，这才是选拔使用干部的目的。

**如何管理领导关系？** 是非分界线在业绩，业绩好了谁会说你跑关系呢？业绩不行才质疑跑关系问题；假如工作上不去、不到位甚至出事，只会使领导难堪忧虑。如今党纪政纪严明，考核透明，靠"业绩不好关系补"行不通了，庸俗地拉关系只会添乱子。

# 二、如何处理好与下属的关系？

领导与执行是上下级之间最基本的工作关系，发生在经营与发展全过程中。处理与下属关系的领导事项主要是：带领下级、驾驭机构、引领业务。

**1. 领导什么？** 有两项内容：第一，管理机构管好人；第二，经营业务处理事。领导能力需要管人、管业务两种本领，缺一不可。没有纯粹的业务，人与业务合为一体难解难分，业务靠人做，通过管理人去拓展市场突破创新，领导力落脚在人力要素与领导关系上。

**（1）需要领导组织的能力，面对人，要求擅长人事管理。** 懂得安抚人心、统一思想，做好思政工作、精神文明建设、企业文化管理等；懂得组织调动队伍的积极性、能动性，得以保障贯彻落实方针政策，维护机构有序运行，提升活力竞争力；维护合规经营，保持谨慎有序、积极稳健的状态，底线是不出大事，有效地完成经营目标。如果行长不善于管理人，领导关系会变得一团糟。

管人管机构仅是管理对象，致力于形成正常的运行状态与秩序环境，这是基本管理的底层要求。

> 人是生产关系的总和，环境的、综合的、物质的、精神的、心理的、社会的各种因素集合在一起，看似简单，背后总有多种复杂情况；看似容易，其实难者不会、会者不难；感到为难，是因为没有掌握那把钥匙。假如一个行长不善于人事工作、处理不好人际关系，麻烦多矛盾多，反把简单事弄得复杂了。

**（2）需要领导业务的能力，面对事，要求专业内行经营。**行长如果不懂得引领业务，就很难创新业务市场，更谈不上创造性发展。外行很难抓住业务要领，专家内行才入木三分，事事抓住要点要害。专业领导才能盯得住潮流，突破业务顺势应变才能出彩，去强化专业指导培训，竞争拓展业务市场，创新营销服务模式渠道。基础是专业管理，底线是完成指标，保持高效的发展状态。

管业务更能收获成果，旨在实现上级期待的经营目标和工作任务，这是有效管理的高层次要求。

**（3）人事管理主要是运用行政管理方式，业务管理主要是运用经营管理方式，都落脚在对人的领导。**表现为：行长对队伍的领导；对直接分管专业和人员的管理；班子建设；对机构事务的管理、具体业务的管理；对发展与改革的思考等。一般的领导方法是：下管一级，关注二级；管两头（优秀者、落后者），带中间（中间层）；抓重点，带一般；两个文明建设和思想政治工作等。

世界观与方法论相互结合，掌握管理的方法方式，懂得领导的途径与手段，才能搞好领导关系。

**2. 领导与执行是最基本的工作关系，领导关系建立在管理控制上。领导一支队伍并得到员工的真诚拥护首要是得人心、得到认同。情感由思想**

而生，三观不正形不成群众观，缺乏感情会格格不入；方法由理念而来，宗旨不清形不成经营观，贯彻执行会误入歧途。

（1）**领导者的地位由权力定义，但权威需要精神力量和人格魅力的支撑，需要感情态度来润滑**。以人为本绝非口头禅，依靠群众、信任群众绝不是套话，群众是真正的英雄，员工是工作基础、力量源泉和成功之舟。不仅领导带领，还要代表他们的根本利益，才赢得信任。

**如何得人心？**换位思考，管理下属最需要的是关爱、信任、指导，透明。少说大话，道理人人都懂，多做实事，心中要有他们。表扬是最重要的方法，多从优点着眼，不吝啬讲好话，撸顺毛，鼓励鼓劲、指导帮助；处事不公必失人心，少点指责留点面子，讲究方法很重要。

**如何得信任？**锣鼓听音，话出口就道出你的立场观点。透明使得简单，沟通带来互信，指导带来敬意，关爱带来亲近。关系融洽有利于构造和维护有效的经营氛围、良好的人际关系与环境，保持思想与行动的一致性，减少猜疑误解，及时疏解问题，不激化矛盾，家和万事兴。

（2）**关键是求得认同感，这是口碑，使下属心里都希望助你、维护你成功**。如何求得部下从价值观上认同、从思想上服从、从情感上信任、从心目中尊敬、从执行中领会，积极去贯彻你的意图？管理者必须经常扪心自问，这是领导行为的指南。员工心里有一杆称，你真心代表他们吗？求得认同才会紧紧相随，舍命陪君子；关系好了他们主动作为，差了被动地跟，结果大不一样。

大道理是为国家干，期待银行成功；小道理是在帮你干，拥戴你的成功，两者合一才能实现管理的真谛。"一个篱笆三个桩，一个好汉三个帮。"如何使大家都在帮你成功？人以群体而分，一个群体一个圆，如果你被圈在大多数同心圆中，即绝大多数都把你当做自己人，接受了你，那才有同心同德的良好局面。

**3. 怎样当好领导？成就下属＝成就自己，这是最基本的管理思想与落脚点。管理学大师德鲁克说：**经理人自身是没有绩效的，他的绩效取决于他的上司和他的下属，当他们都有绩效的时候，他就会有绩效。因而始终

**要思考调动主动性、敢担当、想成功三个问题。**

最佳的管理镜像是：人人都尽职做事，事事都有人管好，个个都想出成绩。最佳的场景状态是：争先恐后有活力，维护荣誉有氛围，齐心协力抓市场。

**（1）怎么使得下属能主动地进取？办法是：设定挑战性目标，任务明确分解到人。**要使每个人都自我驱动，有目标才有方向，有具体指标挂上钩，就会形成自身的责任、压力与动力。

当每个因子都调动了起来，就会形成在微观层面的创造力竞争力，自然上下充满着活力，创造奇迹。指标是分解的目标，是分阶段的任务，以目标去统一思想行为，以指标鉴别谁优谁劣，有了标准，后进者坐不住了，空话闲话少了，都关心自身业绩，都动起来就汇成合力，最终汇成了目标。

**（2）怎么使得下属勇于担当？办法是：让每个人担起工作责任不推脱，想方设法自我解决微观职责问题。**责任要分解到位，人人自我担责责任就落实，千斤重担大家挑，没有例外者。

责任连着智慧，主动想办法的多了，协同多扯皮少了，多合作态度好了，目标趋同一致对外了，分歧小问题化解得更快。员工比谁都清楚微观层面的情况，行长挑起总责任，部下就敢于负责，假如事无巨细都找领导，反而会造成决策失误。领导要抓大事，抓重点市场，放手经营多鼓劲指导。

**（3）怎么使下属创造成功业绩？办法是：创造机会、条件、环境和舞台，精心指导帮助他们寻求突破。**要指点关心、辅助推动，使人人有机会、有希望成功，人们才会更努力去争取。

如何开启这种局面？领导人要善于不断去激励鼓劲、营造敢于创新创造业绩的氛围，关心关注为他们排忧解难，哪怕一点点进步都要击掌喝彩。关键点是要看到他们在努力、在进步，要大声说出来赞赏肯定，使人得到精神的满足，才会更加进取，对你产生好感，认为跟你干能出成绩受表扬。

# 三、如何处理好与上级的关系?

上下级关系的焦点,在权力、地位与职责不平等。下级处在被领导状态下,有一种敬畏、收敛的氛围与忐忑心态,有怕领导的心理障碍,加上缺乏管理领导关系的能力,成为许多业务干部的弱点。处理与上级关系的主要事项是:贯彻意图、工作汇报、沟通交流、获取指导等。

**1. 管理维护领导关系应是干部的基本能力。员工依靠自身业务工作能力表现自己,受人管理,关系较简单;干部依靠经营管理能力表现自己,管理下级、协调同级又受上级管理,关系变得复杂而重要,控制、沟通、汇报贯穿其中,弄懂领导职务要求才能做到位。**

**(1) 当干部是上级的选择,风筝不是自己飞上了天,线儿掌控在领导手里。**职务绝不是争来的,内因是你经过努力具备了基本条件,外因是组织的选拔任用,形式上通过竞聘,但符合条件的人多,选择才是决定性因素,越上高层越如此。

从领导行为的一般原理看,管控下级是领导关系的本质,干部管理首先是控制,一经任用就在上级严格管控之下。如同风筝,飞得多高多远都由风筝手不停操纵着,时松时紧,时放时收,不能失控。别以为自己能飞了,逞强得意不服管了,这种情绪常是失误、失控的开始。上级要求你领会贯彻意图,及时报告反馈工作情况、措施进度和重要事务等信息,实现全过程的控制,不允许偏离。在上级的领导管理下,下级要努力呼应跟进,主动遵循服从、贯彻到位出成效。

**记住,经理人的绩效取决于上司与下属,这是管理学原理。自身功过得由上级和员工来评价,这是考评的规则。**上级的领导与决策,包括指标、资源、机会、分配、平台等成功要素直接影响着结果;下级只是执行者,无需自我评价过高,需要自知之明,摆正位置才能有一个好心态。

**(2) 领导是管控过程,抓过程才是最关键、最重要、最精彩,展示智**

慧和能力。谁当领导都专注过程、享受过程而不是结果，结果只有时点的意义。

有人说领导只要结果，那是假象，如果真如此，只说明这位领导可有可无。目标只是结果，领导的作用表现在实现目标的工作过程中，尽管他们的管理方式、风格不同，但都是抓住实时指挥、了解反馈与控制修正，有效地针对全过程管控，这叫基本职责和本能。所有领导行为都落到下级，上下级相互依存，需要有效地衔接互动，一级级传导下去，直到完成任务。一年年周而复始，一站站推进向前。

谁都不敢忽视过程，领导者时刻关注着：经营会不会异动？下级有没有尽职？环境异变突发事件怎么办？一旦疏忽难免出事，牵动成败与问责。领导就是抓经营过程，不是等待结果：①亟待知情，否则心中无底，有何困难、是否偏离失误、能否按时完成？担忧意外。②靠前指挥，第一时间到位解决问题，及时了解、指导指示与推动，避免失误失控。③判断趋势，寻找路径与措施、疏解难题求进度、抓好典型总结推广等，都依据过程。④发现市场机会，了解动向趋势，修正策略措施，并全面考察认识干部，检验和发现人才。

**（3）管理上级关系是必备的领导交往能力，不擅管理者当领导难。** 不会管理上级关系的人当领导难，是否具备有效执行力，能否认真地贯彻，既是工作问题，也有态度问题。工作以勤勉与绩效来表现，只要努力总会出业绩；态度以认识与关系来体现，涉及对上级的尊重、服从与感情，处理起来就难。忠诚度是要通过具体的形式反映出来，有些基本形式必须做到位，绝不能疏忽。例如，通过面对面汇报工作更能交流沟通关系，使领导加深对你的了解和信任。如果缺乏与上级沟通的能力，又不善于主动报告，还能有什么方式呢？

**2. 领导者基本的管理范式是听取汇报，不懂汇报是不懂规矩，不去汇报是明知故犯。贯彻得有反馈，执行必须汇报，汇报是一种领导行为规则和管理机制，领导关系亦体现其中。这个最简单的管理学常识却有最复杂的内涵，很多人似懂非懂，叫了才被动去汇报。**

（1）**为什么要汇报？** 对于上级，听取汇报是关注和检查工作状态、进度，是最有效、最直接地沟通和解决问题的方式，也是督促、考察和了解部下最重要的方式。直接了解情况，研究解决难题，布置工作要求。

对于下级，通过汇报能展示思路思想与措施态度，反映业绩成果与经营全貌；能够清楚听到上级的评价指点，领会思想意图；也是自我表态表现的重要场合与机会，使上级更加了解和关心自己。

上级掌控信息的路径主要是：统计报表、报告简报、专业汇报、工作会议、电话询问、调研和听取汇报等。前六项都有特定的内容和场合，主导权在上级；而汇报是直接对话，下级也能主动发起，可以细谈深谈、谈及不适合公开的事情、私下的看法观点等，是最重要有效的沟通方式。

（2）**汇报是常规的工作方式、是职务规矩，是下级的基本职责、要领和程序，当领导必须懂汇报**。通过汇报保持认识与价值观的一致性，使得心里有谱（要求），行为有调（策略），踩得准步子，增强信心和决心，敢于决策。经常汇报可使方向明确，深刻领会意图，齐心共事减少失误，少走弯路少出错，是捷径。

汇报是一种自觉服从、接受领导的态度和意识，不汇报、少汇报表明缺乏尊重、缺少自觉性，履职不到位。因此，就不能叫了才汇报、不要有事才汇报，更不能自以为行、自以为是，不把上级放在眼里。

**报告什么内容？** 需汇报工作状况、想法打算、措施建议，汇报重要事项、问题及安排，汇报市场动态及认识观点，还有队伍建设、思想和请求等，可以整体全面，也可单项要事，无需刻板的格式，只是一种沟通报告的方式。

（3）**汇报能丈量领导关系的距离，表明态度与信任度**。人际关系以价值观和情感分群，不是以能力水准划分。由于专业岗位不同，人的能力很难做比较，因而态度变得很重要。紧密关系＋有效控制，便成为领导者常用的管理手段。

**在情况相当时，有时感情决定了态度**。谁都喜欢经常沟通联系的人，都猜疑保持距离的人，最麻烦是被边缘化，不沟通容易被淘汰。假如你自作清高保持距离，谁会喜欢呢？不愿意交往，只表明思想的禁锢封闭或片面不成熟，缺乏市场的品性，只会丢失机会并付出代价，甚至影响职业生涯。信任你眼中才有你，有事才会想到你，有机会就会给你，助你成功。

关系常是测距仪，常来往就了解，不来往会疏远，距离决定远近，近者了解，远者隔阂。上级领导管理那么多干部，谁经常汇报，谁按时汇报，谁很少汇报，谁主动汇报，谁不叫不到，谁忠诚放心，谁疏远……都清清楚楚，心中有数。别人常汇报而你不去、少去、怕去，容易生出不必要的猜疑误解，增加隔阂。为什么不来？有没有出事？是否有情绪？是不是信任？对下级也这样吗？是缺乏常识？能尽职可信吗？

**3. 怎样汇报？既要注重内容，也要讲究方法，还要把握时间。汇不汇报是认识与态度问题，汇报什么、如何汇报是方法和效果问题。汇报的频次依据保持信息的连续性，避免印象的中断淡化，不要形成"失联"状态。另外，如未受委托和指示，一般不要越级汇报。**

**（1）多汇报少犯错。**银行业风险大，谁都难免失误出错，尤其是被动型出事时。汇报能说明原委，使领导充分了解个中的原因，期待多点理解少点责备；谁都期望上级关心、支持和关照，它直接影响工作难易程度；谁都希望领导关爱指点，点拨到位是传真经给机会；谁都想进取作为，能在领导指导下实现进步，哪怕失败也有长进。

汇报要抓得住要领，少出难题、少提要求，多谈想做的、做成的事，表明积极的进取精神和有作为的动机。这些都是领导的关注点。应扪心自问：心中有领导吗？记得汇报吗？一年汇报了几次？主动还是被动式？认真还是交差？有事去还是常去？日常是否留意准备和收集汇报内容？要从日常做起。

**（2）懂得先请示，重要的事别做了再报告。**事前请示事后汇报是规矩，如果请示中得到领导的重视与关注，亲自指导帮你完善构想、调动资源支持推动、排忧解难，表明已经成功了一半。过程中不忘阶段性汇报，这样，成功中饱含了领导参与的效果，会更加肯定你，效果更佳，哪怕失败了也受到理解包容。

假如领导者不知情，你独自悄悄做成了事情，猛地放个炮仗去报喜。这样做的结果并不好，反倒给人一种失控、失信的负面感受，降低了成功效应。成绩不要独占，懂得共享分享，这是最重要的道理。

**4. 记住：成就上级＝成就自己，这是成功之路。在领导链中，上下级是使命与命运共同体，上级的成功会带给下级更多机会、成长得更快。下级要努力出成绩做贡献，绩效显著者的领导关系更好。使用干部就是为了出成效，占着位子不出业绩只说明是用人不适。**

**（1）下级要以业绩成就上级，并在成长中与上级一起成功。**哪个行长不关注自身职责与成果？总期待下属多做出一些成绩来，更期盼有突破性成功的贡献，为领导解决发展性难题，能拿出有效的办法，拿出更多经营成果和典型经验。

须指出，下级对上级始终要保持尊重、敬畏、遵从、诚实的态度，更能留下好感。不能说一套做一套，假如领导记上了心，你却没有了下文和结果。如果工作上不去而一味套近乎玩虚的，在上级的慧眼面前，其用心就变得庸俗无知。

**（2）上下级关系的最佳境界是什么？**人们总会揣摩自己在单位的重要性，是否受领导重视？有许多表象可做为标志：假如你经常加班忙碌，表明你的工作在重要层次中，不再是无关紧要被边缘化了。假如领导经常交办要事，表明你是在骨干层圈子中。假如领导经常找你研究商议要事，征询你的观点看法，说明你进入了决策过程，你已在被充分信任的核心层中；假如让你去做试点——这是给你机会，有了一种充分了解关心的关系。这是一种信任感，是对你能力和水准的肯定，因为领导者绝不会让一个能力不足、不被信任的人参与到他的决策中去。

记住：组织中有些人很关键很重要，不一定职务高但很难替代；有的岗位很关键，是经营中举足轻重的；有的事情很重要，不一定难做却不是谁都能够做好的。这些关键的少数当然是与领导关系最近、最被信任的人。

# 四、如何处理好与同级的关系？

同级关系是一个人上下级关系的缩影，看似平常却最复杂。处理与同级的关系表现为：融入往来、友情沟通、尊重互助、互通信息与分享共赢。

**1. 平级关系是最常见的领导关系，不纯粹却容易被忽视，很多人不在乎，以为互不相干无所谓。如条块间表面融洽但水也深，主要受权力、责任与荣誉之争，有的很紧张，谁都清楚只是不愿说破。关系是实是虚、是好是坏，关键时候见真假，临时抱佛脚补不上。**

**（1）平级关系是重要关系，口碑很要紧、合群才有力量。** 如何使同伴能够接受你、协同你、爱护你、赞同你、推荐你，通过战友式的密切合作，助你成功，至少是相处和谐，不阻挡你、不添麻烦。很多能人失败在平级关系上，错失进步的机会，假如缺乏同级认同领导也无奈，变得很关键。例如，一位分行后备干部很能干，但清高难处，几次推荐都不过半，他苦恼地问我。我说，领导想包装你，可你总是从里面戳出来，应当找找处理不好同级关系的思想原因。

**（2）常来常往很必要，多走动交往，一回生二回熟，三回成朋友。** 人际关系常有两难：难与上级去交朋友，难与下级讲心里话。同级之间却别有洞天，最容易交往交流，无所约束，相互间少有冲突，多求合作，只要你热情地伸出手就行。互通信息，相互帮助，朋友帮忙……都在这个层面上，够朋友是一种境界。

平级关系靠日积月累，也是同等交换。友情才关照，信任才接近，敬而远之则淡漠，距离会改变关系。你疏远他冷淡，你对立他设卡，这样的事真不少。搞好关系从日常做起，当部门下去、基层上来时都要认真地接待，这是沟通交流、培育关系最关键的机会。

同级之间容易相轻，互不服气，有点江湖气，卖资格、讲排场、有圈子；正因为平级，有人指手画脚无所约束，不如意就议论纷纷，都是普遍的习气。尽管干部总体素质不错，但也有层次差异；机构之间的风气不同，但总有亲疏之分，人要进步就必须顾及，去认真对待。

**2. 市场拓展需要机构协同、专业合作。机构、专业都是经营的一种分工，单个力量优势不足，竞争力需要综合优势，全行一盘棋方能取胜全局。市场不靠单打独斗，在共同目标下分享利益求得共赢。这次我帮你，下次你助我，关照别人能收获关系，也赢得人心。**

**(1) 市场靠协同，分支行之间需要合围。**如今企业集团化已成趋势，供应链贯穿布局在各地区，因而银行机构必须有效地合围，才能网住企业。分享利益求得共赢，并结成良好关系，市场协作才能获取分支机构的切身利益。每个人都扮演着求人与被求的角色，当一个行长有求于你时，一定是万般期待，如果你全力以赴响应了，他一定从心里认可并报答你。来而不往非礼也，是人之常情，一次就能奠定起紧密的基础，平级关系就从这样的市场交往中来。

**(2) 竞争靠协同，专业部门间更要合作。**面对市场，单个部门或产品都势单力薄；面对客户，专业部门不能多头对外，只能靠分工协作粘住客户。企业需要银行服务，但不同阶段需求不同，并不需要所有产品。银行各专业的产品功能不同，有的专业是求企业，有的是企业求银行，有攻有守全靠协同，以一揽子服务取胜，才能寻求经营的综合效益。各专业之间别认为客户这次没有需求，与自己无关就不愿意参与，若到下次有关系时，你单枪匹马能行吗？

**案例：**美国富国银行自称是"基于社区"的金融服务公司，在社区银行、批发银行，以及财富、经纪与退休金管理三大板块中，社区银行居首位，又以按揭贷款的比重较高，业务稳步增长形成了经营特色和丰厚盈利。该行在调查中发现，客户忠诚度与产品数量关联，越多越忠诚。据悉，2011 年，富国银行对每个家庭的零售产品数量平均有 5.92 个，最高区域达到 7.38 个，成为以多产品黏住客户的经典模式。既表明尽力满足客户需求的经营思想，也体现核心经营理念与管理的驱动。

**（3）要取长补短，同级之间应交流学习。** 在省内分行之间、市内支行之间，彼此最了解本地市场，却都是市场的一部分。各行所采取的对策措施都是最符合实际、最有针对性的，值得相互启发与借鉴，甚至拿来即可用，成为最有效、最重要的途径。彼此处在同一个市场上，同行、同业之间的信息常是触类旁通，亟待交流沟通信息经验。因此，加强块块之间的关系，是最重要的市场关系。有事没事常打一个电话问候商讨一下，比自己苦思冥想有效多了。

**3. 条块之间是利益共同体，亟待同级支持、条块协同与认可。** 业绩好相互满意，多承担彼此感激，多沟通互为支撑，互利互惠相辅相成，投桃报李明里暗里帮忙，也增进友情信任，关系是这样炼成的。遇到机会时谁能主动想着帮你一把？世间没有无缘无故的爱。

**（1）条块关系本质是与上级机关的关系。** 从块块看条条，专业在机关，与领导层最近，信息多联络广，资源机会更多，上面有人好办事。从条条看块块，部门很期待基层在领导面前为专业说句好话，最担忧揭出专业的缺点，这不仅事关面子，还涉及领导的印象与评价问题。搞不好与部门关系的行长业务麻烦多，很受压抑；搞不好与块块关系的老总落实工作难，空中楼阁，彼此牵手才有良好的状态。

**（2）行长对于非自身专长的业务，应当多请教专业老总，别自以为是。** 这是提高领导能力的需要，得以弥补自身的业务弱点。每个人成长的专业路径都很窄，对更多专业并不擅长，存有软肋，而通过多向专业老总沟通请教，便是提高自身专业决策水准的重要捷径。不耻下问，虚心请教，才能从专业的高度驾驭管理，以抓住专业的经营要领，减少日常决策中的苦苦思索，免受误导降低了决策有效性。

**（3）条块关系共生共赢，彼此渗透难解难分，需认真处理。** 从分工看，上级为基层服务，业务归口到部门，下级经营在专业轨道上，专业又在块块市场中。从关系看，块块业务统计到条条，条条需要块块去落实，块块需要条条的指导，条块关系成为日常最频繁、最易触发问题的领导关系，处理不好事事为难。聪明的行长、老总都应尽力搞好关系，相互关心关照，携手互通信息，共创共享业绩与荣誉。

# 五、管理好领导关系的要领

怎样管理领导关系？有些要领值得提示，注意了就能改善，做到了就有成效，逐步积累起经验。职务仅仅赋予了职权，而观念才体现素养素质，方法表现出智慧本领，处理关系是一门领导艺术。

**1. 如何处好与下属关系？这是领导关系的基本点。处理与下级的关系，换位思考就是与上级、平级的内在关系。基础是平等与尊重，人心相通，职责与地位的差异不能扭曲人格，做到了关系就正常。**

第一，主动发起与下属的沟通交流，消除人们心存的多种顾虑。主动一些总会融洽一些，带给部下的好感，往来多了拉近了距离，关系自然密切，不戒备才有真实，放下架子才能交心，在祥和中更容易接触，容易掏心里话。

第二，要尽量减少部下拘谨的心理压力。沟通交流一般不拘形式和场合，正式汇报才需要场景，表明庄重。有时一边散步一边交谈聊天，单独或几个人一起都行，坦诚交流、询问分析。要记住，平易近人具有强大的征服力。

第三，情绪就是态度，遇事沉得住气别上脸，把握言辞语气。尤其在未搞清楚前，一定要控制好自己。假如下属第一眼就感知严厉，必定影响到心态。无论什么场合都要善意平等，尊重人给人留面子，才有平等相处的基础。

第四，要善于主动询问存在的困难和要求，并放在心上，尽力去帮助解决。对那些下级为难、而你又能帮上忙的合理之事，如果解决了人们会真心地感激，报答以努力地工作。帮人解决一个个人的难题，等于赢得了一个人。

上述看似方法问题，亦属群众观点、立场与态度问题，更深层次是思想作风、工作作风问题，都是管理者应当掌握的基本方法和领导能力。认识作用于方法，做法是认识、动机和态度使然。

**2. 如何处好与上级关系？从对下属的关系中，可体验上级怎样思考，应当如何去配合、执行和管理关系。尽管在上级更高层的岗位，职责要求和任务更为复杂和重要，但是处理关系的方法大同小异。**

第一，把工作汇报作为职务的规定与要求，从任职开始就要接受履行报告制度的约束，强制要求自己提高这种认识与能力。特别是几个重要时点不可遗忘，年初季末、年度必汇报经营工作，重大事情汇报、开会期间可约求单独汇报。

第二，消除各种不正确的心态，增强主动性。对于一把手，请示汇报是基本工作流程与方法，无需担忧上级领导有没有时间、是否同意听你的汇报，上级都重视绝不会推诿。副行长向上级分管业务副行长汇报工作也这样，但一般不要越级向上级一把手汇报，如果受本行行长委托或事先征求过意见会更好。

第三，开始不习惯时可从一些主要问题做起。例如，市场发生突变、某些重要的突破、工作有起色变化、遇到要事、大难题麻烦等，这些重要经营实务都是汇报的由头，上级也关心。待汇报习惯养成后，就不在乎内容了。

第四，汇报前必须充分思考做好准备，要对本单位经营的常规信息了如指掌，以免发生领导询问时回答不出的状况。需指出，领导可能也会有许多事情询问商量，特别是对市场、政策与趋势性难题，征询了解你的观点看法。

领导关系由生到熟，从拘谨变成自然，关键是需要重视管理和疏导，避免淡化。经营应当围着市场客户转，管理应围着上级意图任务转，对领导交代的事项一定要及时有效地完成，适时报告进度，不能马虎一次。

一位行长跟我说：几年任职中只想着努力做业务，去完成经营指标，从没有人告知过要经常汇报工作的规矩。只是到开会或领导召唤时才去汇报，从未主动过。我说：汇报只是工作的程序性要求，属于领导方法的基本常识，一般都不会告知，除非缺点已经突出。工作要求与工作流程相互不能混淆替代，前者是上级向你布置任务提要求，后者是你按规则进行工作情况反馈，两者的主体不同。

**3. 如何处好与同级关系？** 同级更能反映关系的真实状态，是基本素质、方法和能力，也是性格、习惯和风格的写照。同级关系不需刻意做什么，却要在日常交往中注意维护关注，有所约束不能放任。

第一，离不开**尊重、善意和认同**，这六个字是人品基础，构成了领导关系的底线。同级关系的要领是和为贵、讲诚信、重友情，底线是守规则、讲大局、不结怨。人们走到了一起，尊重才有平等、善意才能亲近，认同才会维护，物以类聚人以群分，三观相同才心灵相通。为善才看到别人的优点长处，得以彼此欣赏；包容才能持续共事，总说别人缺点的人不易相处。

第二，需要**多沟通、往来和协同**，这六个字是工作关系，构成了经营关系的需要。经营中业务密切，协作交往多了，日久天长建立友谊，相互信任结成战友。有信息常联系沟通，有问题多协商，有困惑就求教，小事不要大意，联络多了才相互信任。沟通往来是建立关系的方法，有的人不善交往、不愿求人，其实孤立了自己，应当是开放，走出"清高"的性格牢笼。

第三，经常有**分享、帮忙和互利**，这六个字是朋友之情，构成了友情往来的境界。心有朋友不离群，热心真心相助，利益好事共沾，都是搞好关系的标志。朋友从帮忙来，解决别人的难处，投桃报李，付之真情收获感激；朋友从共享来，有好事时经验信息交流分享，思想理念、办法经验都是彼此期待的；朋友从互利来，合作共赢是市场方法，从中构造和谐的关系。

**总结：**搞好三大关系是做一个合格高管的基本常识，需要不断地学习、总结和完善。处理人际关系中还有一些基本要领，需要去认识把握：

**一是谦虚低调少张扬，夹起尾巴做人。**在权力、条块、层级三种体系下相处，在环境、业务、管理三种要素中竞争，人服人很难，受各种因素牵制。但唯有低调谦卑能够减少不必要的矛盾，相处中容易使人接受，得到认同。

**二是多走动、多沟通、多汇报。**市场往来需要主动热情，关系不是从天上掉下来的，主动交往更能结交，去广结人脉。市场不讲究清高，把它深深藏在内心世界，外圆内方。低下高贵的头放下身段来，彼此更容易相处好。

**三是职场中需要相互交换能力，得以取长补短。**真诚地帮助人，协同配合、合作共赢，这是最积极主动的交往方法。进步是辛苦的，着眼于融洽，助人于困难时，真诚地付出总有真心的回报，不能急功近利，日久见人心。

# 六、关系不顺时，先自省认识

有人群就有社会关系，有组织就有领导关系，工作不是一个人玩游戏，经营缠绕着千丝万缕的关系。关系是人脉，从商需要积累各方关系，是市场能力；关系是工作，金融中介充分运用关系，是经营能力；关系需管理，疏通融洽带来成功机会，是领导能力；关系是认可，各方配合才有成功条件，是社会能力。

关系不顺应多找自身的原因，是否有错误的认识在作祟。一要弄懂领导关系的基本常识，摆正位置心态就自然；二要重视并付诸行动，状态就能得到改善。

**1. 有人认为没有啥事要找领导的，不叫不去。**这才叫糊涂，正是问题所在。非得有事才汇报吗？汇报是接受监管的职务规则，不由有事无事决定，没事也要汇报。非得有事才找领导吗？无事或是一种更高的境界，可

**称之为信任、往来与自信，务虚务实都是经营。**

找领导为什么？第一，履职报告工作，前期做得如何？期待评价，应当自觉接受检查监督，沟通信息保持步调一致。第二，以后该怎样做？期盼指导指示，确定工作方向，还有难题、新情况需要探究，上级也有关心询问的事。第三，思想方面的汇报，这是党管理干部的要求，不可疏忽。汇报并不简单，报告得有内容深度、思想体会、思考请示，尤其遇到大事要事、重要信息时，不汇报是失职。

**实务中有一种基本现象：优秀者总是主动紧随在领导左右，而距离远的、落伍的常被边缘化了，距离度量关系，每个人都可以此衡量一下与领导的远近。**当领导哪有轻松没事的？个个在重压之下，思想者没事来事，先行者没事找事，奋斗者做不完的事。有作为者一定思考在前，首先遇到种种难题困惑、观念冲突和机会挑战，亟待上级指导；取得突破时，既要报喜也想求得认可，这就是现实。及时求得上级点拨，面授机宜走捷径，减少烦恼少出错，如同吃小灶般有滋味。

平时多汇报，到有事时才好办事；谁都有心事，无非是否敞开心扉；谁都有难处，企盼上级指导关心。问题是，别到出事了才想起找人，所谓无事不登三宝殿，显得被动与功利。留给人的印象是：你来就有事添麻烦，谁会喜欢？

**2. 有人心怯，怕见领导不敢找。**这或许是第一次汇报未做好造成的压抑感。**先扪心自问：你的部下怕你吗？假如怕，可能是你的领导方法问题；假如不怕，是否因自己有心态问题。怕就能解决问题吗？正常的社交心态不该怕，不如丢掉包袱，主动解除心理障碍。**

有人找一次领导要下多少个决心，心理障碍很深，甚至有领导在场就压抑。怕的原因多在自己，尤其一些工作上不去、情况不好落后的，或者有性格、心态的因素。

须知，上级领导谁不想了解情况多听汇报？都愿意了解接近基层，重视从各种渠道去收集信息，以把握真实情况，用心解决难题。你有成绩他开心，你有难处他着急，你有麻烦他难受，你勇于开拓他击掌鼓励，你做得好他总结推广，本是一家人，更是基本职责。**这是领导关系的基本逻辑。**

人生的意义体现在过程之中，许多难事你不说人不知，说了才了解你的动机和辛苦；许多难处你不说别人以为轻松，说了才展示你的风采和智慧。假如别人不了解你的精彩作为，不清楚你深层的闪光点，当然是心中的遗憾事，只能怨自己。因此，汇报沟通常常成为上级考察、了解干部最好的方式，也是下级表达自己最重要的场合，绝不该胆怯，讲出来才舒畅。抱着平常心，向领导如实地汇报自己的想法、做法与思路，反映经营的业绩成果，才是最重要的。

> 与领导接触的机会并不多，宜珍惜不要回避，应当展示自己留下好印象。当管理者不能有认生的心态，那些怕与领导接触对话的，不敢不善于表达意见与观点的，怕在公众场合讲话的，遇到领导总想躲着低头绕行的，都表明磨炼不够、心智不成熟，失败在起步线上。

**3. 有人总担心见了领导不知咋说。这种想法多余，你只是演员，领导才是导演。有的人面对领导自我窘迫起来，一问一答不知所云，表达力不强、接不上话茬、放不开不敢阐述观点、不善于转移话题、或未掌握情况，都是交流能力问题，是年轻干部常有的弱点。**

说什么、怎样说只是方法和经验问题，上级面前从来是上级引导话题，内容离不开银行经营与领导关心的那些事，如实地发表见解就行。谁都是由生到熟、话儿由少到多，熟悉了话题宽了，信任了话就多了，绝非你想的那点事。一旦打开了话匣子，有大有小，有公有私，有人有事，有深有浅，不怕没话说。

领导关系不只是工作关系，工作纽带把人结成社会关系网。上下级成为朋友岂非更好？许多事工作内外分不清，此时在汇报，忽而变聊天，没有纯粹的工作与业务，事事贯穿着人际关系。真诚换得信任来，事情本不复杂却牵动人情世故，沟通多了了解了，就不顾虑话题了。

市场是经营关系的总和，经营是社会关系的学问，打交道的本领不懂得学懂，不会得学会。那些最擅长公关的人，一定能收获更多的资源和认可。这是一个基本道理，不违反什么原则。

　　交往不在远近，常有心理作祟，有的近在咫尺，敬而远之怕见领导；部室间仅一墙之隔，却依赖邮件，对话变成做文章，事情复杂了起来，思想的牢笼自我禁锢。往来需要互信，因沟通而亲近，因交流而了解，因熟悉消除隔阂，因互信增添友情。开放的市场很现实，交往则机会好运更多，热情则成功希望更大。

# ▶ 第 5 章　领导意识与团队管理

行长肩负着建好班子、带出人才、领好队伍三项任务，分别针对着领导层、管理层和员工层。能不能管理人，表明你是否胜任领导岗位；会不会管理人，注定你能否顺畅施展领导力；能不能提高人，要看你的自身素质与目标高度。这是一个基本评估，不能领兵何谈打仗？队伍是带出来的，士气是打出来的，标志着行长的智慧与能力。

## 一、领导气质：当领导的 5 种素养意识

领导者不是一般人，区别首先在气质，他们的行为方式与众不同，一眼就能从人群中区分出来。如何成为有效的领导者？需要练就一些基本特征。

**1. 当领导要有领头意识，当领头人、以身立标杆。领导是机构的领头人，人们都紧随在他的麾下，他的指挥应政令畅通；领导是机构的代表人，在人们心中他代表着希望、应该是业务全能者；领导是机构的代言者，人们相信他的表态发布，他说有希望就有办法。**

克劳塞维茨在《战争论》中有一句名言："要在茫茫的黑暗中，发出生命的微光，带领着队伍走向胜利。"他心中有光明，向着目标，走出路来。其实，每一个领导前面都没有路，只能在前进中开辟自己的路。环顾左右，尽管同行们有的走在了前头，但经营很难复制，各家银行情况各异，受制于各自文化、机制与经营方式，路径都不同。因此，最重要的是能否把握住经营方向、制定策略和重要事项，而不是教条地贯彻。

领头是什么？是职责，要从走投无路中踏出一条正确的路，在没有现成办法时找到可行的办法，在人们失望氛围中鼓起希望的勇气；他立在前头坚定，人们就有信心；他带领队伍向前，人们就紧相随；他是人们的信念，只要跟从他去攻坚克难，就能扭转和改变被动局面，达到胜利的彼岸。

对于领导者，人们需要他牢牢把住舵稳住人心，清醒而不迷茫、不混乱、不胆怯，什么困难都要去克服，拿出办法摆脱困境难题。部下都看着他，一支队伍在他的领导下，是命运的期待。唯有从容坚守自信，不能有丝毫的消极言行，不能束手无策，更不能萎靡不振，尤其在艰难重压之下，若有任何的消极懦弱情绪，士气马上会被传染瓦解。因为部下是执行者，总是带着一种跟随服从，不加思考、也无法或不敢怀疑，他们认为领导者应该行。因此，领导者在下属面前就不该无能、消极和束手无策。人们为了希望才跟着你，他们不全是盲从，群众是真正的英雄，你若说空话假话很快会被他们识破。

领头是领导者最突出的特质，能领头才能当好领导。领头意识来自责任和担当，是一种内质的胆识血气，不全靠权力赋予，而源自实践中练就。领头是一种领导能力，标志着一个行长完成了从管理者向领导者的升华和成熟。优秀的领导者如同一盆火，燃烧释放出热情勇气，总是充满信念，总能想出办法，总会找到路径，抓得住机会，在他前面没有过不去的火焰山，并深深地感染着所有人。这样的场景之下，行长一定受部下崇拜，他们毫不怀疑，下定决心，士气信心不灭。

什么人能领头？在职务权力之外，更需专业的权威，人格品质的德威，业务能力的威信，人际关系的认同，都能赢得人们的信服。领头者素养的内涵不一般，因为各种无法解决的难题最终归集到他手中，是最终决策者、解决者。谁是领头？一把手领好机构的头，副手领好分管业务的头，老总领好专业的头，要拿经营业绩证明，用解决问题来说明。领头人在人们心中，他在就踏实，信任他有希望，他才能代表大家的意愿。

**2. 当领导要有带队意识，训练一支能干如意的战斗队。队伍是带出来的，带队的责任挑在行长肩上；经营力是带出来的，能干的行长带出能干的队伍，队伍带着领导者风格的印记。分支行行长既要会谋略打仗，又要能领兵带队伍，两种方法不同、能力缺一不可。**

**（1）当领导的要领是带队伍，这是最重要的领导能力和领导行为特征。** 但凡优秀的行长都是带队的高手，带出了队伍什么都能办好。带专业队伍的责任在分管行长和老总，责任不可推卸。着眼点是看队伍状态，是带队的抓手，始终关注、把控和调节它。一位调到落后地区任职的行长说：这样差的队伍，让我怎么干？其实他未弄明白，行长肩上有两副担子：一手开发市场要过硬，带领完成经营任务；另一手要带出一支过得硬的队伍，在他离任后照样保持战斗力。两手都要硬、都成功才是成功者，才交出了履职的答卷。

**（2）带队是施展影响力的过程，统一意志才能形成力量，不只是管控。** 管人要依据经营要求、员工特征开展，对症下药，把自己的思想变成队伍一致的行动。队伍是复杂的，各种年龄、层次和利益诉求不同，各专业、渠道与市场需求参差不齐，而两个文明建设的要求都很高。面对上级、政府与监管的多方面压力，以及市场、经营与客户的各种矛盾，分支行行长的权力不大资源少，能够调动运用的机制和手段有限，事事在考验本领与智慧，带队伍真的不易。

**管人首要是管好用好团队骨干，善于调兵遣将，为他们出谋划策，靠他们支撑起一家银行的脊梁骨架。他们的担当、活力和能动性，直接带动和影响数百、数千员工。** 当然，管理干部比管理员工更难，因为他们有思想、知实情、能量大，因而能力更强，更有办法与影响力，需要管理的智慧，并非仅靠权力来维系。

**（3）带队伍是做人的工作，包括培训个人、管理群体和训练队伍三个层次。** 对个体，要管理素质能力，着眼培育职业价值观、理想信念与敬业精神，要有事业心、责任心、上进心，提升执业行为规范、职业素养与业务水准能力。对群体，要培育团队精神与活力，灌输企业文化，形成共同价值观下的认同感、凝聚力、向心力与协调力，提升执行力、创造力、竞争力和服务力。对队伍，要管理经营状态，使之训练有素、整体协同，奋力完成经营工作的目标，使队伍既坚守主流价值观面貌，又有领导者个人风范，还要生动活泼的状态。

一个行长要有组织推动意识、鼓动宣传意识，不断地传播经营价值观，不断地组织、动员和发动群众，以身作则带领大家向前进。带队讲究领导艺术，当然需要把握好群众工作的方法，运用各种不同的形式，使队伍始终保持一种自信自强、充满活力、奋发向上的状态。

**3. 当领导要有目标意识，让任期理想变成现实。** 每个人心中都有两个目标，一个是理想，一个是现实；每任行长也有两个目标，一个是任期，一个是当年。如果只为眼前失去追求，或因人生定位的层次太低，或曾因挫折而失去了希望，就会落伍消沉、得过且过。

如果任期目标是期待的机构发展战略，那么当年指标就是征程上的战役，是完成任期目标的一个个里程碑，两者脉络相连。目标是经营管理中绝不可缺失的信念与指向，选择远方才有胸怀、眼光和思路，才能不断去奋进攀登。

**（1）树起目标，就有了方向、压力和动力。** 目标是经营定位的高度，其内核应当充满着丰富的前景，出自行长心中对任期的期盼。设立目标是自我期许，当然成为一家银行机构未来若干年的经营指南。每年在上级下达经营指标后，还要与战略目标相衔接，作为阶段性任务去安排落实。

如果一个行长不想确立远期规划，只等待上级下达指标、只会机械地贯彻执行，就形成一种包工头式的经营，工作中常会出现间歇式等待，干一年算一年，不关心未来发展趋势，不善于去做铺垫，用尽资源只为完成任务。跟着实用主义的领导人做事，常会斤斤计较目光短浅，也会影响与各方面的关系。

**（2）目标是经营的灵魂，是带队的召唤，赋予期待、希望和成就感。** 带队伍要以目标来鼓劲，希望使人奋进，缺乏目标会随波逐流，茫然不知去向有压抑感，也就沦落为指标的奴隶。我们时代的精神充满着目标，没有目标就不合拍，召唤不起人们的积极性、能动性。因此，要特别珍惜和看重这些闪亮光明的管理要素，将其提炼出来，变成人们共同的信念，去沐浴每个人。

一个常青藤组织需要共同的理想，需要信念去聚合，需要责任去自律。人们不只是为了赚钱而走到一起的，更多人是将人生理想与银行发展紧紧地结合起来，忙碌一生都奉献给了银行。**人们既生活在现实，也生活在精神世界中，需要物质更离不开精神需求。人不只是尽职地干活，还需要更加美好的精神动力，成为一种人生的信念，那就是对未来的企盼和追求，带来心中的光明，有未来理想在召唤，工作才会变得美好。**

**（3）行长责任是要使每个员工都聚集在目标之下，为之奋斗，受益其中。**运用目标去铸造动力活力，推动经营，使之与任期的每一项工作结合起来，变得有血有肉，不再空洞，得以落实。要让每个人都了解和认识目标的丰富内容，认识到未来发展对机构的意义，自觉产生一种使命感，才使工作变得更加充实，看到了自己的贡献，更加感知自己的命运、力量和发展前景。而行长完成了当初既定的任期目标后，才有一种管理意义上的成就感和收获。

**4. 当领导需要问题导向意识，这才叫管理能力、实力。有两种驱动力导向：一种是工作任务导向，前期制定措施安排，朝着目标方向奋进；另一种是问题导向，执行中遇到问题，堵在路上行进缓慢，亟待去排除才能推进。问题导向是在经营目标使命下驱动的。**

目标导向是一种经营意识，事关确立目标，设置的高还是低，是经营观使然。问题导向是一种管理意识，如何实现目标，控制好经营过程，是方法论使然。

**（1）问题导向是一种执行力，是最有效的领导方法。**当经营势头缓了下来，一定是遇到了障碍阻力，若发现晚了、不能及时排除就会误事，停车等待就误大事了。须知，一旦运营失去了惯性，再启动时就会耗时费劲，这是经营中最担心忌讳的事情。因此，能否及早发现问题出在哪里，赶紧排除打通堵点撬动前进，从来是领导者重要的责任。阻碍来自各方，有认识的、技术的、管理的、环境的等各种因素，辨明不易，检验着管理的紧迫性、敏锐性。

领导者一头盯着目标，作为出发点和归宿，举起任务的大旗并且分解到人，使每个人都清楚自身指标与责任，才算落实；另一头盯着问题，尽快解决问题才能推进工作，所谓发展就是在解决问题中前进。

**（2）管理者要做什么？要最早发现问题，尽快解决问题**。有些人很糊涂，并不清楚问题出在哪里，只会等待解决，这里有岗位与能力的问题。行长的眼光应更高更透彻全面，不仅要看到整体的问题，还要贯通了解环节中的问题，并改造不合理的流程。问题总是最早暴露在经营中的矛盾中，问题导向就是从中了解经营状态和困难结症，成为抓手。

目标驱动与问题驱动之间的关系是，假如经营的行为轨迹运行在目标轨迹上，则是正常，反之需要找出问题去排除，以问题导向去实现经营目标。

> 各地经营都有鲜明的规律性。例如浙江，年初存款迅猛增长，因在外地的浙江老板回家过节，把钱带回来了；而广东不同，打工者带着一年的收入回去过年，节前存款大跌。两地存款的规律完全不同，看增存是否正常，要看是否符合历史的轨迹，而不是每个月完成指标的进度。

**（3）能否迅速解决问题，是行长最重要的能力和素质**。如今经营压力事事都在考验干部，如果一个行长不能敏锐地发现问题在哪里，这是他管理水平不够；如果他不清楚形成问题的根源，这是他管理经验不足；如果他不能及时排雷清障去除阻力点，这是他管理能力不够。

当然，发现问题确实不容易，只有与横向、与系统、与先进比较，差距才显露。但看局部，操作者对整体缺乏感觉，总以合规为导向。**靠什么去发现问题？要用经验、逻辑、参照系与趋势，要从整体的视角、眼光和目标要求，这就是对领导者的职责与要求**。行长不能把自己当作一个普通的业务者，要以问题做导向，去做出全局判断、专业判断、管理判断、技术判断和发展判断，审视排查。

**5. 当领导要有明天意识，明天是未来、是导向、是召唤力与动力之源。每一个行长都面对着三天：今天、明天和后天，做着今天，安排明天，想着后天。今天是现实，明天是希望，后天是理想，相互之间因果逻辑勾连，绩效紧密地串联起来，环环相扣层层提升。**

昨天记录一个人的历练品性，今天观察一个人的生活态度，明天折射一个人的思想境界。不放弃今天，不埋怨环境，解决困难中才能表现才干；珍惜今天是为明天铺路，期待明天是希望不灭。**今天只是起点，明天是自己干，后天是谁任职？当然近期更重要。**今天要为明天做铺垫，发展必须把握明天，明天更接近未来，事关职业生涯。明天近在咫尺，与今日事事牵连，如此攸关当然做好当下，筹划明天就能应对一切。

事物的逻辑是否定之否定，或许明天要否定今天，甚至颠覆，现有优势会衰落需重建，未来充满危机挑战和转型的机遇，牵动着所有业务、所有人员、所有体制机制的神经。这是一个大局，明天就是战略的第一步，为了明天人们忧虑难眠，它充满期待，也无情检验今天的一切；明天因多变充满着未知，必须认真思考和应对，要有行动安排有所准备，不能懈怠失手。要进取不能退却，才有成功的希望。

**优秀的领导者始终需要思考、筹划和调整。**经营面对三年：今年、明年和后年，致力今年，思考明年，规划后年，三年思维就是明天思维。明年向哪里去？怎么做如何走？今年做哪些铺垫？做好应变准备与衔接，预安排明年，否则很容易被动失控。这就是经营的明天意识。在极其复杂和激烈竞争的市场上，一个分支行行长绝不能得过且过，预则立，时刻准备着。

行长是战士，更是指挥员，当然要眼观前方看得更远。**行长一生任职中，至多有 5 年、10 年的拼命干的"逞强"机会，这叫职业黄金期，一旦虚度就会永远失去，一旦落后似再难赶上，后来者将居上。**当一个副手，应当在分管专业上出成绩，表现自己，不能交代一项做一项；当一个老总，应当在专业上出成绩，不能平庸地占着岗位；当一把手，应当将机构经营得出众，无论选择什么作为突破口。人生至少需三五年的努力，才能筑成一个有起色的平台，之后又不知调任何方。明天意识是未来意识，未来意识强了，眼前的难处就不成其为困难，希望在前方始终光明敞亮。

市场无情不进则退，竞争残酷只有小憩，今天刚竖起的业绩转眼成为基数，又换作明天新指标下的场景。一旦你沉湎于业绩想舒适一点，一旦你厌倦市场想缓一步，立马会被潮流挤了出去，只因市场不是乐园。只有紧跟才不落伍，只有抓住才不失机会，只能战斗别无路径，唯有更强才胜一筹。那些弄潮儿才是快乐者，他们创造着明天，而且带领队伍奔向明天，为之奋斗，敢于胜利。

# 二、领导工作的常识与要领

领导者的群体自有特征，领导关系自有生成逻辑，懂一些工作常识，依其特征自然简捷和谐，顺其规律方能庖丁解牛，以免搞得复杂化，避免不必要的过错。

**1. 领导成员的个体差异性大。遇到好班子是缘分，遇到好班长是大幸。每个人都有长处短处，需要取长补短共赢；每个人都有个性风格，需要兼容并蓄；每个人都要约束自己，才能相互适应共事。团队完整才真完美，整体强大才真优秀，成为班子战斗力的标志。**

每个核心团队成员不都是整齐划一，总有优秀、一般、差的成分，表现在个体素质、领导能力、业务能力与市场能力上，不只是相对论，也有绝对性。班子里不是每个人都强，差异、差距甚至很大，也会有不合格者，但总体说都是或曾经是最聪明最能干的人，能量都不小，而且每个人身后代表着某些利益群体的诉求，因而不可小看、不可意气用事。**这是相互认定的基础，也是不可改变的现实。永远别说副手不行，关键在于你能否领导好他，要善于领着干、哄着干、帮着干、推着干，使人成长中增加信心并信任你、尊重你。**

人际之间总会发生矛盾，年龄、进取心、专业、分工、观念与方法等都会产生分歧，谁都无法消除这种个性的差异，认识它才会心平气和地认同。领导成员要追求和而不同、求同存异的境界，千万不能去消除那一点不同，不要触动它。**因为彼此的不足都包容其中，个性都保留其中，形成一种缓冲地带，成为需要大家尊重和守护的安全岛。**

"用人所长，不仅是有效性的要素，也是主管对下属的道义责任，是主管对其职权和地位的责任。专注于人之所短，不仅愚不可及，更是有愧职守。"（德鲁克经典《卓有成效的管理》）

**2. 原则和信念是底线，是纪律与规则。一面处在万变、个性差异、不断演进的市场环境中；一面是底线、红线、规则绝不能触动，构成了现有体制机制下管理空间。领导者何以应对？第一，必须讲理想信念，形成使命感；第二，必须讲原则纪律，形成自律约束。**

每一个成员都有个性脾气、经验逻辑及风格习惯，这是他们在成长成熟中积累形成、据以成功的基础而不易改变。**因而不要企图去改变别人生存内核的东西，只能加以引导改善和相互适应**，如同自己很难被他人根本改变一样，或改变了就不成为原来的自己。能被改变的只是浅层的、经营层面的、随机变化的形式，真想改变需要时间过程，强行改变会带来痛苦。一把手领导中凭借权力所能涉及的，只是工作要求的意志和作风，出自下级服从执行的原则。

**理想信念相同才走到一起，这是共事基础和自我约束，没有理想信念就没有动力追求，没有原则纪律就没有约束控制。**对干部要求的两个基本点：

第一，政治、纪律和组织原则，统一思想认识，自觉听从指挥，这是靠行政方式管住干部，是尚方宝剑。

第二，具备经营管理领导能力，包括经营、专业和市场能力，这靠组织领导力开展业务，是经营本领。

**3. 靠团结、包容相处，这是共事的平台，是好班子的共性。团结才能包容，主动消解矛盾就不易滋生是非。着眼于调动和发挥积极性、主动性，宽容就看得到别人的长处，去交流沟通。平等立于尊重，民主靠协**

商，团结形成力量，好班子以和为贵，一白遮百丑。

班子是上级选聘配置的，没有选择权，行长当班长只有领导执行权、建议权，这与组阁制完全不同。副职是行长的助手，经营上服从指挥，班子成员实行相互考核的机制。因此，处理好关系变得十分重要，团结合作成为工作的基础，讲团结成为成功的前提条件。**团结的境界是齐心合力做事，是积极进取而不是消极无为，是互助关爱而不是观望挑剔**。多些协助指导以减少冲突，多点协商鼓励而不要意气用事，不要看不惯，不能给脸色，因为适得其反，这不是权力的形式。

团结造就团队的强大，心情也舒畅；家和万事兴，家丑不外扬，去主动地化解矛盾携手向前。差的班子总是内斗内耗不断、不服不和相互挑剔，遭致两败俱伤心身都很累，没有好的结局。尊重他人换得尊重自己，主动联络换来和睦友好，许多人很能干，却失败在不团结中。道理都很朴素，每个人要从自己做起，这是党性要求，是人生观。

**4. 矛盾常起于鸡毛蒜皮的小事，问题多在方法与观念。人们自我地认识世界，环境视角、责任业务各异，认识总有差异性。犹如瞎子摸象，每个人说的都对却都不全面，有谁能摸遍全象又理性认识呢？抓住统一思想的牛鼻子，需要胸怀和眼光，考验领导的本领。**

班子成员的基本素质都不低，达到干部标准才能进班子，初心相同，因此并不存在基本观点上的原则分歧；业务经营都按照总行的规则制度执行，并不存在业务要求与方式上的根本分歧。因此，矛盾问题多形成于执行过程中，出于理念认识与方法作风上，例如对工作安排、管理方式、进度难度等具体要求与做法上。从来是小事出是非，心里不痛快，常因见解、个性不同，多没有原则问题。

如何摆脱小事的羁绊，去成就大业的成功？**一把手有时要视而不见，常要容忍回避，难得糊涂**。领导者要关注大事，避免纠结于小事。优秀的行长都善于统一思想、着眼点更高，想在前面，部署在先，高屋建瓴。具体执行中各有手法高招，鱼有鱼路、虾有虾路，少干预或许更有效，只要不出格。这是一种胸怀。

**5. 领导不是少数服从多数，群众观点不是多数人观点。** 行政由少数人决策、多数人执行，经营管理的基本形式是服从，保持政令畅通，完成上级下达的目标任务。领导者天职是统一认识，组织带领队伍贯彻，不以人员态度干扰执行，不是多数人不愿意就不干了。

市场常拿二八定律说事，财富按二八分布，以关键少数法则和不重要多数法则断定了主次。但是，领导工作不讲二八定律，是少数人决策，多数人服从，工作要求不依人数表决。在法人经营体制下，贯彻执行是基本领导方式，下级作为代理人的职责是服从，组织动员提高认识，统一到上级的工作要求下。如果有不同的观点，也要通过规定的渠道反映，绝不能消极不执行。

既要对上级负责，又要对群众负责，如何实现两个负责的一致性？成为检验和考验领导者最重要的尺度。有时对某一件事很难分得清两者关系，但重要的是立场和态度。必须明确，行长是资本代理人，由上级委任而不是员工推选的，经营上服从法人意志和国家的根本利益，不能代表群体利益。这是一切管理关系的出发点，以此统一各种认识，减少是非争论，避免派别和情绪的对立，形成合力凝聚力才是有效途径。

群众观点不以数量定性，而是心中有员工，依靠群众办银行，他们代表生产力，是真正的英雄。通过加强思想教育减少分歧，形成共同的价值观；要重视少数，他们是工作的难点压力；要共同进步不丢掉一个人，这是领导责任所在。

# 三、如何带好团队？为团队与领导人画像

班子是强人聚集，当一把手最难最重要在带班子，需要以身作则，更需要智慧和能力。会带班子就会带团队，能带好班子就一定能带好队伍，这是基本规律。

**1. 班子与管理层骨干结成机构的脊梁骨架。** 一家银行的强弱首先看团

队，团队强则银行强，团队弱则银行弱，行长是标志是代表。团队靠一把手，行长强则一定会使团队变强，行长弱则难以统领团队，哪有行长不行而靠副手维持使机构变强的？这是基本的逻辑。

（1）**怎样实现领导？首先是通过班子骨干来传导，落实到部门和工作中去。**团队分为两层，一是指领导班子，是领导核心层；二是指中层骨干，是部门机构领导层，是执行管理层。每个机构都是类似的领导架构，团队是桥梁纽带，组合成传导机制，层层传导放大，承载一家银行的核心竞争力，团队强大能承重泰山，软弱则无所作为。因此，团队成员不但要自己优秀，更要懂得承上启下带动更多人，这是成功的关键，变得极为重要。

（2）**营造遍地英雄的局面。**领导力突出表现为骨干的凝聚力、执行力和活力，这是经营成功的基本力量。**先进人物多多益善，百花盛开才是春。百人英雄的队伍比起十人英雄、一人英雄的队伍，是一种数量级的优势。带队伍是要带出千百人的活力，带团队是要带出百十人的动能，带班子是要带出每个人的作用，别以为自己才是英雄。**遍地英雄下夕烟，要发挥班子作用带出英雄辈出的队伍，把每个人的能量都激发出来，调动起来迸发竞争力，这是带队的思想方法和路径。

所谓英雄是指人们心中自我的境界，有一种做得最好、最有成就感、最自信自豪的心态状态，而不是指评选先进人物。现实中评为先进的并不都是最优秀者，只是为表彰某一种精神。靠一两个评优指标是激励调动不起一支队伍的，只有正确地引导和满足队伍普世价值需求，才是真正的力量源泉。

（3）**团队成员是同志、是战友、是朋友？**同志志同道合，战友生死与共，朋友情趣相投，三种要素各有含义，组合得越深关系越紧密，可从相处中得到解读，人们心知肚明。领导者该怎样把握好各种关系？难在其中，智慧亦在其中。

无论是集权、放权，只是对不同内容施展不同的领导方式。最重要的是沟通指导，善于传导自身意图，支持成员们大胆地开展工作，引导并为他们排忧解难。工作中总会出现各种问题和失误，重要的不是追究指责，而是主动担当责任，关系就会变得融洽简单。

**（4）家长思维与兄长责任**。领导者需要家长的思维，清楚每个人在想什么、期待什么，帮他们树立起目标标高，指导他们去实现梦想；需要兄长的责任，关心爱护、坦诚待人，协助和支持他们成就业绩，鼓励有所作为。尊重互信是共事的基础，也是成事条件，班子里绝不要搞亲亲疏疏，有隔阂了就要交心商量去消解，这是一个信任的基本要领。带团队主要是用人、指导、包容、培养……看似教条常谈却实是成功之道，考验着一把手的领导能力。现实中，假如你总是端着一把手的架子，那永远是浮萍，与人心生距离。

**2. 正职副职都要摆正位置，才有和谐的关系。一把手决定大局命运，在业绩单上行长是总账，副行长是分户账，绿叶映衬红花。经营在同一个平台上，副行长业绩几分，行长成功几成。彼此相处需要智慧、方法的艺术，在不断调整中磨合，旨在形成合力与效率。**

**（1）有矛盾时多找自身原因，少怨天尤人**。默契则共赢，不和则两败，假如一把手缺少智慧与胸怀，或副手不善于服从，则相处难度会很大。如果副行长分管部门业绩非凡，行长评价一定好，自然充分信任放心放手，分歧与干预就少。假如关系不顺时，正职一般会找副职的原因：是否工作上不去、推不动、直接影响业绩；是否作风、态度、人品的小毛病；是否因分歧而怠慢消极，形成了内心的不和；是否效率进度、状态及沟通问题等，因而关系不好则副职最易受伤。

副职需把握两点：其一，谦虚谦卑，成功时不居功，隐身于后，不抢风头不图名，要记住上级领导之功，要记住群众是真英雄；其二，宽容宽恕，失误时能揽过，敢担当敢于承担责任，才最受人尊敬，才有更多人跟随，相处也更融洽。

**（2）当好副手的真经：业绩、尊重与汇报。三点做到了，会融洽一些。**

第一，分管工作要出业绩，完成目标任务。业绩是真本事，是支撑关系的基础，拿出业绩才有基准评价。行长需要副手能干，期待拿出业绩，他们分管工作出彩了，才为行长业绩添彩。这叫作工作是关系之本。

第二，尊重、服从与执行，领导是上位，不要错位。这是基本的态度，才能获得更大的支持，底线是绝不在公开场合交锋冲突。一把手并非都完美，也会失误，副手必须懂得尊重适应。这叫作关系由地位决定。

第三，请示汇报沟通信息，心中有领导，不能失控。记住要经常性沟通和阶段性汇报的方法，对重要问题、涉及全局事项，不可擅自主张。汇报换得信任和放心放权，不汇报好似失联。这就是靠往来润滑关系。

**3. 为领导人行为画像，做到了就像领导。尽管个性不同，但人们一眼就能认出谁是领导，因为共性相同，只有风格姿态、行为模式大同小异。领导方式不是统一模板，不同场景下探索成功之路，殊途同归；各时期环境形势多变，各阶段面对不同矛盾，灵活应对。**

**（1）始终站在前头弄潮，辨识方向、风向，当领头羊。**领导岗位在市场与政策的前沿，最需要扬起大旗，呼喊着召唤人们前进。基本做法都一样：第一，组织和依靠团队力量，统一思想施展执行力，使人们信任而不怀疑，营造凝聚力和自信；第二，组成强大的第一梯队，形成榜样的力量，使人毫不犹豫地跟随，争先恐后去做业绩贡献，营造感召力、紧迫感；第三，营造浓郁的氛围场景，使每个人都感受一种磁场效应被牵引约束，去合规经营、维护荣誉，不能不敢不愿出事。这是**成功的三要素，班子、骨干和氛围带来活力、进取和规范。**

鼓励全员建功立业，从专业条线、产品市场上不断突破，此起彼伏不停地获取业绩，这是一家银行最有效时期的场景状态。班子骨干是中坚力量和希望，带领人们向前；不断地扩大优秀分子的数量比重，去提升队伍的正气和士气。领导者智慧是在善于调动积极性，把握好各个层次的心态，穿梭于行进中，排除阻力障碍，最善于帮助落后者鼓起勇气跟上。

表面上银行家稳健谨慎，骨子里不乏激情，否则很难在市场上攻关克难。一把手应该是最动心思、最了解队伍状态、最有凝聚力而深受信赖的人，受到部下崇拜，士气信心不灭。

**（2）始终盯着前方，明察秋毫，高人一筹、先人一步。** 当别人尚无感觉时，他已经思考部署；当别人还在迷茫时，他开始布下棋子。盯着市场就是盯着变动趋势，盯住解决问题、盯住客户动态，抓住主要矛盾作为工作重点，弱化其他矛盾以免干扰。

思想高度决定领导位置的高度，事关领导者地位，使部下服从和心理诚服。当你总是思想在前，战略在先，别人只能被动地跟随。**这是思维的逻辑**。

行为态度决定谁是主动方角色，领导有主动姿态，别人只能被动地去适应。当你总是行动在前，示范在先，别人只能去学习仿效。**这是行为的逻辑**。

工作的安排决定了经营的秩序，千头万绪先做部署，就使他人成为执行者。当你总是部署在前，安排在先，别人只能去认真贯彻。**这是事物的逻辑**。

你总能领先一步想到做到，想对做好了，你就是真正的领袖、心中的神。久而久之人们便不持二心，认同你真正归属你的麾下，毫不犹豫跟随你向前进，当然胜利有望。这是领导者的魅力，是一种过人的本领才干。

**（3）始终牢记当领导的基本要义，掌握贯通基本要领，如同护身符。** 主要是：统一思想是解决分歧矛盾最有效的基本方式，自我批评是化解矛盾的有效方法；抓业务发展永远不错，完成经营指标是无可辩驳，没有人敢持有疑义；资产质量是生命线，风险管理和内控案防是永恒的箴言，抓合规经营什么时候都不会错；讲政治政策、抓作风纪律、贯彻工作制度和要求，是尚方宝剑；依靠动员、教育关心群众是基本方法等，都事关经营的核心问题，必须懂得掌握，印在脑子里，用在工作中。

当感觉不顺矛盾多、当麻烦不断时，首先得扪心自问，是不是偏离了基本要义？一旦偏离主流而陷于繁杂关系的烦恼时，是否该冷静缓和一下，不要再去激化事务中的矛盾。

**（4）始终把住整体运营的稳定有序，这比什么都重要。** 秩序是业务运作的命根，稳定是经营管理的基础，有序才敢大步快走，稳不住就缓步谨慎，**稳定是正常的标记，要盯住这个信号**。记住，问题得一个一个解决，饭要一口一口吃，任何时候都要保住运行稳定的前提，不要积累、激化矛盾，图省事一定不省心。

不到火候不揭锅，未弄清楚不动手；有些容易乱的事情，就压低调子只做不说或少说，以减少负面影响。例如，对一把手的调整不要集中一齐动，最好一个个地调整，减少波及面，不影响整体的稳定，以免前进速度缓下来等候。好事要在大会上宣讲，对有负面影响的只做小范围动作，不要因几个人的事搅乱全局。

始终留意整个队伍的情绪，力求保持有节奏的稳定状态，避免和减少各方面的干扰。一旦发生意外事件时要稳住阵脚，控制住波及面，只影响局部。

**（5）始终留意群众心态、队伍状态、少数人动态，作为讲话做事的基调。**员工心态、队伍状态必定会反映在情绪上，成为管理的风向标，领导者要善于判断情绪施展管理，调动情绪引导经营，缓和情绪不生内乱，针对情绪施行对症的管理方法。当经营困难时，重点是安抚鼓劲解决难题，少讲大话空话；当业务顺畅时，要求得再严一点人们也接受。领导行为要因势利导，善于调节情绪、转向积极的方面，这是领导艺术。

队伍状态是多种因素的综合反映，形成了情绪、心态必定事出有因。问题总是从少数人引出，无论是正面还是反面效应。对正面好事要特别关注，或许就是新事物萌芽；对反面孬事要特别留意，发现苗头早解决可避免消极因素蔓延传播。这些征兆检验着领导者的敏感性，掌握情绪分析是有效的管理途径。

# 四、如何管理副职？督促、考核、点赞、揽责

正副职之间低头不见抬头见，融合了各种最为普遍、却是最重要的领导关系。有的相处团结和睦，家和万事兴；也有的心存芥蒂，或因几个人相处紧张不容，关系变得最为复杂。班长如何管理好副职？有一些基本要点。

**1. 一把手应当管理副职，督促每个干部履职尽责、步调一致。干部不是自生自长成的，团队是管理出来的，一把手肩负着重要的管理职责。工作职责从不以虚位存在，领导成员有职务就得担当，有分工就得负责，有权力就得问责，受到管理考核和工作业绩评价。**

银行干部在两种管理制度下运营，一种是党内的民主集中制，集体领导和个人分工负责相结合，按照"集体领导、民主集中、个别酝酿、会议决定"的原则议事决策，个人服从组织，少数服从多数，下级服从上级，全党服从中央。另一种是行政领导负责制，一把手在上级授权范围内全面负责，副行长在行长领导下分管某些方面的工作，对行长负责。尽管党内与行政的制度方式不同，都要求领导干部履职尽责、担当作为。

一把手负总责，但分工负责制一定分解落实到具体事项和指标，与工作绩效和问题挂钩，谁分管谁负责清晰明确，工作有交叉则共同负责，贯穿一条干部的管理链。一把手必须以身作则，从严管理，落实党管干部的各项要求，这是保障团队核心战斗力的基本保证，决不能放任自流。

党务与业务工作职责既要分得开，也要合得拢，落实到经营管理中。**每个成员党务、业务一肩挑的意义是：通过分管党务工作，使每个干部都在着眼全局责任下统领思考工作；通过分管业务工作，使每个干部都在做好具体工作中落实整体要求。**始终牢记加强党的领导，党委要管党建、党风、党纪，管好干部和思想政治工作，每个成员都要"牢记第一责任是为党工作"，着眼整体服从大局以分担责任，接受组织领导以尽责自律，坚定理想信念以尽职担当，增强团结协同以协调关系。

下属资格老，新行长心存压力，如何领导？其实看人性就明了：使人诚服的三因素是：尊重（信任）、成功（授权）与情感（关爱）；权威来自职务（权力）、职责（考核）与人格（尊重），对照分析下缺哪项？关系上：你理念对了道理才正，决策在先就得执行，谁能不服从？你说到点子上、有理有据可行，谁能不信服？你看得准问题拿得出办法，务实不推脱，谁能不执行？你态度好又主动，他对了就支持，错了协商解决存在的问题，不就统一了吗？你尊重包容大度，严于律己又做表率，不就令人敬畏吗？你交心关心信任坦诚，使人感受善意，不就握手了吗？不要自造压力。

**2. 以分管部门的绩效，作为衡量副行长工作成效的尺度。** 一把手如何评价副职的履职情况？副职分管专业部门，部门状态应当是工作状况的一面镜子，从中鉴别其履职状态。分管部门有起色＝履职见成效，分管部门平庸＝履职平庸，专业落后只表明履职未到位。

**（1）如何使专业建功立业？专业从来是经营制胜的抓手，至关重要，靠争先争赢的一股劲，从专业榜上争名气，换来经营榜上名利。** 经营发展表现两种成果：一是机构业绩；二是专业突破。两者紧密关联，机构竞争力一定表现在专业特征上，机构业绩总有专业优异的特点。**检验业务至关重要，假如部门平庸，整体哪来亮点？多个专业出彩才有全行辉煌。** 经营中，行长自己抓机构，通过副行长抓专业。

**以什么衡量专业工作的成效？** 一是纵向看，比较系统专业指标排位的变化，例如行内各分行的专业比较中，原来处在什么位次，年度有变化吗？是进步还是落后？可以量化细分对具体指标；二是横向看，同业间的排名是否发生了变化？三是看本行，从各部门工作状态与业绩的比较中，都能显示出经营的差距。

**（2）副行长谁更强更能干、谁更优秀有效？** 由于分工不同一般很难比较评价，只有与分管专业部门的绩效状态紧密挂起钩来，作为考评的基本依据，就变得相对容易了。挂钩分管部门业绩能起到两个作用：第一，推动专业去努力创造业绩，这是经营的目的；第二，督促副行长去抓业务出实效，这是领导的职责。这样就把经营与考核紧密地结合起来，领导工作落到了实务上。

一个副行长分管几个部门，每年总该有一些起色，来证明自己做出了努力。多看看排位，以差距激发危机感，人人都应进取，不进则退，从相对比较中看谁更努力更有效，无需抱怨。副行长不能只当二传手，应当驾驭分管专业，攻坚克难有亮点起色，促使专业工作更进一步。

**3. 肯定和称赞副职的成绩，是最有效的奖赏。** 一把手日常最关注副手的工作状态与业绩，不断在审视和管控：一是要善于及时发现、评价、肯定分管工作的成绩变化，看到他们付出的努力和过程的不易；二是要善于引导、提出新课题，指导期待他们更上一层楼。

如何认定和鼓励人们的努力？假如领导者看不见、或看到不说、或不了解过程，那么努力者会很失望，慢慢会失去激情，觉得干好干坏都一样，反倒保护了不作为者。对副职的管理也是这样，要善于鼓励、点赞他们的业绩作为，不能看不到、不能不说、不能不了解过程，应当充分表达出来和他们共享喜悦。

随意流露出来的夸奖，是贴切有效的肯定，工作离不开激励，给予方向与温暖。表扬的目的，一是鼓励和肯定他们的辛苦与成绩贡献；二是使他们感受到领导在关注，有一种成就感。实务中，业绩都是员工做出的，分管干部也耗费了心血，但功劳都记在行长的成绩报告单上。如何把成绩与人们工作紧密联系起来？领导者的日常评价最为有效。一句赞语春风化雨，满足了一点点心愿，却化解了无数的烦恼，使人受到鼓舞。

表扬肯定对副职很重要，他们同样期待表扬却很难表达。假如行长表扬了他们的辛劳和付出，感激、热情和温暖油然而生，也会激励专业条线上更多人的努力。而如今要到年终时，一把手才对副职做背靠背的考评，还得平衡数量关系，反倒丢失了激励的机会，激励作用太小。因此，重视日常工作评价，这是重要的领导方法，体现关爱也协调相互关系，优秀一把手都这样做。

**4. 勇于担责不推卸，部下才有勇气和不二心。我们面对一个万变的世界，是非真伪的界线并不清，缺少灵活性则寸步难行，缺乏进取心则无所作为。当干部的风险责任最大，一把手敢于承担当好后盾，副职才敢于进取奋勇向前，担当是优秀领导人管班子的前提。**

责任该谁承担？理论上明确，实务中模糊。哪些责任最使人忧虑？主要是：勤勉尽职依旧难免的责任、客观原因的责任、市场环境的责任、突发变化的责任、不可抗拒的责任。干事管事越多、规模越大出事越多，发展越快、担子越重责任越重，这是现实的逻辑。问题难免而问责无情，一些失误会断送职业生涯，教条式的问责方式对经理人不公平。

如何分清责任？责任难分清、分不清。多少事成功了是创新，失败了是违规，因为责任条款很笼统，定性多定量少，关键在解释。问责压抑着进取之心，如何使人们从顾虑的重压下解脱出来，放得开手脚？才是问题所在，空谈毫无意义。其实，行长负责制是行长负全责，工作上不去有责任，管理出事有责任，任务完不成有责任，案件发生有责任，员工不稳定有责任……所有的一把手都是第一责任人。怎么办？只能对责任做比较，两害相权取其轻，战略上藐视，战术上重视，去消减压力。

案例：1995 年，我把杭州分行的市内运钞守押由枪械改成用狼牙棒等警具。有人担心："这是吃了豹子胆了，出了事谁负责？"我有改革的理由。因为，银行枪支走火伤亡、丢失、违章持枪及犯罪等案件接连不断，占安保案件的 98% 以上，却从未有成功击毙抢劫的。枪案比抢劫更严重，成为安保责任之首，行长却难防控。权衡利弊，我毅然更换并采取严密的保障措施，事后得到总行保卫部的赞赏和推广，把减枪、减库、减人作为整治安保工作的切入点，推广集中与委托守押，大幅减少了安保案件。身在多重责任下要抓主要矛盾，去规避更多的风险。

整体看，银行出事概率并不高，只要审慎不必过度忧虑，经济案件也只有千分之几的机构发案率，只要努力落实何必惧怕？这就是现实。一把手要放下包袱，主动去承揽尽职中的失误和问题，去解除人们的后顾之忧，换来队伍奋进的精神和勇气。当然，前提是有效管理减少盲目性，控制在前管理到位，善于发现问题苗头，在执行中及时修正纠偏，减少和避免不必要的失误。

有两种问责机制，一种是行政问责制，以结果导向问责，还要看认识、讲工作表现和态度，依据后果与上级意见决定如何问责。另一种是市场问责制，实行"分清责任、尽职免责、违规必惩"，以流程、权限及法规为依据，规则在先，谁违犯问谁责。西方银行多用市场方式，我们侧重于行政问责制，更严厉和具有不确定性，涉及面也大。

# 五、方法论：善用表扬与批评

表扬与批评是重要的领导方式，也是领导者的内心情绪、是非态度与管理手法的反射。表扬给人温暖，批评使人压抑，使用好这两种管理武器并不容易。人们很在乎领导的评价，一位行长告诉我，他给儿子 1 万元，儿子没啥反应；而单位领导奖励了 3000 元，却兴奋激动更积极了。

人性不复杂，员工真可敬。每个职业人内心都在期待良好的相处关系，基本道理都懂，只是不善于、或拘泥在特殊的小环境中。有一个朴素的道理：假如你表扬他一次，他会意外；假如第二次表扬了他，他会感动；当你第三次肯定了他，他会拥戴，甚至成为粉丝，**这是表扬的效应**。当然，表扬有理由用意，是认可人的长处或进步，哪怕是对一点点改变的鼓励。因此，要善于采用表扬的方法，当发现别人有进步、有变化、有闪光点的时候，一定不要放过机会。

人心不简单，员工要善待。善良和诚意更能唤起人性初心，批评或许纠正了不当的行为，但不利于处好关系，反而容易结怨。同样一个简单道理，如果你批评他一次，他会内疚；第二次再行批评，他生隔阂；若第三次还拿来批评，他会记恨，**这是批评的效应**。因此，尽管批评总有理由，但要讲究有利、有节，过了度走向反面，批评效应反倒大减，情绪逆反，这叫量变转为质变，因而批评的方法只能有限使用。假如第二次、第三次改为关心帮助，结果就不一样。

心理学说："与人沟通时，70% 是情绪，30% 是内容。"情绪不对，内容会扭曲，心里话不说出来，真心话听不进去，情绪激化会加深误解。而表扬与批评都直接影响情绪。许多事纠结在情绪上，若领导者主动去谈一谈，问题就容易得到解决。

若想表扬人，就会处处发掘发现其优点，看到每一点进步、点赞每一个亮点，由衷地表达出一种善意，使人感受到你的肯定和温暖；若想批评人，也会去留意寻找你的缺点，这是一种什么心态？反招致对方处处留意你的不足，再上纲定性，不结怨才怪了。表扬与批评都会记在心里，而正向激励要比反向批评的效果好上百倍。结论是：一个领导者应当多用表扬的武器，使彼此都光明。

**要不要表扬出自善意，会不会表扬出自用心**。表扬是上级的领导行为，同事之间哪用表扬的？因而表扬是从心的也是有心的。优秀的领导者都善用表扬的方法，不吝啬说好话，他看得到人之优点并能说出来，收获了人们的好感和拥护。别以为非得多么伟大的事才能表扬，只是对下级的一种肯定、称赞，是对人的鼓励和激励，更是导向，树立榜样。

**要不要批评需要慎重，会不会批评在于水平**。要避免批评错了、过了，效果反了、激化矛盾了。把握恰如其分、恰到好处的批评火候很难，因为事出有因，事不简单。找出缺点难，因为出错都有主客观的多种原因，少有纯粹做错。当人们主流向好的时候，假如用放大镜去挑剔，小事上纲一下，使人感到鸡蛋里面挑骨头，结果是换得别人的记恨。

表扬不难，一是善于发现他人点滴的进步，使人感受领导看到了他在努力，或许本人还不知这是优点，受表扬就更做得好了。二是创造些机会，比如交给他一项工作，他做得好就有了肯定的理由。三是表扬不需要场合，人前人后都行，当然有些场合影响面大而效果更好，如在会议上可多对集体、对专题事件做表扬，日常或交谈时多对个人做肯定。四是及时性，只要好事随时赞赏，见到了就说，时过境迁会失去机会时效。五是方式自然，不要过分做作或提升高度，应是一种真情实意的流露，否则适得其反。

批评不易，一是批评的目的是改变人、引导人，而不是伤害人形成对立。二是搞清楚情况是重要前提，先了解是否清楚真实，不能先入为主结论在前。三是批评要注意场合和态度，给人留下面子，多以面对面方式交流询问、解析原委，商讨如何处理得更好，才能避免出事，使人感受到关爱的诚意，避免简单定性上纲戴帽。四是对工作问题就事论事，尽量对事不对人，谁的事说谁，避免扩大化伤及一批人。五是在肯定成绩下谈不足，避免以偏概全，谈希望多鼓励，认识到做错了改过就行，使人放下包袱。

# ▶第6章 经营人才与队伍管理

银行人才至上，是经营之本，重要性摆在第一位，无论怎样强调都不过分，支撑并决定了一家银行优劣状态。经营依赖人力资源，落脚在人才队伍，所有的经营基础和机制，都围绕以人为中心。

配置人力资源应是领导者的基本能力。数量素质合适吗？结构合理吗？如何培养使用？这三件事是基本学问。把人员提升到人才去认识，开发培养、使用依靠、尊重爱护，确立地位才有人才的作用。

## 一、怎样成才？向职业人跨越的规律

20年来，金融业以强大的吸引力招募社会人才，大批优秀高校毕业生涌入银行，使高学历成为各业之首，充满了活力。年轻人如何成才？成才自有规律。

**1. 就业是人生的根本转折，从此跨进社会的门槛，入行入职进岗位，绝大多数人终身定位。社会角色、地位转换了，从学生→劳动者、创造者，从受教育者→担当者、贡献者，发生了根本的变化。如何能够完成顺利转型，成为合格的职业人？这个跨越很不简单。**

**（1）职场、学校两种素质要求，是人生转型。**上大学，是社会有限的优质高教资源被你争到手，社会培养你提升学习能力。但学历成绩≠职场能力业绩，文凭只是读书的证书，学历只是进门的资格，入职后一切归零。站上市场起跑线，在市场规则下重新开始，经营的学问更复杂、更专业。

工作舞台需要社会素质与能力，从为自己→反哺社会，不再讲索取。学习为成长，以成绩作检验；就业为生存，以贡献评优劣，目标责任都不同。职场需要解决难题的能力、完成任务出业绩的能力、营销服务客户的市场能力、运用信息发现机会的能力……都是职业素质、智慧与专业能力，来自市场，学校学不到。

**（2）环境方式、责任标准变了，是人生挑战。** 从学书本→学专业实务；从基本常识→专业经验；从为自己学→为单位工作；从考试过关→考核绩效；从同学竞赛→市场竞争。两种根本不同的场景内涵，生存环境变了，人生进入深层职业再学习阶段，紧紧围绕岗位的工作，包括掌握专业制度规程、作业核算、内外关系、市场方式……面对整个经营管理体系。转型检验着每个人，有的人一辈子未能完成，注定了不会成功。

读书是听他人的见解，工作才积累自身才干与经验观念。提升知识结构（基础、专业与社会知识）、专业能力（解决问题、综合分析、执行创造等）以及职业规范，还有社会能力等，经过严苛的专业培训和经营实践锻炼，逐步形成业务素质和职业品质。

**2. 优秀职业人才是怎样炼成的？条件是：艰苦付出才成功，路靠自己走，取决于效率、环境与机会；环境是：大浪淘沙不进则退，成才离不开奋斗的过程。你为满足于交差、为履职尽职还是追求卓越？三种不同的态度，引向三种人生的状态和结果，一切皆明了。**

**（1）金融人才具有不同成色、结构。** 人才是成人、成材，这是成长期；还要成器、成专才、成栋梁，这是成熟期。学校里成人成材，单位中成才成器。文凭是成材证明书，毕业生素质差异不大。职场由专才组成，单位要把新员工训练成为各种专业人才。能力从市场磨砺来，金融不凭天赋。

**（2）知识不断在调整结构，在更新进化中扬弃。** 学校里枝繁叶茂的树苗，移到了工作单位，许多叶枝黄了蔫了，需从土壤重新吸收专业知识，长出的新枝叶才有生命力。**一般来说，只有20％的书本知识在职场可用，其余只是素质基础。**

从认识世界到改造世界，落脚点在专业岗位。金融业天天变日日新，知识不断更新进化，政策制度在变、环境技术在变、业务产品在变，认识、策略、方法都要变，离开一段就陌生。金融紧随市场的发展，跟进学习很辛苦，不学跟不上。

（3）**职业需要什么能力？**专业知识和操作技能是岗位必备，还要有市场关系、人际关系的职业能力，是从业经营基本的市场能力。

**一是业务能力，这是反映和衡量素质的主要尺度。一种是专业综合能力，是对专业岗位的熟悉程度；一种是复合业务能力，是对跨专业业务的掌握程度。**一个人业务越精通，思维空间就越广阔，判断力就越强，管控到位效率更高。银行业务的实操性强，注重实际跟进市场，稳健又不保守；注重经营技巧、策略和办法，重制度又灵活；注重内控、规程和权限，重盈利又审慎。

**二是社交能力，这是联络与管理外部资源的方式。**包括协同共事、沟通协商能力、获取信息能力和处理复杂人际关系、客户与社会关系的能力等。银行业务是分权约束、协同合作的流程作业方式，外部与社会和客户有千丝万缕的联系，经营处处涉及营销职责及服务功能，社交能力强则左右逢源更能成功。因此，社交能力成为个人素质的内容，也是银行市场化转型的新要求。

（4）**从个人竞争力走向职业竞争力。**个人角色是否重要，标志是能否融入核心圈子。**职场中角色地位的重要性表现在：初级形式是加班，中级形式是挑担，高级形式是参与决策。**个人竞争力是什么？表现在岗位工作中的能力所为，是基础。职业竞争力是什么？体现在工作关系中的市场开发营销、合作协同、专业能力和经营管理，层次更高，更显示个人在群体中的重要性。

业绩从哪里来？靠背景、靠领导和员工协作，个人只是一分子。上级掌控全局，确定指标、分配资源、部署安排等，都事关经营命运；下属贯彻执行出结果，银行是流水线作业，需合作协同才创造业绩，个人只是一个节点，背靠大树更能成功。这就是群众观、绩效观。

**3. 银行成才需要多久？** 至少需要经历 **5～10 年的基础实践和业务功底，方能成型成器**。要经过反复磨砺、努力攀登的积累蝶变，通过不断分化筛选、分类鉴别的过程，在大浪淘沙中逐步显露出真实价值，量才适用。选拔干部时，对德才条件的标准和考察更严格。

**（1）人才结构呈金字塔，层层缩量。只有 10%～20% 的人进入管理层，不足 5% 的有幸进入领导层。** 他们分布在总行、省行、市行、支行和网点 5 个层级、多种专业之中，层层筛选甄别，逐级递减，越向上越严。例如，高管一般是党员，要兼任党内职务；推荐需要群众基础，业绩是业务前提，品行是道德条件。

**（2）人才的品质素质从何表现？** 尽管专业岗位的类型不同，专业间难做比较，但年度绩效考评是依据。**优秀者一定表现出工作热情、敬业精神、积极主动、责任心及效率，一定与众不同，人们看在眼里，口碑在心中。**

职场中充满竞争，先入行者先入位，后来居上凭真本事、有特别业绩。提拔有基本条件：要有 50% 的同级认同的推荐面，受严格程序、纪律约束，要有多年考核的记录，是硬杠杠，仅靠关系走不通。

素质是怎样炼成的？能力从实践经验→理论能力提升，这是成长的关键点。表现在：**初级时学会记录，中级时能写材料，高级时能提建议，这是人才在成长各阶段的典型状态。**

**（3）路靠自己走出来，但得由别人作评价。** 能力来自经验，做了才积累，不做是空白，做不做大不一样。不要与人比较苦累，所有付出都是为自己添砖加瓦，人生的大厦才能更优秀强大。无论是正面经验反面教训，都是从职场收获的人生财富，无须抱怨计较，更不要质疑效果。目标高远就要锲而不舍，付出更多的成本代价，去承受忍耐。成功不是从天上掉下来，奋斗者的机会更多，成功率更高。"**人与人之间的差异，最终在于业余时间如何利用。掌控了业余时间，你就掌控了人生**"（爱因斯坦），成功者都利用了业余时间赶超。

当今是崇尚年轻化的时代，丢失时间是人生的大损失。市场发展太快、变化太大、内涵太广、创新太多，不追随则边缘化，争先恐后方进步。新人太多，都是这十几年进来的大学生，同在三四十岁的年龄段上，个个聪慧、学历智商不低，唯有在竞争较量中分化。

**（4）怎么学成业务？** 第一，人才分布中，七八成员工只做单一专业，他们应当向深度发展，精益求精成为专才；二三成会有跨专业调动，他们应当向宽度发展，综合经营中发挥优势。这是对业务的目标定位。

第二，各项业务之间有个性也有共性，共性是流程、权限、规则、风控、责任的制度规则，主要是管理方式的内容；个性是产品特征、规程要求、营销客户、业绩指标考核，主要是市场经营的内容。两者结合，依托共性、掌握个性是方法。

第三，一个人经历有限，只能触类旁通，去了解规律与逻辑。**不耻下问不能想当然，做一事弄通一事，日积月累成为行家，优秀者成为领导。** 银行人在市场实践中炼成，一辈子要辛苦跟进，一刻都无法松弛。熟练是从重复中练成的，经验是从试错、挫折中汲取的，春江水暖鸭先知，机会常给弄潮儿。这是学习路径。

**4. 心存志远方能站上新的高度。成功首先是要立志、定位和信念，从奋斗中努力完善自己。挑战与机会并存，人生没有回头路，只有里程驿站；成功要付出成本，市场等价交换；登高凭信心意志，没有平步青云。未来属于青年人，一代代交棒，扛起大旗和责任。**

**（1）怎样做合格的银行人？** 从业金融应坚守"规矩、忠诚、精业、干净"8个字，这是银行人执业的品性。**规矩是从业的品行**，即合规守信、不越轨不触红线，讲道德操守、处事规范，才能在复杂的市场风险环境下保护好自己。**忠诚是任职的底色**，即忠于职守、奉公敬业，有激情、敢担当、有作为，领导最需要这样的搭档、最喜欢这样的下属。**精业是执业的饭碗**，即业务过硬、精益求精、勇于进取和突破，有立身的本领、能力和智慧，总能够出色有效地做好。**干净是为人的品性**，即守住底线，廉洁自律不谋私，不贪小便宜，无欲则刚才有自由的人格，挺起脊梁做个正直的人。

当然还要讲究策略方法，维护人际关系，为人谦卑善于合作，与人为善搞好团结，刚柔相济态度好，避免硬碰硬，成长更加顺当。

**（2）确立职业目标定位了吗？** 人生有坐标，起点定高度，观念定终身。是急功近利还是事业有成？是谋利还是谋位？定位牵涉策略、路径成本，得过且过是低端，眼前自在；攀登高峰要努力和付出，远处光明。

目标有高低远近，靠自己奋斗但身不由己。第一，职业生涯中努力决定结果，有信念走得更远。路在脚下，一步一个台阶，每一步都是基石。第二，职涯不容犯错，一次出事耽误几年，记录在案是污点，失去多少机会。切记，**不犯主观的错**：包括不犯政治的错、不犯违规的错、不犯纪律道德、廉政品德的错，不犯损失大的错。**不怕客观的错**，成长要付失误成本，但要谨慎少走弯路。第三，不要轻率跳槽，因为事关忠诚度，也丢失时间成本，每次又要从头做起，事不过三，定局人生。

不要纠结入行时做什么岗位，尽快出业绩才最重要。行行出状元，每个专业都出人才，岗位差异并不大，这是成才要领。人们以为某个专业好，其实那里聪明人聚集竞争更严酷，反倒升迁机会少了。从业凭智慧，不靠小聪明。成功从岗位起步，到管理层才集成多个岗位、专业能力，管理需要一专多能。

　　清华大学一个老师跟我说，他2001年毕业时，优等生抢先去了外资公司，因为薪酬高，学生们看不上国有银行。十年之后结果各异，去大银行很多人有建树，而去外企的依旧如故，他不解。我说，四大银行是主体银行，集聚了国内一流的金融人才，接触到最全面最重要的业务，成才快。而外资银行只占市场1%多点，只是分行机构，业务品牌能力较差，还有天花板，成才难，只能以高薪吸引人。在我国薪酬不是人才的价格，不代表所能创造的价值，人还有发展、荣誉、创造和事业的需求，这些在大中银行更能实现。

**（3）何以克服性格的缺陷？** 从学生走向职业人，立场、观点和方法彻底变了。这是一个超越自我的过程，要时刻提醒自己，遵循职业要求不再随性。要培养良好的职业素养：诚信品行、敢于负责、勇于认错纠错；强烈求知、拓宽知识面和合作共事；自律自控、承受压力挫折和善于分享等，都是职场的共事方式。

认识并注意去克服性格的弱点：要懂得服从执行，克服执拗固执、消极议论、不愿跟从、散漫无约束；要懂得主动热情，克服清高、自说自话、自以为是、消极讲泄气话；要学会尊重，克服情绪用事、赌气顶撞、强调自我、耍脾气不在乎；要协同沟通，克服过度张扬、个性随意不合群；要讲政治政策纪律，不能犯糊涂、言谈出格瞎议论、管不住嘴巴。

# 二、人才结构支撑着经营战略

当着眼于培育人才时，关注点在人员素质和选拔，用对人、用人所长。当着眼于队伍结构时，一种发展的使命感与管理的责任感油然而生。

**1. 银行人员的结构特征：**一是队伍年轻学历高，员工来自各大学多专业，带来知识的多样性和更新，利于服务社会经济各行业；二是更能接受新观念、运用新技术工具；三是守规矩业务精，细分专业门类全；四是人员分布结构在变化中，紧随着业务发展而调整。

**（1）来源有多样性。**大体是：**20％的员工来自金融经济类专业，80％的来自各种其他专业，**年年增加大量的新生力量。通过学习岗位专业和业务实践，使各学科知识相互交融，组合形成一种新人才优势。

银行专业知识细分为几十个大门类、几千种产品，各有制度特点、作业规程和逻辑方式。银行业少有全才，只能成为专才、一专多能或多专多能，但必须具备基本经营常识，因为市场需求都是多样综合化的，需要专业协同联手经营。

**（2）人员结构呈高学历的结构。**按学历看：**硕博士学历占10％，本科占60％，大专占25％。**学历结构特征不代表经营水平，专业水准与工作能力各家银行各有特色。学历层次只求合理，过高了反不利于管理。

表6-1　　　　　2019年银行员工数、学历结构及机构数量

单位：%、人、个

| 银行简称 | 博硕士学历 | | 本科学历占比 | 专科学历占比 | 员工总数 | 机构总数 |
| --- | --- | --- | --- | --- | --- | --- |
| | 人数 | 占比% | | | | |
| 工商银行 | 36499 | 8.20 | 56.60 | 26.00 | 445106 | 16605 |
| 农业银行 | 28908 | 6.23 | 50.60 | 34.73 | 464011 | 23149 |
| 中国银行 | 31248 | 10.10 | 66.50 | 18.40 | 309384 | 11699 |
| 建设银行 | 30203 | 8.70 | 61.12 | 24.41 | 347156 | 14912 |
| 交通银行 | 11505 | 13.1 | 71.52 | 12.55 | 87828 | 3393 |
| 邮储银行 | 11232 | 6.44 | 67.67 | 22.33 | 174406 | 8231 |
| 招商银行 | 18054 | 21.32 | 67.22 | —— | 84683 | 1833 |
| 兴业银行 | 9341 | 16.31 | 74.53 | 8.26 | 57269 | 2022 |
| 中信银行 | 12533 | 21.97 | 70.47 | —— | 57045 | 1401 |
| 浦发银行 | 8351 | 14.92 | 60.19 | 19.78 | 55973 | 1627 |
| 光大银行 | 6742 | 14.78 | 71.15 | —— | 45618 | 1292 |
| 江苏银行 | 2069 | 13.87 | 68.74 | 13.13 | 14915 | 543 |
| 北京银行 | 2779 | 18.92 | 65.14 | —— | 14687 | 661 |
| 南京银行 | 2417 | 22.28 | 71.84 | —— | 10848 | 197 |
| 杭州银行 | 1151 | 15.33 | 75.63 | —— | 7509 | 209 |

资料来源：Wind，各家银行年报。部分银行机构总数不包括控股子公司机构数量。硕博士学历人数按照比例推算。

20年前我曾设想的银行员工学历目标是：研究生应占5%，本科生占30%，专科生占50%，其他占15%；若每年提升2个百分点，大银行都要增加10万大学毕业生。如今早已超越，优秀毕业生蜂拥而入迅速改变了结构，高学历者集聚，人才战略的重点转向提升市场素质和经营能力。

**（3）金融人才的DNA基因：德商、财商、智商、情商、技商，"五商"组合缺一不可。**有德商聚客户，有财商通市场，有智商集智慧，有情商能通达，有技商会经营，内核是商业智慧、商务技能与为商德性。在商业与货币双重规律作用下经营，需要的胆略计谋、机敏灵活、眼光视角、决断运筹等，都来自商业基因。

德商为重，诚信为本，主要是守法合规、廉洁自律、忠于职守和尽职中介，分别体现为经营道德、个人品德、职业道德和服务商德，成为最重要的素养、基本信念和坚实基石，触犯则处罚。

**案例：** 富国银行 2016 年 9 月 8 日爆出丑闻[①]：从 2011 年起，该行雇员为完成销售目标赚取佣金，伪造和操纵虚假客户账户，经监管机构查出约有 150 万个银行账户和 56.6 万份信用卡申请，遭受处罚。富国银行缴纳 1.85 亿美元罚款、500 万美元"客户补救金"，向客户退回了 260 万美元不该收取的费用，**解雇了 5300 名参与失当行为的员工（约占该行员工总数的 2%），参与者皆处罚**。参议院银行业委员会 9 月 20 日举行听证会，传召该银行 CEO John Stumpf 作证。过去 8 年以来，富国银行曾因其他违规行为屡遭处罚，缴纳的罚金总额在全球银行排名第 4，达 100 亿美元。

2020 年 10 月美国富国银行 100 多个员工又因骗取"疫情救助基金"被解雇，成为新丑闻。

财商立本，是指管理资金能力与财富悟性，体现生财、理财、用财的商业智慧和天性，表现在商业意识、市场知识和经营行为中。包括资金管理、成本核算与盈利能力，财务金融行为及控制风险能力，市场分析及发现机会能力，遵守会计、税收法规及政策制度能力。

智商是基，是指再学习、更新转化知识成为经营智慧的能力，是一种认识和改造世界的能力，反映人的聪明度、对事物的认识度、对世界的熟悉度。它决定了一个人拥有知识的内涵、边界和深度，会影响经营的眼光眼界。银行家应当是智商较高的聪明人。

情商知情，是指自我控制情绪的心理素质和管理人际关系的能力，是理解、识别和调节情感的有效机能，是人在情绪、感情、意志、忍受挫折等方面的品质。它表现为尊重人，有自知之明，人际关系良好，友好相处等。高情商者善于控制情绪，冷静理智，能把握场景氛围，及时化解问

---

① 《富国银行丑闻：都怪盈利模式?》，《沃顿知识在线》，2016－9－23。

题，保持良好的心态。

技商如器，是指人们从事商务活动的技能方法，它出自商业磨炼之中，表明从业的水准和能力，体现了解决经营问题的路径、手法和本事。经商贯用商业的技术、技法和技巧诀窍，不谙熟商技容易出事。

服务中介的商业特征：和气生财、专业规范、外圆内方，和为贵、不犯上、不犯外，懂得处理和善于协调八方关系。

**2. 要管理人才结构，个人需要知识结构，经营需要专业结构，发展需要人才结构，这是人才管理的着眼点。素质依靠管理来提升，行长应持续调配人员结构，精心调制出竞争力。结构性矛盾始终存在，适时调整是领导职责，一把手拥有调配权，不作为就是失责。**

我常以战争作比喻，当重点战场吃紧时，指挥员定会调兵遣将去增援。可是为何经营中，当市场失利被蚕食时会无动于衷？要么糊涂，要么慵懒，要么回避，要么为难，都是不作为。绝不是一个效率问题，事关在调整中提升竞争力。

**（1）调整人员分布的理念。紧随业务变化及时配置人员，是基本的管理手法和要求，权力责任主要在一把手。**结构带着一种潜在的压迫感，出自行长对业务发展转型和趋势的判断，感知到未来市场的压力。现时的人员结构只是过往模式的状态，改善结构就要及时调配人员的专业、区域分布，如果认识不到市场变了结构滞后了，必定故步自封。过时模式的负面效应会不断加大，谁先认识先动手谁主动，谁没有感觉谁无知，这种调整永无终结。

从转型进程看，第一，银行基本完成了对柜员层面的大调整，自助自动化分流了操作性业务，人员向综合及营销转移，形成了前台新结构；第二，传统业务人员逐步向新业务转移，支持新业务兴起。这些年来，各家银行都设立了许多新机构，在人员总量控制下进行结构移位，跟随市场发展和金融开放逐步转型。因此，重要的是抓住新业务或转型机会，同步调整人才分布结构，同时加强全员培训，适应新市场到来。

**（2）管控年龄结构的理念。年龄对应管理心理学，年龄不同想法不**

同，行长要有分类管理意识，分层管理才精细对症。年龄意味着什么？它事关效率、结构，包含竞争力因素。年龄管理是战略管理的内容，无论中高层还是基层行长，都应认知、关注和用心调节，制定针对性的策略措施。

队伍的老龄化令人担忧，背后是知识老化、人员结构的固化、社会关系的僵化和经营活力的退化。如今都看重干部年轻化，但很难解决队伍的老化，充满危机感。例如，银行招工起点是本科统考，而毕业生却向中心城市集聚，连东莞、绍兴这些环境很好的发达城市分行，都很难招到和留住大学生，以致队伍添岁、人员持续下降，与资产扩张的矛盾加大。为何不招收大专毕业生？决策脱离现实，不知实情。

年龄管理是一个长周期目标，与发展紧相连，见证一把手的责任和远见。一个不关注不了解队伍年龄结构的行长，不会懂得员工的心理层次和需求，管理岂能准确到位？一个不采取有效措施管控住队伍老化的行长，常是急功近利只顾眼前，不能称之为成功管理者。

> 简单推算，假如一个人工作年限是 35 年，对一个 100 人的资产规模到位的支行，为维持平均年龄的稳定，至少每年替换 3 人，加上每年跳槽流失 2 人，合计 5 人；每年业务增长 10%，若人员增速减半为 5%，需增 5 人，两项需增加 10 人。现实中根本做不到，无奈只能放弃市场。在一次市级行长座谈会上，一位行长要求增加人员，提出每增加一个人多贡献 100 万元利润，在场的总行行长也未答应，可见增人之难。

# 三、人才决定经营状态与命运

> 当你把员工作为一种资源，就开启了宝藏之门，满眼是闪光点和竞争活力，不断去开发；当你把他们视作一种负担，无情与冷漠敲不开价值之门，处处是心理对峙和负担，挑缺点看问题。

银行以人为本，人才重于一切。发展是一道风景线，并非依靠信用环境好，大前提是中国经济发展，经营的核心力量是依靠人才。

人是生产力核心要素，是动力资源，驾驭着其他所有的资源；人才是经营活动的担当者、组织者和承担者，在生产要素组合中起着根本作用，成为核心竞争力。这些观念定位了银行人才的意义和地位。

**1. 人是资源不是资本，经营以人为本，但人不属于股东资本，人是劳动主体，员工是公司雇佣的最重要的外部资源。说是资本控制人，其实人是主角，驾驭着资本。通过发挥知识技能、劳动作业、经营管理，运用其他资源创造银行经营价值，人才短缺则事事难。**

**必须珍惜管理、善待关爱，发掘培养、使用提高。**人是经营之本，涉及成本、本钱、资本和管理等经营概念：即人力成本即薪酬、福利与培训方面的支出；本钱是指经营对人力资源的依赖，绝不能缺乏，是软实力、竞争力；资本必须强化人才地位与作业，重视维护人力资源，经营规模必须有人才的素质数量相匹配；管理是要提升员工的素质和能力，形成人才的稳定和整体优势，激励调动积极性创造力，更有效地实现经营目标，推动银行发展。

美国通用食品公司总裁弗朗克斯说："你可以买到一个人的时间，你可以雇一个人到指定的工作岗位，你可以买到按时或按日计算的技术操作，但你买不到热情，买不到创造性，买不到全身心的投入，你不得不设法争取这些。"人是特殊资源，只有善待，效应才更强大。

**2. 人才价值与作用，构成了基本的核心经营要素。得到优秀人才如获至宝，丢失即失去机会。经营是人＋资本的典型结合体，技术只是为职员装备信息化手段。银行是信用机构，全靠施展经营思想与行为创造，优秀银行积聚优质人才，人才造就了银行的知名度。**

人才是人力资源之精华，如同万绿丛中之花朵，其品质和数量点缀了满园景色，聚成一家银行的信誉品质。每一家银行都在努力寻求召集、培养维护人才，以提升能力和知名度。经营以队伍整体素质为基础，依靠大批中高级优秀人才，否则如同贫瘠的土地难以丰收。当然，不同领导者有不同的人才观，不同经营目标和管理方式下人才的结构不同，不同经营规模需要不同数量级的高素质人才。

人才价值体现在：（1）自身的素质和才干更优秀；（2）长期经营和文化积累，使之具有对制度与文化的认同感，这很重要，外来人才最缺乏的是认同感；（3）掌握重要客户资源和社会关系，谁拥有市场资源谁就有实力。上述价值的形成需要成本投入与时间积淀，从这个意义上说，**流失人才既流失了巨额的培育成本，又带走了极为可贵的客户及社会资源**。

**3. 人才管理是经营的首要难题，应是行长必备的领导能力，若管理不好人才，则一事无成。人是最具活力的经营要素，是一切机制之本、管理内核，以人为本就是把人作为推动一切经营活动的至要因素。人才具有头羊效应，落实了人才机制，其他群体顺序就位。**

行长位居人力资源管理的最高层，选拔使用人才是优选、调配人力资源的第一步，决定着管理方向和目标，是经营之要事。行长必须具备识才、育才、选才、用才、聚才的智慧和能力，善于发现和培养人才，更要及时合理地使用人才，这些构成了最基本的领导能力。

银行知识业务密集，人才聚集成为一个群体的概念，需要大量门类齐全的高素质人才，组合成团队，就引出了队伍建设和管理问题。发展中，经营功能越来越强，更能引发人才的聚集效应。因此，人才是一个广泛规模的概念，其总量质量决定了整体经营能力，其专业水准决定了管理层素质，行长要将人才管理作为人力资源管理的抓手。

**4. 行长与人才成败于共，缺少人才的队伍缺乏生机活力，最难带。不集聚人才则缺乏向心力，不发掘使用人才就消极情绪困难多，不启用人才会怨气多失去感召力，不放手则难有勇于创新尽责的人才，不培育人才则缺乏后劲远景，不理解关爱人才难有敬业奉献。**

这些都点化了领导者与人才之间的特殊关系，这是行长们任职的共同体验和结论。优秀的领导者如同磁石般，具有极强的磁化力吸引力，召唤和集聚起大批人才。或因一次报告，或因有效的管理行为，都会吸引许多志同道合者慕名或推荐而来，真心地跟随他做事业。

银行宏大的事业需要广聚人才，一个成功的行长总是在成功地发掘、培养和起用大批人才，哪怕他新到陌生之地，都能伯乐般迅速地发掘发现有用之才，出人意料地启用一批人才，培养带领出一批人才，奠定成功的基础。这是优秀行长重视人才的本领，显示了领袖素质的魅力。

# 四、从服务人向知识人的转型

结构是指分布、构成的状态，优劣都在结构中，调结构是根本却最难。以结构为纲，纲举目张，抓住这个战略要领，转型得以落实。

**1. 推进向"知识人"的根本转型。**世界管理大师德鲁克论述 21 世纪的企业时，指出了生产要素的变化，他把职业经理人团队、专业人士列为企业发展、经济发展的第四种生产要素；又把人分成"知识人"和"服务人"，知识人很难被替代，而服务人是可替代的。

**（1）银行人也分"知识人"与"服务人"。**在经历了信息化转型后，很容易认识这样划分。经营方式确定后，员工知识结构与配置随之调整，作业方式、素质要求、劳动组织与管理方式随之变化。近30年来，在柜台业务一次次被分流中，所被替代的基本是"服务人"岗位；技术进步强化了复杂劳动，吞噬简单劳动，每每被淘汰的多在"服务人"范畴，比重逐年降低。业务日趋复杂化，一次次改变了人员结构，技术不断将操作变成规范的程式，"服务人"很容易被替换受伤害，这就是银行演进的场景。

"知识人"是人才的未来属性，每次转型都加强"知识人"的地位与结构。第一，数量和比重越来越提高；第二，地位越来越凸显出来。两方面表明，他们业务的技术含量与风险度更高，经营方式更贴近财务价值的目标，工作更凸显人才的价值，以较高的专业性和综合管理行为，聚集一种难以被替代的必须依靠的核心力量。通过他们，经营的本质越来越被外界认识，不是原先以为的银行只是柜台服务。

**（2）30 年间银行经历了三次作业大改革，都指向"服务人"岗位。**

**第一次在 90 年代初期，起因是手工方式向 IT 银行转变。**背景是技术进步，计算机改变了劳动力的技能标准和要求，颠覆了业务技能的内涵，数十万只会手工记账、打算盘、点钞的中老年员工在减员中被淘汰，有的四五十岁就下了岗。科技装备将年轻人推上了效率前沿，形成年轻＝效率、速度＝形象的服务理念和现象，一线都是年轻人，手脚麻利效率高。

**第二次在 90 年代后期，始于劳动组织和作业方式的调整。**流程改造集中处理后台业务，小而全的作业模式退出了舞台，前端变得精干，后端去除大尾，体现集约化分工、集中式营业的理念。极大提高了作业效率，人员结构随之调整，后台人员大幅度减少，管理模式随之变革。背景是技术向管理渗透，有了集约经营理念，形成新的组织架构与模块式分工。

**第三次变革起于 2000 年，至今仍在推进完善和进化演变。**这是服务方式发生突破，互联网推动作业向开放自主、电子化服务转型，自助方式、智能移动、多渠道服务使作业分流率达 90％以上，全面实行自动、信息化作业。最显著特征是银行全面向社会开放了，网点装备了大量智能自助设备。作业精简和员工效率高，柜员业务多是必需保留的公众服务事项。

重大转型都是痛苦的抉择，至少 1/3 的人员受到冲击，百万员工被淘汰和转移，其中大多是"服务人"岗位。脱胎换骨修成正果，实现了资产规模十几倍地增长，初步完成了商业化转型。同时，"知识人"的数量比重和人才素质逐年提升，越来越体现人才的重要性，形成了与业务发展相适应的队伍结构和基本力量。

**（3）未来改革和技术进步，重点是加强"知识人"能力。**现有的"服务人"岗位逐步降至下限，比重大幅度减少，其自身的业务技术含量也在提升，个人素质和市场能力大为改变，迅速向"知识人"并轨，单纯的"服务人"更少了。未来发展与改革仍在不断扩展"知识人"的空间，科技仍将不断提升他们的经营管理能力。

努力向"知识人"转变，是每个从业者自强不息、不断进取、提升竞争力的路径，而不再局限于岗位的要求。表现在：业务向综合复杂化转变，作业向自助自动化转型，竞争向营销高端转移，服务向创造价值回归。围绕着经营方式的变革，经营活动更加市场化，业务重点向城市群集聚。面向未来现代化社会发展，日益增长的财富迫切地寻找专业方式，经营越加转向复杂类业务、专业化产品和定制式服务，带给银行新的经营压力，一切取决于专业水准，未来"知识人"是银行的主体。竞争在召唤，转型才不被淘汰。

**2. 人力资源调配中，区域性调整是改变现时布局的难点，新业务部署是应对未来变化的安排，理应是总行、分行一把手的职责。两大结构性难题均属战略管理范畴，都受到思想局限与惯性的阻力，唯有依靠高层决策和推进。难题令人望而却步，是主动还是被动？**

**（1）如何调整区域间人才结构？采用业务转移方式比人员调动方式更有效。**省际、城市间人力配置与金融资源分布并不匹配，人均业务的分布差距很大，一直是困扰效率的难题，并无有效解决的办法，大银行尤为突出，成为发达地区与重点城市人员不足的主要障碍。不发达地区要靠发展去提升效率，发达区域要逐年增加人员去缓解压力，但这是两难，未来10年劳动力的调配不会终结。

应当尝试开辟第三条路，即可采用后台业务向不发达区域分流转移的办法，去疏解区域人员结构问题。这样，既能削减东部业务增量的压力，也可提升中西部效率和收入。新经营模式需要新思维方式，渠道是运用网络技术实现，技术上早已不是难题。

**（2）亟需培育新兴市场业务人才，已是当务之急。**新市场的开放、新业务的兵临城下，人才压力难以回避，面对人才单薄、技能欠缺，总有一种亟待改善又力所不及的忧虑。例如，资产管理、金融衍生产品、投资市场、财富管理业务都是未来最重要的银行业务，一开放就蜂拥而出，需求旺盛竞争激烈，满场形成对人才、管理、科技、风控的全方位挑战，代表了业务的市场趋势。不能临渴掘井，应当粮草先行，是对员工结构的大挑战，解决路径只能靠加强培训、招兵买马及征集调配，这是人力资源管理的战略思维。

    1994 年工行杭州市分行想方设法只招收到 4 名大学毕业生，不得已只得联系银行学校办定向中专班。那时银行地位低，经济金融只是二三类院校。1999 年广东省分行想招 20 个研究生，我一个个面谈也不能感动上帝，未能招够。次年就早早发动各市分行去全国大学设摊，终于收了 1000 人，他们成了宝贝。

**3. 年龄结构是标志，队伍转型也盯着调整年龄。青年人向成才成熟发展，需要经过 10 年艰辛奋斗方能成器；成年人面临知识更新的转型，需要避免在市场进化中落伍。一个人要靠积累经验和再学习保持竞争力，靠实践进取跟上市场，不要年龄歧视，要自强自信。**

**（1）两种年龄的歧视。**一种是歧视年轻人，担忧他们不努力、不稳定、不得力，认为他们挑不起担子，其实是对他们的文化渗透不足，管理培训不到位，关心培养不够力。一种是歧视老员工，担忧他们无激情、跟不上、惰性大，总认为他们占着位子，其实是人才管理机制不适，考核激励形式化，在职再教育缺失。

两种认识都是看人缺点，淡化了领导者自身的责任。年龄不该是银行的主要矛盾，实质是素质问题表现在年龄上。不该以年龄当作能力尺度，素质才是人的价值和职业稳定器。

队伍为何未老先衰？我们平均年龄低却总以为高了，西方银行普遍年龄高却不认为大，差异在素质。因为经营方式不同，我们关注操作型素质，而操作技能却更易被转型淘汰；他们关注经营性素质，年龄是资历与素质的代名词。国外银行家年龄普遍大于我们，是他们老化了还是我们有不足？市场自有评价。

**（2）年龄歧视是对未来的歧视，是管理理念的扭曲。谁都有青年期，从不成熟走向职业人，歧视青年是对未来不负责；谁都会成老员工，逐步弱化是自然规律，歧视他们是缺乏道德人性。**劳动是每个人的权利，领导者应当尽职去提升员工能力和素质，歧视只说明管理培训不到位。相比六七十岁的各国领导人日理万机，年龄是障碍吗？看看西方普遍到 65 岁才退休，能不转变年龄观念吗？

以素质能力及工作绩效来衡量，不同年龄段有不同的优劣势。年轻人有体力与学习能力优势，有激情不怕难和效率之长；年长者有经验与经历的优势，有应对复杂环境与风控之长。当然，职场上一切靠进取，大浪淘沙不进则退，付出辛苦才能成为强者。

# 五、专业如何成才？实务与培训

人才观念属战略观念，在职教育是经营的重要组成部分，旨在开发潜力、优化素质、提升人力价值。重视培训就是重视人才，培训辅助经营，着眼于人的可塑性、导向性，实现技能和知识更新，增强经营的力量。

**1. 专业人才的特征：具有职业价值观，掌握金融专业知识和技能，具备执业能力、道德与素养，擅长经营获取业绩。特点是能准确把握政策，擅长收集分析信息，善于精细准确计算，深刻估测风险和讲究规范作业，又有别于学者、企业财会人员和政府财经人士。**

**（1）才干的表现：市场经营意识＋风险管控能力。**人才是核心基础资源，认定人才不能简单以学历、职称、职务等身份特征为依据，而是以素质、任职资格、职业操守、业务能力与经营业绩为标准。这是人才最重要的执业表现，是在信息不对称和市场风险下的经营能力与业务本领。

资金与信贷是银行的经营对象，管控风险与成本是盈亏的基本要领。只有那些具有良好的职业道德和操守，具有强烈的风险成本意识，善于从利差和中介服务中创造收益、有效积聚收益的人，才能成为杰出的经营人才。

**（2）人才成长于经营实务。**不懂实务不是银行家，只能说空话。经营货币是活生生的风险作业能力，不是按图索骥；经营全程伴随着风控，是盈亏之争，由不得半点的书生气。西方银行家中鲜见年少者，高管讲究资格与市场经历，经营才干在长期严酷的市场中磨炼而成。因此，人才必须具备扎实的业务功底，外行难有作为。

从业银行到成为银行家，是一个市场实践的历练过程，是一个学会对公众负责的道德修炼过程，是一个社会公信、操守敬业的认可过程。这就是成才成器的过程，而优秀人才是其中的佼佼者。

> 打个比方：如果知识是树叶，能力是树枝，素质是树干，校园里的学生自喻枝繁叶茂。但是，只要把树木从学校移栽到社会，都有一个在新环境中痛苦的再生过程，许多树叶会枯黄脱落，甚至死去。必须重新从银行经营的土壤中吸取养分，长出的新枝叶才有真正的生命力，融入了亲身实践经历，用心血积累起有用的业务知识、工作经验和能力才干。再度枝繁叶茂了，才表明一个人具备了职业价值和竞争能力。

**（3）人才的特长：专业为本，具有经营技巧能力**。业务都落脚于专业操作，技巧就是有效方法和专业才能，凭借娴熟的经验精确把握实务。经营的金融法规政策、管理行为和制度创新等，都要通过微观操作来实现。业务要求与制度规范也要落实在业务规程、权限要求中，专业技能和可操作性极强，从解决具体问题中体现创造性；更多创新起于整合和改良方式，很少是重起炉灶式的。管理水平之高下，总会在决策是否具有可操作性上露出马脚，创新突破更需要专业技术的智慧。

**（4）高级人才的炼成：需要经历经济周期的磨炼**。一个成熟银行家的特征，是他总能冷静稳健地应对各种经济经营现象，成为一家银行之魂。

所谓熟悉业务，第一，了解制度及业务变迁的过程、原因和规律，把握发展预期；第二，对风险的判断、预测及管理能力，拿得出对策。这种经营素质的形成，需要经过一个或数个经济金融运行的周期过程，积累起正反两方面的可贵经验。银行发展是经营活动的不断演进，某些人才的特殊作用表现为，他们懂得规则制度及其形成逻辑，具有善于辨别、规避风险的经验能力，更有发言权且令人信服和权威，效率更高更可靠，因而居于重要地位。

**（5）成才特征：业务的复合型积累**。管理层更需要复合型人才，即能应对客户的多种需求，掌握多岗位或关联业务，具有一专多能的综合能力。专业规定了业务的范围，职位规定了业务的宽度，职位高低差异在业务复合度，高级管理者若能精通2～3门业务，则发言权更大。由于业务多样而复杂，一个成熟的银行高级管理者，至少需要5～10年或更长时间的磨练，成才不易，佼佼者难得。例如，假如私人银行管理者不懂信贷和投资理财业务，假如信贷员不懂会计核算，假如行长不懂信贷及财务，只表明其岗位专业能力复合度不足。

一个人是否具备发展潜力，是鉴别选才的重要条件。考察一个人的才干，并非观其能做什么，更要判断还能做什么。两者区别在于，前者是现时能力，后者是发展能力，差别在素质上。发展能力来源于自身的成熟经验积累，表明对事物本质有深刻了解，可以进行培养和发掘，而缺乏发展潜力的人很难进入更高层级的工作。

**（6）中外银行的人才管理完全不同。**西方以价值工程从专业深度培养要求员工；用竞争方式选拔人才；用成本管理招收不同学历的员工（有临时工、低学历练习生）；从投入产出来控制人数（每个岗位都有核算成本依据）；危机时会以薪酬成本来裁员（有时高薪酬者容易被解雇）；从绩效考核来评价业绩（末位淘汰制度、薪酬差距大）；实行对上负责的领导关系（不越级）；用大办公室来监督约束。市场的银行讲求论资排辈、论业绩定薪、论效率能力不论年龄。

一位去澳大利亚某银行的访问学者对我说，他曾询问该银行的人事主管：为什么不多招聘一些研究生、博士生？那位主管满脸疑问，解释道：研究岗位已经有人，且高学历者薪酬成本高，如果经营状况不好，先是减员的对象。其道理令人回味，银行经营不靠研究，高学历者过多会增加成本，也是浪费社会资源。

**2. 员工利益机制有5个要点：**薪酬福利（报酬）、环境（愉快兴趣）、培训（提升从业能力、延长职业生涯）、认同（人文精神、信任关心）、使用（发展空间、成长进步）。持续进行专业培训是职场再学习，通过知识更新、交流总结，增强经营能力和竞争力。

培训旨在开发潜力提升劳动力价值，优化素质，重视培训就是重视人才，需耗费成本长期投入。市场在变、业务在发展中，经营只有依靠培训来辅助跟进，实现技能和知识的更新。在职教育是经营的一部分，财务上有教育基金的保障，纳入人才战略。

**素质如何契合发展？** 市场是内行的天地，提升素质才跟得上发展。一靠知识技能更新，延长职业生涯，人才强在把握信息、客户关系和运用经验的市场能力；二靠提高再学习能力，用竞争与创新跟上业务转型，适者生存不被淘汰；三靠提高专业能力，精益求精，做深耕细作的业务工匠。银行业务说难真难，但分解开来都不难，用心都能掌握。学习使人自强自信，从业银行只能终身学习，无捷径无止境，无论职务高低无一例外。

**（1）重视案例教育，最重要最有效**。经营是实务，高学历的员工不再靠学院式灌输，现身说法才接地气，从经验教训中感受启发、总结和提高，剖析一个案例比讲 100 个道理更有效。这是在职培训中最缺乏最有效的方式。

案例教育的方式，一种是经常性的实务教育，例如案情通报、稽查通报、交流总结、专业会议等，以专业日常管理为主，从中学习经验，规避重蹈失误，规范管理行为。另一种是系统培训式讲座，解剖成功和失败的典型案例，要让亲历者讲授，并组织交流研讨。难点是收集案例，需要专业、培训两部门协作，才能形成一系列有效的案例教材。其实，各家银行都有无数的成功经验和失败教训，极为丰富，只是需要组织开发题库；要聘经验丰富者做师资，他们是在职培训的抓手，是宝贵财富。

**（2）人才培训要有成本观念**。培训也是财务行为，需要有时间与成本约束，带有强烈的实用性和功利性。以经营目标确定培训方向，以业务趋势和经营要求寻找差距，制定培训安排，才更符合实际，减少盲目性。其方针：一是围绕岗位需要，干什么缺什么就学什么；二是区分层次，岗位培训为主，复合培训为辅。

**人才分层次类别，无需把每个人都培养成为银行家**。由于七八成员工一生从业一个专业，素质要求是精益求精精熟岗位能力，重点为培训岗位能力，求深度并非广度，不必用管理者标准去衡量，全能培训显然过度，违背了价值工程原理，缺乏经营意识。对管理层重点是提升管理能力，做广度综合培训，包括对后备干部、专业交流、提拔使用者。

**（3）行长应当亲自讲课，谈体会提要求。** 在中高层管理干部培训中，如果行长亲自去讲课，有针对性地提出要求、解决问题，**言传身教**的效果和作用最大。意义不同于日常工作，他可详细深入地阐述想法意图，表明观点和传递信息，商讨解答和动员，重在传播理念启发思维，在面对面交流中直接沟通，传递管理文化。行长也能更了解实情，了解部下，收获满满。应当重视并珍惜这种场景机会，这种理论联系实际的培训，比外来者高谈阔论更有效，我最看重这种方式，当作重要的沟通渠道。

**（4）压重担是重要机会，是人才速成。** 树要修剪苗要浇灌，马要挥鞭人要压担，人才从实践中担当磨炼出来，没有其他路径。压担子是难得的成才机会，给你一个舞台表演，正是锻炼考验、考察检验干部的过程。

成熟度难有标志，都是相对的，等成熟才使用是空话，哪有等有了人才再冲锋？用人带着一种期待。强者要在业务经营中鉴别出来，在重担挑战中锻炼起来，在市场进取中成长成熟。在经营发展中压担子，在遇到困难时指导鼓励，更能提升他们的智慧品质，也是培育、选拔和造就人才的路径。因此，在遇到经营难题、在开发新市场、在改变落后机构时，都是造才选才的重要时机。给好苗子压担子，这是干部交流时要思考的。


# 六、如何开发动力？路径与机制


流动、开发、发掘是人才管理中最重要的机制与理念，是干部成长的基本路径。谁不是这样过来的？这是必由之路、成功之路。

**1. 如何激发每个人的动力和活力？始终是核心难题。** 流动出人才，交流可扩大视野、激励机能重新开始，既可实现约束控制，也为鉴别培养人才；既是展示自身能力的舞台，也有新环境下新思路机会。交流任职已经

**列为干部管理的制度规定，有志者要迎接挑战。**

人才管理机制包括：优胜劣汰的竞争机制，区域、机构、岗位、专业之间的交流机制，人员进退的考核评价机制，能上能下的任职机制等，缺一不可，交流是重要的一环。

**（1）领导者始终要关注激发活力。交流与流动可再造经营机制，一是个人需要交流来激活思想与机能，迫使其为应对新环境调整再起步。二是机构需要交流来活化队伍调动积极性，迫使其进取搅动改变保守状态。努力营造大浪淘沙的经营生态，调动群体竞争力。**

核心是退出机制，这是旧体制的痛点。不断交流必定使人去除惰性不敢停顿，不断引进人才必定不断淘汰低素质人员，不断选拔人才就要不断触动不称职人员，一种互为前提的用人逻辑。一家银行若有 5 年人员不流动、不提拔能有竞争力？定如死水一潭，深藏问题陷入消极状态。一个行长若不善于把人员流动起来，缺乏交流机制，队伍哪有活力？

交流也是一种直接解决弊端问题的方式，如外科手术。许多事指望内部慢慢改变等不起，有的难题一交流就彻底解决。

**（2）流动成才用才是基本的管理方式。**适度岗位交流，使人积累知识、经验和才干，也促进机构的交流交往，扩展业务面，提升综合性专业能力。交流有益，使人接触广泛多样的场景、多层次多种业务，得以从不同视角思考、不同岗位审视、不同方法解决问题。有利于验证个别经验并向理性升华，有利于综合全面提升才干能力，有利于培养全局观念和思想方法，加速成才成熟。它促使人不断学习进取，提升应对新环境、新业务的能力，激发主动性和活力。

**2. 职位靠开发，有位子才能安排人才，英雄才有用武之地，错过了常会失去提拔的机会。空位子不是从天上掉下来，只要有心人，需要去开发，推荐、提拔、交流、分设等都能有效创造岗位。能不断开发安排人才的行长，人们尊敬跟随他，反之人们鄙视远离他。**

**（1）优秀的领导者都会努力创造职位。**常常是，压减职位使人才失去希望，机构降级使人心存逆反，结果适得其反。换位思考一下，谁不想提升？你我他都想，优秀者更期待。

增减机构都具有乘数效应，直接影响稳定和积极性。减位子有萎缩效应，负面作用大；而增设提拔有放大效应，正向作用大。**例如，处长跳了槽，会提拔一个新处长，带出副处长、副处级、科长、副科长一连串的上移效应，带来更多人的积极性。这就是银行不担心跳槽的原因。同理，减少机构或降格时，也带来一串负面影响。**因此，在业务发展的巨大压力下，要着力营造和完善考核评价与竞争机制，慎用减少机构压减职务，首要是估测正反向放大效应。你看西方银行，设置了各种职务头衔来安排骨干人才，管理岗位的比重很高；你再看各级机关、总部机构，干部比重都不小，不正是安排人才吗？问题在缺乏淘汰机制。

> 银行不担忧一般员工的跳槽，因为大多岗位只是操作职能，很容易被替换。最担心两类人才流失：第一，依赖个体素质、个人智慧的人才，一旦流失很难替代，也涉及技术的泄露和流失；第二，核心业务骨干，他们的成长已经付出了成长代价，一旦流失事关技能输出和成本流失。投资信贷人员、智深专家、经营管理层、市场经理、资金交易员、科技骨干等都在这个范畴。

**(2) 重视开发业务系列的职位**。行政序列与业务系列并行，官本位与企业地位并重，更适合市场的运行方式，已经成为一种转型趋势，也是西方市场普遍的模式。由于行政岗位有限，转向开辟业务序列职务提供了管理机会。只是业务系列与行政体系有所差异，行政注重执行，业务讲究逻辑，工作中两种职务方式如何交叉结合好，亟待去摸索完善。

既是趋势就要重视去运用它，毕竟业务序列提供了不少职位，成为行政职位的重要补充和来源。行长要强化业务人才管理意识，应当精心地开发安排，尽早用好业务序列的机制，早受其益。

**3. 要用心发掘培育动力。职位、薪酬、事业与环境是四大动力之源，职位是进步的动力，薪酬是财富的动力，事业是精神的动力，环境是工作的需求，都是内心中实实在在期待的目标。考核机制只解决分配方式，动力全靠开源和维护，引擎不力则难以持续推进。**

经营不是空喊，带队伍要拿出具体实在的措施，开源关键靠行长有所作为。四大动力相互之间并不矛盾，但很少能同时得到，而且每个人都有自身次序的价值意向，只有充分地了解他们，才能有效地引导。四大动力都是留住人才保持激情的要领，弱了一项就少了一种管理杠杆。例如，得不到职务提拔就会倚重收入，增加管理的麻烦。如果能够造就一个良好的人文环境、人际关系，也会缓解管理的矛盾压力，使人心安理得。

领导者要致力于开发动力，千万记住去发掘和维护好四大能动性源泉，不因忽视以致萎缩枯竭。要有所作为尽力所为，想方设法维护好员工利益，理解关爱他们，才能换来拥护和贡献。当然首先要作出分析：本行倚重什么？缺乏什么？如何补缺或扬长避短？才能对症下药。

> 1998 年我刚去广东任职，那时薪酬很低，缺乏激励机制，不清楚靠什么生成动力。一次我有意在会议上问：据说广东人不在乎提拔更看重收入？大家立马否定，有的说薪酬与职务挂钩，谁不想进步？更多人想打翻身仗，争回广东的荣誉。我顿时懂了动力机制与路径：一是大力提拔人才，落实职责带领群众干；二是提升绩效，提高收益；三是营造家和万事兴的人文环境；四是装修好营业机构。一系列措施都指向动力源，激发调动起积极性，两年半就实现了扭亏为盈。

# 七、未来的挑战？数量不足、素质不够

人才带着未来属性，人才管理是战略管理，要站上现代化社会的制高点构思人才战略，从未来 15 年发展的需求做定位思考。

**1. 如何评价银行队伍？**简单比较数量，一看西方社会金融从业者人数；二看我国银行经营压力，结论明了直接地指向数量的差距。我国已形成全球最庞大的银行群，业务量最多、客户最多，人均负荷最高最忙，一百个理由都指向人员不足，指向人才素质的差异。

**（1）从社会看，西方金融从业者的密度数倍于我国，差异悬殊。**据统计披露，金融从业者占国民人口的比重，美国为 1.97%、英国为 1.90%、日本为 1.29%、法国为 1.31%、德国为 1.44%，与上次统计比较，金融从业者人数继续上升；人均服务国民分别为 50.7 人、52.6 人、77.6 人、76.5 人和 69.3 人。而我国比重为 0.59%，人均服务 169.5 人，基础服务能力存在数量级的差距，见表 6－2。未来城镇化还将从 60% 提升至 70%，服务压力会更大。

表 6－2　　　　　主要国家与城市人口及金融从业人员情况表

单位：万人、%、人

| 国家和地区 | 人口 | 金融从业人数 | 占比 | 人均服务人数 | 数据来源 |
|---|---|---|---|---|---|
| 美国 | 32824 | 648 | 1.97 | 50.7 | 人口数据：美国统计局（U. S. Bureau of Census）公布的 2019 年 7 月 1 日预测数据；金融从业人数：美国劳工统计局（U. S. Bureau of Labor Statistics）公布的 2019 年末数据。 |
| 纽约州 | 1945 | 53 | 2.72 | 36.7 | |
| 英国 | 6680 | 127 | 1.90 | 52.6 | 人口数据：英国国家统计局（Office for National Statistics）公布的 2019 年预测数据；金融产业人员为 2019 年末数据。 |
| 伦敦 | 896 | 37 | 4.13 | 24.2 | 英国国家统计局（Office for National Statistics）公布的 2019 年人口数据。金融产业人数：伦敦金融城网站，2018 年末数据。 |
| 日本 | 12644 | 163 | 1.29 | 77.6 | 日本统计局《2019 年日本统计手册（statistical Handbook of Japan 2019）》，均为 2018 年数据。 |
| 东京 | 1360 | 28 | 2.06 | 48.6 | 日本东京都政府于 2016 年统计公布，未查到最新数据。 |
| 法国 | 6728 | 88 | 1.31 | 76.5 | 法国国家统计与经济研究所（Institut national de la statistique et des études économiques），均为 2019 年数据。 |

续表

| 国家和地区 | 人口 | 金融从业人数 | 占比 | 人均服务人数 | 数据来源 |
|---|---|---|---|---|---|
| 德国 | 8315 | 120 | 1.44 | 69.3 | 德国联邦统计局（Statistisches Bundesamt），人口数据为2020年3月。金融从业人数：德国贸易与投资局网站。 |
| 法兰克福 | 76 | 6.6 | 8.68 | 11.5 | 法兰克福政府官网，人口为2019年数据。金融从业人数：德国黑森州（法兰克福所在州）官网，对应的日期不详。 |
| 新加坡 | 569 | 17 | 2.98 | 33.5 | 新加坡统计局（Department of Statistics Singapore）网站；其中人口为2020年数据，金融从业人数为2016年数据。 |
| 中国 | 140000 | 826 | 0.59 | 169.5 | 国家统计局，均为2019年数据（中国）。 |
| 北京 | 2154 | 64.5 | 2.99 | 33.4 | |

简单比较中美两国，我国有14亿人口，是美国的4.3倍，其中城市人口为8.4亿人，是美国人口总量的2.6倍；人均服务国民是美国的3.34倍，差距很大。其他金融从业者在种类、素质结构上的差距更大。问题是，2015年我国金融从业者总量为566.3万人，4年间剧增260万人，增长46%。这是一种泡沫，也有口径问题，大量保险营销者、互联网金融、私募基金等是主要原因，而银行业主流在严控人员数量。

**（2）我国大银行业务居高不下。** 人均业务量数倍于西方，一系列指标名列前茅，人均利润已与西方相当；银行业资产占金融总资产近九成，承担的角色及负荷更大，重压重任下仍在高速增长。**从财务看**，西方银行的人均利润是员工成本的一倍，而我们达两倍多，表明贡献更大，但人均负荷太高必导致粗放，更容易出事。

**从发展看，业务持续增长使6～10年翻番成共识**，意味着人均压力倍增。我国银行快节奏、负荷高、强度大，员工技能无可挑剔，效率领先已成为品牌标志，哪国员工敢来比试？业务分流自助已经到了95%，业务再翻番怎么办？大银行人不足只能关机构，早已是基本事实。

**从服务看，14亿国民普惠金融服务刚破题**。未来国民财富还将倍增，使中产群体高端服务倍增。一是客户量特别巨大；二是业务量刚性高速成长，复杂性和难度越来越大；三是全方位个性化和普惠服务耗用人员。小银行业务采用人海方式，大银行做小业务，增加人员迫在眉睫。

**从市场看，新市场的开放进入风险大、附加值高、业务难的领域，迫切需要高级业务专才**。金融衍生品、投行资管、投资理财、国际业务、金融市场等，都是未来的业务高地，刚起步就快速增长；业务在向智力型、风险型、增值型转变，开发金融市场期待更多的中高层次人才。

**从技术看，操作层减员阶段已经完成**。金融科技及电子化程度早已领先西方银行，业务分流率与西方比肩，业务趋向复杂化，操作时间拉长。未来在大数据、云计算、区块链、人工智能等技术的应用中，数据化信息化需求巨大，科技人员越来越紧缺，比重会成倍提升到5%以上。

上述种种，谁都能感知员工总量与素质存在的差距。当今国民人均金融资产、人均财富远低于国际平均水平，在大幅增长的现代化阶段，普惠服务成为一种不可推卸的社会责任。一味地追逐人均盈利指标，会导致经营脱离国情宗旨，同时，应当保护员工权益，不能靠增加工作强度，不能资本盈利至上，应做战略安排。

**2. 人员总量亟待再次扩张，迎接再发展战略。20年前银行可谓人多规模小，10年前中西方银行旗鼓相当，如今大多数指标已遥遥领先。支撑起庞大的银行规模，一要大批高素质领军者，二要宏大的人才队伍，人才战略迎来再发展的转折点，需要重新估量需求状态。**

**（1）中国银行业人多吗？没有国家用人标准，也无国际标准，更无业务量标准，没有政策要求，无从比较，因为市场定位、业务定位都不同，只能自行其是**。西方采用财务标准，由于银行人力成本过半加上资产增长慢，严控人员成本成为重点，人少则效率高，这是市场价值观。我国银行以经济建设为中心，担负社会责任，银行规模不断快速扩张，不增加员工不行，人力配置不能简单以财务目标导向。

没有标准不等于不要标准，不能因多元宗旨而不设标准，应当制定标准兼而顾之，尽管很难但应当有所作为，这是经营的责任。没有规矩则宽严无度，没有标准则没有准绳，这里是人力资源管理的空白点。员工配置是一本糊涂账，哪家银行都没有岗位配置规范，不出事谁都不管，出了事乱问责。

**（2）增加人员具有的战略意义**。过去是低层次减员，现在增加高学历人员；过去普遍人多，现在有重点配置人员；过去减员为了改善结构，现在增人为优化结构；过去人浮于事，现在是超负荷经营亟待增人；过去是亏损，现在是利润丰厚，结构、素质、分布、年龄要素都不同，背景大相径庭。增加人员提高素质要两手抓：一手抓增人支持发达地区增长，一手抓发展去改变落后地区结构。

重点增加发达地区和重点城市的人员，使之与市场同步发展，积极进取不再消极地退让市场。别把人员紧张的矛盾推给下一任领导，使接任者更为难。增人是望远镜，着眼于市场发展；减员是近视眼，只顾完成业务指标，这是两种经营思路与发展模式。

不发达区域调整人员结构的难点在体制，问题积重难返，唯有指望加快发展来提升人均，重要的是行长要在调配人员上主动作为。第一，调配用好现有人员，推动分支行间的流动；第二，抽出更多人员去开拓新业务，创造更多的收益。

**3. 提升人才素质是永恒主题，重点是高管层和专业骨干，核心是眼光和能力**。关键是营造人才机制：多途径的人才培养、评价和使用机制，人才脱颖而出的选人用人机制，人才流动的活力机制，考核激励的分配机制，完善人才工作机制，营造起良好的人才环境。

**（1）与发展转型同步，重点是造就大批优秀的高级管理者，他们强则银行强，他们成功未来才成功**。这是人才战略管理的核心内容，如果缺少一批了解国情又精明正直的银行家、缺少过硬能干的管理专家队伍、缺乏宏大的精通业务的专才，何谈银行的伟业根基，只有危机感。国际政治金融充满着风险挑战，我们尚未形成对抗危机的人才优势，不敢说已经强大了，因为高端人才存有数量级的差距。这是基本事实，再造人才优势是国家战略。

**（2）素质是竞争力永恒的内涵，转型发展需培养多样化人才**。瞄准未来业务的方向，确定人员结构和培训。看趋势：当国民更加富裕，社会财富在增长，理财将成为大市场；当中外市场更加融合，国际业务随之大发展；当经济深化结构调整，资管业务必定旺盛；当资金渠道越多，挡不住金融市场蓬勃兴起……亟待大批未来型专业骨干。缺什么人才，何时需要多少？不做预测不行。混业经营起步已 10 多年，竞争早已展开，期待人才的支撑。

# 第二篇

# 经营的理念

## ▶ 第7章　经营·财务的观念

财务观是经营观的内核，是鉴别行长经营意识最主要的标志，财务能力是衡量经营能力最重要的尺度。业务的良性发展使财务丰裕，丰裕的财务又为发展提供丰厚的资源保障，增强竞争力实现资本增值。唯有正确的财务观，才能是财务高手、核算内行。

## 一、什么是财务、功能作用、追求的目标?

财务理念反映财务管理在经营中的地位。银行的财务观包含经营效益、品质质量、风险控制的丰富内容，作用和地位极为特殊。初到一家银行，不用看其业务如何繁忙，只需观财务核算层次，就大体了解其控制力；再看成本核算内容，就大致勾勒出管理的精细化程度，以及核算背后的考核分配机制、动力。

**问题之一：什么是财务？业务只是经营形式，财务是内核，与每个人、所有业务、各项经营活动关联。不能不懂财务，否则就不清楚业务为了什么，经营是如何实现财务目标的。财务难，因为核算受会计制度约束，变得复杂；渗透在各项业务经营之中，更复杂。**

理论界具有不同的观点，有的认为财务是企业资金运动及其产生的经济关系；有的认为财务是本金投入、使用、收益分配等活动与体现的经济关系；有的认为财务是一种收付活动与体现的经济关系……，各种对财务概念表述的共同点是：财务的活动始终与现金流相关联，反映了经济关系、经营关系。

其实，经营中凡是属于现金流的范畴，都属于财务范畴。只要实施现金流管理，就形成财务管理，管理对象是货币的价值运动，与其使用价值的运动相对应。价值运动真正反映出各种经济关系的市场本质，例如银行与政府、与经济活动、与客户，以及总行与分支行、行长与行员的关系等，都受到财务关系的支配。

财务围绕着现金流，渗透在各项业务之中，难解难分，成为控制业务最敏感的神经，从出发到归宿贯穿始终，管控着经营全过程。每家银行都有财务部门，每项业务、产品都有财务属性，看似经营资金，实为追逐财务价值。业务管理着眼于产品，经营落脚在财务中，最终要以财务衡量。一个业务人员不懂财务何谈优秀？一个高管不懂财务何以经营银行？有的人与财务总是格格不入，自诩不懂财务，其实他只是停留在初级操作的层面，并未能进入管理的经营境界，谈不上是一个银行家。所谓银行家的精明，当然是指财务经营的能力。

**财务和业务是一枚硬币的两面，经营中贯通共存。业务竞争市场，财务追逐价值，丝毫分不开，一旦分离就出事**。不管业务如何进展，财务顽强地遵循自身的逻辑，从不委屈顺从，宁为玉碎不为瓦全，业务失败必定是亏损，掩盖不住。因此，财务不只是财务部门的职责，而是所有经营者的守则；财务观不仅是对领导人的要求，而且是从业者的基本经营意识，如风如影伴随经营活动，体现出经营者的思想与能力。

实务中，财务的初级形式是记账核算，高级层次是经营控制。银行业务门类太广泛，你可以只是熟悉几种、一种甚至只会一项，对其他业务是外行，这很正常不丢面子。但若你是财务外行，不懂核算、经营、盈利，人们自然怀疑你的层次低了，素质不够，是怎么干的？这才真丢了里子。不懂财务不是一个合格的经营者，过不去市场这道坎。

问题之二：财务在经营中发挥何种作用？这是财务功能的着眼点，构成财务行为的基本特征。

**1. 财务着眼于成本，引导负债业务降低资金成本。**银行的基本特征是负债经营，成本决定了经营命运。因为收益 = 利差 × 资产规模，规模由负债总量决定。当资金成本提高，导致薄利多销，相对增加了经营风险；资金成本降低，才有更好的利差，相对风险低了。

筹资成本成为盈利的焦点。存款人要求提高利率，而贷款利率受到政策与风险约束，压缩了利差的空间，风险成本又冒出来，两难的窘迫构成经营难点，财务管理正是要解决这个问题。

**(1) 筹融资成本始终决定了经营命运**。假设其他条件确定，则银行盈利能力取决于利差的高低，但利率由市场决定。一般有 4 种因素约束着贷款利率：一是政策总在要求降低融资成本，限高管控利率；二是需求决定利率，好企业的资金相对充足，利率很难提高；三是银行不愿为提高利率贷给差企业，控制利率上浮幅度，以防高风险；四是竞争中优质借款人迫使利率下浮。因此，提升信贷利率有难度，管控利差、降低负债成本始终是银行经营的财务意图。

**(2) 筹融资成本管理是业务部门的职责，落脚点是收益与成本相匹配**。负债业务需管理资金成本，资产业务要比对资金成本，多方协同方得到有效的利差，哪一方经营不到位都将失效。

依据银行自身的运营特点和资金市场规律，要以效益性原则引导融资、信贷投资决策。当被动负债资金不足时，可选择主动融资方式；当有些高成本资金进入时，资产部门应当努力开发定向产品去配对，包括投行、投资等渠道，保障获取收益。开发消化高成本资金的需求市场，成为未来拓展资产业务的趋势。

**(3) 财务要引导资产结构的优化，保障资产负债平衡**。必须充分利用资金的成本计量工具与方法，正确核定各项负债的成本，力求负债与资产结构充分匹配，测算负债的机会成本，确定合适的负债结构模型，去引导经营方式。

财务应当主动引导调整资产结构，使之最大限度契合负债的理想结构。银行在长期经营中，都已形成自身资产负债的基本结构，但这只是自然形成的经营模式，并非是最佳的盈利结构模式。未来理想的模式是什么？仍需勾画、探索和寻求，财务职责是主动去设计引导，而不是被动地接受现状。

**2. 财务着眼于成本收益比较，管好各项资产业务。** 比较是惯用的财务方法与原则，与同期、与全行、与同业、与先进、与国际比较，找准标杆，找到位置、差距和方向。从进步中坚持，从成绩中自信，用财务杠杆去激励与调整，推动盈利业务，消解非盈利业务。

经营开源节流，财务始终盯着收入与成本，从比较中调整优化。营业收入主要来自利息和中间业务，收入在补偿各项成本之后得到利润。因此，各项业务必须在多层面的成本收益比较中展开，财务发挥出预警和牵引作用。

第一，通过对利息收入、实收利息及应收利息的发生及收回时间，分析比较信贷资产的状态。财务应预警资产的安全性，揭示风险，以保障贷款的良性循环，及时收回本息。

第二，通过比较各类资产和产品的收益率，促使不断做调整资产结构的组合，引导资源投向高盈利的产品组合和区域。专业部门的职责，是通过财务管理去分析引导和管控。

第三，运用财务方法，协助选择较为安全的资产运营方式，构造起合理的资金运营结构，提高资金的效益。一家银行应当确定若干种财务方式，用以规范专业的经营行为。

第四，通过合理地运筹内部资金，积极挖掘资金潜力，拓宽收入渠道，增加业务收入，实现效益最大化。一家银行应管控好资金结构，避免被长期闲置、沉淀和低效占用。

第五，通过对各个机构经营的对比分析，分出优、中和差的等级类别。比较的方法一定要落实到分类指导，选好模板树立典型，总结推广经验，解剖诊断原因，才能有效。

第六，运用比较的方法管理不良资产，选择最佳处置顺序和方式，以提高处置回收的效益。别图简单处置，因为每提高一个百分点的回收率，相当于原有贷款的全年收益。

**3. 财务管理着眼于各项结构配比，指导全面资产负债比例管理。** 财务结构出自业务架构，什么结构产出什么绩效，什么负债结构带来什么成本结构，什么资产结构形成什么收入结构。**通过财务管理来调节资金结构配比，将经营安全性、流动性和效益性落到实处。**

资产负债比例管理讲究资产与负债结构的匹配，以防范流动性风险为前提，以效益为核心，体现"三性"的原则。结构受到风险成本与财务成本的约束，即不同的配比付出不同的成本代价。匹配如何更合理？兼顾风险与收益，财务起到导向作用。例如，银行依据长期的实务经验，将库存现金与支付保证金压缩到一个较小的额度，减少无息资金占用，增加收益。

**第一，依据整体运用资金的原则。**银行内部采用一整套的财务指标数据，监测和推动资源优化，每一项比重指标都有风险与效益的博弈。不只是满足管理指标，还通过设计更理想的模式去引导。例如，将**监管指标作为控制底线，财务要制定有效的经营考核指标。**又如，努力减少贷款的行政配置方式，向投入产出和经济发展重点倾斜，合理调配增加绩效。

**第二，设立流动性指标管理。**确定资产流动性方案时，应当充分地考虑风险管理成本。流动性过度必定造成资金短期化或沉淀，增加了经营成本；流动性过低如危机高悬，每天都处在紧张的调度中，难以防范突发性危机，不符合稳健要求。尤其中小银行在流动性管理上不应激进，应当坚守审慎稳妥，这方面的教训很多，哪家银行都经不起遭遇一次冲击。

**第三，配置好自用固定资产。**管理不能一刀切，**最重要是制定标准细则，缺乏标准则宽严无度，管得再细也是粗放。**处理好购置与租用营业房的关系、外包与自办业务的关系、外购与自行技术开发的关系、集中采购与分散经营的关系等。依据资产规模和人力资源状况，合理调配存量资源。例如，大量地租房营业未料及房价攀升，租金高涨反使成本大增。

**4. 财务着眼于效益最大化，围绕效益调整各种利益关系。**经营关系是利益关系，用财务分配来调整，包括资源配置、薪酬费用分配等。财务宗旨是力求谋利与谋效趋同，才有利于提升竞争力，推动各项业务发展。这就是财务追求的效用，财务应当发挥主导作用。

财务关系是财务行为与各关联方的经营关系，通过协调财务关系，促进经营与发展。

**第一，着眼于服从国家利益**。财务指导思想是为银行创造利润，保障安全运行。表现在两方面：一是服从货币政策导向和经济发展的大局，配置好信贷及财务资源，体现财务维护国家利益的原则。二是执行会计财务制度，做好税收筹划，准确计算税额和按时交纳，避免发生税收处罚带来的损失，还要重视有减免税政策优惠方面的业务，合理减少税收支出。

**第二，发展与央行、同业的业务**。一是积极响应和开展央行布置的各项业务。由于往来资金数额很大，要通过加强财务核算，兼顾政策与财务，从配置结构中提高收益。二是努力开发同业市场业务，既调剂资金余缺，作为解决流动性的重要途径，也是提高资金收益的重要渠道。当下在许多银行，同业业务的收益已占利润总额的1/3多，举足轻重。

**第三，协调内部的各种经营关系**。方法是建立经营责任制，完善激励与约束机制，促进效益的形成。要以业绩评价与激励机制为核心，建立对产品、客户、机构渠道和人员的成本核算与业绩评价体系，挖掘潜能，增收节支，提高效益。对分支行员工，主要建立以岗位价值与贡献度为核心的薪酬分配和约束机制；对高层的薪酬机制，依据公司治理制度规范。

**问题之三：财务追求何种目标？经营宗旨多元化亦使财务目标多元，经营目标决定了财务目标，成为驱动财务行为的指南。银行要担当社会职能、金融功能，要保障稳定不添乱子，要盈利完成资本考核，这些都支配着财务经营，规定了财务的目标、内容和责任。**

**1. 追求效益最大化，是经营的本能与要求，这是最基本的经营目标。**财务管理内生一种追逐效益最大化的机制，为实现经营价值服务。

这种内生机制促使财务不断地加强核算，改进技术，提高效率；也寻求社会评价最佳、顾客价值最大化的理念，实现政策指令，取得客户的认可。路径是，通过财务资源配置、财务分析评价等有效机制，促使经营活动以经济建设为中心、以客户为中心，提升服务价值、促进经济发展，增加收益或价值。这样，财务管理才能深入市场和客户，发挥出综合管理、系统调控的核心作用。

**2. 防止流动性风险，保障金融稳定，这是最基本的运营目标。它要求财务重视对同业、对分支行的资金调配。** 流动性风险主要是资金清算和现金兑付中发生资金准备不足，它在正常情况下平安无事，但在非正常情况下意外极易突发局部、短期危机，谁也难以预料。防范措施并不难：第一，资产负债需要有合理比例，确保流动性；第二，加强计划和调度效率，留有充分余地，也都涉及资金成本。

流动性风险是金融业的头等风险，危害极大，例如，2001 年中国银行广东开平市支行案发，几天内发生挤兑数亿元存款事件，通过上级行及时调度资金才渡过危机。2010 年射阳农商行挤兑事件，2013 年同业清算事件等都说明，无论大小银行都要坚持流动性原则。

案例：**江苏盐城射阳农商行挤兑。**2014 年 3 月 24 日下午 2 点，一则"射阳农商行要倒闭"传言突现，该行庆丰分理处陆续云集数百储户集中提款。直至次日凌晨 3 点才结束，25 日一度蔓延，26 日下午基本平息。警方查获并行政拘留散布谣言的蔡某。该行是苏北第一家挂牌的农商行，截至 2013 年末总资产 125 亿元，各项存款余额 100 亿元，在省内外有 44 个分支机构，是县里最大的金融机构。惊魂三日，据说 24 日中午前后有一储户要取 20 万元现金，但银行以未预约拒绝办理，随后谣言流传开；也与该分理处更名有关。为此人民银行紧急调动备用金约 13 亿元。26 日县长发布电视讲话表态，银行业协会也发表声明，事态渐平息。2012 年该地区农民资金互助合作社也发生过挤兑。

案例：**2013 年 6 月下旬的"钱荒"。**是因 2 家股份制银行预留头寸不足延误清算，引起重大的社会震动，引发股市大跌，形成蝴蝶效应。6 月 20 日被银行间市场交易员称为"最疯狂"的一天，隔夜回购利率竟达到 30%，7 天回购利率最高达 28%，而通常是 3%。一些银行对 6 月份出现的特别因素估计不足，如准备金补交、税款清缴、假日现金投放、补充外汇头寸及外企分红派息、贷款多增等。有的银行从不担心过度经营、总以为人民银行会兜底，热衷于以短补长，扩张信贷、承兑汇票和信托收益权等非标资产，放大杠杆，导致流动性风险。

**案例：德克夏银行的拆分案。** 2011 年 10 月 4 日，比利时、法国、卢森堡三国政府联合宣布了对德克夏银行（Dexia）的分拆方案，这家大型跨国金融集团在遭受 2008 年金融危机重挫之后，成为欧债危机中倒下的第一家银行。

1997～2007 年十年间，该银行总资产从 1860 亿欧元飞快上升至 6046 亿欧元，增长 2.25 倍，年均增速达 12.5%，是西方银行少有的持续扩张，曾在 2010 年"财富 500 强"中居第 49 位，业绩辉煌。但为何急速衰败而被分拆呢？从该行存贷款业务中可找到答案。2005～2010 年，第一，**存款不多，只占负债总额的 18%～23%**；同业拆借为 18%～33%，债务凭证为 29%～38%，其余是次级债等，长期保持风险型负债结构。第二，6 年间**贷存比分别为 197%、195%、191%、322%、293%、283%，比率奇高**，问题出在资产负债不匹配，流动性依赖同业融资。当金融危机首先冲击同业市场，各银行纷纷捂紧口袋，融资困难价格走高，这种经营方式难以为继。在资金成本高企与流动性缺口双重打击下，德克夏银行不得不乞求政府救助。

**3. 控制信贷风险，履行社会职责，这是最基本的管理目标。** 信贷资产质量恶化、成本失控和经营亏损的风险特征，最终表现为财务恶化。

信贷是银行的主体功能，对外支持经济，对内实现经营，最终取决于信贷的质量。影响质量的外因是社会环境政策要求及企业状态，内因是经营管理的能力与责任制，两者形成周期性风险波，成为财务管理关注的重点。**信贷始终是财务工作的核心与要害，举足轻重，稍有不慎就带来重重的经营难题。** 因此，针对信贷为重点的资产业务，财务要加强指导与内控管理，完善财务风控机制，使经营运营在可承受的风险内。

**4. 真实披露信息，这是最基本的工作任务与财务要求。**

披露经营信息是财务管理的基本职能，也是财务管理目标之一，确保对股东和外部利益相关者提供运行信息，增加经营的透明度。财务信息披露的基本要求是真实性、完整性、及时性，严格遵循披露规则，严厉杜绝弄虚作假。唯有真实有效的信息披露，才能使市场参与者充分了解银行状况，作出理性的判断评价。同时，也能促使银行不断地提高经营水平和财务绩效，接受社会监督。金融机构信息披露制度是银保监会监管的一项重要内容，财务要将披露经营信息作为重要责任。

# 二、追逐阳光利润：经营盈利观

银行为利润吗？考核是，宗旨不是，经营不能。利润属价值，还有货币使用价值，国家的经济政策、货币政策、社会服务，要在经营中贯彻，经营是实现银行功能的方式，最终得到利润。

**1. 利息与服务费收入是利润的两大来源，都受到政策的管控。从一系列政策要求中，明确传导了国家通过调控银行利润，让利支持经济、支持实体企业的政策信号，要求银行摆正经营牟利与支持经济建设大局之间的关系，充分认识、认真贯彻落实国家政策意图。**

一是国家严格管控中间业务收费，历任总理一次次要求大幅降低收费标准，少收不收和取消不合理的收费事项，取消一些过激的收费业务政策，政府部门与监管一次次清查纠正违规收费行为。它表明，**发展中间业务不能超越市场进程，否则事与愿违。**我国不能盲目学西方，不宜过分强调收费业务，过急推进收费模式不符合国情和政策要求，乱收费必招致社会的非议。

二是国家要求银行降低贷款利率，减轻企业负担，尤其降低小微贷款利率。银保监会明确指出："将按照党中央、国务院决策部署，督促银行保持利润合理增长，做实利润、用好利润。**一要更大力度让利实体经济。**

千方百计降低企业，尤其是普惠型小微企业综合融资成本，推动金融系统全年让利实体经济 1.5 万亿元。**二要及时填补拨备缺口，全面覆盖风险损失**。拨备不达标的银行要制订计划，尽早达标。在当前特殊形势下，各银行要根据客户真实风险水平，按照预期信用损失法评估潜在风险，并据此计提拨备。**三要切实补充资本**。适当降低分红，不增加奖金，把有限的利润更多用于资本补充，提高风险抵御能力。"①

三是货币政策体现减息让利的宏观意图，通过细分各类投向与利差，直接调控了银行利润的区间。近 10 年来一次次下调利率，或采用非对称降息的方法，例如将一年期存款利率下调 0.25 个百分点，贷款利率下调 0.31 个百分点等，压减社会融资成本，尽管我国的利差在全球并不高。国家要求银行信贷大力支持民营企业、小微企业，下达指标考核管理。

**2. 经营要办好银行，并不局限于当年利润，着眼于抗得住风险危机，保持可持续性盈利。依法合规谋求阳光下的利润，忠于职守地做好经营，就是履行神圣光荣的责任。不少银行经历过财务危机，盈利状态来之不易，要维护珍惜坚守，垮下去很快而进一步真难。**

**（1）经营要为可持续发展准备粮草做铺垫。所有发展要素都需要利润反哺，靠成本与投入。**一是成本方面，经营依赖费用支撑，维护客户关系、业务营销、市场开发与新产品推广、员工薪酬等，并通过管控成本调节利润指标。二是发展方面，营业房建设、更新技术系统装备等都需增加投资，以提高竞争力。因此，账面利润既服从当期的经营核算，也是远期利益的平衡点，利润分配时千万不忘增强经营投资，要为下期利润准备粮草资源，包括薪酬激励和扩大经营。

**（2）把握经营艺术，通过平衡利润实现服务经济、股东逐利的多重目标。**存款利率上浮利于存款人，国民受益；贷款利率下浮利于借款人，经济受益，两种呼声都在挤压利差，关键要把握合适的平衡点。经营兼顾天下，政府更重视银行发挥信贷功能，为经济营造杠杆动力；银行服务经济

① 银保监会官网发布《中国银保监会新闻发言人答记者问》，2020.7.11。

服从大局，在疫情压抑、经济下行的困难时期，一意追逐利润是狭隘的经营观，不是殊荣只会惹事。

不能再虚假盈利隐藏风险，该提的拨备不提少提，该暴露的不良隐瞒，外界以为银行很好其实心虚，反受社会的指责。**判断利润时应关注两个问题**：第一，利润增长有无特殊原因？必须剔除特殊因素，确定真实的经营能力；第二，利润增长能持续多久？必须找到参照标杆，才能度量增长的空间和潜力。经营中要认识利润的周期性、真实性，高企时不得意，下滑时不气馁。

**（3）依法合规经营，"阳光下的利润"是崇高的成果。**经营以盈利为荣亏损为耻，盈利是市场生死线，盈利机制是命根，稳定盈利方显实力，它是资产状态的经营标志。**改革与发展都倚重利润，市场以资本利润率度量鉴别银行，可持续盈利才表明经营健康，银行越优秀盈利稳定期越持久**。一旦利润不足，势必动力减弱；一旦亏损恶化，定是危机临头，背后一定是企业败落之潮。银行健康利好是国之大幸，政府稳操货币政策杠杆，正是银行具有良好的盈利基础。

市场严酷，盈利不易。每增一分利润都垫高了经营难度，牵动着股东股市、客户员工、成本与分配的每一件事。利润从来是行长经营能力的记号，在同一环境制度下，银行有的盈有的亏全靠经营。亏损意味着经营失败，不少银行都经历过亏损；低利也非小事，经营衰弱必收敛信贷，拖累经济牵制发展，而且银行指望利润来补充资本。因此，行长一定要努力增加利润。

**3. 经营者最需什么？当然是得到奖金、费用与投资，后劲来自投入，使经营力更强大。途径是什么？当然靠创造超额利润，向上级行换得额外资源。利润是经营之果，用于股东分配；经理人如同园丁辛劳着，期盼从超额利润中获得更多的投入，激励未来的经营。**

**（1）利润面前检验出人的经营观。**有的行长总想在年底压低利润，以求降低明年的考核基数，以图来年经营顺利。可是小算盘总不灵，人算不如天算，下级岂能算过上级的大算盘呢？考核一年一变，不断变化的政策与考核将使你失算。

早些年，东部的分行年年超额利润计划，有人总搞小动作藏一点，我从不这样做，而是着眼于换回资源。**多创利润是天职，证明资产健康状态，更证明经营水平与能力，多盈利是给你出色的机会。**只要资产状况好，何必担心来年指标？无需庸人自扰，况且对利润做手脚于法纪不容，这可是红线。

**（2）怎样去得到最需要、最缺乏的资源？**正道只有两条：第一，首要是实现超额利润，力求每年都能收获超额利润，作为向上级争取、换取更多的费用与奖励的依据，光明正大符合逻辑。第二，力争利润超过全行的平均水平，才能获得高于平均额的薪酬分配。用增量激励多贡献者，才有巩固管理措施的保障。这是经营之道。

> 在一次某城商行董事会上，股东提议高管收入应与利润挂钩，我认为不妥。第一，银行收入在前、风险损失在后，盈利受到外部影响的波动大；第二，应当引导行长关注发展，利润之外更要关注发展投入、品牌、队伍建设、提升管理素质等。银行大了经营变得更复杂，容易积累风险，持续发展需要补上基础性工作，不能只盯住眼前利润，到问题成堆了才整治。

**4. 以丰补歉，统筹平衡利润，打好经营基础。**从银行经营的大周期看，当期利润高低≠经营好坏，这是基本经营常识。风险及意外事件损失难测，缺乏风险拨备下的盈利一定被动不安。银保监会的要求是：及时填补拨备缺口，全面覆盖风险损失；切实补充资本。

**（1）以丰补歉是基本经营规律。**市场是波动的，经济金融复杂多变，健康期多些积累投入，可弥补危机时涌出的风险损失。成长性银行常有两种倾向：第一，一意扩张而忽视整修加固基础，这是短视的风险。夯实基础永远是经营之本，一要提足风险减值准备，二要投入基础建设。第二，一意拼比当期业绩而忽视远期，显示对发展目标模糊不清，缺乏战略思考，造成经营好时不用心投入，差时又无能为力。这是代理人失责。

**（2）边发展边打实业务基础，两不忘。**越是发展快、利润高的时期，越要舍得花钱维护基础，以免在经营下行、利润低时投资不足。这本是经营之道，是高管的职责，而股东们并不熟悉，需要去主动沟通报告。

行长要关注后劲、培育潜力。**营造基础工程不能遗忘，发展和转型都需要基础性投入，投资不可吝啬，这是硬道理**。第一，涵养客户市场，回馈、扶持客户，利好时不忘多开支点去维护客户群，不能短视只顾汲取，不以牺牲客户利益去追逐利润，在市场低潮时更要重视营造稳定的关系共度难关。第二，不忘夯实经营基础，为发展做铺垫，包括机构建设、人才培养、系统投入、改善环境等。

# 三、风险掘金术：财务的风险观

定价是财务的起点，而评价绩效是终点，从两端做分析可以更深刻地了解财务与经营。

**1. 如何衡量经营的财务效应？经营货币面对两种价格，一头是存款价格，一头是贷款价格，经营为谋求合理的利息差价。利率定价是市场化的主要特征，息差决定了风险与盈利，既考验存款业务，也考验贷款业务。经营从对资金定价开始，财务要管好利率价格。**

**（1）信贷利率定价的原理：能覆盖风险＋经营有利润＋客户能接受。三项因素既是定价要素，也是基本顺序**。覆盖风险是选择市场定位的基础，是贷款的前提条件；盈利是去除成本后获取的收益，是经营的财务目的，是资本的牟利本性；客户能接受是市场需求，选择相应层次的客户，是资本的风险偏好。利率定价受市场博弈和政策指导，定价能力反映市场经营能力。

存款利率一般是资金的**社会平均价格＋供求关系＋适度协商**，定价方式一般以产品形式出现，吸引客户购买，定价能力反映市场服务能力。而贷款是借款人找银行，贷款定价主要取决于银行风控能力，定价标准一般有三个财务层次，可以对号入座：

第一，是否能覆盖经营成本？不亏本是经营的财务底线，即边际贡献要大于零，包括资金成本、风险成本和管理成本，计算收入时可以包括各项综合收益。

第二，是否超越了市场机会成本？这是资金收益的财务底线，即投资收益要大于机会成本。例如，资金用于购买国债、金融债等收益稳定、安全又免税的金融产品，作为资金收益参照的底线。

第三，是否能高于全行贷款平均收益？这是衡量单笔贷款价值的财务底线，即获取更优的贷款收益。

具体定价时，依据贷款期限、金额规模、风险度及客户关系等基本因素，还有贷款的重要性、政策性、供求关系、同业竞争、带动其他业务等也影响利率的高低。会牵涉多种技术性、综合性方案的比较、组合优选，才能确定竞争式的报价，因而每笔贷款的背景都很复杂，利率定价不容易。

**（2）利率市场化使财务有了准星。** 利率是秤星，标出了资金运营的风险逻辑：贷款利率越高常因风险越大，风险大、供求紧则提高利率；存款利率越高则财务风险越大，实现利差越难。利率是标尺，表明一家银行的定价能力，利率越合适经营越到位，经营市场化则利率越灵活。利率是准星，是财务命运要盯住，是财务标准要看住，利率对经营的意义如同准星对枪支一样重要。

**每一笔利率都是市场与财务的经营结合点。** 如同一张定价单，汇集了政策、经营、风控、客户与市场导向的诸多敏感点，综合了多方的博弈，考验着经营的策略水准。从平均利率可看出一家银行的市场定位、风险偏好和经营思想；从利率定价的机制，可看出一家机构的营销竞争力、风控盈利能力和经营水准；从不同利率的选择中，可分出借款人资信与风险评价的价格等级；从地区利率水准和差异性中，可分析区域风险信贷的结构和机构市场化能力。利率如同一面棱镜，以财务视角将经营动机分辨得清清楚楚。

**每一次确定利率都是一次检验，并不容易。** 一面要看规模紧缺程度、企业风险状况，另一面受到财务指标的约束，每一笔贷款利率都是一次个性化定价。利率是抓手，是市场化标志，敏感灵活的定价显露经营的活性。它验证经营机制、评价功能绩效、展现竞争能力、定位风险偏好，与所有业务与产品命脉相联。一个员工如果不善定价，如同买卖中不会适时调价；一个高管不善调控利率结构，会造成全盘失控。利率市场化促使人们去思考每一笔存贷款，做个性化选择，检验其对市场、对财务的两种意识和能力。

单笔利率是单价，定价责任在当事人；平均利率是总价，管理责任在领导人，分清责任落实到人。**负债业务的盈利依赖低息资金，降一厘等于赚一厘；资产业务的盈利依靠合适的定价，升一厘等于赚一厘；每一笔利率浮动都有道理，但最重要是把控住总体平均利率。**领导者要配置好总体利率的结构，兼顾市场与财务，这是经营管理的能力。市场化使利率更灵活，但受原则、底线的约束，灵活赋予竞争力，实事求是服务经济是原则，保障安全与盈利指标是底线。利率考验着每个人的经营行为与能力、市场观念与状态。

**（3）定价是一种市场能力，价格反映财务观念。**存款利率上浮影响了息差，迫使信贷利率上浮。**假如风险锁定，则稳定绩效＝稳定息差，扩大绩效＝扩大规模，即要依靠增加贷款来提升整体的财务收益。**因为在一般情况下，一家银行的利息差相对稳定，波动不大；借款人也大体稳定，另找低端客户去提高息差的风险较大。因此，扩大经营规模便成为现今一种发展的基本模式。

当利率市场化提升存款成本，致使息差下降，经营该怎么办？有几种情况：

第一，经营机制会导致贷款利率上浮。例如，"当利率市场化带来存款成本提升，贷款利率总体会上浮，何况当前大多数企业经营状况堪忧。据统计，截至2018年第三季度末，73.8%的银行贷款的利率都是上浮的"（盛松成）。这是市场机制下的运行逻辑。

第二，政策引导降低社会融资成本，要求小微企业贷款利率下降。息差减少，怎么经营？考验着定价能力。路径有几条：一是大银行可以通过其他贷款来平衡收益，弥补小微企业贷款的亏损，但小银行做不到，成为生存问题。二是扩大经营规模，薄利多销增收以弥补息差的下降，成为扩张规模的动力。三是调整市场定位，向风险更高的借款人延伸，提升贷款利率。这就是我国银行经营方式的基本特征与状态趋势。

向高风险区域移位是牟利驱动，利率越来越挑战经营与定位，亟待财务指导和管控。客户经营活动日趋复杂，促使贷款在利率与期限、用途、担保和还款等方面更加灵活组合、更具弹性去贴近个性化需求，真正考验着利率定价与综合服务能力。

> 实务中，信贷在优质企业面前是买方市场，利率不得不下浮；在中低档企业面前是卖方市场，利率才能上浮。信贷不能都要好客户，否则盈利难；需配置一定比重的中高风险类客户去提高收益，这是经营准则，难在其中。如何减少下浮，或用其他收益弥补下浮缺口？如何使上浮与下浮总体平衡？都是利率管理的重要内容、智慧和能力。当客户对利率更敏感、融资渠道更多时，竞争直接指向竞价，使信贷定价成为一项核心竞争力要素。

**2. 如何验证财务成果？可从风险成本对 ROA、ROE 的逻辑关系，测量银行资本的胃口。从财务看，ROE 在 10%～20% 区间、ROA 在 1% 上下都是合理的；优秀银行 ROE 十年平均值在 15% 上下；从经济周期看，ROE 呈现出经济上行期走高、下行期走低，经营波动与经济周期基本合拍。**

**（1）风险损失是致使信贷成本变动的最大动因和变量。** 收益的当期性和损失的滞后性是金融的内生特征，带来种种跨期的神秘假象，涉及两个最为核心的模型参数，一个是 PD（违约概率），一个是 LGD（违约损失率），都是跨周期的数据。

风险成本每变动 0.1%，影响 ROA、ROE 多少？依据 IFRS 9 新会计准则，银行减值损失模型由"已发生损失模型"转变为"预期损失模型"，需计提金融资产未来 12 个月乃至整个存续期的预期信用损失，使信贷成本对质量的变动更加敏感和客观。主要有两方面的影响：

**第一，历史存量信贷资产质量对信贷成本率的影响**。信贷成本计提公式为：**违约概率（PD①）×违约损失率（LGD②）**，存量信贷资产质量高会降低 PD 值③。

**第二，信贷资产劣变，分类等级下滑，会大幅提高信贷成本率**。资产劣变会改变对应的信贷成本率（即拨备提取率)④。依据会计准则，假设正常类贷款计提 0.7%⑤、关注类计提 15%、后三类计提 70%，当信贷质量下滑后，信贷成本率提高部分按照差额计提。贷款由正常类滑入关注类，信贷成本率提升 14.3（15% ~ 0.7%）个百分点，是正常类的 21.4 倍；关注类滑入不良类，信贷成本率再提升 55（70% ~ 15%）个百分点，是正常类的 100 倍。

例如，某类贷款 1 万元，发放后信贷成本率为 0.7%，信贷成本 70 元。假如该贷款质量劣变，转入关注类，信贷成本率改为 15%，增提拨备 1430 元，信贷成本为 1500 元；假如贷款进一步恶化，转入不良类贷款，信贷成本率为 70%，再增提拨备 5500 元，信贷成本为 7000 元。可见，信贷质量是影响信贷成本的最大动因和变量。

**案例**：从某国有银行营业收入成本构成分析，支出端的税务成本和运营成本"刚性"较强，波动性较小，而信贷风险成本则因质量波动而更具"弹性"。2012 年以来我国经济步入下行期，不良贷款不断暴露，但从图 7 - 1 可见，该行营运成本（业务及管理费＋其他业务成本）基本稳定在 30% 上下，税务成本（税金及附加＋所得税费用）也在 19% 左右⑥；而风险成本（资产减值损

---

① PD 违约概率，指债务人在某一给定的时间段内，产生违约行为的概率。

② LGD 违约损失率，指债务人出现违约时，银行在债务人相关债务中可能损失且无法收回部分的比例。

③ 历史存量信贷资产质量主要对 PD 值产生影响，对 LGD 的影响较小。

④ 信贷成本率指当年拨备提取率，即损益表减值准备余额比贷款余额。

⑤ 由于信贷产品结构、历史资产质量等方面差异，各银行拨备提取率会不同。

⑥ 受"营改增"影响，2016 ~ 2017 年税务成本下降至 15% 和 11% 左右。

失）从2012年的6.28%上升到2017年的17.59%，使得净利润从44.45%下降到39.57%，波动较大。

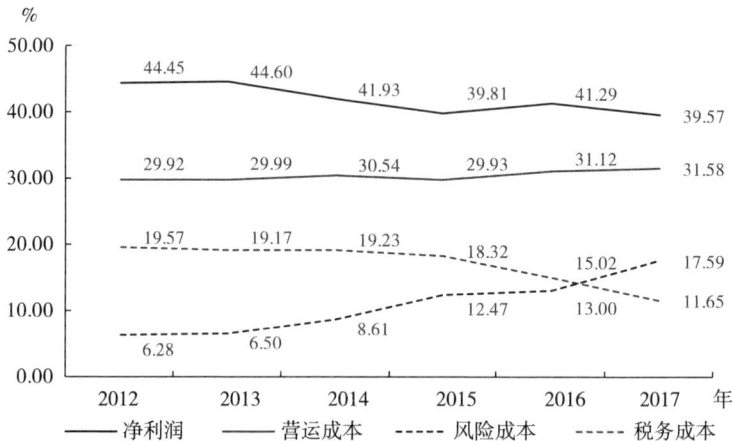

图7-1 某国有银行营业净收入的构成

若选择2012~2015年做成本分析，"营运成本＋税务成本"合计下降了1.24个百分点，而年度风险成本从6.28%上升到12.47%，增加6.12个百分点，在其吞噬税务成本下降额之后，仍使净利润从44.45%下降到39.81%，下降了4.64个百分点，表明信贷成本的上升直接减少了净利润。2016~2017年减税因素增加，被吞噬的税务成本更多。而且，这6年中资产规模连年增长，对利润的正向效应大，假如再计入该因素，则信贷成本对盈利的实际影响更大。本案例具有普遍性。

**（2）信贷成本每变动0.1%，引起ROA、ROE多大变动？**信贷收入约占营业收入的7成多，信贷成本当然成为影响利润表的最重要变量，牵动着资产收益率（ROA）、净资产收益率（ROE）两项盈利能力指标。

研究四大银行2016~2018年的财务数据表明（见表）：信贷成本每提升0.1%，使ROA、ROE呈反向波动，即一旦信贷质量下降必导致信贷成本持续承压，侵蚀盈利。

表 7 - 1　四大银行信贷成本每提升 0.1% 对 ROA 和 ROE 影响的幅度

|  | 2016 年 | 2017 年 | 2018 年 | 三年平均 |
|---|---|---|---|---|
| ROA 变动 | - 0.043% | - 0.05% | - 0.06% | - 0.051% |
| ROE 变动 | - 0.045% | - 0.051% | - 0.061% | - 0.052% |

注：ROA、ROE 变动为三年年报披露数据的算数平均值；为便于计算，ROE 指标口径简化为：税后利润/所有者权益。

第一，从比率看，当信贷成本每提升 10 个 BP（即 0.1%），则三年间 ROA、ROE 分别平均下降 0.051% 和 0.052%，即年降幅约为 5%。

第二，从数额看，假设某银行的 ROA 为 1%，ROE 为 15%，信贷成本率为 1%。**如果信贷成本率提升了 0.1%（为 1.1%）时，依据 5% 的降幅计算，则 ROA 下降 5 个 BP，为 0.95%；ROE 下降 70 个 BP，为 14.3%。**

假如信贷遭遇到了较大的风险，使信贷成本率大幅提升了 0.5%（为 1.5%）时，则 ROA 下降 25 个 BP，为 0.75%；ROE 下降 350 个 BP，为 11.5%，降幅都约为 25%，风险造成的负面影响就特别明显。

**结论：**信贷成本变动对 ROA、ROE 极为敏感，风险是影响财务最重要的变数，这是银行特别重视资产质量的根本原因，也是十年来盈利波动的基本原因。银行审慎稳健代代传承，下功夫落实风控降低风险成本，才有利润的收获。

# 四、收益与成本：财务效益观、成本观

成本与效益是财务永恒的主题，所有的经营理念都围绕这个主题展开，成为经营的核心问题。

**1. 财务效益观：**财务忙于眼下却着眼未来，追逐盈利却盯住成本，把住制度却灵活应对，财务属性是整体的、发展的、真实的、长远的。在国情环境与多元宗旨下，财务效益不纯粹，既复杂又简单。如何有效地核算？需要市场化财务经营理念，还要有有效的核算方法。

**（1）避免短期财务行为的意识**。管理原则是：注重可持续性发展，不以短期财务行为损害长期经营利益。由于经理人任期有限，受到年度考核约束，自然更关注指标与短期利益，怕多变吃眼前亏。怎样去摆平长期、短期效益的关系？基本原则是：

第一，**要有发展眼光，顾及远期（根本）利益**。利润是衡量效益的传统会计指标，它核算的难点是很难准确计量当期经营留下后期的风险，因而不能全面反映经营成果。引入**经济增加值**（Economic Value Added，EVA）来衡量财务效益，则可将收益与承担的风险相匹配，避免短视行为，透析真实的财务。经济增加值是税后利润减去资本成本后的差额，其基本公式是：

$$EVA = 税后利润 - 资本总额 \times 资本成本率$$

由于银行资本主要是抵御非预期的风险，而非预期风险受到经济资本覆盖，因而可将资本总额演化为经济资本，公式修正为：

$$EVA = 税后利润 - 经济资本 \times 经济资本成本率$$

这样，经济增加值便将风险量化为当期成本，可直接对当期利益进行调整。这个业绩评价，便有效地避免短视的经营行为，揭示出经营利润的真实性。这是一种所有者财务的观念，解决因委托—代理关系中的诸多问题，也使得行长对资本充足率问题给予更多的关注。

第二，**要关注本期效益，兼顾中期利益**。如何兼顾？方法一般是做三年周期的综合滚动安排，设定后年做目标方向，实现当年计划做前提，为明年安排留有余地，以增量改善存量，逐年调整优化经营结构。

引入**量本利分析**方法，制定目标、评价业绩、优化机构布局、设计个性化服务以拟定选择，实现本期效益的最大化。该方法是利用业务量—成本—利润三者的依存关系，分析经营活动、选择最优决策方案。通过分析成本习性，以数量化模型和图形揭示业务量、成本和利润之间的内在联系，为决策和规划提供必要的财务信息。

上述两种方法都是提供准确核算、评价效益的思路，提示行长以效益原则指导决策，真正地把效益性摆在第一位。

（2）**效益为核心的财务意识。一个称职的行长，在他眼中发现业务机会时，头脑里一定联想到相应的财务收益**。财务是鉴别经营能力与素质最重要的尺度之一，从每项业务的经营中，都能反映出经理人的财务意识强不强，是否称职。

**财务是业务之魂，在财务、业务指标两者关系上，缺乏财务思考的经营容易丢失魂灵，容易误入歧途**。例如，20 世纪 90 年代发生高息揽存，为争存款把月利率提高到 6‰，高于放款利率，面粉价格高于面包，违反经营逻辑；放贷收息是蠢事，却到处发生，根源都在缺乏财务意识。如今，市场化已深入人心，但是财务效益尚未成为职业意识的至高境界，不时泛出粗放行为。专业人员讲业务头头是道，谈财务张口结舌，两者分离成本意识依旧单薄，一种单纯业务观点。

（3）**真实财务的意识。它是指诚信地执行财务制度的规则，真实核算、披露财务经营的结果**。诚信地守则执业，既是对股东负责，更是对社会负责，成为经理人应具备的最基本的从业准则和规范。

真实财务不易，影响真实性的因素很多。内部有账务不科学、处理不准确的技术因素，外部有信息不对称的虚假因素，还有主客观的管理因素等，增加了真实性难度。例如，假如不能确保贷款分类的完全真实性，就直接影响计提风险拨备的真实性。因此，真实性总是相对的，没有绝对的。财务的立场是以现有财务制度为前提的，保持重要信息的基本真实，不能违反制度的底线。

长期以来，总有人在财务真实性上做手脚，制造虚假利润，一旦败露则身败名裂。**为什么新任行长必须弄清家底？因为财务不实会使接任者很痛苦，若揭示出来怕被认为不地道，若隐忍就要代人受过，若潜留有任职危机**。因此，真实财务意识是行长必备的诚信从业操守。

（4）**整体财务的意识**。这是一种全局配置、管理和使用财务资源的经营理念，它把一家银行作为一个财务核算整体，来处理机构、部门、渠道和产品之间的财务事项，围绕实现全面财务目标和效益。它着眼于宏观、长远和全局的发展利益，要求下属机构和业务配合服从。

分行行长处在各方利益的交汇点上，既要服从上级行、协同同级机构间的关系，又要处理部门与产品间的协作关系，因此，服从全局应是必备的行政素质，整体财务应是必需的经营意识。为整体作出贡献才显示经理人素质，更能得到上级的青睐和重用。如果整体出现失误与偏离，下级也应当及时反映沟通，以获得支持改善。

在与大客户的营销谈判中，对单个产品的财务核算变得很难，取而代之的是计算综合经营效益，得出客户贡献度的总体价值量。因此，不能只以单一产品、单个部门盈利作为择客依据，应当在内部合理分摊成本和收益。好客户最强势，在市场抉择时，假如缺乏整体财务意识，就容易丢失好客户。在整体资源配置中，更要服从资源最佳配置要求，不能只见树木不见森林，以局部偏见影响整体的财务效益措施。

**2. 成本观：是否具有成本观念，是衡量领导者经营成熟度的最重要标志之一。成本是命，利润取决于成本，懂得成本才弄透了经营，这是经营之道理。成本意识缺乏、成本控制能力不足，常是行长们最关键的两大弱点之一（另一个是风险意识），软肋亟待补正。**

我国财务实务一般把成本看作是支出，当作一种耗费。西方财务实务则认为成本是一种牺牲，即某项经济因素一旦进入成本形成过程，就失去了经济生命，不能被补偿，只能更新。因此，要珍视每一项经济要素，节约经济资源。

利润＝收入－成本，收入＝成本＋利润，逻辑关系简单。假如收入确定，当成本≤收入时，利润为正或零；当成本＞收入时，则经营亏损。成本变得核心至要，资金、费用与风险三大成本成为一切经营活动的焦点，也是财务管理的出发点与归宿。成本观念表现出三个层次的经营意识：

**（1）全要素成本意识。** 银行的经营要素包括人力资源、物资（经营工具、经营对象）、时间、经营驱动要素（科技、管理、信息）等。经营要素成本化理论认为，所有经营要素都有转化为实际成本的可能性，或有成本也有向实际成本转化的过程。因此，必须控制好各项经营要素成本，具体是：

人力资源效率创造经营效益，在可控成本中，人力成本的比重也最高。因此，需要有效地调整人员分布、年龄、专业结构，与业务相一致；要评价各种绩效薪酬体系，选择最优方案，激励不同工位的员工，实现人力成本管控的相对节约。

物质成本的同质性较大，变现能力差，不易流通。在投资决策时，可运用**成本孰低原则，以及沉没成本原理**进行选择。值得一提的是，沉没成本决策思想尤为重要，因为银行设备机具的专用性强，社会通用性差，处置收入低，购置成本一般属于沉没成本，采购时稍有疏忽就容易造成损失。例如，某支行以合理价格购置了一批点钞机，但不久因发行了新版钞票，这种点钞机缺少修改识别功能，仅使用了几个月就报废。假如采购时运用沉没成本的管理决策，或减少购置量，或选择可调功能机型，都能避免或减少损失。

时间具有机会成本，是指经营活动中所耗费的时间。随着市场化程度的不断深化，时间要素愈发重要，体现在各项要素的效率中。经营决策如何选好时机，把握好空间？既要考虑要素的传统成本，还需考虑时间带来的机会成本。

经营驱动要素包括科技、管理、信息等，以人力、物资、技术为基本载体，迅速形成在新业务市场的竞争力。必须重视这类要素，可从经济增加值最大化、成本最小化原则去把握，运用量本利分析法，比较选择使用，才能有所作为。

**（2）成本节约意识。**即把握财务、拨备和资金等成本要素，控制和量化成本动因，对经营规模、业务发展和效益实行成本制约与支持。它起于成本核算，以更小的资本杠杆、风险补偿、成本支出及不确定风险，力求较高收益，适应盈利模式和增长方式转变的要求。所有成本开支都由其驱动因素导出，经营中需要以强烈的成本节约意识去管控约束。

成本动因价值化是从成本的产生形成进行分析，认为是外部因素导致了成本的产生，且所有成本动因都是可量化的；内部单位及其经营管理行为，是成本的制造者也是控制者，并以不同方式拉动成本的升降。因此，应当运用价值链理念控制好各项成本动因。

成本动因分为外部、内部。外部有宏观经济结构、利率政策、经营环境等，内部有经营方式、经营管理水平、企业文化等。行长要有敏锐的成本触角，事前准确地觉察成本动因，通过量本利分析将其量化，实施成本预测与控制，实现节约成本的目标。

我国仍处在快速发展时期，由于**从规模扩张中获取的增量效益，仍然高于节约成本所得的效益，驱使银行强烈地扩张，这是今后15年现代化发展的基调**。因而节约成本的观念、措施和动力机制难成主流模式，也是中外银行经营方式的重要差异。何时出现历史性转型拐点？只有当增速下降开始计较成本时，经营方式才会真正改变。

**（3）比较收益成本的意识**。具有风险经营理念才有收益成本比较，实施经济资本配置、全面成本核算做比较，以求充分发挥总成本对经营规模、发展和效益的制约与支持，以相对小的资本杠杆、风险补偿、成本支出和不确定风险，求得较高的收益。**依据价值管理规律，收益的产生伴有资源的牺牲，成本紧随各经营环节发生**。因此，必须以预期收益作为对照考核来分配成本资源，力求形成一个良好的收益成本结构。

成本控制采用动态式对比管理，并非简单地削减开支、减少支出。应当灵活地运用收益成本比杠杆，寻求一种相对成本的控制方法，交替运用绝对、相对成本的控制手段，与近期、远期效益相结合，指导业务的发展。实务中，**发达地区分行的高成本是一种获取高收益的成本，人均费用高说明员工支配的资源量、业务量大，体现出高效率的经营内涵，是一种大趋势，西方银行人均费用高就是例证。不发达地区恰恰相反，人均费用低解读为效率低，才是改变的重点**。

# 五、资本约束一切：资本经营观

经营受资本约束，约束资产规模与结构，要求绩效、风险与资本额对称，管控经理人的野性。巴塞尔新资本协议是约束风险的资本标准，是管理资本总额与结构的银行规则，多大资本做多大市场，得以保障市场秩序与公平竞争。

资本管理包括资本的补充和使用，注重资本收益和风险约束的流动性安全性，作为财务的重要职责。一要做好规划引导业务结构优化，提升效率；二要依据监管要求，调整优化资产结构；三要积极推进资本补充和工具的创新。在资本规则基础上促使风险收益的平衡，提升竞争力。

**1. 资本金意识，是资本管理、资本收益和受资本约束的经营意识。资本是设立银行的本钱，是进入市场的前提，既是生成经营能力的基本条件，也是承担经营风险的极限。一旦资本不足以覆盖风险，监管就制裁。亏损危及资本，当资本净值为负值时意味着破产。**

资本管理是最重要财务事项，列入最高层直接的经营责任：资本面临保值增值的压力，体现在拨备后盈利。股东更乐见分红，资本利润率、资产利润率成为评价经理人业绩的主要指标。要求是：第一，确保资本安全，将风险控制在1%左右的支持区间，提足拨备；第二，保障合理盈利，如果 ROE 在10%～15%、ROA 在1%，才是良好的状态；第三，保持可持续发展，构造良好的资产风险结构，相对减少资本的占用。这样才是健康的资本状态。此外，需注意投资中资本金承担的民事责任和权益，合理确定投资额，防范不当承诺及投资活动造成的财务损失。

**2. 经济资本意识，在于使得经营者认识资本的稀缺性和高成本性。经济资本概念来自西方成熟市场银行的管理，它以风险调节后的资本回报率（RAROC）作为目标，在有限资本下选择市场的方向，合理引导确立业务种类、规模和经营的结构，使得风险与收益相匹配。**

经济资本是一种"虚拟资本"概念，引入作为资本管理视角与手段，用于覆盖非预期风险的资本额度，弥补非预期损失所需的资本。为了合理地识别和计量各类经营风险，采取高风险产品占用相对高比重的经济资本，例如贷款业务；低风险产品占用相对低比重的经济资本，例如中间业务。重要的是牢固树立起风险与收益平衡的理念，实现有效风险覆盖下的合理资本收益。

资本充足率从总量严格管控银行经营，经济资本则从内部约束导向资产业务，得以统筹发展速度、质量、效益和结构，有效控制风险，改善经营方式和盈利模式，实现稳健经营。实务中，依据不同产品的经济资本占用标准，组合最佳的业务结构，权衡各项资产的回报与风险，构建多元化的盈利来源，着力发展低经济资本占用的零售业务、中间业务、资金业务，以求有限资本效率最大化。

应当指出，**经济资本概念是对一家银行资本管控的总体设计，构造经营战略安排，而不宜机械地当作战术指标，用于考核分支机构的具体业务业绩。**在我国国情下如何运用才有效？如何处理好与政策导向的关系？仍需从实践中认真地探索，随着经营向市场化发展，这种市场方法将逐步深入应用。

> 大银行如何运用经济资本考核？仍需从实践中摸索，理由：一是大银行受政策导性向更强，宏观调控通过管理来平衡，假如采取市场财务机制去对抗，简单套用经济资本指标考核分支机构，必定扭曲经营。二是大银行贷款应符合国家战略布局，假如机械地将每一笔贷款与考核挂上钩，必与区域结构调整不符。三是各机构经营差异大，应当是宜存则存、宜贷则贷，实事求是扬长避短，才能发挥分支行各自优势，假如对区域、行业、客户和产品的 RAROC 阈值调节出错，财务机制会导向信贷失误。

**3. 合理负债意识。**当总资产规模基本成型，合理负债成为必然选择，这是西方成熟市场下银行的经营理念。我国仍处在快速成长期，银行的关注点：一是扩张负债业务，二是优选资产业务。合理负债意识主要体现在谨慎选择资产业务，力求与负债的结构相平衡。

银行是典型的负债经营企业，合理负债是市场经营的基本原理，告诫经营者在有限资本下，需要依据流动性、安全性和效益性原则经营，"三性"维护资本安全。合理负债属于经营的整体战略，抓手是资产负债率管理，核心是流动性管理。管理责任落在总行，因为在分级经营体制下，分支行行长只能承担经营的某一部分，只追逐下达的业务考核指标，并未受到资本金的直接约束，缺乏平衡的职责与手段。

> 美国学者莫迪格利尼和米勒提出的权衡理论（MM 理论）认为，负债可以为企业带来税额庇护利益，各种负债成本随着负债比率的增大而上升；当负债比率达到一定程度时，息前税前盈余会下降，同时企业负担破产成本的概率会增加。当负债比率达到某一点时，边际负债税额庇护利益恰好与边际破产成本相等，企业价值最大，达到最佳资本结构。虽然该理论没有分析融资方式和公司治理结构对资本结构的影响，但突出了财务的杠杆作用和资本经营的风险意识，强调了资本对负债的约束。

按照 MM 理论的启示，在资本金不变的条件下，存贷款增长的限度应基本满足《巴塞尔资本协议》对资本充足率的要求。实务中，最佳负债结构是一个相对概念，在合理负债的理念下，需要力求满足四个方面的负债结构：

①依据资产负债合理比例的要求，负债数量和规模满足业务发展和结构优化的需要。

②确保最低的备付，满足支付的需要。

③加权平均的资金成本最低化。

④实现资本金报酬的最大化，可用财务杠杆来判断。

从这些观念延伸，就要依据资本和负债的配比结构，合理确定资产和负债产品的价格，防止倒挂而侵蚀资本，并在不断推动业务发展中按比例补充资本，以避免因资本充足率下降扩大的风险。

**4. 资本的运营意识。资本运营是资本管理的重要事项，包括改善资本运用结构，管理好投资，提高效益。过往资本管理的重点在改善结构，控制资本性支出，未来运营投资成为金融新动向。这是深化金融改革形成的发展新趋势，是金融多元化经营赋予的新理念。**

我国深化金融业改革开放方兴未艾，十几年来，银行经营对象逐步突破了一般传统的金融产品渠道，进入到金融同业并购、证券、保险、租赁、投资等市场领域，极大提高了经营能力和业务经营范围，增强了竞争力，提高了风险控制和资本收益率的水平。

如今，混业经营已经成为商业银行基本的经营方式，通过金融同业间的投资重组或设立金融子公司的模式来实现；资本运营也是我国银行业走向国际金融市场的重要方式。因此，高层的行长必须具备资本运营观念，提高资本管理能力，适应市场化转型。

# 六、受控的财务：财务控制观、环境观

财务控制是主观作用于客观，财务环境的客观作用于主观，环境在变控制随之而变，财务理念是主客观的统一。

**1. 财务控制观：理念引出控制方式，财务的理念确定目标的取向。好的控制有序有活力，差的"一管就死、一放就乱"，问题出自经营观。财务控制的手段最为重要，计划预算、执行监测、分析预警、阶段评价和持续管控，及时地制定应对措施，招招都针针见血。**

**（1）股东财务的意识。**即所有者财务意识，要求行长从股东立场去管理财务，行使监督和调控的职能，维护股东利益并激励与约束公司内部人（经营者和员工），提高资本运营的效益。

行长面对经营者与所有者的财务冲突，如何统一？**经营者财务观**是由经营机制与制度决定的，以组织实现经营目标为核心，合理配置财务资源。而**所有者财务观**是对经营活动进行调节与控制，为保护股东权益，以资产的保值增值为内核。经营中两者并非都能一致，需由经理人去平衡。

例如，不同的会计策略有不同的财务状况和成果，若采用不稳健的会计策略调节操纵利润，会使股东得到虚假信息而利益受损，因而必须以所有者立场作出正确选择。再如，利润分配事关股东、经营者和员工各方的利益，股东更关心利润的真实性与分配，经营者与员工则关心薪酬与福利的增长。高管应当认真执行董事会决定，在维护股东权益下处理好三者关系。

**（2）控制财务行为的意识。**失度、虚假、盲目、浪费都是财务粗放行为的表现，会计精细化管理不到位，全员参与成本控制的意识淡薄，财务控制未落到业务环节，资源配置随意无标准，只管用钱方便，只顾花钱不讲投入产出率等，其实是财务控制意识薄弱。

最忌讳财务行为不规范，纰漏隐患尽在其中，不时触发，反映出管理者财务理念及行为偏离了制度规定，体现在"四缺乏"：缺乏流程约束、缺乏计划性约束、缺乏真实性约束、缺乏效益性约束。不规范使一切管理皆成空中楼阁。

控制财务行为的意识有：第一，对重大财务事项进行论证审核的意识，包括对大额开支论证、项目可行性分析及预算管理、过程的检测和评价、审议制度和集体决策等；第二，对财务计划严肃性、真实性的执行意识，实行责任制、问责制；第三，严格遵循审批流程和权限的意识；第四，严格核算的意识，正确记账、使用科目和分摊成本，明确分级管理及部门分工的内容事项，核算准确真实；第五，精细化管理财务的意识，精打细算；第六，对违反财务制度行为处罚的意识等。

规范才能减少随意，推动核算型财务向经营型财务转变，引导各机构部门和员工关注成本，落实全面成本管理。

**（3）集中财务管理的意识。**它是指统一核算层级、统一核算内容、统一支付管理和统一财务制度，集中重要财务事项管理、减少核算层次和强化财务约束，实现真实性控制和标准化作业，实现成本计划过程的监督，防范财务风险，提高财务效率。

有两种财务核算模式：一种是总行财务集中，组织核算和控制，分支行机构报账；另一种是以分支机构为基本财务单位，分级核算，总行汇总。显然，前者层级少、成本低、更节约，但是选择哪种模式，取决于规模、制度和控制能力。这也是大小银行财务体制的区别，大银行以城市分行为基本核算单位，确立了分级财务模式。

分级财务的关键是划分核算事项与事权,核心是效率问题。早期的分级经营模式全盘下放,基层复制总行,这种分散方式极不规范,效率最低。步入商业化经营后,一部分科目逐步集中核算。如果大银行有3000个支行、400个城市分行、30个省级分行的建制,适度集中财务时,分支行只需处理与业务直接相关的事项。这样,千百个机构的财务就不再小而全,财务行为从分散复杂变为集中简约,控制才能有效。也可试行财务委派制、报账制,推行财务管理扁平化。应当指出,发展一定使银行走向强化成本管理,未来10年逐步管紧财务是经营大趋势。

采购是集中财务的重要内容,是对主要成本事项的控制、统一配置标准,体现一家银行物流管理的状态。它不仅能有效控制采购成本,亦可通过转移支付,减少工作量。比如,一家大银行年采购总额为80亿元,其中总行直接采购20亿元,一级分行集中采购10亿元,二级分行集中采购30亿元,支行零星采购20亿元,2:1:3:2的比重结构反映了该行的管理方式及控制能力。

**2. 财务环境观:环境是客观的,也靠培育改造,既要主动去适应,实事求是,也要主动去改善,有所作为。环境是相对的,同样环境下看谁有本事,去获得相对优势。环境资源有限,善于做好各方工作与关系,获取更有利的条件,变得相对主动,情况方得改善。**

如何应对环境、改造环境?环境无法选择,却能有所作为。前任行长未能干好,后任干得很好,不正是经营的意义吗?好环境下有差银行,差环境下也有好银行,不正是环境观的意义吗?

**(1) 认知财务环境的意识。**财务受到环境约束,内外经营环境都对财务活动产生重大影响,环境好则经营顺,环境差则财务难,这是基本的规律。

所谓财务环境,主要是指金融资源的丰裕程度、信用环境的诚信程度、人文环境的融洽程度,三者间组合形成不同的状态。正确地认知环境才能主动去适应环境,运用其特征才能扬长避短有效拓展。领导者先要认识在怎样的环境下经营，进而协调改善，**对内要创造一个和睦共事的生态小环境，对外要适应大环境营造核心竞争力。**

影响财务环境的因素是什么？有宏观微观、外部内部的，宏观有体制调控、经济结构和运行状态等，微观有客户变化、利率和产品供求等；外部有税收、会计制度等政策法规，内部有财务制度及管理等。只有了解财务与环境的关系，掌握影响的程度，心中有数，才能增强对财务环境的敏感性。

**（2）适应财务环境的应变意识。环境好如何比别人经营得更好？环境差如何使经营不差？需要应对，经营随环境而变。**假如诚信环境差，就要严管少放、谨慎信贷；假如资源环境差，就着力精简管理资源，控制成本；假如人文环境差，就要协调改善关系等，都要应变意识，改善经营从应变环境开始。

**环境影响财务常是突发性的，**在计划控制预料之外，甚至会打乱整个经营方案和指标管理，引起较大的财务波动。例如，国家实施调控，发布出台经济结构调整的重大政策，都直接影响到经营财务。

环境变了要主动适从、心中有底及时应变。早抓早主动抢占高位，晚抓被拖着走、丢失新机会。最要紧是尽快测算影响的程度、范围及利弊关系，适时调整财务及业务计划措施，调配资源弥补新缺口。重要的是调整市场策略与之衔接，保持经营平稳过渡，化解难题去适应财务新环境。

**（3）营造财务环境的责任意识。大环境无法改变，行长的责任是改善经营小环境，绝不能消极被动，要有主动对外协调意识。**

一是制度约束意识，坚守合规经营，约束财务行为。环境不好更易生事，要千万守则防出事。财务合规性问题始终不断，原因是财务人员素质不够，合规约束力不强，根子在领导者对纪律的关注不力。假如领导者轻率逾越财务制度，则上行下效，制度环境就会恶化，财务监督形同虚设；反之模范地遵章守纪，有利于形成执行制度的良好氛围。

二是对外协调意识，需要行长与财务人员一起协调外部的各种关系，如税务、财政等主管部门。高层的职务影响力更强、办法多效率更高，更能有效解决经营发展中的财务问题。目前，行长的工作重点一般在市场与客户上，对营造外部财务环境上重视不够，说明营造财务环境的责任意识不足。

# ▶ 第 8 章　市场·政策的观念

经营在市场中，各种观念行为无不打上市场的烙印，各种经营方式都从市场出发，接受市场的检验。"物竞天择，适者生存"既是物种起源的规律，也是市场主体的生存规律。经营市场观，是遵循市场规律做好运营的观念，是落实政策干预市场的观念，银行在这两大机制下做好经营管理。

## 一、怎样认识市场、
## 什么是市场观念、经营怎么变？

1951 年爱因斯坦在普林斯顿大学给学生考试，考完后他的助理紧张地问：为什么你给这个班出的考题跟去年一样？爱因斯坦的回答很经典：答案变了。银行天天在经营，面对着市场、客户和自己，但一切都在改变！今天不再是昨天，明天呢？

**1. 怎样认识市场？** 经营在本国市场，市场在国情下，懂国情才识市场。经济定位于社会主义初级阶段市场，银行经营定位于国情特色，孕育生成了市场观、经营观。以往摸着石头过河，实践成就了辉煌，未来更加自信从容，坚定走中国特色之路，让别人去说吧。

认识市场先要认识国情。市场理论＋国情才显灵，大环境决定经营，中西方不在一个市场阶段，经营方式截然不同。西方银行为富裕国民与成熟市场服务，我国是发展中市场，为小康国民与中国企业服务，经营环境截然不同，宗旨、方式、需求岂会一样？适合国情才符合需求，客户接受才有经营活力，否则油水不溶，这也是西方模板不适用的原因。

认识市场一定要懂得历史。今天的市场是怎样形成的？哪些核心内涵应当坚守，哪些应在发展中完善，哪些成功经验需要发扬，哪些揭示趋势，哪些阶段性问题亟待改革……几十年来银行改革发展之路曲折丰富，积累起各种经验教训。历史导出了一条真理：未来发展只能靠自己，符合国情才是真经，适应中国市场才有生命力，要自信地走自己的路。

认识市场要靠充分实践。别以为西方学说中没有的就错，我们从实践中开创的银行模式不断获得成功，充满发展活力。未来面对百年不遇之大变局，唯有实践再实践。别迷信以为西方是市场化经典，只有经营服务好中国市场才是最伟大的成功。我国拥有 14 亿人口的巨大市场，我们构建起另一种方式的经典，坚定地走下去，从未来的实践中发展完善。

**2. 什么是市场的经营观念？市场自有规则、规律与逻辑，经营者也有立场、观点和方法，两者顺则兴，逆则不融。经营观念导向经营思想与行为方式，包括对经营与发展、客户与服务、竞争与规则的认识等，引出了经营方式，直接关系到市场生存、运行与发展。**

市场观是经营的市场意识与态度，认识市场有利于发现机会与风险，顺其规律有利于规避风险减少折腾，融入市场更能有效地开展经营，成为市场的弄潮儿。

**（1）市场化经营是：银行特长＋资源优势＋金融功能＋环境特征。**以市场方式经营，就是要关注、顺应市场，将经营与外部环境有机地结合起来，看得到并抓得住机会，从规避风险中获得成果。换言之，**使各种经营要素充分结合，统筹处理近期和长远、投入与产出的关系，选准目标市场，找准经营方向，形成自身的业务特色和经营风格。**这样，主客观融为一体，形成特色经营，使资源有效发挥作用，绩效自然来。

**（2）心中眼里有客户，这是市场的着眼点。**与客户做生意，看不懂客户，与其需求不合拍，市场迷茫经营就会迷路。以主观意愿导向的本本主义早已不适应，但余孽还在作怪，形成难治的企业病。多思考客户所想所求，产品才更加适合，满意才有价值，形成交易意愿。这是人所皆知的常识，本不是什么新理念。银行和企业都是市场的主体，是平等的商业关系，客户是赖以生存的资源，经营以客户为中心，充分地满足需求、有效服务，一切经营都要从客户出发。

**（3）服务是经营方式、营业方式、生存方式，立足于服务才能发挥银行功能、想象空间和创造力**。银行有两类服务：一类是信用产品服务，例如存款、贷款类的产品服务；另一类是劳务，以专业能力和信息为基础的服务，例如结算、代理、咨询等中间业务。可见，银行以金融中介为生存方式，服务是职业工作的方式，尽职尽责是基本职业道德。

银行从旧体制走向市场化，服务从一种道德准则回归生存方式，才有了生命力，展示出本来的真容。如今银行真变了，是市场改变了它，服务成为经营能力、员工能力的核心标志。内容变得丰富深邃，形式多种多样，一切都围绕着客户需求，当然就有了服务成本、价值管理和服务层次等管理的新内涵。

**（4）市场是有规则规矩的**。市场如战场，但市场有秩序保障、公平竞争，而战场无规则。**有规则才叫市场，才有真正的竞争活力与创造精神，否则会胡来，错把市场当战场。金融市场实行严厉的管制，规则是对无序市场实行有效的管理，进入必须守规矩，犯规必定出局，并受到处罚制裁，没有例外者。**

遵循市场规律和规则规定，不当野蛮人，是进入和参与市场最基本的先决条件。在银行市场化一路进展中，有过无数的违规损失与教训，制度得到逐步完善，但违规行为难以根除。这就是市场的阴暗面，总有人投机取巧，或在利益驱动下胆大妄为。它始终是经营中最薄弱、最伤脑筋的一环，需要领导者日日牵挂在心，否则受到问责。

受三种规则约束：一是约定成俗的惯例；二是法定的规矩；三是潜规则，都需要懂得了解，复杂市场从没有单纯。合规经营主要是指前两种，是经营方式；后者常在处事方法中。

**（5）竞争是市场自身的运行机制**。对个人而言，市场是生活方式，生活追求幸福祥和，无需竞争；对企业而言，市场是生存方式，职场到处是竞争，优胜劣汰。**市场是资本的活动领域，竞争是一种生存机制、机能，同类相争，才激发出活力、生命力和进取精神**。市场是一场无情的淘汰赛，进入就停不下来，比拼着经营智慧和能力。市场只奖励优胜者，从不同情眼泪，并将失败者扫荡清除出局，丝毫不留情面，从政府、监管到企业没有例外。这是个市场的逻辑。

我国银行业正在走向成熟，但竞争尚未进入深层次市场，因为许多重要市场业务正在待开发开放中，成为软肋。竞争意识是决胜于对手的意识，管理者要不断强化竞争理念，去适应市场化进程。

**3. 市场变了经营怎么变？必须跟进，商业化是市场的、实践的、进取的。社会经济与市场演绎着制度的更迭和模式转换，变化是永恒的。事物都有变与不变的成分，内核是不变的，若变了就成为其他物种；形态是多变的，不时换换新装，与市场时代环境相适宜。**

几百年来，商业银行始终经营存贷款，每新设一家银行或机构，都用抓存款、放贷款的基本套路和手法获取利差，代代传承，地位越来越稳固强盛。无论大小银行机构，哪怕是网络银行，经营原理都一样。应变中，时来运转只怕跟错跟不上，时过境迁都怕失去既得利益，人们总是在焦虑中探索向前。

**（1）市场孕育着变化，成为驱动银行发展的源泉，活力来自经营发展的市场力量。**

**银行以不变应万变，万变之中恒有定力**。变化的是客户与环境，市场在变、政策在变、业务在变，不变不适应；竞争在变、风险在变、格局在变，不变不适合。经营有其不变的内核，是成本核算、风险管理、市场定位的原则，是政策红线、合规底线、规则界线的制度，是专业规范、盈利机制、经营责任制的使命，这些都出自经营原理、规律规则和纪律，是行业的基因和守则，唯有坚守而丝毫不能动摇，更不能违背触动。应变中，经营的内核得以更强化，内容形式变得更丰富，更加市场化。银行家要信奉审慎稳健，任凭风浪起，稳坐钓鱼台，依法经营守规矩；如果动摇了就会违规出格，出事出风险。

**银行又以变应变、以变应不变，适者生存**。变化的是策略、服务与创新，从形式到内容都变得更加丰富多彩，力量更强大，使得社会经济更加离不开它。经营在变、技术在变、业务在变，不变不适时；制度在变、对策在变、管理在变，不变不适用。领域越来越深透，业务越来越宽泛，国民财富在迅速增长，业务领域从存贷款伸向资管、投资、金融市场等；管理方式也与时俱进，效率越来越求实，技术越来越高新，能动地去适应市场，而不是被动地被拖着走，提升了专业水准和能力。当然，市场越大风险也增大，需要更加可靠的风控，以保障经营绩效的稳定，收获社会的满意度，从中也得到大发展。

**变与不变，以什么作为标志？** 要看资产规模总量、增量，它表明市场地位与发展；要看市场份额、客户群结构，它表明经营定位与能力；要看资产结构、投向，它表明政策与市场；要看资金利率、财务，它表明市场化程度与控制；要看经营的风控、质量，它表明管理方式与效果；要看银行的人才、机制，它表明经营的强弱与活力，等等。一切内容组合成为经营思想与方式，变得丰富多彩，一个充满探索的无限的经营世界，银行永远是贴近市场的、实践进取的。

**（2）市场走向成熟，带给银行大发展再一次难得的机遇，构成经营转型的发展观**。站在全面小康向现代化社会迈进的起跑线上，谈论银行发展的意义十分重要，答案是明确肯定的，应当有至少10年的增长期，三大道理很简单，都能理解。

第一，信贷经济始终是我国经济的基本金融模式，企业长期运营在这种方式下，与银行唇齿相依命运与共，形成了稳定的模式。至今取代它的力量和渠道还很单薄，需要逐年地积累。这是惯性驱动。

第二，看国情背景，我国经济转型以发展战略新兴产业、服务业与现代制造业为基础的发展模式，正在强劲地推进产业结构调整、新旧动能转化，亟待大量的投融资，而企业资本的积累能力不足，依旧指望银行挑重担。传统经济中企业的增长，同样需要大量投融资。这是需求驱动。

第三，银行早已成为政府管理金融方式的最佳抓手，而改变这种体制需要条件、环境与积累的较长过程，更需要巨大的直接投融资来源与渠道，需要一个培育渐进的转型过程。这是制度驱动。

**三种强大的动力早已结成为我国经济的基础模式，很难轻易改弦易辙，至少是未来 10 年的基本特征**。因此，银行必须做好资产规模再翻番的准备，这是探求中国式发展之路。我国银行业从来与制造业共生，为工商业服务，相互依存鱼水难分，这种市场特征在未来经济中依然扮演最重要的金融力量。而且，强大的银行已经具备这种实力与能力，能不依靠吗？

# 二、适应市场的机制：应变市场观

市场万变使认识过时，是应变还是被变，是适应还是排斥，影响着经营方式。市场应变观念表明，市场永远在变，有时起变于细微处，弱小却代表着大趋势；有时狂风骤雨般掀起巨浪，一只蝴蝶翅膀的煽动改变整个局势，常在意料之外。适者生存，应变其身，在不同经营环境下，顺势而变得以进展，逆势而变摆脱危机，这是经营的机能。

**1. 以发展求生存的意识**。无论情况怎么糟糕，困难如何多，只要市场在发展就有希望有机会，能从发展中解决问题、摆脱困境。在希望的田野上可再努力一次，有机会去翻身，这是不死的灵魂，是市场生存机能和精神；如果没了市场希望，只能求助或等待清算。

为什么对未来的经营充满信心？因为中国经济依旧强劲，第一阶段奋斗使银行业转型成功，第二个"一百年"目标刚启程，因此，现在的好银行定会更好，现在的小银行定会长大，现在的不如意有希望改善。做大做强是硬道理，只要稳健经营不气馁，抓住抓好发展机会。希望是一种生存意识，是发展理念的内核。

能否及时跟进、适时调整策略？踏不上发展步调意味着落伍，市场潜移默化从不等人，所谓应变，**是指紧紧抓住发展机会，与市场合拍**。一个领导者强不强，标志是具备积极主动的市场意识，了解市场找到差距才有紧迫感危机感，感悟变化才感知态势，认识发展才下决心调整，去创造新的优势。

**2. 细分市场的经营意识。市场不是空谈，细分才是真市场。所谓细分，是指对经营区域、客群、业务做出适合性分类，选择培育经营的领地，求得与专长适应的优势。它能体现一家银行机构的特色、专业和服务水准，是经营的成熟性标志，贯穿经营战略的思想。**

**天下很大，细分了才找得到最适合生存的那个部分。**细分市场是经营定位的表现，在一家银行发展过程中逐步形成，它是对环境、客户的界定与思考，与经营特征能力相适应。从过程看，发展特长业务和相对稳定的客户群，是构造经营的市场基础。从意义看，致力于发展目标市场，扬长避短，集中和培育优势投向特定市场，得以发挥相对优势制胜，增强核心竞争力。

认识到位才能竭尽全力去培育、维护和优化细分的目标市场，行长负有不可推卸的责任，要有意识、策略和措施。

**3. 保持经营策略稳定的意识。人们都理解国家政策多变，但经营政策要稳定少折腾，业务调整力戒硬着陆。业务政策不连续才真正伤及市场与客户，几次折腾就摧毁了好不容易建立的客户关系，损毁了客户的忠诚度，这是以往最重要的教训，也是一种经营风险。**

**政策与策略是生命，**稳健经营需要讲究策略，用心把握细节方法，运用好一切有利因素，细心规避各种风险因素，不能粗放。**积极的稳健与精细化管理相结合，才是银行商业化经营的特征，才是审慎稳健的行为特征。**同时，经营是一个持续不断、连续连贯的过程，市场总是在变，政策不断在干预，如果管理行为总是反复折腾，一定会导致客户的迷惑动摇，乱了经营，以往的努力付之流水，付出了成本与时间的代价。因此，**保持经营策略的相对稳定是成功的一半，**告诫领导者，政策要重实效而不在形式，重形式必伤及经营，这是领导者水平的问题。

应对多变的市场，采用以下经营策略：第一，**低成本策略，**有效管理各项成本开支，用于重点市场的发展；延伸拓展系列化产品服务，实现规模经营要求等。第二，**重点发展策略，**充分考虑机会成本，在细分市场有所为有所不为，提高投资转化为利润的能力。第三，**优势带动策略，**不断完善金融产品服务，培育市场收入新的增长点并迅速扩大。综合运用上述策略，促使经营活动进退有序、积极有活力，变得丰富多彩。

**4. 提升市场能力的意识。**一种是增进对市场的认识了解，实事求是顺应规律，这是认识世界的能力；一种是经营发展充分融入市场，适合国情应变趋势，这是改造世界的能力，两方面相辅相成，需要同步去提升。只有当市场意识到位了，经营能力才能如鱼得水。

市场与政策是把握动态趋势的两大抓手，跟得上就赢，跟错了步步扭曲。市场化经营能力建立在认识论基础上，包括经营管理能力、创新服务能力、市场决策能力和运营策略措施，都应当建立在市场机制上不断地吸收市场养分，才能生成经营竞争力。

只有市场化的产品服务，才能适应与满足客户的需要。经营服务需要不断地创新，依据新老客户不同的需求，向不同层次、深度推进，银行可作以下选择，如表 8 - 1 所示。

表 8 - 1 银行产品与客户的市场化推进

| | 现有客户 | 新增客户 |
|---|---|---|
| 现有产品 | 提升渗透率：向管理与供应链延伸，推广系列化服务，提高业务品种、产品利用率等 | 市场开发：以服务质量吸引新客户，以品牌吸引客户关系，降低服务和产品的成本等 |
| 新增产品 | 开发新产品与服务：平台对接扩张功能、量身定制个性化服务，一揽子金融服务 | 多样性：以新业务、新产品、新渠道、新功能、新服务切入市场，开发新市场领域 |

因此，在开发新市场新产品之前，一定要对市场做整体的分析，对客户需求有足够的了解，不能主观片面。例如，在许多互联网金融产品开发中，人们只顾盯着新技术的特性，主观自以为是地设计产品，耗费了大量的技术投资，结果落个一场空，反倒带来大风险，原因就在脱离了市场。

# 三、客户是市场主体：
## 优化客户观、主动服务观

弱水三千，只取一瓢。市场太大看不透，不能满天下争，只有选择定位。从经营看市场并不大，记住 0.1%、1%、10% 的结构分类，才算是经营的眼光、尺度，心中有了准星。市场主体是客户，业务、服务、竞争都指向客户，一抓优化客户结构，二抓提升优质服务，才是经营的理念、要求，始终不能忘记。

**1. 优化客户观。**商业以客户为上，经营需要优质客户群，知名银行无不以拥有诸多重要客户为财富。客户始终在变，经营要紧随适应客户，使调整结构变得迫切。银行都在为培育好客户群下功夫，竞争始终围绕着争夺好客户，优化结构成为日常追求的工作目标。

**（1）讲求客户贡献度的意识。**形式上客户分大小多少，经营上讲优劣贡献度，大小多少如饭碗，品质优劣是饭菜，经营以贡献度评价鉴别。贡献度从大数据分析而来，谁带来业务量大谁重要，谁带来业务收益多谁优秀，银行效益与优质客户密切相关。

经营追逐客户数量，目的是风吹沙走留得金，一旦虚求数量便是粗放。因为资源和能力有限，而考核要求利润，资源配置讲投入产出，经营不优选行吗？不求质量的时代早已远去。须懂得，业务方式取决于客户，客户结构决定着经营状况，高端客户多的银行服务取向高端化，低端客户多的取向大众化。中优户比重才是决定经营绩效的根本，这个问题回避不掉，是资本对市场的价值取向。

**贡献度是银行选择客户的市场尺度。**第一，是出于控制服务成本，市场讲求服务的价值回报；第二，受有限经营规模和资本的约束，优化客户结构，得以提高资源效率。**具体怎么做工作？**需从财务分析出发，确定客户战略、择客标准，与经营能力相配套；需从市场状况出发，判断客户分布、状态、业务及征信，评价贡献度；需从客户发展趋势及变动鉴别重要性，筛选出重要客户并调整结构。

**（2）构造优质客户群的意识。落在"优质"与"群"两个要点上，他们是一大批核心客户，其标准、规模以及培育是一家银行最重要的市场目标。**当前，市场在不断发展进步，经济结构在不断提升，大批的新兴股份制企业、民营企业、外资企业涌现，成为市场热点重点，数量的不断增长丰富了客源，良好的经营环境造就了实施客户战略的基础。行长必须要有重构优质客户群的紧迫性，密切关注经济热点、新增长点，拓宽渠道择客，细分客户市场，发挥自身优势集聚新户，发掘和发展优质户。

**客户群有三类区分标准：**第一，以优劣区分客户，按风险价值标准划分，重点突出客户品质与价值。第二，以新老区分客户，按交往的时间划分，稳住优老客户，吸收优新客户，退出劣老客户，设防新劣客户，不断优化客户群，保持良好的成长性和结构性。第三，以业务区分客户，按银行资产、负债、中间业务归集细分客户群，揭示客户的财务价值，体现业务特征。

**（3）动态调整客户结构的意识。动态是指连续性、时效性管理，有阶段性要求，需要大数据分析系统的管理，准确地揭示真实性。**这是一种不断优化客户结构的经营意识。

银行择客的方式是大浪淘沙、日积月累。以信贷为例，百年的信贷流水的客，始终不断地筛选、发掘客户的价值，永远在"选择→更新→扩展→再选择"的循环之中，积累起一批价值型客户，构造出一家银行的核心客户群。信贷依赖熟客，通过动态营造客户群，持之以恒地做实基础客户平台。老银行的优势正是拥有核心客户群，价值型客户越多，经营的根基越实。

客户结构成为重要的经营基础。调整结构的难度很大，尤其是信贷调整，难在主动发现风险苗头，难在策略与操作技巧，难在解决暴露出的经营损失。因而行长要参与决策，不仅是把握转型方向，设立处置预案，而且要敏感地监控，营造不断吐故纳新的客户结构调整机制。

市场的企业遵循生存周期的规律，迫使银行不断去优化结构，避免衰亡企业过度占用有限的资源，才能维护经营活力和有效的盈利性。客户稳定是相对的，筛选、流动才使信贷永葆活力。**假如你每十年做一个统计，就会发现贷款户的数量、构成完全不同了，或许一半变了。**客户分化得太快，好客户变差，差客户也有变好，日日在变。借贷不是投资，银企做不了永久夫妻；企业的生存周期短，新陈代谢快，不断有新注册，也不时有淘汰。炒股难在卖点，高手强在卖出；贷款难在收回本息，靠真本事。需要火眼金睛去觉察企业是否进入衰亡期，是否有危机，要靠慧眼识别伪装，分清良莠真假；需要决断力去把握好时机，把握政策与市场的结合点，都是重要举措。

**(4) 对重要客户差异化服务的意识。**从经验数据分析，**对客户结构的一般估测是，一家银行至多只有 1～2 成是优质客户，6～7 成是一般客户，令人担忧的总有 1～2 成。**

做好优质客户的工作最重要，最需要领导层去介入关注，需要两方面服务内容：第一，个性化产品服务；第二，维护好客户关系。个性化服务在于提升产品适用性，深入解决问题，增加粘性；安排征询开发需求，深入交往维护好关系等，都属行长的职责。须知，优户数量不多，只耗费很少的精力；差户数量也不多，却耗费大半的精力，又造成大量的损失，行长要抓两头。

重点客户地位重要，要特别加强服务意识。主要体现在：提供特殊服务（高成本的服务），即配备专职客户经理、专门通道、定做的产品，高效调动资源，开展定向服务，使他们感受到银行的重视并从中受益，使银客关系更加紧密。

二八定律是由意大利经济学家帕累托发现的，即财富的分布是不平等的，大约 20% 的人占有了 80% 的财富。该定律的精髓是**关键少数法则和不重要多数法则，即主要矛盾和矛盾的主要方面，在事物发展中起到关键作用。**二八定律既是一种世界观，以认清事物的本质，善于抓住重点；也是一种方法论，要有重点精准发力，提高投入产出比。

**2. 主动服务观。**主动服务与被动服务体现了不同的价值观，心中有客户才主动贴心，两心合一才嘘寒问暖，关心关注。以客户为中心，处处从客户思考，去提升质量、创新服务和落实到细节处。只有真正把客户当作经营生存的土地，服务意识中才烙上真诚二字。

**（1）服务是银行营业方式的理念。**很长时期中，人们多从精神文明范畴为服务定性，使之成为高尚品德和思想境界的名词。服务偏转为注重精神，重在规范员工执业道德，却未当作银行业生存之本和作业方式。性质的偏离弱化了地位，悬在空着中不接地气，得不到根本解决。服务本该是银行生存的市场方式、行为特征，是经营和获取收入的实现手段。

既是营业方式，必须赋予服务经营的内涵，依据经营本质来定义和约束服务。当以市场价值观衡量服务的时候，服务计价、收取服务费不再是一种庸俗行为。银行服务有其价值取向，有成本核算、投入产出、经营策略、道德规范，在服务中提升价值，赋予服务活生生的内涵和极其丰富的空间世界，任凭银行去创造。内质变了，使服务从广义的为人民服务，落实到具体的业务作业当中，细致到区分客户的差异性。例如，差别服务、个性化服务、上门服务、贴身服务、专柜服务、大户室单独服务等。市场化服务理念才能构造新的服务观。

**（2）不断发掘服务内涵的意识。**内涵的扩展源自客户需求的变化。随着市场经济的多元化和国民富裕起来，极大地丰富和滋生出金融服务新需求，亟待银行深耕市场，发掘新服务。

从银行职能看，凡是能够为客户提供用途的资源，都可纳入服务的范畴，去开发运用创造财富，银行也能收获服务收益；从服务形式看，表现为服务的功能、品种、渠道、手段、方式、效率、质量、态度、环境、时间等广泛的内容，需要全面地改善和提高经营水准；从服务程度看，表现为可提供服务的标准化、个性化、系列化、差异化、系统性、规范性、有效性、时代性、亲切度等丰富的内质，需要培育和提高整体服务素质。这一切都围绕着客户需求展开，使客户满意而支付服务费。

**（3）提高服务收入比重的意识**。服务收入的比重，体现中介服务的素质和能力，也反映业务经营范围和领域，成为经营收益的重要补充。这是社会影响力、服务力的标志，也是衡量一家银行业务转型的重要指标。据银保监会披露，2000 年中间业务收入占比不足 5%，2020 年达到了 20% 的水平，成为银行渡过疫情难关的"速效救心丸"。

国际同业中间业务收入在 30% 左右，差异的根本原因是市场未成熟、政策未全面开放、体制认识存在障碍，银行也有能力水平问题。例如 2003 年银监会曾发布了银行中间业务收费规定，当经济处于下行期后不少项目已被限制和取消。

中间业务终究是金融发展的大趋势，不能等到政策开放之日才开始准备。市场不会等你成熟，这个领域国内银行不进入，西方金融就会占领，就如同信用评级、财务审计市场基本被外资占据一样。行长要有强烈的发展欲，探索提高能力，致力于加快转型增加收入提升比重，走向一个更高的经营平台。

**（4）使每个客户有更多产品的营销意识**。一个客户使用本银行更多产品，表明服务有渗透力、品牌扎下了根，认知和忠诚度高，是市场粘性策略的成功。这是国际同业普遍推崇的营销方式与集约经营思想，也是评价效率的一种方法。

其意义，可以充分发掘客户的产品需求，大大减少营销及管理成本；可使客户增进对本银行的了解、依赖和感情。依据富国银行的经验，假如某客户只开立结算户，不能确定对银行有忠实度，很容易被其他银行的某种服务吸引走；如果他还办理网银、信用卡等多种业务，就有了稳定性，产品越多越稳定；如果他又办了理财业务，才真的忠实稳定了。因此，充分了解客户，拿出有针对客户特点的组合性服务，千方百计向存量客户推销各类产品，应成为重要的经营理念。

**（5）以中小户为经营基础的服务意识**。中小户是客户结构的基础，开户数量、业务量都应占到 98% 以上，构成业务的基本平台，重要性不言而喻，没有任何理由不予重视。大户并不多，在绝大多数的银行机构见不到大户的影子，所称的重要客户只是相对大一些的客户。

不能只盯着大户，它们是重点却不是经营难点和麻烦所在，相信高级经理们都能尽职服务到位。众多中小户才是机构的主体客户，是经营最重要的根基，服务好它们才是经营能力和本领所在。大户的波动性对经营的冲击也大，而中小客户有稳定的业务量和多种收益，其中不乏有中而优、小而优的，成为中间业务的基础。以中小企业为着眼点，是经济现状与政策导向，一旦在经营中疏忽它们，必将输在政策上，败在市场中。因此，要精心指导，充分调动机构的主动性和营销功能，抓大而不忘小，着力服务好中小客户。

# 四、有规矩的市场：
## 理性竞争观、竞争竞赛观、经营规则观

按照"纳什均衡"，竞争越激烈，打法越相似，这就是为什么麦当劳、肯德基，耐克、阿迪，百事可乐、可口可乐等，其营销、产品、店面都趋同的原因。大国竞争也是如此，中美竞争越是激烈，最终在很多方面就会越相似，是互相影响的，谁也改变不了谁，那就互相取长补短，从而进入更为表象化的竞争领域。[①]

丛林法则、弱肉强食是自然界竞争的基本现象，万物在竞争中生存与进化。市场秉承了竞争逻辑，优胜劣汰，崇尚强者，它与物种竞争的区别是有规则，制裁违者、犯规出局；它定义在国情制度背景下，带着阶段性市场特色。

**1. 理性竞争观，即成熟理性地面对竞争，遵守规则、稳健审慎、讲究效率、扬长避短、构建优势的市场意识。理性的竞争观念具有合规、风控**

---

① 肖磊：美国低估了中国的潜力，中国高估了美国的价值观（公众号：kanshi1314）。

与财务三条底线意识，构成不同的策略。**市场中机会与风险并存，任何一次冒进都可能导致经营的损失，教训比比皆是。**

**（1）控制竞争行为的成本意识。** 竞争图什么，获取什么利益？需做风险与成本评估。没有无成本的市场行为，只有未经核算的冲动，焦点在竞争所得能否覆盖代价。

**竞争行为应受价值规律约束，** 哪个股东都不允许经理人意气用事搞恶性竞争，否则，有效的财务机制应当迅速做出保护性反应，采用严格授权和流程管理，保护资本和债权人的权益。依靠财务的有效管理将竞争牵回理性，冷静下来，思考投入产出与财务风险，避免因激烈竞争失控。行长必须增强成本意识，弄清定价核算，在重大经营措施出台前需要成本核算先行，设定价格底线，作为开发业务、机构经营和产品设计的依据，决不盲目搞竞争。

> 历史上出现的疯狂竞争，都有不顾成本、缺乏成本约束的状态与意识，例如，互联网金融正是在三条底线同时失控，造成了金融泡沫的全国性风险，成为非理性竞争的典型。我国银行从粗放竞争中走出来，从巨额损失中觉醒过来，成本管理是一帖清醒剂，如同黑暗中的明灯。

**（2）谋求合作共赢的竞合意识。** 合作是处理风险类业务惯用的行为方式和思维特征，共赢是银企、同业之间共同的竞争目标，体现信任协同的利益关系，更是宽容与妥协的商业精神。**当竞争成为规范有序、稳健理智的行为时，各方容易构建达成充分合作和共赢的基础，实现依法行事和行业自律。**

竞争合作共赢是一种经营方式，是市场行为成熟的标记。国际金融界竞争异常激烈，但各家银行都不会逾越法律和成本的界限，通常都谋求合作的方式，例如银团贷款就是常用形式。当然，利益分配要由所承担的风险责任和交易谈判的智慧来决定，合作共赢达到了各自设定的目标，不是简单的利益均分。实务中，少一些独占的念头，多一点合作的诚意，独占市场意味着独占风险，合作更能分担风险。行长应当倡导合作共赢的市场理念，努力处理好与各方的关系。

（3）**弄清竞争局势的意识**。行长必须对竞争态势、对手状态了如指掌，知己知彼、百战不殆。市场局势与环境影响经营的因素很多，核心是风险环境和发展趋势，包括经济形势与政策变化、政府调控措施、所管企业与银行的关系状态、同业经营行为变动情况等。懂得局势才能认清任务与责任，懂得趋势才能确定战略与方向，懂得优势才能量身定制目标，懂得对手才有高人一筹的策略措施。

**认清经营环境与局势是赋予领导者独有的职责，**当然要善于分析，做到早获信息及早对策，早走一步以求主动。特别在对重大项目的竞争中，除了可行性报告之外，及时了解和掌握对手的动态，常是成功的关键。分析环境亦可增强理性思维，冷静对待竞争出现的各种问题，减少盲目性。

（4）**有所为有所不为的意识**。不为为了有为，是战略性主动放弃。世界著名的公司战略专家哈佛大学迈克尔·波特教授说：**战略的本质就是集中精力一次只做几件事情，而且更多的时候，战略意味着放弃某些机会。**事实上，成功的银行并非取胜于客户数量和服务品种，而是取胜于经营特长、特色。

最难是有所不为，无论是制定总体经营战略决策，还是面对具体业务的取舍。实务中，领导者需要抵御各种不符合发展战略的商机之诱惑，这考验着其经营思想、意志、判断和选择力。需要依据自身规模、潜力、优势和市场位子确定竞争目标，对非定位业务有限介入，对生疏领域不贸然进入，对不具优势的业务谨慎起步，对低收益业务善于放弃，对非重点区域有效控制。敢于有所不为，才能提高投入产出，避免分散资源，避免战线过长，做到扬长避短，减少大的失误，更加有所作为。

（5）**培育核心竞争力的意识**。塑造核心竞争力是最重要的战略准则、最高的管理目标，哪一个行长都认知，但培育落实最难。其内容，是集成一家银行特点的竞争力要素组合，形成其业务特色，保持相对的优势。核心竞争力要素随环境时间而变，需要不断地培育和发掘，使某些优势保持得更长久一点，维护良好经营状态，形成可持续发展态势。这是一种核心优势，不管是否认识到，它决定着市场命运。

营造核心竞争力是经营工作指南，需要持之以恒推动。首先要明确界定纳入竞争力的业务产品内容，持续不断地倡导及投入资源，构建相应的机制去维护、培育优势，使其领先市场经久不衰。实务中，关键在领导的经营意识和决心。如果忽视了，尽管一个行长奇招妙计很多，显赫一时，但终究是匹夫之勇，难以持久，也因领导者的调动而改变，唯有核心竞争力才是支柱。

**2. 竞争与竞赛观。竞赛≠竞争，两种机制迥然不同。竞赛在组织内部，自定规则裁判是领导；竞争在外部，规则出自监管，裁判是市场，因而竞赛至多是竞争在内部的表现形式。如何相辅相成？应将市场指标有机地落到竞赛指标中，使之成为驱动竞争力的手段。**

**(1) 竞争的逻辑：** 竞争是市场中资本的生存方式，是银行间为谋求利益争夺有限资源、争夺市场地位的博弈，优胜劣汰利于生成市场经营意识与机能机制。

所谓竞争优势体现在：第一，拥有资产规模总量的优势，存量表明市场实力，增量体现能力状态；第二，结构上的优势，表明占有良好的市场要素，构成竞争力的基础；第三，某些专业产品的优势，表明市场的适应性和专业能力。三因素背后是拥有了客户数量、质量的市场基础。

上述第一点是市场基础，已形成的地位靠多年的累积，赶超不是一蹴而就；后两点有局部性，不同银行可有穿插领先优势。市场中，各行的地位相对稳定，存量是过往的成绩，增量是当下的变动，超越位次从增量积累开始。其他所谓的人才、科技、渠道等优势，都只是经营的要素能力而已，本身不说明什么，效果要通过市场业绩来体现效应。

**(2) 竞赛的逻辑：** 竞赛是对内部机构的管理方式，它内生一种比较、较量的激励机制，成为有效的管理杠杆。通过业务技能的竞赛分出等级，引导分配。竞赛通过划定范围制定办法，调配资源下达指标，计划管理利益分配，由一种内部管理机制在操控，不是市场方式与机能。

特征是：第一，指标带着经营愿望与意图，由领导层确定的，受到多种关系的影响。第二，指标从计划要求、基数引出制定，做不到公平合理，有的一刀切并不符合各机构的市场环境，因而有运气的成分，有的得意有的吃亏。第三，重点围绕着增量和部分产品，着眼点于完成当年任务，指标不包括全部的经营活动。第四，指标繁多满分难，派生一种以指标考核为中心的利益机制，并非市场配置资源的方式，不能取代市场竞争机制。第五，竞赛方式下争先恐后，在几十项指标中，谁都有机会在某项指标中领先胜出，谁都不得安宁，形成有效的激励机制。

**（3）竞赛与竞争的心理比较。** 竞赛有情，在同一个经营目标下，重在利益分配，受到组织调节平衡，差距有限，谁都有机会翻转；而竞争无情，机制手段各异，成本目标不同，重在争夺市场，全靠自己，差距很大，成败瞬间结果严峻。

两者有不同的心态，竞争是机构面对外部挑战，上级领导着急；而竞赛考核事关利益分配人人受牵挂，上级当裁判。千万别把竞赛当作竞争、替代竞争，它的弱点需要行长在经营中去弥补，使之推动竞争力；也不要把竞争当作竞赛、替代竞赛，内部利益需要平衡，哪个机构、哪项业务都在一盘棋下，不可或缺。

> 竞争中，当第 1 位领先第 2 位 5 个百分点时，第 2 位就不再与第 1 位争位次了，眼睛转向防止第 3 位的超越。竞争最激烈是在相差一二个百分点，呈现拉锯胶着状态时，心最累最煎熬。所谓优势，就是拉开 3～5 个百分点。排列在后面的因份额小失去了比较的基础，比不上就不比。大小银行间因市场不同，竞争标准也不同，相互难做比较也无需比较。

**3. 经营规则观：金融市场从准入到行为实行最严厉的监管，进入市场必须守规矩，违规者受罚，违反者出局。市场在游戏规则下运行，依法合规是基本常识与行为准则，是职业人的操守守则和自我保护的根本措施。规则观是统领所有经营关系和思想理念的内核。**

**（1）合规经营是最高行为准则的意识。** 遵循规则是一切从业行为的立足点，唯有执行无需解释、无需理由。合规经营是护身符，从业者**千万得**

**守住四条线：依法合规的底线，政策指令的红线，规则制度的界线，专业规范的准线。简言之就是遵循流程、不越权限、不弄虚作假，规规矩矩做业务，做守规矩的人，这是一种修炼**。把它深刻印在脑子里，落实到行动中，贯彻在业务上，天下没有比它更重要。

规则带着问责惩罚机制，违者必究。中西方从业者职业行为的差距在合规意识，他们更守规矩讲操守，不肯越雷池一步。而我们敢于冲锋陷阵，有时忘乎所以不计后果，职业训练未入骨髓，意识中还残留着改革初期的野性，行为里常有闯红灯、绕着走的一闪念。这些早已不合时宜，如今金融规则已经完善，应当懂得自我保护了。别以为是在为公违规，事实告诫人们，银行不保护违规者，出了事只会严厉处罚不会救助，因为明知故犯是一种严重失职或犯罪。

**（2）不断完善制度的意识。制度与市场合拍了，运营阻力就减少了，生产关系要与生产力适应**。旧时的封闭市场很少有规则的变动，经济活动节奏缓慢，没有多少复杂问题。而开放市场瞬息万变，政策在变监管要求在变，新市场在开发，旧系统需调整，新旧矛盾不断。新方式不断涌现，新市场与旧制度的矛盾越来越突出，业务进化使内外规则不时发生碰撞，必须新设、调整或重修制度，使之符合市场的新规范，才能保障稳定健康地运行。

为了跟上市场变化，银行需要不断推进制度与市场同步，完善企业制度和经营体制机制，大到经营方式，小到作业规程。整章建制工作永无止境，与时俱进，而行长是否具有市场意识、及时看到问题并组织推动，起到关键的作用。

**（3）内外规则接轨的意识。规则包括内部行为管理规则与外部市场运行规则**。行为规则是经营方式和管理制度；运行规则是市场准入、评价、监督、裁决等信用活动制度、规范和标准的规则，是国家的法律法令、政策规定以及行业规范，包括惯例、约定等，并以社会道德、纪律监管约束。

内外规则接轨包括与国内、国际两个市场的接轨，使之规范透明。与市场接轨是指将银行经营体制、机制和方式建立在市场规则、机制基础上，具有相向的活力和竞争力；与国际接轨是指按照国际金融业的规则方式接口，保持标准规范畅通，而运行则保留各自特色方式，维护已有的优势，符合国际作业要求，而不是全盘西化。行长要以国际化视野和管理，承担起接轨的重任。

# 五、求证市场观的方法：
# 结构、增量、创新、活力

观念意识很难度量却能感知，导出的言论行为掩饰不住立场、观点与方法，经营理念是否市场化，最简单地表现在增量、结构、活力和创新中。一个领导者市场观如何，思考什么怎样思考？做什么怎样做？一定会从经营的行为方式与结果中得到反映，分析便有结论。

**1. 做结构分析：结构变化可反映期间的观念变化，以及相应的经营效能。在一个经营阶段，比如履职5年期间，前后经营的结构变化了吗？是否表明经济结构在调整？变化合拍合理吗？这些反映市场影响的着力点、力度和程度，对应着所在城市经济结构的变化。**

银行业务不该是经济现状的简单映射，还应是行长选择的经营导向。优秀行长总善于抓住一些积极的市场要素，不断摆脱与抛弃那些衰退性要素，推动改变经营，逐步移向市场变化趋势的前端。这种结构性变化常是阶段性调整的成绩单，是他看到了经济动向并采取了行动，具有市场的敏感性。

一个领导者只要具备识别与调整新旧经营因素的能力，一定会有所作为。如果结构很差又缺乏变化，只能证明他在任职期间无所作为，对市场无动于衷，缺乏市场的观念。

案例：（1）20世纪80年代知识经济兴起后，美国银行业及时转型，加大对信息等高科技产业的贷款，并减少对传统产业的贷款。在信贷结构调整中，1996 年高新技术产业贷款已占总贷款的40%，提高了竞争力。（2）为适应服务业比重不断增长的经济结构，银行积极拓展信息咨询、理财和期权、期货等金融衍生品在内的中间业务，为客户提供多样化的金融服务，使非利息收入比重逐年提高。20 世纪 80 年代非利息收入占银行收入的比重中，日本为 20.4%，美国为 30%，英国为 28.5%。90 年代已大不同，日本为 35.9%，美国为 38.4%，英国为 41.1%；有些银行甚至占到一半以上[①]。

以上案例表明了银行对产业结构调整的应变转型。在我国，全面推进经济结构调整，民营、股份制经济的兴起，基建投资加大，第三产业快速发展、国际化进程加快等，仍是未来 10 年中重要的经济态势，将直接影响和改变银行的业务结构。因此，可从银行业务变化中考察，其经营结构是更好、一般还是变差了？市场意识强的银行总能抓住机遇走在前面，印证其市场观。

**2. 做增量分析：增量直接反映市场观念的强弱，是绩效证明。增量是重分市场的竞争果实，是经营是否切合市场最重要的标志，增量大则经营活跃成效好，增量不足则多有危机感。增量以提高边际效益为前提，建立在业务发展、质量改善之上，受到市场观约束。**

增量是竞争当下市场的份额，应当从分析增量业务的性质、数量与投向入手。例如，信贷增量投向哪里？反映出行长对市场的认识与观点。增量带着调整结构的责任，不能简单复制旧结构的分布，而要紧跟市场的趋向，尤其进入新客户、新业务具有特别的意义。近期增量的动态，更表明行长对市场的思考和工作力度，可以验证其市场眼光、能力和效果。

增量反映出两种市场的变化：第一，新市场、新客户、新业务的变化，取决于新投入的数量与投向。尽管新市场风险大，但它在开启未来，表现出一种市场进化能力。第二，老市场、老客户、老业务的变化，取决

---

① 刘澄．《知识经济与美国金融结构的调整》，《国际金融研究》，1998 年第二期。

于存量中新移位的数量与投向。退出旧结构最难，因存量始终是经营主体，能否及时摆脱衰退的劣质客户，表现出一种市场净化能力。因此，只要分析两个市场变化的情况，便可基本勾勒出一家银行对市场的敏感性和执行力。

**3. 做创新分析：从产品与制度创新中见证市场观念。畅销的新产品是市场进取能力的表现，表明充分适应市场及客户需求，并能迅速将认识转变为产品。新产品开发过程、推进速度，都能显示一家银行的综合素质及整合能力，得以观察机构部门间对市场的共识。**

尤其是那些体现核心竞争力的新业务渠道、平台和产品，它们背后依靠强大的技术、人才和管理的支撑，成为检验领导层的市场战略眼光和决心的标志。这正是市场观最重要的内涵。

适时调整制度，跟进变化也很重要，不能迟缓。发展的市场不时爆发与过时制度的冲突，管理要与新市场相适应才能形成效率与秩序，组织体系和人员配置结构应当同步。因此，只需查看组织架构、人员结构与业务是否对应，即可反映市场化程度，这是市场化意识对主体资源管理作用的表现。优秀的机构总是把最强的力量配置在最重要、竞争最激烈的业务市场上，谋求进取新市场，不甘落后。

**4. 做活力分析：队伍状态直接反映了市场观念。人是生产力最活跃的要素，活力成为竞争力状态的表象，市场活力大表明非常适应市场，缺乏活力则与市场格格不入，表明缺乏竞争力。怎样的思想观念形成怎样的经营状态，队伍精神面貌就是经营的竞争力状态。**

从一家分支行的经营活力中完全可以看到，是否自信、担当、活跃，敢为人先、有所作为、理想奉献，是否有积极主动性、紧迫感、危机感……都是市场特有的精神风貌。与市场合拍就活力四射，敏锐反映市场的信息动态。当然，怎样的将军带出怎样的士兵，怎样的行长带出怎样的队伍，倡导什么就得到什么，领导者的价值观、市场观都落脚在经营活动中。

# ▶ 第9章　信用·风险·价值的观念

风险与价值是市场永恒的主题，经营要谋求资金价值，从货币风险中追逐利润，没有硝烟却是腥风血雨般严酷。"银行家从事的是管理风险的行业，简单地说，这就是银行业"，原花旗银行主席及总裁沃尔特·威斯顿这样简述。风险价值理念揭示了经营活动的本质，致力于维护和获取价值，通过合理配置资源，有效组织和控制价值链流程，防范和规避风险，实现价值的最大化。本章以银行主体的信贷功能作分析。

## 一、价值链与风险原理

美国哈佛大学迈克尔·波特教授于 1985 年在《竞争优势》[①]一书中提出价值链学说，指出企业经营过程是产生价值的作业过程，即价值链循环过程，经营各环节、各部门的作业构成了价值链的联结。简言之，价值链是从供应商开始、直至顾客价值实现的一系列价值增值活动和相应的流程。

**1.** 银行价值生成、分布为价值链形态，包括行业价值链、内部价值链和工序环节价值链三类，各部门、各环节在价值联结中发挥作用。经营围绕实现价值最大化展开，清除与规避风险、成本对价值链的纠缠冲击，将资源用于增值作业，削减低价值、无价值环节。

---

① 《竞争优势》，美国哈佛大学迈克尔·波特，1985。

依据价值链理论，**行业价值链**是指银行从最初吸收存款、发放贷款、借款人还贷、资金回流银行的整个过程。

**内部价值链**是指各业务部门之间的经营联结，包括筹资（资金收储）、组合（资金调配）、销售（资金投放）及业务管理。

**工序环节价值链**是指部门中各作业工序之间的价值联结。比如，会计结算作业的工序环节联结是：柜员接收顾客结算委托→完成查验账号、户名、余额及验印等工序→进入记账工序。

银行经营是围绕实现价值的运作过程，**在价值链的形成中，始终要对抗各种风险与经营成本的侵蚀。**运用价值链管理理论，指导和强化经营中的增值作业，减少和消除不增值作业，以谋求有效价值的最大化。经营万变不离其宗，而风险价值观念正是经营者必备的思想武器，使人们真正地认识到经营行为的本质。

**2. 货币的特殊性形成经营的复杂性，一切经营方式都围绕着使用价值与价值的冲突。借款人谋求生产周转中的使用价值，贷款人谋求获得一点利息，各求所得，也共担风险责任。经营并不神秘，关键是选择好守信的借款人，才能维护整个资金价值链的社会循环。**

**（1）银行业价值链，始于吸收存款人资金，终于从借款人收回本息的全过程。**这个过程比一般生产企业的价值链更长，使经营变得复杂难控，风险加大了。

银行业与企业有哪些区别？一家企业只经营其行业价值链中的某一个或几个链结，少有贯通整条价值链的。例如，纺织行业价值链，每个企业只是经营从棉花到成品过程中的一段（见图9-1）。而一家银行几乎经营银行业完整的价值链，竞争变得广泛，使银行之间形成全面竞争关系，风险变得更大、更复杂（见图9-2）。

**（2）价值链的内部成本会放大，风险转移的空间较大，成为管理控制难点。**当企业只经营某一段行业价值链，内部环节之间放大成本与转移风险的空间就小；而银行内部机构部门多，价值链运动受到相互间各种的影响制约。

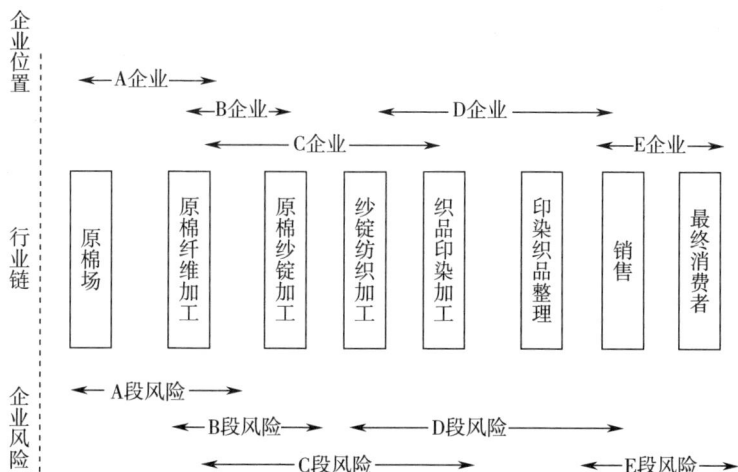

**图9-1 纺织业行业价值链**

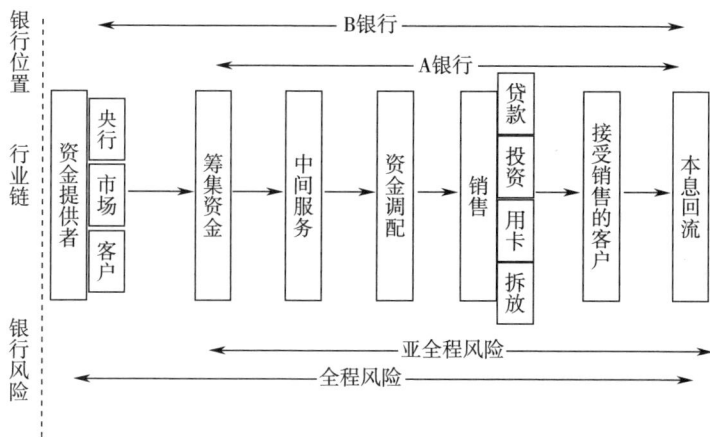

**图9-2 银行行业价值链**

例如，存款筹集与核算服务的会计结算、资金管理调拨与信贷的投放、风险控制与本息的清收等，几乎全程面对着价值链成本与风险，成本在部门之间放大、转移的空间相对较大。这就需要严密的部门协调制度，有效的最优化功能整合方法，去控制成本放大与风险转嫁。经营中需要一道道严把风险与效益关，加强过程控制，消除各种显性、隐性的不增值作业，经营风险也布满所有专业、环节、岗位，需联防过程中的风险。

**(3) 价值链经营中，货币运动呈现一种双重回流特征，受到两个基本规范的约束。** 第一重回流，是银行从货币所有者手中吸收存款后，必须在约定的期限日归还；第二重回流，是银行贷款给借款人后，必须在约定的期限日收回本息。存款只是使用权的让渡，到期收回才是银行信用；借贷以利息为条件，还贷天经地义，是借款人信用。保障资金的回流，才能维系经营周而复始，成为社会诚信与信用秩序的基石，这是社会共同的责任。

价值链活动必须遵循两个基本规范：第一，降低筹资成本，并有效地防止第一重回流中的流动性风险；第二，保障资金收益，并有效防范第二重回流中的信用风险。两个基本规范约束银行各机构各项业务，如有违背，必将带来经营的风险。

**3. 两重性是经营货币的内在原理，包括：经营主体行为两重性、经营客体两重性和经营目标两重性等，构成经营管理的基本特征。它是银行经营复杂性的根源，认识这个基本规律，才能把握关键点，抓好落实并兼而顾之，使管控到位，经营才能从必然走向自由。**

**(1) 经营主体行为具有两重性：既重视资金使用价值，支持实体经济；又谋求资金增值，完成经营盈利。** 一方面，银行致力于实现资金的社会价值，极为重视、精心运作，贷前谨慎地选好合适的借款人，贷后密切关注贷款的有效性，保障资金实现周转循环。另一方面，价值管理形影不离贯穿始终，谋求利息增值，经营关注营业收入、分毫计较，控制各环节中的成本转移、消耗，直至本息回归中收复原值带回增值，弥补成本形成利润。其流程见图 9 - 3。

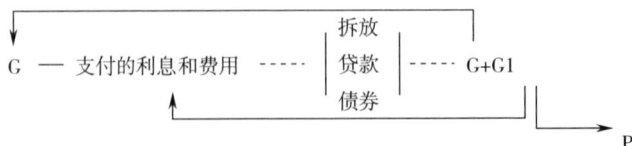

$$G \quad —— 支付的利息和费用 \quad ----- \quad \begin{array}{c} 拆放 \\ 贷款 \\ 债券 \end{array} \quad ----- \quad G+G1$$

$$P$$

**图 9 - 3　银行资金全流程图**

（2）**经营客体具有两重性，客体即货币，集价值与使用价值于一身。价值是资金的货币属性，构成经营的基础；使用价值是商品属性，满足社会需求**。银行的功能是，能使资金所有权和使用权相分离，使用权通过存款人→银行→借款人三者之间的两次转移、两次回流中实现周转。资金的使用价值依靠经营的安全性与流动性来保障，而资金价值通过盈利性来保障，在双重保障下，经营才能从增值中获得资本回报。

经营理念不正带来价值链运营不畅。例如，若把资金的使用权当作所有权，会造成银行资金使用的财政化；若重视资金使用而轻视实现盈利，会造成经营效益低下；若重视规模扩张而轻视防范风险，会造成经营风险增加，都违背了经营的规律。

（3）**经营目标具有两重性，银行经营兼顾社会性职能和企业性经营目标**。我国银行业经营宗旨的多元性，增加了价值链经营风险的复杂性，构成经营的难点，有别于西方银行的经营。金融是现代经济的核心，信贷是传导国家货币政策的渠道和杠杆，经营要履行社会职能，承担维护经济金融稳定的义务，接受货币政策调控和窗口指导。

国家更关注运用银行的社会功能，要求在支持经济发展中稳健经营。谋求经营发展与经济运行的统一，实现政策要求与经营管理的统一，求得经营利益与社会利益的统一，本无根本性冲突，必须服从，这是银行的经营思想。

**4. 经营价值链穿行在一路风险的过程中，惊心动魄地到达价值的彼岸。应当去揭示风险根源，从行业的祖源性、社会性、复杂性和市场机制等方面做探究，深刻去发掘和认识银行的经营本质和职业担当。办银行最难的是经营，不是谁都能成功，风险是一道道坎。**

从祖源性看，银行本是分解、组合与转换风险的行业。哪怕拥有风险控制专业方面能力的相对优势，也并非能消除借贷风险。经营始终走在盈利性、流动性和安全性的钢丝绳上，通过处心积虑寻求最佳的风险效益机会组合，力求规避和减少风险成本，收获资本盈利。

从社会性看，信贷占社会融资的 7 成，是最重要的金融资源。**银行承**

**担多大经济发展的责任，必定分担多少风险损失。**无论是政府政策的干预，还是经济运行中爆发的危机，还有金融危机的冲击，信贷资金配置中，经营直接面对各种可控、不可控的复杂的风险压力。

从市场性看，信贷占借款企业债务总额的 7 成多，完全融入生产活动的风险之中。须知，企业生存周期的年衰亡率在 10% 左右，死亡率高。资金在价值运动中，一头维系商品经营者，事关再生产的持续，"商品价值从商品体跳到金体上，……是商品的惊险的跳跃。这个跳跃如果不成功，摔坏的不是商品，但一定是商品所有者"[①]。另一头维系着银行，事关资金的价值回归和使用价值的再生，价值规律和竞争机制注定了一部分企业要被市场淘汰，累及贷款风险，银行一定牵连受损。实务中每年核销损失占贷款余额的 0.5% ~ 1%，企业风险呈现周期性爆发，牵动信贷风险的爆发，同命同根。

2019 年末我国的市场主体达 12339.5 万个，是 41 年前的 247 倍，增长速度史无前例。依据国家市场监督管理总局披露的数据计算，2019 年市场主体消亡 1320 万个，比重为 9.7%；其中法人企业消亡 355 万个，比重为 10.25%。假设失败者中有 1% ~ 5% 的比重是借款人，则会形成 1 万 ~ 5 万户不良贷款借款人破产，它们侵蚀银行贷款，造成风险损失。其实数量远不止这些，全国有 22.8 万多家银行机构，假如平均每家有 1 户借款人失败，数量足以惊骇众人。

从经营性看，市场瞬息万变和信息又不对称性，银行经营决策与管理也难免失误，从无一贯正确。实务中产品类风险、过度创新、借贷风险、经营模式转换、不当管理、责任制缺失、道德风险、操作风险等，以及违规经营风险，此起彼伏，从来是银行业的风险常态。

综上所述，主客体行为的特殊性，形成了经营风险的必然性。不仅在银行价值链上构成了亚全程、全程风险，而且具有多元性、复杂性，见图 9-4。

---

① 马克思，《资本论》第一卷，第 124 页，人民出版社，1975。

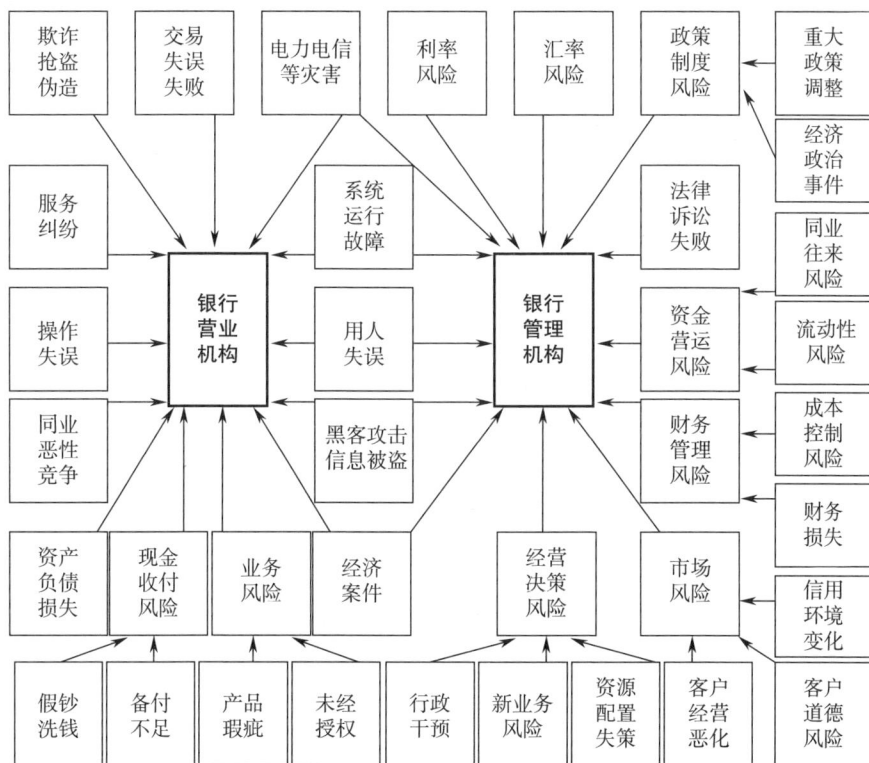

图 9-4　银行经营风险构成

# 二、盯住资金价值链的风险

　　银行经营风险分为 7 大类：信用风险、市场风险、流动性风险、操作风险、合规风险、声誉风险和信息技术风险。账务属性可分为资产风险、负债风险和表外业务风险等；从分布看，营业机构、管理部门、领导层都面对不同性质的风险。

　　经营风险呈现以下特征：

　　**1. 隐蔽性特征**：银行账户核算具有隐蔽性、经营风险信息具有不对称性。市场的风险都隐藏在经营中，在风险与价值的对抗中暴露，是否真造成损失取决于经营。信息不对称原理缘由隐蔽性，使人认识错位、处置失误，它检验出人们经营、素质和能力的差异性。

（1）**隐蔽性源自经营中负债资金与资本金的混淆**。货币资金的形态只是一种价值符号，各种资金混合在资金池中，很难严格界定、划清和控制其性质，只是通过会计科目区分出资金的不同性质。运营中，无法明确分清交易账户资金和自有账户资金，无法准确度量交易市场风险对利润与资本的影响。因此，假如发生了亏损，只要有存款进入，资金敞口或缺口总可以使用负债资金填补平账。这种获取现金的便利性很容易掩盖经营状况，掩饰经营者的道德风险。

形成隐蔽性的内在原因为：

第一，银行占用资金的成本低，只需支付存款的平均利息，不同于借款人向银行借款必须支付贷款利息及逾期罚息的风险。

第二，银行占用资金的便利性，只需在账务核算中平衡即可，当期平衡财务缺口远比其他企业经营者容易，不会惊动四方。

（2）**信贷风险的暴露具有滞后性**。表现在两方面：

第一，从信贷风险形成看，借款人在经营状况恶化之后，只要限期内能够按时支付利息，银行一般难以发现和追究。借款人可以挪用贷款垫平亏损、按时付息，或借新还旧、借此还彼掩饰其经营困境，并通过各种方式不断地拖延时间，到暴露时收贷已十分困难。

第二，银行自身经营风险的形成，从资产恶化、经营亏损和费用占用，直至难以为继时，也是一个较长的渐进过程，一朝暴露已经危机严重。在市场秩序不完善，金融监管不力的环境下，风险的隐蔽性十分突出。

　　**案例**：包商银行股东有 79 户，持股比例为 97.05%，其中，明确归属明天集团的有 35 户，持股比例达 89.27%。2005 年以来，通过大量的不正当关联交易、资金担保及资金占用等手段进行利益输送，逐渐"掏空"了银行。2015 年 6 月 30 日披露称，"不良贷款率为 1.60%，拨备覆盖率 168.86%，资本充足率

10.82%"，"所有者权益243亿元"。而2017年5月专案组清产核资结果显示，2005~2019年的15年里，"明天系"通过注册209家空壳公司，以347笔借款的方式套取信贷资金达1560亿元，且全部成了不良贷款。每年利息就多达百亿元，长期无法还本付息，资不抵债的严重程度无法想象。明天集团和包商银行用尽一切手段自救，四处融资防范挤兑，直到2019年5月被依法接管。①

**2. 风险总是伺机吞噬资金，一刻都不停止，直至本息价值噬灭。贷款过程就是抗争风险的过程，一旦陷入风险泥潭，挽救它耗费的代价呈十倍、几十倍地放大。利润与风险是如何纠缠的？需精心梳理计算，以揭示风险危机与经营的关联度，告知信贷牟利之不易。**

**（1）信贷税前收益的计算公式是：**

**贷款收益 = 本金 × ［贷款利率 − （资金成本率 + 业务成本率）］ − 坏账损失**

实务中，依据银行会计制度的规定和经营实际，上述要素的日常数值是：信贷利率为4%~6%、资金成本为2%~3%、业务成本为0.5%~1.5%、风险成本为1.5%~2.5%。为便于计算，采用有关数据的中间数值：设定贷款利率为5%、资金成本为2.5%、业务成本为1%，正常地发放1年期100万元贷款。

依据金融监管部门规定的信贷资产风险系数标准分类，即正常类1.5%，关注类3%，次级类30%，可疑类60%，损失类100%，用以确定信贷损失的档次。

可计算为：

**贷款收益 = 100 × ［贷款利率 5% − （资金成本 2.5% + 业务成本 1%）］ − 坏账损失**

其中，（资金成本2.5% + 业务成本1%）=3.5%是刚性成本。可再

---

① 周学东，包商银行接管组组长《中小银行公司治理的关键》，《中国金融》2020年第15期。

简化为：

**贷款收益＝100×〔贷款利率5%－刚性成本3.5%〕－坏账损失**

**（2）在不同的坏账损失程度下，对贷款收益作出分析：**

**① 当正常经营安全收回贷款本息时，净收益为1.5万元，收益率为1.5%。**

计算为：100×〔5%－3.5%〕－0＝1.5。

**② 只收回本金、收不回利息时，相当于损失了3.33倍贷款的收益。**

计算为：100×〔0－3.5%〕＝－3.5，即支付刚性成本3.5万元；加上未实现预期收益1.5万元，合计为5万元。其损失，相当于333万元（本金的3.33倍）正常贷款一年预期的净收益（333×1.5%＝5）。

**③ 当本金损失1%时，相当于损失了4倍贷款的收益。**

计算为：100×〔0－3.5%〕－1＝－4.5，即支付刚性成本3.5万元、损失1万元，加上未实现预期收益1.5万元，合计6万元。其损失，相当于400万元（本金的4倍）正常贷款一年预期净的收益（400×1.5%＝6）。

同理推算出：

**④ 当本金损失30%时（次级类），相当于损失了23.33倍贷款的收益。**

**⑤ 当本金损失60%时（可疑类），相当于损失了43.33倍贷款的收益。**

**⑥ 当本息全部损失时（损失类），相当于损失了70倍贷款的收益。**

**（3）风险扩张推演的结论：**

第一，有风险就有损失。收不回利息时，实际损失了3.33倍本金正常贷款的收益。一旦贷款本金被销蚀，财务损失几十倍地扩大：每增加10%的贷款损失，相当于需用6.67倍本金的收益用来弥补，这种倍增数额足以说明损失的严峻性。因此，对每一笔不良贷款都不可轻易放过。

第二，不良贷款每延期1年收回，将再增加3.5%的刚性成本和1.5%的预期收益成本，并需要增加在追债诉讼等清收处置中更多的费用开支。

这正是不良贷款的危害性，证实银行赚钱之难。企业的衰败是一种慢性病，一旦染上风险会在三五年中发作，贷款损失开始显现。如果在企业重病时依旧放了贷款，至多是输血撑一段病期而已。从对上述信贷本息损失的风险扩张倍数的计算，足以说明弥补贷款损失之艰难。

3. 风险恐惧症与风险幼稚症，是两种不正确的风险观念，出自对金融风险的无知和无能，对风险规律与后果缺乏认知、经验和能力。每一次社会金融风险事端的泛起，都有这两种思潮在作祟，根源亦出其中。发展中市场亟待普及金融知识教育，从认识风险开始。

（1）风险幼稚症。幼稚的病因是无知，不懂、忽视信贷风险之严酷，自以为贷款容易放，利息伸手拈来，却不知潜藏的风险虎视眈眈。信贷市场成王败寇，成功时收回本息，失败时血本无归，利息与风险仅一步之遥。过程中处处有死亡陷阱，失误失手都会陷入风险。常见的一种现象是，经济上行期放贷收息不亦乐乎，头脑发热牵不住龙头，无所约束，一时绩效丰盛。可转眼经济下行，风险暴露满地鸡毛，后悔莫及，要花几年时间去收拾残局。这是风险幼稚症的典型症状。

风险幼稚症具有普遍性。2012 年互联网金融兴起时，人们对网络风险的认知浅薄，只有闯入金融赚钱的冲动，各种金融招牌林立，网贷、众筹、P2P 泛滥。仅两三年后风险开始暴露，致使多少血汗财富消亡，构成数千个悲惨的风险教案。从工业化走向金融化的进程中，这是一场绕不过去、不可逾越的风险洗礼，西方都曾发生过。2018 年国家把防范化解金融重大风险列入三大攻坚战之首，足以见其严重性。未来风险危机仍将轮回，在一次次财富损失中，金融变得令人敬畏。

P2P 是中国金融史上的奇葩，2012 年滋生迅速泛滥，顶峰时达 6430 家，2015 年起每年关闭跑路千余家，至 2020 年底终结画上了句号，记录在耻辱碑上。"眼看他起高楼，眼看他宴宾客，眼看他楼塌了。"一个混乱时期过去了，留下成千上万亿的损失与教训，一片创伤哀鸿。都说是学西方的创新，可发源地英国、美国都只有七八家 P2P，显然是监管失控了。

（2）风险恐惧症。恐惧的病因是无能，从起初的无知，到重责下恐惧，闻险而畏，唯恐躲不及，生怕担责任。在 20 世纪 90 年代中后期经济下行时期，国内出现了大量金融机构倒闭，形成全国性惜贷、关闭金融机构的风潮，谈金融而色变。有的一朝被蛇咬，十年怕井绳，牵连一次失败的风险之后，身心惧怕避而远之，或对他人被追责的深刻印象，一种莫名的心态。有的银行信贷招聘时都无人报名……最明显的是，在经济下行不良资产冒出之后，泛起担惊受怕的氛围，消极惜贷，或只贷国企不贷民企、小微，恐惧心理作怪。这是风险恐惧症的典型心态。

两种心态常是两个极端，之间并无鸿沟。幼稚者一旦惹出风险，很容易转变为恐惧心态，暴露出对风险价值缺乏认知与体验，素质与心理准备不足，不了解规律和内情，如同在大雾中开车。

从业银行需要成熟的风险观，应当谦卑、敬畏风险。风险价值观不是先天生来的，是在经营实践中练成的，付出风险成本代价才能百炼成钢。缺少风险意识的人不宜做信贷，缺乏风控能力的人不能放贷，缺乏风险经历的人不能管理信贷，这是基本原则，出于防控风险，也为保护员工。

**4. 信贷风险的属性：是可控之险，不是冒险之险。正因风险可控才能去经营，才有了银行精彩作为的天地，假如不可控，岂会有银行？那么多的银行业绩丰厚，正是因为它们遵循风险价值规律，谨慎经营才做得风生水起。百年知名的银行品牌，核心能力一定是风控。**

信贷是稳健审慎的借贷活动，只求得利息一羹，与投资银行牟取险中分红绝不相同。信贷严格规范，通过有效管理风险达到避险、可控的程度。为预防意外之险，信贷会预设担保抵押等防备措施，一旦发生未能事先预测的风险造成不良资产时，也会采取各种维权措施去做最后的抢救。

　　资本逐利首要是安全，绝不是一个贪婪的冒失鬼。巴菲特说，他成功的三秘诀是：第一，尽量规避风险，保住本金；第二，尽量规避风险，保住本金；第三，坚决牢记第一和第二条。成熟的标志是风控意识，注重安全就是注重利益，经营是与风险之战，最焦虑风险的不确定性，怕问责的是风险损失，须谨记在心中。

从这个意义上说，**所谓信贷风险，是因偶发、意料外、低概率因素所致，发生在预判之外。信贷审慎不冒险，有效管理可控制风险，这是最基**

本的专业思想。**信贷之精神，是积极而不冒险，是尽职并措施到位，冒险的信贷一定会失控**。信贷财务旨在实现可控、平衡，总体控制在事先设定的范围与幅度内，风险结构合理，减少系统性风险隐患。若信贷出了大风险，要么是尽职调查不到位，糊涂决策；要么是不确定因素太大，轻率决策；要么是不得已而为之，被迫决策。

# 三、信贷风险最重：信用风险观

当利息还不出时，本金已经被大鳄拖下了水，开始被吞噬了。

记住，本金 100，月息 5‰，本金是月利息的 200 倍哦，当 5‰ 都还不上了，100 不就溺水了吗？收息是个风险信号：当贷款临深池，能意识风险吗？可别盲人瞎马。

**1. 什么是信贷风险？是指贷款预期结果的不确定性。发生四种情况：贷款真实用途的不确定性、收回贷款本息的不确定性、本息损失金额的不确定性和工作责任的不确定性**，造成了借贷合同无法履约，银行未能如期、足额收回贷款本息，收益延误或形成了损失。

实务中，风险起因于借款人违约，落脚在信贷财务损失上，成为银行经营的核心风险。无论借款人是什么原因发生了违约，一定表现在三个方面：

第一，借款人逾期还款或申请展期，风险预期发生变化，形成潜在风险的不确定性。

第二，借款人拖欠本息，信贷进行追索、诉讼、处置押品等，形成损失的不确定性。

第三，借款人挪用、移用贷款，信贷管理失控，形成违约性后果与责任的不确定性。

**2. 风险从哪里来？风起于市场要素，险藏在业务细节，经营从不安宁，表面上笔笔合理只是未到风险曝出时**。寻根溯源，找到源头方能对症下药，制定对策与措施。**信贷属市场命，始终在与风险抗争中，服务于实体经济，市场波动企业生死，铸就了信贷风险观。**

**（1）风险形成的三条路径。**风险大体可以划分为政策、市场与经营三大类，相互交织起来，有时疯狂，有时温良，都在制造信贷的损失。

**险从政策来。**信贷是货币政策的缩影，货币通胀通缩、贷款多了少了都溢出风险；信贷是经济政策的缩影，经济上行下行、企业好了坏了都有风险。经济扩张期泡沫四起，衰退期企业分化淘汰，通胀时过度放贷，紧缩时必有贷款死去。在微观，政策落脚到一笔笔贷款，风险还得由放贷人担当，这是信贷责任制规则。

**险从市场来。**无论政府主动推进经济转型，还是市场优胜劣汰的竞争驱动，落后生产力总被不断淘汰，相应的贷款受到清算，这是市场机制。市场不留情，无情地驱逐失败企业、惩治失败的贷款。在信贷业务中，表现为选错借款人的风险、借款人经营的风险、市场突变的风险、企业生存周期风险，都是市场的风险。

**险从经营来。**有经营就会有失策失败，哪有不败的管理者，形成管理类风险、经营性风险、操作风险；有素质能力欠缺、决策策略失误、运营管理问题，低水平经营问题更多；对某个借款人总量贷多了、或一次贷多了、或时间不恰当都有风险，是贷款方式问题；管理不到位、监督不到位、责任不到位都会形成风险。

**（2）风险从微观信贷中暴露。**信贷纷繁复杂，银行与监管都关注信贷的核心问题，即谁借款、借多少、做什么、什么利率、何时还、怎么还、谁担保及违约的措施，这些要素分别对应借款人风险、金额大小的风险、用途合规性风险、贷款定价及收息风险、期限长短风险、还款风险、担保人风险，押品风险……每项都受到风险牵连。信贷融资合同的核心要素，是金额、用途、期限、利率、担保条件和还款安排等风险条件的组合，终究风险来自债务人违约，未能如期还款，或造成贷款本息的损失。

从内因看，但凡涉及经营的所有要素和环节，有如客户、经营、政策、技术、社会，资本、资金、人员，环境、系统、市场，同业、竞争、操作、欺诈、失误、危机……都包含着风险与盈利的两重性，需要通过风险管理滤掉或规避、或控制风险的程度。风险终究表现为经营能力的差异，各家银行经营管理方式不同，风险的形态、侵入渠道与方式，以及结果都不一样；在不同国情下，各国也都表现为不同的风险特征、类型和状态，有时案例很难对照。

**（3）风险根源是信贷的脆弱性。**信贷强大也脆弱，强大的是功能与市场地位，俨然扮演调配社会资源的角色，成为现代经济的核心要素；脆弱在市场风险与经营中，法治环境不完善，市场支配着它的命运。**强的只是宏观整体的面子，强在放贷时，被人所求；弱的是担惊受怕的里子，弱在收贷时，有求于人。**

信贷是盈利与风险的合生体，在具体的一笔笔贷款中，看谁压过谁、谁占主体地位。当风险噬食利息，本金无效了；再吞噬一口本金，信贷伤害了、失败了，需挽救了。因而在经营中，风险与价值之间有一条盈亏底线，牵动着责任与命运。

**3. 风险属性可划分为货币风险、经营风险两类，导出不同的风险意识。金融风险突发性强，一旦出事，不仅殃及本银行各条业务线，且迅速传导、放大到其他金融机构、市场和社会，影响到资金流动和经济运行，牵动所有人，最敏感的是存款人、贷款人和政府。**

**（1）信贷的货币风险，带有法规及货币政策的特性，需具备依法经营意识。**货币风险具有社会性、周期性、全球性、危害性等特征，通胀通缩定伤及经济、殃及信贷。经营货币依据法律法规，信贷还受到严格的政策管理。体现在：

第一，具有国家金融监管的特征，包括准入许可（特许经营）、高管任职管理、业务标准及经营监管、稽查审批、报告制度、信息披露、问责与处罚等。

第二，具有国际监管制度的特征，包括同业惯例及业务规定、巴塞尔新资本协议、联合国决议、各国严格的监管制度、国际会计准则、评信评级制度等。

国家监管信贷货币风险绝不是学术理论，而是具体的数量指标与要求，必须严肃执行，没有商量与变通余地。例如，对业务准入有批文执照，对任职有考试，对业务有指引，对规定有文件，对规模下达指标，对按揭成数有要求等，十分具体并据以监管。这是红线高压线，违反即违法违规，后果很严重，成为最高等级的管理风险，必须要有依法经营意识。

**（2）信贷的经营风险，带有政策导向与市场的特性，需具备合规经营意识。**经营信贷具有**五大风险特征**，经营者要有**五大风险意识**。

**第一，政策的风险意识**。政策是信贷的指南，是起始点，信贷是否精彩受其约束，违反政策是大忌大风险。经济货币政策规定了信贷的规模、投向、利率，是经营的关注点、风险点、盈利点。

**第二，规则的风险意识**。监管部门依法制定了各种市场与业务规则指引，是红线和围栏，合规经营至高无上，违者必究。不懂规矩别进场，触犯法规受惩处，规则从不商量，规范见证成熟度。

**第三，经营的风险意识**。信贷风险是常态，不识风险别碰贷款，风险之地别犯浑，损失要问责，不谨慎易出事，必败在风险中。贷前贷中贷后的每个环节细节都潜伏大小风险，一切靠严管控。

**第四，盈利的风险意识**。做信贷不盈利算什么？资本不同意。盈利是风险与收益的较量，游走在政策与市场下，从控制风险、考核信贷绩效中来，盈利不易，从管好每一笔做起，并核算到位。

**第五，周转的风险意识**。借贷是周转的，必须按期还款，有借有还再借不难，不还贷会有流动性风险。信贷在周转中显示安全性，一次回归一次结束，一笔贷款一次清算，一个周期一次证明。

**4. 什么是信贷的财务风险？风险一定落到财务损益上，没有后果谈不上风险。从信贷的过程看，表现为效率低延误放贷，保守惜贷消极放贷、放弃盈利机会减少利息收益，信贷结构不合理影响利息收入，管理不尽职造成损失等，都是未积极实现信贷价值的行为。**

**（1）信贷应注重财务，旨在实现存贷款的利差。**资金成本是刚性的，每天都要支付存款利息，滞留时效生有财务风险。过手的钱如烫手山芋，要立马用出去得以收获利息，少停留少库存、不过夜不耽搁，努力地提高资金使用效率。不良贷款要尽早收回，停滞一天增加一天成本。这是经营对资金的态度。

**（2）信贷应注重财务风险，尤其是成本的风险。**利息收支每天计算积数，盈利极为紧迫，增加营收去覆盖成本并盈利。资金因成本必定讲究时效，风险随着时间而释放外露，经营具有紧迫性特征。关注利差的升降，关注资金的周转运营，关注信贷利率结构，关注资金盈利的水准，经营中一项都不能缺。

**（3）信贷应注重产品及基础管理，减少系统性的专业风险。问题产品与管理失误是系统性风险的源头，对财务的影响很大。**如果分支行信贷基础强，就能够通过有效管控，降低产品瑕疵的风险，否则抵御不了问题产品造成的系统风险，容易形成大面积的财务损失。因此，必须做强分支行的信贷管理基础。

**5. 从损益的价值轨迹可见，风险与盈利从正相关走向负相关，收益随着利率变动与风险演变。这条轨迹曲线十分奇特，体现信贷风险价值的特征，反映了信贷价值的规律。信贷财务是信贷履行的职责，揭示、认识与遵循信贷损益规律，是信用风险观的价值思维。**

正常类贷款的收益随着利率的提高而增加，一旦贷款发生性质改变出现了不良，收益随之质变，少则损失利息，多则损害本金。风险收益的演变过程可以划分为前后两段。见图 9 - 5。

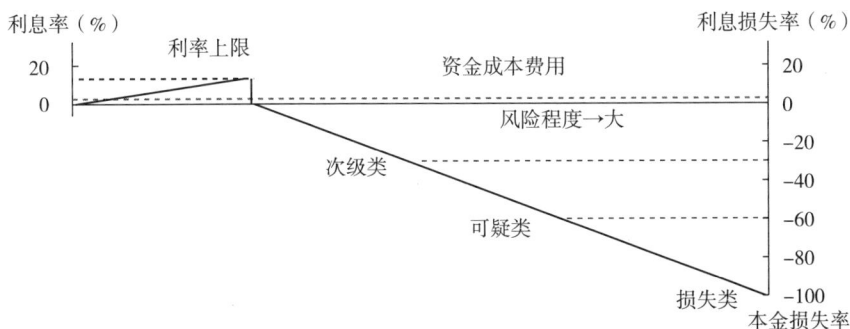

**图 9 - 5 贷款利息浮动区间和本金利息损失图**

前半段是图中横轴线以上部分，表现为风险与收益的正相关性，即设定的利息率越高，形成的利息收入也相应提高，显示为一条线性的上升斜线。利息收入减除资金成本及费用后，形成利润。正常贷款在收回本金和利息之后，其财务风险取决于收息率的高低，还需扣除资金成本与费用。只要利息能够覆盖总成本，才能形成盈利，只有盈利才体现经营的要义，实现经营者的职责，而盈利多少取决于经营。

后半段是图中横轴线以下部分，表现为风险与收益的负相关性，即当一笔贷款形成了不良以后，不能支付利息，损益出现拐点，向着本金损失区间断崖式跌落。风险越大本金损失越重，顺着次级、可疑一直下滑至损失类，以致本息完全损失。财务损失内容是贷款本金与应收利息，还包括资金成本与管理费用等，事后随着清收时间的延续，相关追收、诉讼的费用也会继续增加，财务的损失也随之增加。

# 四、风险缠绕价值：风险价值观

风险价值观念有两层含义：第一，尊崇价值最大化，作为经营的使命和目标，通过价值链管理提升盈利空间；第二，全面控制各项风险，确保经营安全性和流动性，实现经营价值链的增值。内容丰富，构成重要的经营观。

**1. 价值链管理观。价值链管理是经营使然，经营始终围绕着保障维护价值形成的过程展开，调整与改善经营方式。市场理念滋生经营动力，通过全程有效的控制，驱动各业务、各机构实现经营功能的最优。管理中，行长是核心决策者，他人只是建议者和执行者。**

**（1）以客户为中心的意识。**资金使用价值对应着客户需求，不以客户为中心设立产品，经营何以落地？只有两者紧密结合，将价值体现在产品上，经营落到客户中，才是完美统一。因此，产品是经营基础，客户欢迎才有经营效益，客户冷淡哪有收获？

传统的价值链分析都以银行自我为中心，从资产负债着手财务分析，无形中架空了客户的基础地位。一旦未能将价值建立在解决客户需求、由客户买单的经营逻辑上，就容易造成银行产品与市场的脱节。

**在价值链管理观念下，经营既要盯住政策更要紧盯客户，因为政策终究落脚到市场。** 策略是围绕客户，把需求作为价值分析起点，培育市场需要的产品和服务，规划业务配置资源，收获客户满意、经营获益的双重效果。通过调整客户关系，优化产品服务设计、业务流程和组织结构，使经营更加关注市场，深层次了解并优选客户，获取更高的价值。

**（2）优化价值链的意识**。优化业务结构实质是优化价值链结构，由于结构牵动核心资源的调配，唯有高层才有权动用。

管理以最优效能作为尺度，行长要主动去审视，发现和揭示那些不适应市场、不创造价值的环节，通过不断裁剪修整优化，添加价值链中的增值作业，削减不增值或少增值作业，实现整体价值的最大化。例如，调整低效的营业机构，调整作业组合，创新服务淘汰过时产品，清除不良资产调整资产结构等。

为跟进环境与客户的变化，应当不断推进价值链管理，调整业务设计，再造业务流程。优化管理的核心内容是流程再造，它涉及各部门、机构之间的功能组合、配套及调整利益分配、人员之间的协作交流及调整作业制度与程序。这是系统工程，一把手承担着至关重要的整合决策职责。

**2. 风险利润观。利润与风险分不开，是零和游戏，效益来自对风险的控制。经营处处在把控风险，何以规避、摆脱与减少风险？是经营能力和水平的主要标志。履行资本增值、实现股东回报，是职业经理人的基本职责，因而成为市场中经营者所追求的基本目标。**

**（1）谋求利润最大化意识**。牟利是资本赋予的动力，是经营永不消退的指南，一旦失去了盈利的召唤，一步回到改革开放之前，一切机制都将失效。利润是经营之果，任何企业经营活动都追求利润最大化。如前所述，经营是一场价值与风险的较量，成功卫冕价值才获得利润，盈利多少体现领导者经营的高下。

利润以资本利润率、资产利润率等指标衡量，即利润与资本、资产总量相比较。管理中，通过细分产品与客户、细分专业与机构的财务绩效进行核算，比较产品的盈利状况、客户优劣状况、专业成本收益状况、机构效益状况，通过配置资源调整经营能力，实现绩效最大化。

**利润总额与人均利润是什么关系？**利润总额更反映市场总体的竞争实力，至关重要，而人均利润用于内部核算分析，扶助管理调度资源。别计较人均利润多少，要讲究利润总额大小，多比较 ROE、ROA。有的机构片面强调人均利润很高，可能是市场大而人员不足所致，表明经营能力布局不适合，人力资源配置不合理，应当增加人员去增强市场能力。只有当规模大又人均利润也高，才令人可畏。

**（2）平衡两类指标的意识。**经营中设置了两类指标体系，一类是反映服务及产品的销售数量指标，一类是反映价值的财务指标。面对诸多指标，每个人的经营意识与价值观并不相同，亦可分为两类：一类偏好数量指标，总是盯着上级下达的存款、贷款、业务量等业务及工作量指标展开工作，乐于规模扩张和细项指标的实现。另一类偏好核算财务指标，例如收入成本、利润、利息等，不讲业务数量指标多少得失，更精算业务指标背后的价值转换，思考和衡量经营状况。

显然，前一类具有经营特长和市场能力，反映出一种专业意识下的逻辑思维；后一类具有财务天赋和经营能力，反映出一种经营意识下的商业思维。作为一把手，既要部署专业市场的发展，不忘核算盈利，又要把握住经营利润，全力支持市场的发展，两者不能偏颇，才能实现银行的市场地位。

**（3）真实盈利的意识。**唯有真实才能踏实，真实性是管理控制的基础，失去真实一切皆在云雾中。但落实真实性很难，难在风险与价值信息不对称，核算中彼此分离得很远，变得朦胧难测。例如，贷款期限有数年数十年的，到期后早已时过境迁，财务利息收入提前入账，而风险损失滞后计算。因此，单凭账面数据很难弄清楚风险的大小深浅，必须谨慎做核算评价，采用风险价值管理来反映利润的真实性。

风险价值管理目标是风险调整后的利润最大化，即把未来可预计的损失量化为当期成本，直接调整当期盈利。它体现了盈利必须覆盖风险的思想，与简单追求"账面利润"有着本质区别。它把银行的隐蔽性、滞后性风险清楚地揭示出来，使各级管理者正视风险，长期关注和自觉控制风险，克服传统考核中盈利与风险成本的错位问题，有利于科学识别和防范风险，理性承担风险。

实务中弄虚作假行为依旧不少，信贷质量问题突出。尽管银行都实行统一的核算与绩效考核体系，但对企业风险评价总有不实，每每行长调动时都有大量问题暴露出来。此事不可忽视，表明根治经营管理的漏洞难。

**（4）关注风险敞口的意识。业务经营中风险的财务敞口不少，必须严格控制和限定，才能真实核算经营风险和利润。**例如，不良贷款拨备覆盖率、银行保函履约率、签发票据的保证金比率、存款应付利息提取率、当期应提取而未提取及应摊计而未摊计成本的支出，都直接影响绩效的真实性。因此，业务收益与成本及风险敞口必须紧密关联，进行全面的风险绩效评价。

首先行长要心中有数，必须注意到可能隐藏的问题。在分级经营体制下，许多管理者缺少风险敞口管理的意识，只盯住完成业务发展指标，容易忽视风险敞口指标，甚至有意从中作假，都是不能容忍的。因此，财务部门应当主动列表报告，行长要留意这类指标的变化，从变动趋势中检验风险的真实性，及时采取管理措施。

**3. 时效价值观。资金价值以时间计量，利润产生于利息差而取决于时间差，但风险也与时间期限正相关。经营最讲究时效，一步抢先避开风险，一步之差千古之恨，在银行充分演绎出来。因而，银行经营理念中透析出鲜明的时效特征，效率效益都以时间为单位。**

**（1）时限风险的意识。**时限风险是指法律意义上价值的有效期，在经营活动中体现为合同期限意识、逾期风险意识、资产负债匹配意识等。资金使用权的让渡受期限的约定，时间就成为资金价值变动的基本要素。

对流动性而言，资产负债应当保持期限的结构性配对，才能锁定风险。对利率而言，不同时限的利率不仅是挂牌的资金价格，也承担着利率市场变动的风险。以资金交易为例，某个时点成交的资金市场价格，就以这个时点划分银行与客户的风险责任和权益。对贷款而言，期限就是风险收益期；而逾期时间愈长，损失愈大。时限意识能够增强应对风险的责任感。

**（2）紧迫的时效意识。**所有的效率都以时间计算，时效不仅是指法律意义上的有效性，更体现为时间的效益性。有效期是最重要的风险意识、行为约束意识，例如当合同逾期又未采取相应措施，形成权益失效的风险。时效意识包含资金周转的意识、动态定价的意识、作业效率的意识等。

所谓效率都以时间做分母，所有经营活动都讲求时效，任何资金被闲置、沉淀或周转缓慢停滞，便成为无效或负效作业。营业机构部门之间应当建立紧密的协作与配合，才能减少时间或效率对价值的损耗。存贷款资金以"天"为利息计价的时间单位，使银行十分讲究资金清算时间、款项划付时间和会计记账时间。时效意识能够提升对实现收益的紧迫感。

# 五、成败落在风控：风险经营观

风险是经营常态，魔鬼藏在细节中伺机发难，只是日久天长人们熟视无睹了。银行业视风控如命，制度、定位及尽职，流程、权限及内控，处处设防次次督查不敢松懈。首要是确立风险经营观，需要警钟长鸣。

**1. 确立风险偏好与市场定位的意识。**风险偏好是一家银行最鲜明的经营特征，表征是市场定位，外部都能深刻感受到，如同人的性格一般。它来自经营传承，是长期积累而成的风险文化价值观，是一家银行对风险的容忍度，是由资本所有者认定的市场价值取向。

**（1）风险定位是经营战略的基调，表明经营对风险的市场选择。**是愿意承受高风险以谋取高回报，或是适度风险以获取适度回报，还是低风险以收获低回报？作为一家银行经营思想和管理方式的基准平台。经股东确认风险偏好后，银行建立相应的风险模式与业务结构组合去实施，包括资产负债的结构、业务产品的结构、信贷及客户的结构等，设立量化目标，并制订业务政策、制度和各项限额管理，落实到具体业务中去。例如，信贷计划及区域分类结构、授信管理体系及政策、客户准入退出标准、业务及产品定位等，并要做定期的评估、检验或调整风险偏好水平。

新任行长一定要认识机构的定位，审视定位的合理性，既承上启下继承维护，又做出市场调整，完善风险管理战略框架。确定业务风险偏好时，要细化到各类业务的客户定位，贯彻到所有机构人员，成为全员的经营理念和业务指南。

**（2）没有定位等于粗放，难有重点和分工特色，这是经营的核心问题。**信贷客户的定位、专业管理和经营模式三位一体，定位是基础，是经营成熟度的标志，无定位只是自欺欺人，盲目混战岂能不出风险？信贷转型首要是培育核心客户群，以经营眼光去选择市场，定位是框定市场层次与范围，找准角色才能演成好戏，着力培育相对优势。

信贷定位是银行核心定位，选定了客户、产品的经营坐标，但它涉及自主权、配置权、控制权。至今国家并未放手信贷自行定位，因为经济发展重点和薄弱环节都亟待金融支持，得由国家调控。假如银行自行其是说了算，一些难题如小微、民企的"融资难融资贵"很难推动。当然，定位不明章法必乱，责任不清风险大，市场进程已经到了定位阶段，回避它也将被动地走向定位。这是事实，需要定位的意识去引导。

**2. 遵循权限与流程的意识。**权限管理是一种分级控制，针对作业效率和风险量级实施；流程管理是一种过程控制，针对业务环节部位和规范分工实施。两者结合使用，目的是保障业务按照预先确定的方向行进，利于提高经营效率，避免发生大风险和环节上出轨。

权限针对经营中各项实务设立，依据有权人的职位、资历、能力而确定，并经由上级行长审定后授予；流程形成业务的步骤，权限设在关节点上。权限意识和流程意识应当成为从业者最基本、最重要的作业规则规范，是必须遵循的职业操守和至高的戒律准则。一旦经营中发生了权限内合理的失误失准时，也受其保护；而违反者将受到最严厉的责任追究和处罚，没有任何理由可辩解。

因此，每个银行人必须具备强烈的规则意识，在处理银行业务时，守规矩、讲程序、按流程、不越权，从最低层操作员到最高管理层，概莫能外。这是从业铁律和职业操守。

**3. 着眼于管理资本风险的意识。一方面应有风险与收益配比的理念，接受财务成本的约束，努力实现锁定风险下收益的最大化，或锁定收益下的风险最小化；另一面要强化对资本管理的理念，接受风险成本、资本成本的约束，这是中国式发展需兼顾的经营难题。**

在资本充足率管理中，增加任何风险资产都是对资本净额计算的减项，即加权风险资产对资本成本形成重要影响。因此，从资产的风险、期限和利率三大属性出发，行长要研究改善资产负债配置的最佳方案，整合优化市场风险、信用风险形成的多种资产结构组合，以降低总量加权风险。

经营实务应引导两种经营行为：

第一，实行资产组合的动态管理，有效分离、转移、分散、规避信贷结构性风险，对不良贷款灵活采用打包出售、资产证券化等处置手段，改善风险特征，降低整体风险度。

第二，在资本有限增长下拓展收入空间，推进业务向多元化转型。调控好信贷资产结构，发展少受资本约束的中间业务和低风险权重的资产业务，逐步提高服务类收入比重。

**4. 敏锐觉察和识别风险的意识。强调第一时间发现并处置，是风险敏感性和管理到位的一种体现。做到不易，要求个人具有经营眼光素质，要求机构具有风控体系机制，组合形成灵敏的信息传导系统。如何建立并行之有效？可从风控角度检验领导者的管理状态。**

风险识别贯穿于经营始终，包括事前做评价甄别、事中事后有识别管控。经验表明，风险识别水平的高下表现在及时性上，觉察早、动手早则损失就小，行动愈晚则损失铸成，责任在身。市场深入发展中，经营风险日趋复杂化综合化，能否敏锐地觉察识别，成为领导者最重要的管理素质和业务能力。称职的行长总以风控眼光，觉察蛛丝马迹的异动，敏锐地辨别各种信息，一有风声便迅速出手。

离不开整体有效、严密动态的风险管理模式，第一，善于从经济活动变化的规律中，预测风险对经营的影响，及早部署准备在前；第二，掌握运用多种方式和工具，识别、计量、转移和分散风险。实务中，要关注主要风险敞口的变化，业务及产品结构的变化，近期客户信用等级及不良贷款数量的变化等，从结构查合理性、从异动查风险性问题。

**5. 强烈的内部控制意识。内部控制是一种系统、全面、完整的制约机制，体现一家银行自我约束、自我控制、自我监督、自我完善的经营机能。这种意识一刻都不能松弛，如今各家银行都建立起内控组织机构，在不断地稽查中提醒、告诫、修正和完善经营活动。**

1949 年美国公众会计师协会首次提出对控制意识的定义，上升到管理层面，使之成为一种企业管理理念。以后内涵不断地丰富，1992 年美国 COSO 组织发布内部控制框架文件，为国际上普遍采用，基本形成了内部控制体系。在半个多世纪历程中，贯穿了公司治理演进发展与风险的种种博弈。

银行内控问题引起特别关注，它与 20 世纪 90 年代中后期的金融背景密切相关，例如英国巴林银行倒闭、法国里昂信托银行和意大利那不勒斯银行危机、亚洲金融危机等。这些重大事件引发各国银行监管部门纷纷出台对银行内控管理的监管办法。1997 年巴塞尔银行监管委员会颁布了《银行内控制度基本原则》和《内部审计报告》，要求所有银行都应设有独立的内部审计职能部门，并提出了内部审计的指导原则。

近些年来，一些国际知名银行如花旗银行、JP 摩根大通银行、美洲银行、德意志银行等相继卷入金融丑闻，这个背景使国

际监管更趋严谨。2004 年 6 月发布《巴塞尔新资本协议》，2005
年开始实施《国际财务报告准则》等。我国的金融监管部门制订
的《商业银行内部控制指引》，将内部控制要素概括为五个方面，
即内部控制环境、风险识别与评估、内部控制措施、信息交流与
反馈、监督评价与纠正，要求商业银行董事会、监事会和高级管
理层充分认识对内部控制承担的责任，并作出具体规定。

内控意识始终是行长最重要的领导思想，内控组织就是一支别动队。
面对风险控制这个银行业共同的难题，中外概莫轻言。尽管发生的风险表
现形式不尽相同，但总是暴露出一家银行管理最薄弱的一环，从中都找得
到失控的注解。哪怕是一家很好的银行，也很难避免发生某个时点、某个
环节的疏漏，而行长之责任，在于牢牢把握内控建设，以强烈的内控意识
去防范疏漏。

# ▶第10章 资源管理·配置的观念

经营最重要的抓手是获取、管理与调配资源。市场如战场，经营如打仗，看着是行长们忙业务，其实忙的是配置资源应对市场。将外部资源争回来，内部资源开发出来，资源效能发挥出来，如同征集粮草、调兵遣将一样。形式针对资源配置，实质是运用经营法则和思想，处理好多方面的关系，战略策略并用，是思想又在实务中。

优化配置资源活动贯穿于经营管理的全过程，开发运用、整合优化、利用好资源，是提高投入产出比的过程；是认识把握资源内涵、运用配置方法的过程，从而展示出经营方式、目标和本领。因此，关注、解析和构建资源配置观念，是经营管理的重要思想。

## 一、资源决定成功：形态、重要性和配置特征

资源配置包含时间、空间、用途和数量四个维度的要素，在不同使用方向上分配和调整资源。内核是：选择合理的经营目标，实行有效的机制，科学合理地配置，提高使用效率，实现效用的最大化。简言之：目标、机制、配置、效率和效用。

**1. 银行资源有其形态与经营特征。**只有了解它才能用好它，顺其特性才能有效发挥作用，强化它就能突出其效应，遗忘了就会冷落其功能。资源是经营的抓手，把控熟练了经营生巧，假如生疏变得笨拙。要使资源管理到位，不仅靠理念认识，更要依仗经营能力。

**（1）依据经营资源的内容，可归集分为 8 项：**

221

①人力资源，包括领导者、管理者、专业技术人员及服务人员，是最重要的能动性资源，它驾驭和支配其他所有的资源。

②物力资源，包括机构网点及附着物，有营业房地产、装备设施、计算机及通信作业设备等，构成营业运营的必备条件。

③财务资源，包括资本和各类资金，是经营的对象。

④产品及专营资源，包括各种业务和服务的产品、渠道，是经营的方式。

⑤管理与制度、文化资源，包括各项规章制度、领导和组织管理制度、文化类资源，例如企业文化、商誉、规则操守、内控体系等，构成了经营的环境与秩序。

⑥信息技术及数据资源，通过应用软件、数据分析、信息处理能力等方式工具，表现在资源品质中，反映经营管理的能力与特征。

⑦外部相关资源，包括客户和各种社会关系等，是经营的对象，成为最重要的被动性资源，受制于银行内部资源效能的作用。

⑧时间资源，是货币经营活动所必需的特有的计算价值的单位。

8大类资源构成了银行资源之库，要素间相互有机地融合、关联。如何才发挥出更大效能？需要理念、思考和运筹，需要战略战术和策略方法，贯穿和落脚在经营之中。

**（2）经营中资源的作用及特点，可以归集为3类：**

①资本、人力、机构等资源是经营中最基本的核心资源，始于一家银行成立，是经营必备的，构成基本的经营格局。显然，这类资源的调整性较弱，其配置格局一经形成，在短期内较难改变。核心资源的调整属于战略级别，直接影响到资源结构。

②资金、财务、客户、社会关系、产品、技术等要素都是经营资源，在资源配置中的变动性较强，变动的过程具有风险性，展示出资源配置的效率和结构。

③专营、信息、商誉、制度、文化等资源是经营的环境资源，具有附属性特点，显示出一种机构的软实力，影响整体资源配置的效率、稳定性

及协调运行。

不同的资源有不同的功能价值形态，经营中缺一不可。领导者位居资源的最顶端，应当熟知各项资源的功能，运筹调度、调整优化和合理配置，围绕着经营发展的目标去发挥其才能。

**2. 资源重要吗？** 经营依靠资源来支撑运行，巧媳妇难为无米之炊，当了行长才能深刻感知"跑部钱进"之理。资源从哪里来？外部资源来自市场，内部资源依赖上级分配和存量盘整，依靠有效地调配，需要下功夫去获取。这是领导者重要的经营才干和能力之一。

**（1）领导者需要的是资源，这是调动和驾取经营之本。** 多大的本钱做成多大资产，多大的能力获取多大的资源，这是市场普遍的经营法则，占有资源者占据优势；经营过程就是依仗资源、获取资源、发挥资源效能的过程。拥有资源心中不慌，千方百计地获取资源，保障潜力后劲。聪明能干的领导者一定是内外资源两手抓，外抓存款、客户，赢得市场；内抓人才、费用和投资来源，两手都硬。管控资源从来是行长的最重要的管理能力，争夺资源从来是行长最重要的经营能力，缺一不可。当然要有效运用资源，先得具备资源管理的观念意识，缺乏认识谈何作为？

**（2）经营资源靠获取，受总量之限以致争夺激烈。** 外部资源靠竞争，争存款、争优质客户，在"数量×时间＝效益"的两个要素上，谁占有数量，或多占用一段时间，都能获取效益。市场资源有限，各家机构展开了激烈争夺战，谁得手谁就得益取胜。**内部资源靠争取**，资源不会无缘无故从天上掉下来，主要依靠业绩和关系，两方面都不可缺少。分配权在上级行的手中，"跑部钱进"有这个含义。

争夺资源是市场基本的竞争机制与方式，无处不在。银行仍处在快速发展的成长期，资源多多益善，发展不停不能断，哪怕以后业务增长慢了，成本的提升还得依赖资源供应，得以增厚基础实力。如果得不到足够的资源，那么，激励机制变得软弱，营销费用捉襟见肘，人手紧张依赖加班，不得不收缩放慢脚步。今天的缺口可以忍一下，如果明天缺得更多，几年欠账就牵制了经营，两手空空、心有余而力不足，竞争力自然下降了。这一点当领导的都很清楚。

**3. 配置讲究效用。**资源具有数量、品种、结构和分布的特性，处在不断调整结构和优化的过程中，面对价值变化、时空效应、期限安排和分支机构需求等问题。如何适配？使资源投放到最需要最出效能的地方，成为关键所在，领导者必须懂得资源配置的特征。

**（1）资源要活化，保持流动性方能运作。**流动得以配置，动态是活水，流向价值的谷地，它的落位要与市场环境、经营重点和发展方向适配。发现哪些资源沉淀了、僵化了、失效了，不能尽其用了，就得去调度激活。增量盘活存量，不懂流动一切经营不到位。

资源配置的基本法则是保持资源活性，围绕着实现内在价值而流动或移位。根据市场的规律，任何事物都经历从成长、成熟到衰退的过程，其价值随之发生风险的演变，这是资源配置的依据。

经营实务中，各种资源的价值随着市场起落而变化。例如，贷款伴随客户的经营风险而演变，人员因进取心和年龄在渐变，机构伴随区域经济及社会环境而兴衰，系统装备在科技与业务发展中升级换代，客户在分化中吐故纳新，制度及管理都需要不断调整。因此，经营要应变，要求管理者着力建立一种进退自如的资源转移机制，使之在运作流动中实现新的结构，增强活性保持价值。

**（2）结构是源头，追求有效的资源结构，方能产出稳定的经营绩效。**调整结构是治本，经营管理着眼于结构治理，基础结构合理了，经营潜力就挖了出来。结构反映出格局的合理性、有效性，不顾结构的管理缺乏目标，常会是瞎忙活，增量反而加重负担。

**结构是资源分布合理性的标志，是资源品质状态的表象。**为追求价值最大化，通过资源的不断流动来实现，而流动改变了原先的结构。例如，人员素质体现在专业知识水准、经验积累程度、职业道德水准、年龄及专业分布的结构中；资产质量体现在资金运用科目的结构状态中；资产负债结构的配比体现出流动性缺口的分布；信贷结构反映了客户的贷款期限、利率和风险状态，以及贷款投向区域、企业品质及规模分布的市场结构。因此，各家银行都应设立自身结构指标的参照系，作为据以考核、认定和优化资源配置的重要方式。

**（3）要优化结构，通过持续渐进和不断调配去实现。**市场的变化会使结构过时，调整旨在保持相对的合理性，它采用持续渐进方式，不靠急功近利，也没有终结尽头。由于资源承载着运营的风险，要有计划做安排，以量变求质变，使不合理变为相对合理。

完成结构的调整绝非一朝一夕，而是漫长不易的，难在退出的过程，充满着风险与艰辛，需要智慧和策略，还要付出成本代价。需要依据财务能力，逐步摊销已损失的资产，处置中还需要时间和市场环境的窗口机会。

调整方式上，具有日常微调与阶段性调整相结合的规律性。微调着眼于解决存量资源的衰变问题，使之与经济环境相适应；而在经济发展跨越不同阶段时，经营转型变得突出，问题积累起来，必须进行大的调整才能根本优化。

**（4）调配有风险，不懂不善规避风险是冒险粗放的经营方式。**调配也会发生预测的失误、过程的失策、财务的损失，有损耗、有沉没、有风险、有失误的成本，付出财务的代价。因而需要在配置中进行周密的论证评价和比较，需要缜密决策和精心的策略与操作。

失去价值再生能力的资源极难完整地回收，财务损失便从资源配置过程中暴露出来，由隐性转变为显性。同时，在解救资源过程中也会发生新的风险。例如，撤并机构会使原有资源发生风险，包括贷款、客户、营业房与设施的损失，或引发逃废债务，留下负面的社会影响。新资源配置中也会发生投向投量的失败。许多事从战略看很正确，风险常出现在操作策略环节，粗放马虎地把好事办坏了。

上述特征中，**流动性使资源配置具备可行性、可操作性，结构性是检验资源配置合理性的标志，渐进不间断性是资源配置的方式和过程，风险性则是资源配置的成本，四个方面构成了资源配置工作的整体内涵。**

# 二、配置是抓手：资源配置观

经营的过程始终在运筹配置资源，成为业务活动重要的抓手和内容。如何调配驾驭资源？理念指导着经营活动，是行长最重要的经营管理能力。

**1. 经营从资源入手，资源配置是经营管理的基础。配置合适必出效用，结构最佳效益最佳，经营失效、质量恶化都是过往配置失败之果。行长要盯住资源，一面要了解资源状态，一面要懂得市场趋势，结合运用才有最佳的效能。这些正是行长的基本职责和能力。**

一个行长要善于从资源的视角来审视整体经营的状态与趋势。配置资源要从了解资源分布入手，行长上任后，必须尽快去了解、熟悉本银行现有资源的分布结构、品质与状态，通过与同业对比感知其优势、劣势和问题，继而想方设法发掘、培育、优化、运用和发挥资源效能，去实现经营目标。

经营的成功离不开资源，依靠始终不渝地思索谋划、开发运用资源，不断地分析资源的需求的变化，得以捕捉机遇，督促管理层和机构关注资源运用，继而形成一种强烈的调配意愿和责任心。当然，除了理念和决心之外，还要讲求方法，采用有效策略、步骤安排及传导机制，围绕任期目标、经营措施和责任制度来落实。

**2. 优化资源需方法策略，配置是一个过程，为了适应市场变化和经营转型。优化配置的方向，一是拓展新市场、提高品质和经营效益，路径是从增量与存量上两手使劲。二是保障向重点市场、重要产品供应资源，培育形成经营新优势，减少大锅饭式的平均分配。**

好银行的资源结构必定好，差银行的资源结构一定差，资源分布状态就是现有配置的构图、经营绩效的注解，配置变动了经营与品质随之改变。由于银行业资产规模持续地扩张，必定在资源分布和结构上产生和积累起不适应问题，只能通过优化资源配置去改善。

调配优化是要构造整体有效性，实现合理的数量、质量和结构分布，**常用的是增量调整法**。存量资源数额较大问题多、品质相对低，孤立地调配很难、很无奈；而增量资源活力大流动性强，具有整合的杠杆效应。

结构调整中，第一，新资源尽量投向能带来高收益的机构与客户，增加收益；第二，怎么用新资源去激活撬动、解救盘活存量资源。双向调配比手术式处置减少损失，这是普遍使用的方法。例如人员，人多的分行老员工一定要多调出来，新员工还得招进去，双向启动结构才能合理，只靠单向不行。

**3. 资源配置的重点，一是安排眼前的急需；二是化解结构的痼疾；三是投入为发展铺垫，三方面都需要紧紧地围绕经营问题。要与市场新变化相结合，战略方向思路要清晰，新资源投向要正确，从调整结构入手，通过量变引向质变，日积月累以求得阶段性突破。**

优化配置始终围绕四个经营问题，应作为资源配置的指导思想：

第一，资源运用的方向如何与一家银行发展战略相适应？

第二，资源的区域结构如何与一家银行区域布局相一致？

第三，配置的效能如何与一家银行的经营目标相一致？

第四，优化配置的成本如何与实现的经营效益相适应？

这些都是经营难点与管理结症，是立足点着眼点。市场化经营机制与行政化管理方式总会发生冲突，表现在观念意识和管理习惯中，有的是糊涂而为之，有时明知不适而为之，引出改革的必要性。唯有解决它，才能从根本上提升资产质量和经营效益。因此，资源管理要服从发展战略，部门之间不能自作主张各自为政。

**4. 优化配置目标，着眼于增强综合竞争力。分级管理中首先要分解目标与职责，总行负责配置战略，重在分配新资源；分支行负责调配策略，重在管理使用存量。新资源有限，存量调整才是重点，资源管理链上的着眼点不同，分工实施，缺一不可，协同才有效。**

我国银行业的优势主要是规模实力和发展势头，在综合竞争力上仍有软肋。与西方银行相比，弱点不在外部对市场的影响力，而在内部资源管理的财务能力与效应，市场配置资源能力、约束力不足，尤其在新业务领域更加明显，亟待改革完善。

优化配置的方向主要是：第一，依据经济发展动向，各种资源跟进调整，向高效低险的区域、产业、机构集中，向城市群发展集中，这是市场的驱动；第二，将同一个区域的产品、渠道、机构集合成为一个有机有效的整体，这是经营的驱动。省市分行是承上启下微观资源管理中最重要的层级，要着力优化和改善自身资源结构，着眼于竞争力要素的组合，激活效率减少闲置浪费，增强综合竞争力。

# 三、资源定大局：资源效用观、优化环境观

资源配置效率至关重要，决定了经营质量和效益，是资源配置观念起着导航作用。

**1. 资源效用观**：一切资源运用的终极目标是效益，无可非议，无需多作强调，其他还有稳定与设防，只是辅助性需要。无论资本股东、经理人还是社会，都关注效益效率。指向只有鲜明单一，才能排除那些低效搪塞的理由，致力效用，推动经营行为的有效运作。

**（1）比较效益的意识**。讲求效益风险比、投入产出比是经营原则，是约束、导向配置的标准和依据。**效益风险比**是从风险经营视角论证资源投入，规避和降低配置风险，保障资源实现可靠的收益。**投入产出比**是从财务成本与收益出发论证投资效果，用以衡量资源运用的收益，推动资源向收益最大化的方向转移。

配置是调整优化绩效的基本手段。不管经营目标表述的如何复杂，配置的标准只能一个，即按照最优化、合理化原理，使有限资源实现有机的调整组合，最恰当地发挥出效能，形成整体最优的资源结构、最合理的投入产出配比，实现较低风险下的利润最大化。

比较是辅助配置决策的主要方法。在有限资源面对多种需求选择时，唯有采取比较，两利相权取其重，两害相权取其轻，货比三家见高低。例如，哪些业务可以外包？营业用房是买还是租？软件开发是否外包？机构之间分配是否合理？都要对多种方案的合理性作出论证比较，绝不主观拍板。

20世纪90年代我任市分行行长时重视购营业房，要求70%的营业网点必须自购，租金高于8%的就要买下来，每年要求支行行长购置一家网点房，考核加分，降低了运营成本，适应城市发展调整机构布局，根本上改善了对外形象与营业条件，也在房地产增值中收获满满。

为什么银行都主动积极购置营业房？算账自明道理。假如资本金用于放贷，年收息5%，1亿元资本收获利息500万元；假如购房呢？年提取折旧250万元；假如租房呢？当租金为房价的10%时，支付1000万元。三者相比较，房租是利息的2倍，是折旧的4倍，因此购房最划算。还有多种不确定因素，一是房价上涨，以后再买房时投资额大增，10年涨一倍不是个案；二是租金逐年涨，租不租要看房东脸色，无法长安排；三是租期不确定，基础装修投资容易变成沉没成本，经营陷于不稳定状态。

对资本要做结构性管理思考。银行资本金分布于资金、投资、硬软件、车辆及营业房五种形态，软硬件设备和车辆是损耗品。何以保值增值？唯有投资，只有营业房能保持价值。通胀率使资本金每年贬损，若通胀率是2%~3%就蚕食了利差。你看外资银行进入中国，先是租房，接着建大楼，都在关注房地产增值的机会。银行着眼于百年经营，购置网点机构真要安排，不作为是短期行为。

**（2）有偿占用的意识。** 从成本管理的理念看，资源内含着成本，包括资金成本、经营的风险成本和预期机会成本。**任何占用都应当核算计价支付成本，严格管理与考核，引导投入产出的效应，使之谨慎。这是资源配**

置的基本方法和理念，成为重要的经营准则。

资源成本核算出于控制财务风险，也是估价资源回报的价值量。占用一块必须核算一块成本，收取相应的回报；达不到较高资源回报率的，应当调度回收；多占用多支付成本，少占用可降低开支，这是以财务手段引导资源流向高收益处。

每家银行都采用资产回报率、资本回报率等核算指标，衡量资源的效率。不能支持盲目占用资源、随意耗费成本的行为动机。如今有偿占有资源的成本意识仍然薄弱，盯着增量而忽视存量，原因是银行仍处在成长期，财务重点尚未转移至成本控制上，不像西方银行增长空间小，只能在控制成本上较劲。

成本管理是经营的基本动作、基本方法要点。能否将成本指标有效分解到机构和部门，进行引导和管控，是管理能力强不强的标志。

**（3）优化资源结构的意识。**调整优化使之更加有效，从来是一种战略手段。设计一套健康的银行系统作为模板指引，比对现有的资源结构和配置方式，找出不合理的部分。要把握以下方向：

一是依据效率为上的原则，调整好区域资源配置结构。在级差地租与区域经济不平衡的影响下，各分行的资源效率差距很大。总行负责大区域调整，省分行负责省内分布；市分行做好城市内调配，确定和培养重点骨干支行；支行要针对区域特征，选择突破重点，打造优势业务等。当前，以重要城市群为中心的区位经济优势逐步形成，银行要因地制宜，调整大区域资源配置结构。

二是依据贡献度、风险度，优化信贷资源在行业、客户、渠道和品种的配置结构。关键词是效益、潜力。重点关注信贷资产的整体结构，有整体稳定就不怕小麻烦。例如，这10多年来各银行都加大按揭与消费贷款，2020年比重已攀升到36.7%，有的银行增量达50%，效益显现；又如贷款投向了能源、交通等基础设施建设，既支持国家经济的发展重点，又带来稳定收益。尽管这两大类贷款的利率低，但风险成本更低，经营收获丰裕，信贷在资金、费用税收和风险三大成本平衡中实现配置。

**（4）挖掘资源潜力的意识**。存量资源巨大，是主体资源，支撑着财务局面，决定了基本经营状况和命运。但它们基本被占用物化，调整难变数大，不断发生价值损耗而形成风险，因而责任重、潜力也大。行长要花主要精力提高存量资源的配置效率，始终关注盘整优化存量资产的结构。

> 2020 年银行业本外币贷款余额为 178.4 万亿元，只要每年调整优化 10%，其数额相当于一年全国信贷增量的总和，极为可观。优化使其挣脱风险，跟随市场结构的调整。另外，存量固定资产分布、结构、供求矛盾也十分突出，亟待调整。

在挖潜意识下，行长应提高四项配置能力：第一，在清收和处置不良资产过程中，提高转化资源风险的能力；第二，在提升优质资产比重过程中，提高优化存量结构的能力；第三，在挖掘资源潜力过程中，提高资本效率的能力；第四，在开发有效产品的过程中，提高资源盈利能力。

**（5）发挥增量效用的意识。只要能够持续保持 5 年增量信贷资产的质量，这家银行就一定能成为好银行——这是一个不争的事实**。看一看对增量的管理，就知道这家银行是怎样在做，趋势也清楚了，表明该行风险管理的家风、能力和管理水准。因此，是否具有增量资源效用的意识，检验行长的经营思想。

> 增量担有两种职能：第一，攻占新领地；第二，拯救旧资源。以增量带动存量做好结构调整，可优化结构、减少风险、提升绩效。新资源的特征是有限、易控、见效快，受历史牵制少，在新市场环境和经营意识下，投向更合理、风险更低，更受到重视。中国银行业靠增量支起了发展局面，每年的巨额增量都受到社会瞩目。

要严防增量资源配置失误。发生误配的主要原因：第一，缺乏对增量资源配置的责任约束和财务考核，监控不力，未能控制盲目扩张需求，使过多资源滑入行政化模式分配的覆辙。何以鉴别？只需将近三年的增量与存量贷款分开考核质量，就能显露经营的真实动态。第二，不审慎导致风险，增量的误配反而加剧了存量资源的矛盾。第三，分支机构优化配置的动力不足，人们更关心争夺新增资源，以增量修饰旧问题，增大分母而掩饰了质量。

**2. 优化环境观：经营难以脱离环境，环境直接影响到经营成果。外部资源环境是办银行的第一位条件，应占有 7 成的重要性成分；内部环境资源是影响经营秩序的根本条件，事关经营状态。一是主动调整适应，找到可利用点；二是积极改善优化，取得相对优势。**

**（1）选择环境、优化环境的意识。**经营对环境的依赖，犹如作物对土地的依赖，肥沃则丰收，贫瘠则艰难。经营环境包含两方面的含义：

一方面是环境资源丰裕程度。金融资源的丰裕程度是经营的基本环境，富裕之地要加大投入，是必争的重点市场；贫瘠之地生存发展难，市场冷清业务量少，但低端竞争同样激烈，成本不低资源效用差。面对客观环境，经营态度是：不能改变的则调整精简，有望改变的努力拓展，选好对口产品和业务市场。

另一方面是经营环境的状态，包括诚信信用、法制支持、政府管理、社会关系等环境要素。经济社会信用状态直接影响经营的状态和难度，主客观因素都有，经营要思考：能否调整改善？不能改变的则去适应它，有望改善的要推动优化。难点重点都在于如何优化经营的外部资源，这是深层次资源配置的内容。是否具备优化环境的意识，事关区域资源配置的有效性。对经营环境的认识和判断，是分行行长的工作内容，表明一种职务能力。

如何选择优化？第一，设立机构首要考察生存环境，看是否能养活员工，有否发展前景；第二，发产品首要是调查需求环境，看周围客户量，客户是否需要。适应环境才有市场，例如，某市农业 GDP 只占不足 0.5%，业务空间越来越小，能不向城市转移吗？

维护内部环境十分重要，美化营业环境，融洽人际关系，及时疏导矛盾，减轻对经营的压力，都在行长应当关注的事项和责任中。许多事要做在前，不要等到矛盾爆发了才救火，反使效果减半。心中有意识，事先想了早早做到了，令人更加感动。

**（2）沟通社会关系的意识**。社会关系是服务业最重要的资源，经营依赖社会关系，关系好则经营顺出效益，也降低成本；搞僵了只会带来损失，甚至眼前就过不去。社会关系依靠开发培育，怎么强调都不过分。不公关哪能当行长？这是职业的特征。

金融资源通过各种社会关系连着经营，例如与党政领导关系、社团组织及部门单位的关系、重要企业及知名人士的关系等，有的从工作业务交往中来，有的是员工联络，有的是社会的认知与印象。但关系不是从天上掉下来，伸出手才能牵住手，哪个层次的关系要由哪个级别去联络和发展，门当户对。抓住各种信息与机会，将关系转化成为有利经营的因素，既是营销也是广告，减少阻力去密切联系。

> 成功的行长特别在意两类关系：第一，善于主动联络与社会各界交往沟通，这类行长外向的活动能力强，具有良好形象和自信。第二，善于鼓励员工加强与外部交往，这类行长十分开明，把疏通各种关系渠道作为推动工作的要求，事半功倍。不能临时抱佛脚，平时不注意维护人脉，有事就走投无路。

**（3）修订制度的意识**。确立规则可保证秩序，制度应当跟进市场环境变化不断去调整修正，减少不适应的冲突。制度与环境合拍则促进，不合则阻碍。制度要先行，在制度下开展业务；制度要求不能太超前，否则不切实际；制度常会落后，但不能太落后，需要尽快修订。重大决策一定要同时调整相应制度才能落实。因此，制度是资源配置的纽带和中枢，是落实的关键。优化制度应注意把握以下要点：

第一，重视适应环境，避免制度滞后或理想化；要有可操作性，才能遵照执行。一旦制度过时便成为障碍，有些创新活动难有进展，背后常牵着旧制度的羁绊，应及时清理更新和修正。

第二，注意适用的区域性，因地制宜，避免盲目性。一项制度是否有效、活力大小与生命期长短，很大程度取决于区域环境的状态。引用外来制度时应注意环境改变了，避免变形走样。

第三，关注制度整合效应。为实现整体适用性，应采取合议会审、集中论证等措施，避免发生各项制度间、条款间的撞车与脱节，也要避免机构部门间各自为政、各执一端的管理行为。

第四，制度的成本效率。制度是有成本的，制度合理但并非效率最高，一项好的制度成本合理，如果成本高必定执行困难。因此，制定制度应当核算，做好成本论证，兼顾成本与效率。

# 四、资源因管理增效：
# 可持续配置观、系统配置观

资源效率从管理来，着眼增量改善存量，始终贯穿于经营管理的全过程，求得最佳绩效。

**1. 可持续配置观：可持续发展需要持续性配置资源，既保障当年稳健经营需求，又助推转型稳定持续发展。维持二三年增长不难，只需考核施压；难在经营持续提升，需要经营智慧。未来 5～10 年是走向金融现代化最关键时期，一切大变革伴随其中，难度最大。**

**（1）可持续配置的意识**。在可持续发展中，行长应特别关注各项经营活动的合理性，保持资源配置均衡性、科学性。

金融资源的本质有两方面的涵义："其一，金融活动量的累积与功能的累积的结果，具有价值形态的'贮藏'特征；其二，金融资源的开发、配置对现实需求的满足与未来发展之间的依存和制约的关联性"（崔满红，1999）。这种资源的"贮藏"，具有了功能后置和后发的基本特征。前期和当期累积的各种金融资源，只要在当期未消耗殆尽，其数量和功能都会成为后期可配置或再开发的资源，对以后的经营活动产生作用。

事实上，无论是核心资源还是环境资源，都是逐年累积起来的。在开发和配置存量资源过程中，作为行长，需要考虑资源对现时、对未来两个方面的影响。因此，坚持可持续发展战略，不断地开发优化、重组调配，保持资源配置的可持续性，使其发挥长远的和最大的效用，是避免负效应"后置"和未来"功能失效"的必然选择。

**（2）保持资源流动性的意识**。可持续配置建立在资源流动性的基础上，保持有限资源的流动性成为配置资源工作的重要内容。这种经营意识下，行长要经常关注资源的存在状态，增强其活力，从管理及制度上保证调配渠道的顺利畅通，支持与满足经营发展所急所需。

在流动性、安全性、盈利性三大经营原则中，**流动是状态，安全是本质，盈利是目的，流动从来是最重要的风险控制要求，使得配置具有可能性、可操作性**。不仅资金要流动，所以要素都要活起来，从动态中发现问题。而且，在资源总量和结构性指标下，资源流动的速度也在放大或缩小资源配置的总量。

以信贷资源为例，发放 100 亿元贷款所用资源获取的盈利，与清收回 1 亿元损失类贷款获得拨备回拨增加的利润相当。前者是增加资源总量的投入，后者激活了资源的流动性，而且在考核评价中，后者的意义更加重大。

**（3）开发潜力与功能的意识**。任何资源都遵循着由弱变强、由强变弱的生命周期规律。通过培育开发、综合组合，可以发现、发掘资源的潜力价值和潜在功能，延长优势的状态、活力和扩大功效，增强有效性、优越性。

**深度开发需要智慧，必须准确判断市场的趋势与需求，才能减少衰退老化，这就是领导者创造资源的能力，是难度所在**。例如，对人力资源，需要不拘一格地培养、选拔、启用优秀人才，优化强化管理层，还要尽快淘汰不合格者；需要深耕客户资源，关键是不断开发多样有效的服务，吸引新客户好客户，增加服务收益；需要不断择优筛选贷款户，形成优质客户群，如果长期不变必定质量下滑；对机构网点要适时调整布局，增减迁建，以适应客户分布和城市布局的变迁；系统需要不断升级换代，采用新技术解决业务和管理难题……这些都是日常开发资源潜力要做的功课。

挖潜是一种积极主动的管理行为，主动营造优势资源并引导向优势转化。许多成功的行长，总能找到市场突破口继而大手笔地调整，先人一步做铺垫，预埋了成功的关系，届时水到渠成，使现有资源爆发出新的力量，旧貌变新颜，充分体现前瞻与远见。

**（4）市场化运作的意识**。资源调配主要通过市场化运作，而不靠行政分配。从调配方式中提升效益，这是领导者必备的一种能力。核心是差价，在配置运作中起着驱动导向的作用。必须充分运用定价手段去调节分支行的需求，加强经营核算，以减少误配失效的风险。

信贷资源受成本的影响最大，在利率市场化后，资金成本以及价格决定着经营命运。信贷配置可采用的经营手段有：第一，根据资金供求状况灵敏地调整内部资金计价，引导流向和分布，一面靠信贷政策指导，一面靠实行差别价格调整投向。第二，硬化经营效益的考核约束，充分与分配机制挂钩，发挥价格杠杆的效率。第三，发挥总行的主体调控职能，持续调整产业、行业、区域、企业及贷款产品的结构，统一运作，保持资金流动性和风险收益。

**2. 系统配置观：全行一盘棋是管理原则，整体运筹系统配置，效益导向兼顾公平。资源各具特性，着眼大局整体，服从全局作为前提，合理组合协同，分工协作，求得效益最大化。资源十分有限，永远都无法满足经营的需要，只能兼顾相对均衡，实现相对最优。**

**（1）系统开发的意识**。各种经营资源构成一个密切配合、互相协同的有机体系，一方面，要围绕发展战略和阶段性任务，确立配置目标并调整结构，满足业务和地域的需要，尽量消除短缺、闲置与浪费，分支行应当发挥自调机制实现均衡配置。另一方面，要调节内部冲突，处理好相对量和绝对量、基础作用和衍生作用的关系，有效开发资源。

> 银行资源的特征是：客观性和主观性都明显，稳定性和流动
> 性都重要；高风险和高回报相伴生；多为空龄（空间、时间）结
> 构的阶梯性和自组性；扩张和收缩的周期节律性。这些特征构成

了系统的复杂性和独特性，成为系统性开发中必须树立的理念。

发展中处处要资源，一边总量短缺，一边配置分散造成结构低效、功能单一，表明了系统性开发资源不力，这是难题。最关注提高总行对系统的整合能力，这是关键；最重要发挥分支行开发能力，解决自身存量资源的低效问题，这是基础。

**（2）分级配置与管理的意识。资源配置事关战略决策和整体安排，在分级经营的体系中，越是上层机构责任越重，决定了整体效果。**增量配置权多集中在总行省行，主要是解决战略和重点安排；存量资源配置权以分支行为主，得以保持经营的连续稳定性。

分支行的资源调配最关键，既有从属性，更有责任性：第一，对外部资源，靠自身努力向市场争夺，这是经营的职责；第二，对内部资源，既要服从调度，又要努力争取，更要挖掘潜能、组合配置，满足经营的需求。例如，对外努力吸收存款，对上争取贷款指标，对内调整贷款投向，几个层面缺一不可。

建立分级管理资源制度，要明确各自的权限和职责范围，提高管理意识，创造最优的资源价值回报，保障整体有效性。计划经济时期的高度集权造成效率低下；20世纪90年代的经营过于分散，出现风险混乱的状态，证明集中度过高过低都不行。因此，必须发挥各个层级的主动性，整体安排＋重点保障＋围绕效能，去适合各地经济全面发展。各部门、机构和业务之间争夺有限资源的现象十分正常，关键在领导层心中有数，有轻重缓急和重点，事前确立、事中微调，实现相对均衡。

**（3）优化核心资源的意识。**凡是涉及核心区域的资源、核心业务的资源、重点与发展方向的资源都是最重要的资源，其结构状态决定着经营格局，事关趋势，影响全局效率及经营成本，具有基础性地位和效应。因此，最应重视去满足需求和倾斜配置。但是，由于主体资源调整性弱，又涉及政策导向的难题，常使决策者裹足不前。

**核心资源配置是牛鼻子，牵动着整体效率，牵住它能改变整个配置格局。**主张以下的思想：第一，调整营业机构分布，增强功能和竞争力。机构是经营基础，代表一家银行在一个区域的业务动向，布局合理才有良好的整体格局，带动从属性资源的优化。第二，核心资源的分配尽量符合区域经济特征和银行发展战略。第三，突出商业原则，增量资源要向经营效益高、发展潜力大的机构倾斜。

# 五、路径的选择：优化配置观

效率是资源管理的核心，也是验证行长能力的重要标志。面向未来，应当不断地优化配置，构建有特色的资源配置模式。

**1. 市场与行政共管方式的配置体制，已成为银行资源配置的基本特征，未来 10 年不会大变。共管模式来自经营的国情背景，在市场化驱动下，至多调整两者之间的比重。成本效益、考核和激励约束都是市场基本的管理运作手段，掌握它才能提高共管方式的效率。**

**（1）我国国情下不会完全实行市场配置方式，这是大前提、出发点。**未来社会的金融格局刚开题，银行资产规模结构还远未定型，组织架构模式仍在变化，现有的模式只是一个起步的框架造型。到底会发生哪些根本性变化？难以具体描述，只能摸索走、逐步变和稳步改，一定是社会主义市场模式。

经营方式仍将不断地调整改革。经营从各自为政走向集中，解决了资源分散、层次多与效率低的问题，真正成为一个银行。但集中也暴露出弊端，当银行规模过大、各地情况差异性过大，过于集中的资源管理就会失效。未来必将积极推进授权授信、分级核算的深化改革，努力完善管理方式，已迫在眉睫。

**（2）资源配置模式不能脱离国情背景，这是基本原则、是灵魂。**宏观层面上，在全国一盘棋、各地共发展的制度下，配置手段仍然是以行政为主，资源分配仍然是基数法、一刀切，这些基本方法不会变，变了会大乱。未来趋势要逐步发挥市场对资源配置的基础性、决定性作用，变化在增量、在局部、在微调。总行的规划调配方式更能够体现出行政性，着眼于做好政策与市场的平衡。

但在分支行的微观层面，资源配置从来是管理的经营杠杆和直接手段，行长必须努力按照市场方式经营业务，主动优化调配具体资源，才能提高经营成效。

**2. 实行事前预算、事中控制、事后评价三位一体的管理体系，建立和完善资源预算与考核评价体系，保障资源配置跟进市场运行趋势。银行经营转型只能与国家现代化进程同步，不会先行实施市场机制，因而着力优化配置也不能过急，可以先在微观经营层推动。**

**（1）标准先行，缺乏标准则宽严无度。**一家银行一定要确立标准指标，作为资源配置的参照系。第一，用具体指标明示于众，成为衡量鉴定所有机构、部门、业务、产品和客户的价值依据。例如业务量标准，可分为全行人均标准业务量、最高最低等级，公布于众一目了然，可以对比找到位置。第二，弄清并公布资源分布的状态和问题，清楚看到各种资源要素的优劣状态，揭示管理差距，确定方向目标，形成危机感和进取心。

**（2）实行考核评价制度，有考核才有鉴别、有压力和责任。**为资源预算提供依据，激励各级行长优化配置的内在动力和主动性，主动服从整体资源调度，去配调和管理好分支行现有资源。

**（3）建立业绩价值预算的规则。**配置的原则是：谁符合配置标准，给谁标准配置；谁优于配置标准，给谁倾斜性配置；谁劣于配置标准，给谁修正性配置。预算的原则是：投入多大的资源，你应创造多大的价值；做多大贡献，给你相应的配置。以标准做参照系，以业绩做依据，进行资源分配，就可弥补定基预算、零基预算的不足，促使资源配置的公平性与透明化。

**（4）实行系统资源调控的措施。**例如，实行集团采购制度，从源头控制那些成本大项下的大宗物品采购成本；运用成本标准与认定制度，去规范成本项目和标准，建立成本责任制；制定人力和机构编制规定，推行集约经营的目标等。

**3. 调配资源有两项基本原则：调整结构，讲求效益。**不同经营方式的配置方式不同，行政方式有其合理性和政策依据，市场方式有其市场机制和动力。当行政方式逐渐地隐退，市场化配置资源越来越成为决定性、基础性作用时，行长必须去以市场的理念去适应。

**（1）坚持有进有退、调整结构的原则。**这是解决结构性问题的方法，也是资源配置的准则。例如，对增量固定资产等核心资源的配置，应服从于布局调整的目标，向重点城市分行倾斜，其他区域从紧控制。对增量经营资源如信贷配置，应遵循市场方式，着力调整信贷的区域配置、专业配置的短板结构，并控制好风险。要在国家政策性导向的要求下，分步分项目分区域实施、动态地推进调整，进则优化结构，退则解决弊端，逐步引导进入优质市场，退出次级市场。

**（2）严格执行效益的原则。**离开了效益准则，市场还有什么能够永远站立得住呢？没有，价值是唯一的本性原理，其他都是调控的手段，找不到再合理的标准了。从资源配置的实务看，由于历史和政策的原因，分支机构都能找出种种特别的理由要求上级行关照，致使资源配置偏离原理，影响绩效考核的公允性。因此，在经营上，行长要实行严格的治理制度，实施科学的管理方法，摈弃配置中过度的迁就照顾行为，根本上调动起分支行机构经营的积极性和主动性。

# 六、案例：四大银行资源管理的三大启示

世纪之初，四大银行经历了涅槃式的改革，顽强地从困境中走了出来，仅仅十年间，先后跻身全球银行业第一梯队。这个逆转是一场大手笔的涅槃，资源配置成为典范，无疑载录史册。改革使银行资源结构状况发生了剧变，付出了惨重的代价，改变了价值取向，坚定地步入商业化。收获的启示是：

**1. 改革重要经营问题必定从信贷入手，服从经济转型，重新配置资**

源。信贷是银行核心资产，信贷资产结构是最基本的经营结构，是盈利的支柱平台。信贷转型才有其他业务资源的空间。银行生存需要有资产总量的支撑，唯有良好的信贷结构才能保障安全经营。

防范信贷劣化的路径，是构建良好的投向与结构。21 世纪初四大银行资产规模在 2 万~4 万亿元，但结构严重不合理。信贷是一种为国企服务的结构，不符合风控与盈利性，挡不住市场风浪，陷入依靠国家信用来维系的境地。中小银行的风险更大，3 千~5 千亿元规模不保安全，危机四伏。旧体制的弊端表现在信贷配置失败上，经营走入死胡同，改革中重新调配信贷，付出了沉重的财务代价。1990 年四大银行不良贷款率为 12.2%；1995 年升为 25%；1997 年为 29.2%，深陷财务危机。

例如，股改前工行的信贷，存在两个 90% 的典型风险结构：

一是公有制企业贷款占 90% 以上，存在所有制结构的缺陷。1998 年前国企贷款占总贷款额的 92.8% 以上（见表 10 - 1）。银行丧失了应对国企转制破产损失的机能，走向财务性破产危机实属必然。**鸡蛋放在一只篮子里，成为风险经营之大忌。**

表 10 - 1　　　　工商银行人民币贷款企业所有制结构表　　单位：亿元、%

| 年份 | 1994 年 | 1996 年 | 1998 年 | 2000 年 | 2002 年 | 2012 年 |
|---|---|---|---|---|---|---|
| 公有制企业贷款 | 11817 | 16078 | 20153 | 17048 | 17874 | 30240 |
| 公司贷款余额 | 12143 | 17166 | 21714 | 22619 | 25192 | 58491 |
| 占比 | 97.31 | 93.66 | 92.81 | 75.37 | 70.95 | 51.70 |

注：1999~2004 年剥离给资产管理公司的不良贷款，主要是公有制企业贷款。

二是公司类贷款占 90% 以上，存在信贷产品的结构性缺陷。1998 年个人消费及按揭类贷款比重不足 5%；2005 年银行股改在公司类贷款被大量剥离后，个人贷款仍低于 15%。这种以批发业务主导的贷款结构很难抵御风险，在经济波动中极易受到冲击。**信贷种类结构单一，成为风险经营之大忌。**

**案例：**美国银行业住户类贷款占到贷款总额的 4~5 成。2011~2020 年，美国银行业贷款结构中，对公类贷款比重在 46.3%~

56.4%，住户贷款在43.6%~53.7%（可查看第17章表17-12）。大银行中，2019年6月美国银行住户贷款比例为46.66%，富国银行为46.07%，花旗银行为47.34%，摩根大通银行为53.33%。

二十年来四大银行对资产结构进行重大调整，改变了资源管理理念，逐步形成风控与盈利的经营方式。如今，银行的资产规模变得强大，信贷结构变得合理。例如，调整了借款人所有制结构，公有制贷款基本稳定在50%左右；调整了专业结构，2020年末住户贷款已到了36.7%，使得庞大的资产规模有了安全基础架构的支撑。当然，调整配置的过程极为痛苦艰辛，经验教训永世不能忘。

**2. 改革重大体制问题必定从调整核心资源入手，动力来自市场。核心资源配置失衡，必导致各项资源失配，需要阶段性根治。改动现有模式，必牵动调配人员机构，而调配核心资源中牵动全身。未来改革的难题依然是调整核心资源，自古华山一条路，绕不过去。**

旧时体制的银行按照行政方式配置资源，使人力、机构和财力等核心资源分布极为分散，向市场转型后大多机构落入难以生存的境地。在经营战略转型中，四大银行壮士割腕，对主体资源施行外科手术式大改革，减员和精简机构十分惨烈，使银行业机构总量断崖式剧降了三成多。大银行是银行业的主体，其机构网点的密度，代表了国家银行服务力的分布格局与状态。大量撤并必定影响服务，以致到处排起长队抱怨四起，那些年这些问题一直成为社会热点，也流失了大批客户，经营"压力山大"。

据统计，在1997~2009年，四大银行机构网点从15.37万个，急剧下降至6.31万个，12年间总共减少9.06万个，降幅约59%。其中，前7年减少7.59万个，降幅49.17%；后5年继续减少1.50万个，继续下降19.8%。工行减少61.43%，农行减少63.1%，中行减少34.5%，建行减少50.2%。网点撤并之多、降幅之大、持续之久、涉及之广震撼内外。重大的调整改变了人员、机构的格局，也留下不少麻烦。如今回顾确有粗拙，考虑消费者利益少了，老员工承担了苦难，都留在历史上。

经济一直在高速发展中，2019年城市化率达到了60%，城市人口总量已有8.4亿人。从1997~2019年的22年间，四行总资产是13.65倍，网均是31.73倍，机构只及43.18%，效率低下症状早已转变为高效（见表10-2）。有了这个市场化经营的基础平台，能够脚踏实地面向未来，这正是调配核心资源最重要的意义。

表10-2　　1997~2019年四大银行网点机构数量的变化　　单位：个、亿元

| 年份 | 工行 | 农行 | 中行 | 建行 | 合计 | 四行总资产 | 网均资产（亿元/个） |
|---|---|---|---|---|---|---|---|
| 1997 | 41990 | 63676 | 15251 | 32787 | 153704 | 75580 | 0.49 |
| 2004 | 21223 | 31004 | 11307 | 14585 | 78119 | 172920 | 2.21 |
| 2004/1997 | 50.54% | 48.69% | 74.14% | 44.48% | 50.82% | 2.29倍 | 4.51倍 |
| 2009 | 16196 | 23554 | 9986 | 13384 | 63120 | 390392 | 6.18 |
| 2009/1997 | 38.57% | 36.99% | 65.48% | 40.82% | 41.07% | 5.17倍 | 12.61倍 |
| 2019 | 16605 | 23149 | 11699 | 14912 | 66365 | 1031937 | 15.55 |
| 2019/1997 | 39.55% | 36.35% | 76.71% | 45.48% | 43.18% | 13.65倍 | 31.73倍 |

资料来源：上市公司披露信息。1997年资产数据来源于英国《银行家》杂志，采用当年末美元对人民币中间价6.3627折算为人民币。2016年数据源于英国《银行家》杂志。

**3. 合规经营必定要从严管资源配置入手，阻断违规渠道与漏洞。违规经营是资源配置中最大的风险，造成财务损失也最大，大到挪用千百亿的资产，形成金融业风险危机；小到日常盗用千百万的资金，形成各种的风险案件。因此，管好资源就是管住违规的源头。**

凡是发生重大的违规经营行为，或是经营中出现严重的失职失误，造成风险损失，都是从信贷资金资源入手，概莫能外。

**案例：** 据披露，**浦发银行成都分行**十几年来，串通企业通过编造虚假用途、分拆授信、越权审批等手法，违规办理信贷、同业、理财、信用证等业务。手法是，采取向1493个空壳企业授信775亿元，以隐瞒不良贷款，结果造成了巨大的损失，属百亿级的个案。这种由分行行长策划组织的造假，金额之大、时间之长

可谓登峰造极，2018 年 1 月 19 日被银监会处罚 4.62 亿元，前任行长王兵被开除。又如，**包商银行**案中，在 2005 ~ 2019 年的 15 年间，以 347 笔借款的方式套取信贷资金达 1560 亿元，属千亿级的个案。

历史上曾发生过两次重大的违规活动。一次是 20 世纪 90 年代初期银行业普遍发生的"三乱"（乱拆借、乱融资、乱投资），手法是通过违规及账外经营挪用资源的擅权行为，造成了银行万亿级的重大风险，这在当时资产总量不大的背景下，损失极为严重。另一次是 2013 年兴起的以表外和同业为特征的影子银行大泛滥，途径是滥用表外资产违规经营，形成了全国金融业万亿级的违规，风险损失巨大。但凡银行严重的违规行为，都会对社会造成恶劣的影响。

在市场经济不完善，国有资本所有者虚位或不专业的体制下，银行经营行为仍然很难规范，经营重点游离变化，资源配置方向和标准不清晰，没有标准即没有真伪。经营中，人人都想多得资源以谋成效，各级行长的支配欲很强，配置权分散又不善管理。因此，资源配置改革之路还很长，防范违规经营依旧要从资源管理入手。

## ▶第11章　科技·需求与创新的观念

比尔·盖茨认为，一个企业成长的速度取决于企业家创新的理念和企业家创新的心态，称为比尔·盖茨定律。创新是一种不死的生灵，但要形成创新机制绝非易事，取决于行长的经营理念。创新是系统工程，需要目标导向，要精于专业驾驭技术，要管理成本拿出绩效，要组织实施综合管理，并担当后果承担风险。

## 一、什么是金融创新、创新内容、为何创新？

市场无处不有机会，也无时不有困难，从多层面、多角度、多方面映射出来，谁有慧眼？谁敢作为？谁能突破？指向经营创新，这是市场生存的行为方式。

**1. 什么是金融创新？** 依据熊彼特的定义，创新是企业家对企业要素的新组合。对照其意，一是创新由银行家组织发起；二是新认识、重组、整合经营要素；三是内容包括金融新的概念、产品、模式、流程、市场与方式等方面。所有合乎趋势的要素新组合都属创新。

著名经济学家熊彼特（Schumpeter）在其成名作《经济发展理论》中提出："创新是指新的生产函数的建立，也就是企业家对企业要素实行新的组合"，具体包括新产品出现、新工艺应用、新资源开发、新市场开拓、新生产组织与管理方式的确立五种情形。人们对创新的认定，一般是指思想飞跃的原创性、重新理解运用已有观念的整合性、组合性等三层含义。中国学术界对金融创新的定义主要依据熊彼特的创新理论。

**（1）银行家是创新主体、领导驱动者。**但凡牵动制度、体制系统的事都是要事，领导不确定、不组织推动谁敢去碰？创新的活跃程度＝领导者的着力状态，最优秀的行长都在最频繁地配置经营要素。紧紧抓住市场金融动向，明察需求，弄清经营问题去组合资源，提高效率、发展业务或突破约束，有效开展经营活动。经营不是要求行长整天忙于抓营销，但要求他思考经营要素的最佳组合，调整化解难题，才叫抓到了创新要点，以此衡量与检验行长，创新观是领导者的思想观念问题。

**（2）创新是实践，是认识论＋方法论。**创新是市场实务，贯穿于经营发展全过程，出自经营的生存动力。它不靠理论不缺模板，而要解放思想打开新思维的窗户；是要看到变化需求与机会，拿出应变方案或适用的产品；不是重造体系，而是不断地调整修正完善；不是另立炉灶都搞原创，而大量是跟随复制跟进趋势；不是消极等待，而要自己动手敢于自我否定。

**创新是经营之魂，**是生存力、竞争力的源泉，来自不甘平庸、标新立异、脱颖而出的动机，寄托着希望和力量。创新取决于观念意识，演化成为驱动力，再求得制度突破，冲破一道道难关。起于了解市场、脱颖而出拔得头筹，制度与规则只是底线，无限的空间才是经营舞台。

**2. 创新有哪些内容？在发展中市场，金融的广泛性、开放性赋予创新极为丰富的内涵。创新的起点是市场与发展需求，条件是监管政策开放，特征是经营货币，内容主要在资金及信用方式、转移风险的工具、增加流动性的金融工具、股权创造的金融工具等方面。**

**（1）创新内容大体分为两大类，围绕着业务与经营活动展开。**一类是针对市场与政策要求，为满足客户的金融需求，不断地创造金融产品与服务，这是构造服务基础。另一类是针对经营，为适应环境市场的变化，不断改进完善制度和模式，这是调整经营方式。

两者密切关联，在推进产品创新时，必定同步推动商业模式的调整革新；在商业模式变革时，也极大地推进产品的市场功能和能力。创新方式可分为自创和引入两种，但并不单纯，通常是嫁接模仿、推陈出新，或另辟蹊径，先有新的概念思路，再结合本银行经营管理要素，赋予创新的生命力。

**（2）创新分布在四大领域，四股泉水汇成丰富多彩的创新活动。**

**一是产品与服务创新**。金融服务体系创新，包括创新产品与服务、创新交易工具与渠道（如模式）、新技术应用（如模型），为客户提供新业务、新产品和新功能，以提高经营力，体现在市场战略、服务方式、营销模式、产品系列、管理模式、客户体验和品牌等方面。产品和服务是市场创新的重点，最为重要。

**二是方式和流程创新**。经营管理和营业服务体系创新，包括渠道创新（如网银）、组织架构创新（如子公司）、流程创新（如自助自动化）。对金融机构自身制度流程、组织架构、技术路径、管理模式等进行优化再造，改革管理体制、机制和经营方式的创新。主要着眼于效率，衔接监管要求，适应市场的运作。

**三是市场和功能创新**。金融市场体系创新，包括开放金融新市场领域、新金融业态、新金融业务、混业经营模式等。需求是创新的市场原动力，市场的阶段性形成创新的局限性，新产品是银行创造的，终究要与经济发展相适应。每个阶段都有热点市场、热点需求与新产品，能否跟得上抓得住，检验着创新力。

**四是制度与监管创新**。金融监管体系创新，包括货币政策与信用制度创新、金融体制与监管方式创新，走向市场化。国家推进金融体制改革，加强金融体系建设，推进金融业转型，例如实行利率市场化、创建汇率新机制等具有极其重大的改革创新内涵。金融体制深化改革开放，是开闸源头，引出创新活水来。

上述前两项主要由金融机构实施，后两项依靠国家政策推进。四个方面互为影响、相互交织，互为基础、相互约束，相辅相成、推陈出新，以跟进市场和客户需求为着眼点。

**3. 为什么要创新？** 创新是进步的灵魂，其动力源归结于适应市场之变、服从政策要求、提高经营效率三个方面，实现提升机构的经营力、竞争力和发展力。开辟市场始得新增长点，推出新品赢得客户喜欢，创新模式收获经营成效，这是金融市场发展的一般逻辑。

新事物是市场最耀眼的明珠、最吸引眼球的热点，古往今来人们喜新厌旧追随新品，金融也不例外。银行因创新而日新月异，谁都能感受它在变化：从手工算盘作业→计算机及各种装备，旧式高柜台→低柜布局，从双人作业→单人临柜→自助交易，从各种岗位密布→前后台分离，网络交易分流了九成操作性业务……年年变月月新，每过10年就大相径庭，展示了创新的商业意义。

**金融创新具有社会意义。** 它是观察一国经济金融活跃程度的重要窗口，是衡量经营方式与竞争力的重要标志。改革就是制度创新的突破方式，新产品是市场创新的突破形式，发展是创新积累的成功成就。社会在金融创新中收获成果：一是为客户创造了价值，满足经济发展与人民日益增长的金融需求，推动社会的发展进步。二是依靠创新去实现发展超越。西方凭借强大的金融优势和实力，在世界经济格局中占据了核心地位，我们要建设强大的金融业去赢得自身的地位，唯有走出创新之路。

**银行创新具有经营意义。** 创新是经营健康的状态，体现活力与精髓。百年金融史是一部不断推陈出新的创新史，每一次货币信用变革都是一次创新突破，每一阶段金融发展都有创新相伴。它构成金融机构发展的基本动力，尤其从20世纪90年代开始，银行为控制风险和降低成本，推动经营体制架构的转型，逐步增强了服务效率与功能，摸索构建高效的经营方式，创新营造运营体系；通过运用信息技术、管理科学与金融服务相结合，重构组合与创新先进生产力要素，提高了核心竞争力。

创新机制是市场机制，不断寻找市场需求热点，推动产品更新换代。以十年作为一个周期分析，20世纪80年代盛行有奖和实物型储蓄；90年代代理证券保险等中间业务及银行卡等新业务兴起；2000年来个人信贷、电子网络银行高速增长；2010年后理财业务蓬勃发展……紧随环境的变化，每一阶段都推出创新产品和服务，形成具有时代性的竞争力因素，从中获得了发展转型的强大动力。

# 二、生存之命：创新求生观、创新发展观

"领袖与跟风者的区别就在于是否创新"，苹果CEO乔布斯的这句经典名言在鉴别领导人品质，告诫经营者应当成为创新者。领导者是创新策划者、发动者和维护者，每个高管都应扪心自问：我的创新意识强吗？做了哪些？是否尽职？

**1. 创新求生观：竞争的市场不进则退，都想改善生存状态，创新成为一种主动的生存方式和积极的心态。市场永不停步，靠创新求生观念导航前行。寻找新事物是路径，稳步推进是策略方法，两种理念相结合构成创新的经营观念，得以建立积极有效的竞争方式。**

**（1）另辟蹊径的理念。**路径创新是一种思维方式的创新，突破定势，摆脱惯性思维束缚，重新调整管理要素的关系，重组资源，探求新路子。**当我们遇到难题困境时，需要转换一下思路，改换一种方式，或许会收获意外。**山重水复疑无路，柳暗花明又一村。银行转型中，许多突破都出自另辟蹊径，创造了自身特色。有言道，成功常在业务之外，识多见广者厚积薄发，需要精于业务，更要高于业务，正是发挥领导者才干作为的天地。

银行特别守规矩，思维受到体制制度和规则羁绊，约束了思想空间。因此，需要行长以变革思维解决管理难题，探索新体制、新方式、新路子，这类成功带有原创性、颠覆性。

**案例：**当初在集中办理后台核算业务时，常规思维是建立省市核算中心，造办公房调集人员，事务一大堆，带来无数的麻烦和后遗症。如果改换一种思路：通过构建全行网络后台中心分派

业务量，落到各行有关岗位人员，就使得集中式核算变得极为简化，避免了建房集中人员，还可调配行际人员结构。这种以调动业务来替代调动人员，就是另辟蹊径，颠覆了旧模式。

**（2）分步渐进的策略理念。**业务创新是革新、改革，是一柄"双刃剑"，推动了发展变革、提高了效率，同时也冲击现有秩序和制度，带来不确定因素。新风险产生于新产品初时常有制度性缺陷和管理漏洞，或冲撞作业习惯与观念，波及经营的稳定。因此，推进创新需要稳定的环境和运用好步骤策略。

新业务并不都完美，需在推进中逐步完善成熟。新品市场分步渐进式的营销策略，符合认识论，是实施新品战略的稳健做法，可保持环境的相对稳定。管理中要控制好波及面，避免出现震荡过大的负面效应，以求主动。

**案例：**1999 年工行创立电子银行时，在起步的 5 年中陆续推出共 96 个应用版本。**策略是：初级版抢跑市场、重在宣传；功能版吸引市场、带动客户；成熟版发展市场、扩大客户群。**电子银行开始只能查询、转账，到 2008 年发展成具有 12 大类 58 项丰富的功能，其间不断地调查调整，吸收客户建议不断修改完善。分步走是从不完善到完善的过程，先声夺人抢到了进度，业务每年以翻倍式增长发展，独占当时 7 成的市场份额，形成了绝对优势。分步渐进中以开发扩大市场、以营销反馈信息、以完善证明竞争力，成为一条有效的创新之路。

**（3）创新成本管理的理念。**投入产出率决定经营命运，**任何创新活动终究要受财务的严格约束。缺乏财务管理的创新是粗放的经营方式，缺少对创新成本价值评估，会失去推广的经营意义，缺乏生命力。**因此，创新活动一开始就要纳入成本管理，实行财务核算。对新业务、新产品进行预算、评价和检测，约束开发与应用并跟踪考核，对不能实现预期目标的予以淘汰。这在西方银行是常态。

实务中，成本管理是创新活动最薄弱的一环，当今银行都未对创新事项设立财务约束，存在核算管理制度缺失。立项论证中的通病是，只谈市场如何需要，不谈财务开发成本，事后也不核算产品收益，造成普遍严重的资源浪费。

> 在互联网金融泛滥的 10 年间，银行业开发了千百种的网络产品，徒有虚名充满盲目性，随着泡沫退去没用了，浪费的成本不计其数，有的年年贴钱成为鸡肋，成为史上最典型的创新失败。

> 在银行管理类产品中，约 1/3 的项目使用率不高却长期占用资源。原因是立项未经财务论证，干了再说，或产品经理根本不懂核算，普遍缺乏成本意识和核算控制。粗放是中外经营的重要差距。

**（4）保守商业机密的意识**。新创意、新产品、新举措是未来市场竞争的新武器，特别那些处于储备开发阶段的创新产品，其业务需求、产品功能及市场方向均属核心商业机密。一些技术及业务管理基础不足、又缺乏人才的金融机构，想方设法采用不当手段获取开发需求，窃取机密已不鲜见。因此，严守创新机密是生死攸关的大事，银行之间由于资本所有者不同，必须依照市场规则处理关系。这是基本常识。

泄密环节在开发期最初数月中，社会普遍存在人情大于机密，朋友重于纪律，职业操守意识缺乏；技术人员市场意识更弱，机密在人员流动、技术交流中很容易泄露。现有体制下很难管理，但必须去管理：一要制度约束，保密工作人人有责；二是教育和管理要到位；三是采用技术构建安全保密体系。

> 2000～2008 年，工行实施了重大的数据集中系统工程，风险实在太大，外部质疑不少，生怕出事遭来口舌。第一，严管对外披露，减少日常报导，直到成功后才正式发布。第二，日常做好严密的技术保护措施，设立专利制度，创立软件模块化开发平台，旨在保护知识产权。两项措施护航了工行科技的大发展。

**2. 创新发展观：发展是硬道理，创新带来动力和路径，领先一步才主**

动，持续创新不断领先，才有生机勃勃的状态，带来经营的市场活力。创新不是口头禅是行动，行长要有创新发展意识，崇尚创新，主动地探索感知市场变化，思考客户新需求，改善经营方式。

**（1）把握方向的意识。** 把握趋势是高层承担的领导职责，得以清醒认识创新方向，失去方向就一切混沌。把握方向能引发战略性思考，引出跳跃式发展，并把单个或阶段性创新纳入总体创新目标中去。

现有银行产品多是传统的延续，或舶来品的中国化。产品万变不离其宗，构思定价、业务营销及管理方式等大同小异，差异只在经营技巧、策略和定位上。**全球银行间都在相互借鉴，善于从现有市场中寻找现成题材，不失为一种学习仿效的捷径。西方已是成熟市场化，金融产品丰富足够多，后来者只需拿来消化吸收，创新只是个中国化改造过程，也利于进入国际市场。** 细心研究其服务产品、经营结构和管理特征，加入自身的经营和诀窍，可少走弯路。因此，大多创新并不难，只要懂得市场需要什么，国外使用什么方式产品，就有了思路，再结合国情去开发加以完善。

**（2）谋求突破的意识。** 突破是重大的创新行为，含义是攻克、升级，发生重要转折，具有里程碑式颠覆性意义。创新突破是寻求解决重要难题的路径，包括带来金融规则的突破、作业技术与方式渠道的突破、经营方式与管理体制的突破等。**在金融体制改革中，创新突破意识是解放思想、启迪新思维的钥匙，是引领者重要的思维方式之一，具有现实的意义。** 例如，电子支付创造了新支付方式，电子票据开创了新支付工具等，都具有划时代的影响力，牵动法规制度的修改。

> 哈佛教授克莱顿·克里斯坦森被誉为"**颠覆式创新之父**"，颠覆式创新是推动初创企业不断创新、大企业持续迭代的动力，被苹果的乔布斯和亚马逊的贝佐斯推崇。他生前曾戏言，自己去世之后，天使们会在天堂门口先面试自己，决定是否让进天堂。这时候，他会首先问天使圣彼得一个问题：为什么你只提供过去的数据（而不是未来的数据）？这个故事很能代表他对大数据和人工智能时代的质疑。换言之他是在问，**利用历史数据真的能预**

测未来么？如果大数据分析真能预测，那就可能不再有颠覆式创新的空间了，商业的未来会变得特别无趣。

银行在政策指导下运行，不少难题只能寻求国家政策、经营策略的突破来解决，各级行长应当有效地向上级反映情况提出建议，以求政策的调整。例如，早期利息减免权在国家，银行期待对困难企业减免一些应收利息，可使企业更愿意偿还拖欠的贷款。2003年银行向国家申请减免表外利息自主权，得到财政部批复同意，引导清收不良贷款取得明显成效。类似的情况很多，假如领导层缺少创新突破意识，就会失去进取的机会。

**（3）跑马圈地的营销理念**。创新辟出了处女地，生成了大片新市场新客户群，拉开了业务差距。**新业务如战争，野蛮掠夺直插腹地，当对手很弱时，跑马圈地加入无人境地，先下手者强占领，落后者无法抵御，越迟缓越受伤害。各种创新活动一次次切入对手市场，启动圈地式竞争，掠夺式发展是创新市场的基本模式。**

跑马圈地是外来者原始的占领行为，是最粗犷的猎取资源，占地为王。跑马圈地也是新产品竞争成长方式，进入新市场，迅速向其他业务领域渗透推进，扩大使用面与市场占有率。新产品是马，营销方式是骑手，新产品竞争力越强，营销越切合市场，跑得越快越圈得多。**新产品如市场诱饵，在"我有人无、我优人劣"阶段极其有效，显示出强者的霸道**。尽管如今市场已成熟繁荣，不乏现代管理方式，但新业务依然惯用原始方式攻城略地，刺破各种坚固的壁垒，打开重重保护的缺口，尤其网络业务在虚拟市场的竞争更严酷。

信用卡、网银、手机银行、私人银行等业务起初都这样圈地的，闯入对方领地，谁圈到是谁的，甚至连基本业务都会被转走，尤其那些好客户。未来仍然是圈地，新客户圈进来，也稳住老客户，因此，假如缺乏强大的创新能力，只会受到侵占和杀戮，丢失市场和稳定。

**（4）流程再造的理念**。颠覆式的流程再造阶段基本过去，进入常态下的优选、更新和完善，在新产品推出的过程中永不终结；不断出台的政策变化和管理要求，都会触发流程的更改。

**所谓转型，落到系统中就是流程再造，两者形影不离分不开，历来是行长们最关心、最紧迫、风险最大的管理事项，成为领导者必备的重要理念**，要时时铭记在心。流程再造对于我国银行业转型具有特殊的重要意义，它早已是一种经营活动的常态，不时地触发，成为阶段性工作的要领。例如，每个季度系统版本的更新，要么是新产品投产，要么是流程优化，每次项目数量都不少。

> 1990 年美国管理专家迈克尔·哈默最早提出**业务流程再造**（BPR），定义为：对企业业务流程进行根本性的重新思考和彻底性的重新设计，以求流程最优，在速度、质量、成本、服务等各项绩效考核的关键指标上取得显著改善。

依据这个思想，业务流程再造具有以下基本内涵：

一是以客户满意度为核心，旨在使所有流程活动都出于满足客户适应市场，目标是为客户创造最大价值，最终实现银行价值的最大化。

二是依托信息技术。哈默认为：**"信息技术是业务流程再造的必要条件，如果没有信息技术，要谈再造则如同梦想。"**

三是重构业务流程。运用价值工程进行技术审查分析和设计重组，确保每一个环节都是必要的。任何对经营无效的设置要尽量去除，将无价值作业压缩至最少，实现成本的有效性，增强产品和服务对顾客的价值。

四是获取持续的竞争优势。莱斯特·斯洛在《世纪之争：未来的日美欧经济大战》中指出："在过去的年代里，谁能发明新产品，谁就能在经济上取胜。但是**在 21 世纪，持续的竞争优势将更多地来自新的流程技术而不是产品技术**。"由于金融新产品很容易被仿制，趋同性强，因此，业务流程就成为决定银行竞争力的核心要素。

从表 11−1 中，我们大体可以看到银行在系统流程优化方面，每年开发项目居第 2 位，需要大量的投入。

表 11 -1                    某银行某年度科技开发项目分类

| 类型 | 比重 |
|---|---|
| 新产品开发项目 | 31.84% |
| 系统流程优化 | 28.27% |
| 系统维护升级 | 17.76% |
| 管理需求项目 | 6.96% |
| 研发管理与办公管理 | 6.35% |
| 政策监管项目 | 6.25% |
| 新技术应用 | 2.57% |

# 三、第一生产力：技术推动观

技术的渗透触发了银行创新浪潮，经营移到了科技平台上，从此难解难分。技术创新是采用或重组科技新生产要素，制造新产品、改造经营管理方式的过程。新技术神话般点石成金，使金融创新出现质的飞跃，银行步入了现代化。新技术仍不断地引入应用，行长需要经营的技术意识。

**1. 业务导航的理念：在业务与科技关系上，创新仍以市场需求领航，业务"搭台"出题，技术"唱戏"解决。技术围绕业务才有用武之地，不要喧宾夺主，永远地从属服务，正位才有秩序。业务勾画设计蓝图，科技施工建造，一流业务专家＋一流科技人才，是成功逻辑。**

技术是衔接需求与经营的手段，业务与技术的关系是：业务部门发起需求，技术部门辅助实现，市场永远是导向，经营发展目标说了算，由资本拍板。资本将技术转变成商业模式，去突破管制和体制、突破市场和管理瓶颈，实现市场目标。技术可提高效率、提供机会、改善金融，但无法改变和取代金融，至多改变了形态、模式，升级优化金融功能效率、改善经营增加新机会。不管新技术如何发达，金融市场以自有的规律运行。

**2. 技术更新换代的理念。缺乏新技术，业务难题无解；技术有局限性、迭代性，不断地更新换代；技术不万能，当它无力解决时，业务依旧**

维持现有模式；技术风险很大，只有靠管理与新技术去控制。这些都成为发展新技术的动力，成为技术创新和发展的空间。

这就向银行家提出挑战：需要不断地了解跟进新技术，不断引入合适的新技术推进创新，实现业务的突破。驾驭技术通过不断地换乘，从一个驿站驶向下个驿站，跟上市场变化的进程。

新技术事关投资、管理和决策，行长要学习懂得技术进步的规律，才能驾驭它。**重大技术的源头都在西方，过去我们都是选用西方的成熟技术，其可靠性无需顾虑。如今我们走到了金融前沿，直接采用新技术的风险更大，只能去自主攻关，尝试首用新技术的挑战。**未来市场充满着风险，唯有去关注新技术的发展，熟悉它才能少走错路。

**3. 技术是载体的理念。金融、信息技术都有虚拟性，使得创新与网络技术相互契合、充分依存，具有互为依赖性，技术的不断突破触发了业务新机会。新技术提供了解决复杂难题与精细管理的基础，使不可能变成可能，经营观念的改变，引导了创新方向和进程。**

从20世纪80年代计算机的引进，使银行跻身高技术行业，经营越来越依赖技术。科技成为核心经营力要素，形成创新的技术依赖，伴随技术进步创新亦步亦趋，不断生成新的经营方式，见表11-2。90年代末互联网技术使银行脱胎换骨，创新蜂拥而出经营方式大变。例如，ATM、POS、信用卡等都是划时代的新产品，网络银行、移动交易、电子支付创新了服务方式，账户开放客户自助了；管理走向信息化、数据化，管理模式改变了。未来的科技发展将继续影响创新的走向，引导银行优化功能和创新商业模式。

表 11-2　　　　　　　　　核心科技的应用与银行创新

| 年代 | 创新内容 | 所用核心技术 |
|---|---|---|
| 20世纪50年代 | 信用卡 | 磁条 |
| 60年代初 | 自动转账 | 电话 |
| 60年代 | IBM3890等支票处理机 | 磁录机 |
| 1969年 | ATM机 | 机电一体化技术 |

续表

| 年代 | 创新内容 | 所用核心技术 |
|---|---|---|
| 70 年代 | POS 机 | 计算机、通信 |
| | 信用打分模型 | 数据库技术 |
| 1970 年 | CHIPS | 通信 |
| 1973 年 | 自动付款技术 | 通信、微机 |
| 1977 年 | SWIFT 系统 | 通信 |
| 80 年代 | 衍生产品 | 高速运算计算机、远程通信 |
| 1982 年 | 家庭银行 | 计算机、通信、安全控制 |
| 80 年代中期 | 企业银行 | 计算机、通信、安全控制 |
| 1988 年 | EDI | 通信、安全控制 |
| 1990 年 | 客户关系管理 | 数据库技术、专家系统 |
| 1990 年 | 信用打分模型 | 数据库技术、专家系统 |
| 90 年代 | 网络银行 | 互联网、安全控制 |
| 21 世纪以来 | 移动银行、网络金融 | 云计算、大数据、移动互联 |

科技进步支持金融创新。早在 1956 年，经济学家索罗在著名的经济增长模型中证明：美国经济大约 80% 来源于技术创新，只有 20% 来源于资本积累，证明了技术创新是经济长期增长的动力。如今银行业务完全建立在科技平台上，技术支撑起整个机构布局、庞大客户群和无数特色产品，命运与共，无法单独测算科技的贡献度，完全期待技术进步的推进。只有将技术平台打造的更加稳固完善，业务才能更上一层楼。每个领导者都应树立构建技术平台的意识，业务与技术一起抓。

**4. 对接客户平台的意识。对接网络技术、对接业务服务、对接创新需求，继而传输理念、增进感情。对接才是关系紧密型，连成一家才叫服务到家稳占市场，才有深度信息交流，直接了解需求，有效地开发推广新品，要点是以供应链为纽带，衔接企业财务平台。**

20 年前银行网络率先起步时，推广应用首要是先对企业做技术培训。如今大多企业都有了自身经营的平台，难点转向了深化应用开发上。未来 5 年工业互联网将全面基本普及，相互链接成为平台金融是大趋势，那时定会形成一种银行对市场的深度割据状态，这才是严酷的市场竞争。

新产品的技术含量越来越高，使用产品等于接受其技术逻辑。使人在认知上以系统先入为主，形成一种技术依赖的排他性，相对固化了银企关系，成为稳定的用户，第二家银行再进入时要改变习惯有难度。因此，技术带给先行者抢先占有市场的优势。

**5. 培育科技实力的理念。**科技能力以科技队伍为标志，落脚到人，科技人才是支柱，人少一事无成。科技实力从增加科技投资与人员开始，需要多少人、多少投入？中外银行都有重视科技的现成模板，无需论证。有责任就着急，没理念是空谈，重视科技见行动。

2001 年初我对西方大银行科技、call center 人员的比重做了典型调查，结论彻底改变了我的管理理念：第一，许多大银行具有两个技术特征：**一是 IT 的开支高达 10%～15%，显示技术特征与实力；二是科技人员占 10%～15%，表明人才基础与技术力量。**有的投行与资管业务中科技与业务人员按照 1:1 配置。例如，摩根大通有 5 万员工专职做 IT 和大数据，约占 20 多万总人数的 17%；瑞士银行总行软件人员有 1 万人。高盛银行 CEO Lloyd BIankfein 反复强调："我们是一家技术公司"，在 2015 年的 3.68 万员工中，有工程师、程序员 9000 余人，约占 1/4，超过全球最大的社交网络公司 Facebook。第二，不少银行的 call center 配有几千、上万人员，那时工行才起步，才几百人还觉得多了。

20 年来我国的银行努力追赶，改变了旧貌。例如工行，1997 年组建"软件中心"时才 38 人，2001 年起大力扩张科技队伍。据披露，2019 年科技投入为 163.74 亿元，占营收的 1.91%，科技人员已达到 3.48 万人（不含外聘科技人员），占全行员工总数的 7.8%，与西方旗鼓相当；在全国设有 5 个远程银行中心，近 8000 人，与西方模式结构趋同。又如，建行科技投入 176.33 亿元，占营收的 2.5%；中行和农行科技投入也都超过了 2%；招行科技投入增加到 3.72%，奋起直追①。

① 巴曙松："商业银行数字化转型的背景、现状与发展"，大河财立方，2020.7.9。

远看 10 年需求，一是银行资产仍在翻番，高度依赖技术系统；二是业务走向资管理财，个性化量身定制更多，高度依赖科技平台；三是市场风险更大，高度依赖技术管理。大中银行都应当拥有强大的科技队伍，小银行也要大力充实科技人员，人员比重会从如今的 1% 提升到 5%，这是大趋势。无论市场怎样演变，技术如何演进，拥有科技队伍就不担心。20 年前的工行总资产才 3 万多亿元，如今已超过 33 万亿元，比照工行模板，加上再翻番测算，未来将有 20～30 家数万亿级规模的银行，科技人员总量必定会翻几倍。这是现代化在召唤，岂能不早做准备？

# 四、创新营造优势、
# 勇于尝试创造、创新的流程观念

强弱不分大小，优势体现在较量中。首要是搞清自身有哪些优势？提炼理清形成共识，再选择培育去加强；其次在一个日日新的市场，需要持续创新营造竞争力新优势。

**1. 创新营造优势观：优势不会从天上掉下来，靠精心培育构建，要积累传承强化，还要靠创新突破。一家银行的发展必须营造自身经营特色和优势，形成本银行品牌，转化成为市场优势，形成核心竞争力。这是始终不一的管理思想，也是指导创新的方向和关键。**

**（1）打造本行模式的理念，自身模式才是生存特色。**传统是自身的灵魂和基础，要保护维护好，珍惜而不要嫌弃遗弃，通过创新继承传承，造就新优势特色，未来个性化银行更有生存力。

本行模式是不是成功模式？如果以往做得不错，就一定具有成功的要素经验，要总结出来坚持下去，这叫传统优势。如果以往做得不好，也要搞清问题出在经营方式，还是天灾人祸？要扬弃不要全盘否定重起炉灶，因为现有市场是生存空间，长期积累中总有支撑生长的成分，这已是根基血脉。若轻易否定，会涉及所有人的动荡，不是好事。

创新依赖基础，在改造经营要素时，一定要利用和保护好传统优势，吸收保留原本有效的做法特色，充分兼顾与原有基础相衔接，不能改得面目全非，丢掉了自己。

创新走什么路？**服务于国内市场的企业与国民，只有用本国方式经营才有生存力，应当自信自强。过去这样走过来，在不断摸索市场中探求方向，走着走着就有了路，完善自成特色，这叫摸着石头过河。**这是银行肩负的政治责任，过去如此，未来也这样。全球真找不到适合我们国情的银行样板，只有公共规则与交易接口。我们唯有实事求是总结经验，造就本行模式就是成功。

> 工行系统的创新全靠自力更生。从 1985 年调集人员组建科技队伍起步，自行攻关开发第一代业务核算系统，开创了我国银行业计算机系统之先河，拉开了与同业的距离；1999 年开发第二代综合经营系统，全球首创数据大集中、远距离灾备模式，实现了领先全球同业的地位；2003 年第三代 NOVA 系统投产，首先进入管理信息化，再次确立了技术优势的地位；2005 年开发境外机构的 FOVA 系统在全球投产，又一次保持了领先距离；2008 年全面启动第四代系统项目，走向信息化银行。每次都是自力更生的成功，一次次创新保持了优势，打造了品牌。

**(2) 强化优势的理念。**优势都是一时的、相对的，存在于一个阶段、某些业务中，哪一家银行再强大也有其短板软肋，优劣强弱分布不均衡。市场很大而资源能力有限，谁都只能选择一块培育相对优势，力求保持更优，这叫扬长避短。强化优势是经营的目标取向，持续创新是重要的路径抓手。

实务中，银行总是千方百计地弥补短板，仿效优者，力求后来居上跳跃式缩短差距。落后者总会紧跟，或另辟蹊径弯道超车；先进者也不断进取，培育新优势，巩固强化领先地位，以防被人超越，争先恐后、不进则退是市场的逻辑。增强优势都是通过创新和强化管理，不断培育业务基础，包括业务深度、精细化程度、市场广度、客户化程度，以及改善管理方式与效率等方面。

**（3）创立品牌的理念。**品牌展示软实力与综合竞争力，来自传承与创新培育。**打造品牌不易，需要持续创新赋予其生命力，不断地注入时代元素，适时提升品牌内涵，才能经久不衰。**创立品牌是最重要的经营战略，相应的创新活动持续不断。

**产品品牌体现为"品质＋特色"，形成于"功能＋服务素质"，以其明显的差异性，被市场认同、信任并带来用户忠诚度。**其无形价值具有口碑效应，成为获取用户认知最便捷的标志和信用身份。品牌知名度也反映用户的忠诚度，它提升了银行服务的知名度、可靠性、可信度的价值。培育一家银行的品牌需要十几年、几十年经营营造，成名后其附加值和商誉大为提高。

品牌价值带来市场绩效。创立一个好的产品，并冠以有响亮特性的品名，既博得用户对号入座的心理，取得营销效应，又可培育客户的亲和度。如今市场上有大批被广泛接受的品牌，主要有：银联卡、云闪付、牡丹卡、融e借、添利宝、薪金溢、快贷、惠懂你、龙卡、长城信用卡、时时付、金穗信用卡、网捷贷、沃德财富、买单吧、e贷通、邮储食堂、兴业数金、钱大掌柜、银银平台、金葵花理财、掌上生活APP、摩羯智投、浦大喜奔App、阳光理财、云缴费、网乐贷、商贷通、口袋财务、发现精彩App、兴农卡、白领通、点易贷……都受到大批用户的好评。

**2. 勇于尝试的创造观：敢与不敢、干与不干、等与不等？首创风险很大，失败带来问责，每次创新都经历一次挑战自我。一切围绕着难题导向、目标导向，一切着眼于攻坚克难进取向前，不怕标新立异，敢于有所作为，需要科学精神和态度，更需要担当与意志。**

**（1）敢为天下先的精神意识。**强者是崛起不是跟随，敢为先即敢争强，这是大无畏的英雄气概，银行业发展就是这样炼成的。在产品渠道、专业管理、方法工具等极其丰富宽阔的金融市场上，创新层出不穷，各领风骚。市场不进则退，需自强不息。

最可畏是大象动作敏捷，最担忧是自我感觉良好。一旦反应迟缓便陷入被动，唯有不断推出新产品新管理，鼓劲增加活力；一旦缺乏危机感、紧迫感必陷入危机滞缓。例如，工行科技有一种敢为天下先的理念，形成责任感、使命感，承受着市场挑战和维护荣誉的两大压力，唯恐被超越。高层天天催进度，数万科技人员加班成为常态，既担心规模大易出事，又担忧增速慢被问责，只能创新驱动，紧盯市场和同业。

大中银行都拥有先天优势，理应走在前面。他们的机构分布全国、贯通经济各层次、把握信息最敏锐，能最先嗅到政策机会及市场性需求，敏感的触角总能在市场中最早捕获信息，做出战略安排，加上业务功底扎实、科技意识强，确保了项目的成功。

**（2）抢先市场的经营意识。**创意具有公开性，一经推出很快会被模仿，跟进只需几个月，使得产品创新周期十分短暂。而且，最早推出的产品常是广告效应，需要市场的检验和逐步认识，其间给了模仿者快速跟进的机会。

如何发挥先声夺人的创新导向效应，以猎取更多的客户？**关键是务求快速营销，标志是市场份额和客户数量。**营销能力决定了新产品的影响力，假如能够尽早获得市场目标，就占据了主动地位，否则"起个大早，赶个晚集"，给人铺垫做了嫁衣裳。例如，最初占据电子银行优势的银行营销中屡屡奏效，刺激了各家银行奋力开发，如今网银已成为功能的标配。

营销事关创新成败的最重要路径，本应是创新预案的组成部分。产品开发仅是起步，营销的时效意识与强力措施才是收获成果的要害，应当快速将新产品推向市场。采用有效的营销策略配套，多渠道地拓宽营销，配备大批熟悉产品又公关力强的营销队伍，上下协同只争朝夕，成为制胜的法宝。

> 网银是商业模式创新最成功的案例，2010年我在工行电子银行业务十年庆典访谈中说，市场策略分为三步：第一步是针对世纪之初社会互联网一片空白，我们着力解决用户面对高技术门槛"进门难"问题，化繁为简，化难为易，简便安装启用，着力宣传安全适用性；第二步采取"跑马圈地"式拓展新市场，迅速向

各业务领域渗透推进，扩大市场占有率；第三步着力营造基本客户群，确立定位扩张数量，建立稳定的市场基础。经验有两条：一是与开发市场同步；二是要求工行内部人人学会使用，积极参与推广，加强管理跟进，聚成强大的营销力量。

**（3）勇于尝试的开创意识。最高创新形式是改变商业模式，创立未来业务方式，勇于走出一条新路。** 开启新模式绝不轻松，既要自我开刀解决旧制度体系、产品到管理的种种难题，又要保障稳定平滑过渡，不出大风险。

实务中，新系统一旦切换几乎不可返回，后果很清楚，即不容失败没有退路。只能靠投产前一次次认真地审核新系统，制定严密的实施步骤，投产时孤注一掷了。我曾组织过多次的基础系统转换，战战兢兢如履薄冰，顶着天大风险压力于一搏之中，一分一秒数个小时地煎熬，终于成功了。当然也有银行出事了，我真的理解他们。工行是一个全球最大的经营系统，采用了无数先进技术，不断在探索技术突破，不回避困难向新目标攀登。他们不断创造出新制度模式，具有示范性、独创性、实用性和可靠性，形成了核心竞争力。

21世纪前十年中，工行创造了一系列关键的业务经营平台，包括数据集中、本外币联行清算、网银系统、信贷综合管理、信用卡系统、大数据分析系统、参数集中、巴赛尔协议Ⅲ评级、境外系统、财务管理、综合化子公司系统等开创性的重大项目，为银行业首创了一项项业务模板和规范。

**持续创新永远是实力、精神与文化的展示，成为核心竞争力、创造力与软实力，优秀的银行都具有长效创新机制和能力。** 它立足于现代新技术，一般的规律是：业务遇难题寻求技术突破，新技术又引导新业务诞生，高位接轨触发高水准创新。需要超前规划储备，持续跟进科技前沿，与全球同步发展，这是我国银行业创新状态的真实描述。

**3. 创新的流程观念：顶层设计是思想、整合要素是路径、作业能力是**

落实，构成重要的创新三段论，创新遵循科学性，哪一环单薄都影响成功。顶层设计将创新纳入战略的指导下，避免出错折腾；整合要素才能兼顾保留和优化经营特色；作业能力表现出竞争力。

（1）顶层设计的理念。什么是顶层设计？顶层设计包括基本的价值取向、要达到的主要目的，以及先后顺序（刘鹤）。重要创新必须服从顶层设计，专业创新都应纳入整体架构中，包含发展战略思维、统揽全局、独到见地和敢于担当四种品质。这本是高层职责，尽管创新从市场触发，思维在专业，但思想决策应在顶层领导，专业决策达不到这个高度。

顶层设计是成功的关键，重大课题出自前瞻性、预见性，本应由高层策划发起，自上而下部署，有序组织实施。当然高层决策也会有失误，因而需经过周密详尽的可行论证，离不开专业领导能力和预见性素质，力求减少方向性失误。凡事预则立，整体安排引导正确决策和策略，保障实现创新目标。

战略决断需要思想家、战略思维，不能单纯业务思维。要求决策层懂银行、精业务、善管理、通科技，了解国际现状与科技进程，谙熟经营管理的架构逻辑，在战略定位、目标取向与路径选择上具有真知灼见，预见力强；重视总体规划，优先顺序、明确重点，有极大的决心和勇气去实施推进。

> 我和IBM的高层专家交流中一致认为，工行科技难能可贵的是很少出现失误与折腾，成功最重要的因素是顶层设计，体现出战略眼光与专业品性，思路清晰又掌控到位，走出独创之路。也有些银行发展中欠缺规划战略，后来不得不多次折腾调整。

（2）整合是创新主路径的意识。对专业、产品、渠道与管理要素进行整合、翻新和嫁接，优势互补推陈出新，是开发传统产品的基本路径和任务，去繁为简，凸显 $1+1>2$，是未来创新的重要方式，着力优化和提升竞争力。

产品陈旧常因缺乏整合思路，业务分割孤军作战势单力薄。在创新策划中，行长务必把握整合的思维方式。

第一，整合机构，推进组织制度创新。例如，并购重组是金融资源整合的基本方式，是国际化、综合化和多元化经营的必由之路。花旗银行史上经过 200 多次大小并购，成为金融巨头。我国银行也将以并购方式进入境外市场。

第二，整合效能，推动跨专业的市场融合。行长要以强烈的整合意识，推动部门的交流渗透、机构间功能的组合配套、人员间的协作交流，以及操作流程与制度的创新。例如，银行多以专业划分部门，也可改为按客户划分。

第三，整合管理，革新业务方式。整合服务功能、专业产品、信息管理，推进横向协同以深度开发市场，扩大边际效应；重组资源，优化配置；改革管理方式，实现信息共享优势互补，提高了效能。例如，实行综合柜员制。

财富增长和社会化程度的提升，对综合服务的呼声更高，混业经营基本成局。在有限利差的空间里，单个产品的创新、各项业务的封闭优势已到尽头，整合优势成为当务之急和主要创新方向，提高资源配置效率，带给客户便利。例如，网银、资管业务等都具有整合特色。

**（3）迅速提升员工新业务能力的意识。**使员工能力与产品创新同步，熟练合一，使之转变为竞争力是当务之急。只有员工对新业务认知、适应和作业能力到位，才能形成营销和服务强势。一是建立新业务培训机制，包括对高管的全面培训，有实战性，紧贴市场；二是调配资源，一切为了扩大市场；三是落实新制度管理，避免疏漏性风险。这样，新产品一投产就获得员工主动而高质量的作业支撑。

对重要产品要从专业培训提升到全员培训，领导和管理层都要参与，这是提升银行接受新产品的素质。员工不熟练岂能创造销售奇迹？领导层不了解岂能管理到位？员工的认知、作业能力与熟练程度是制约推广的症结，通过培训促使人人关心，形成营销推广的氛围。

新产品是一个逐步完善修正缺陷、逐步适应调整完备的过程，内部外部都有一个认识接受的过程，交叉点必定落在员工，他们熟悉才能衔接好，素质和能力起到主导作用。因而，创新最大的难点仍在内部，领导者必须抓牛鼻子。

# 五、借鉴：西方银行创新的成果、规律与动因

业务创新受什么驱动？有哪些重要成果？研究西方银行创新史，可揭示在不同的历史阶段，金融创新具有不同的市场特征和动力。

**1. 20 世纪 50～60 年代，西方银行创新动因是突破管制和信用急剧扩张**

"二战"后社会环境稳定，世界经济开始复苏，各国政府实行了一系列改革，促进了经济快速发展，直接推动了金融业改革创新。这一时期，金融业主要功能是信用媒介和信用创造，银行主导的重要创新列于表 11−3。

表 11−3  　　　　20 世纪 50～60 年代银行业的重要创新

| 年代 | 动因 | 创新成果 | 创新结果 |
|---|---|---|---|
| 50 年代 | 信用创造 | 消费者贷款、分期租赁（美国） | 提供新金融服务 |
| | 突破管制 | 欧洲货币市场、欧洲美元市场（国际金融机构） | 出现新金融市场 |
| 60 年代 | 信用创造 | 周转性信用（国际金融机构）<br>出售应收账款（美国） | 提供新金融服务 |
| | 信用创造 | 流动资金承兑票据（联邦德国）<br>欧洲商业票据（美国） | 采用新金融工具 |
| | 突破管制 | 欧洲国际债券市场（卢森堡）<br>欧洲美元债券市场（国际金融机构）<br>亚洲美元市场（国际金融机构） | 出现新金融市场 |
| | 突破管制 | 混合账户（美国）、大额可转让定期存单（美国、卢森堡）、欧洲国际债券（美国）、欧洲美元存单（美国） | 采用新金融工具 |

创新的社会经济背景与动因主要是：

**（1）跨国公司的经营发展，激励银行信用的扩张与创新。**20 世纪上半叶跨国公司开始出现，"二战"后生产进入国际化阶段，国外投资和国际资本流动规模加大，要求银行拓宽跨国信用，从而推动了业务的国际化。银行开始搭建国际金融平台，突破地域限制、拓展业务范围，提供贸易金

融服务，发展跨国金融市场。

**（2）"Q 条例"的限制，激发了突破管制的金融创新。** 1961 年美国颁布了"Q 条例"对利率实施管制，改变了银行经营规则。为突破该条例的限制，商业银行推出了混合账户、大额可转让定期存单、欧洲国际债券、欧洲美元存单等一系列突破利率管制的产品，被广泛应用。例如，1961 年花旗银行纽约支行率先引入大额可转让定期存单，用以吸引企业大量临时性的超额资金，短短四年间达 13 亿美元，相当于纽约城市银行十多年的存款额[①]，扩大了规模也完善了负债结构。

**2. 20 世纪 70～80 年代，创新重点是熨平市场波动和强化危机管理**

70 年代后，布雷顿森林体系的崩溃对银行创新影响巨大，固定汇率制度时代结束。各国逐步放松了对利率、汇率等基础价格的管制，加之"石油危机"和"国际债务危机"的发生，使经济蒙上了层层阴影，加剧了国际金融的不稳定性和经营风险。银行业创新围绕着化解和强化危机管理展开，重要的创新列于表 11－4。

表 11－4　　　　　　20 世纪 70～80 年代银行业的重要创新

| 年代 | 动因 | 创新成果 | 创新结果 |
|---|---|---|---|
| 70 年代 | 熨平市场波动 | 浮息票据（美国）、浮息债券（美国） | 采用新金融工具 |
| | 强化危机管理 | 个人退休金存款账户（美国）<br>与物价指数挂钩的公债（英国） | 采用新金融工具 |
| | 强化危机管理 | 金融期货和期权市场（美国） | 出现新金融市场 |
| 80 年代 | 熨平市场波动 | 全球债券（世界银行）<br>欧洲美元期货期权（美国）<br>欧洲货币单位股权证书（欧洲） | 提供新金融服务 |
| | 熨平市场波动 | 浮动利率债券（美国）<br>外币标价浮息债券（联邦德国、瑞士） | 采用新金融工具 |
| | 强化危机管理 | 票据发行便利（国际金融机构）、<br>远期掉期协议（西欧）、<br>期货掉期（欧美）、股权掉期（欧美） | 提供新金融服务 |
| | 强化危机管理 | 金融掉期市场（欧美） | 出现新金融市场 |

---

① 《国际大型银行成长之路》，中国金融出版社，潘功胜等著，2008。

创新的社会经济背景和动因主要是：

**（1）滞胀危机催生了抵御贬值的金融创新。**两次"石油危机"，导致了世界经济陷入长达10年的高通胀与经济停滞、高失业率并存的滞胀局面，使投资者将更多资金投向抵御通胀风险的金融产品。银行为防止资金外流，适时推出很多与物价指数挂钩的创新产品，以迎合投资倾向。

**（2）汇率波动促进了锁定成本的金融创新。**经济的持续不景气及越战的拖累，使美国政府财政赤字不断，布雷顿森林体系随即解体，国际货币体系回归浮动汇率制度。跨国公司急需降低汇率风险，银行亦创造出欧洲美元期货期权等产品，有效地帮助客户锁定远期汇率，实现确定的未来收益。

**（3）利率风险引出了熨平波动的金融创新。**石油危机导致通胀异常上涨，加速了市场利率提升，使储贷机构遭受的风险极大。为了保护金融机构，美国政府逐步推进利率市场化。其间，储贷机构为转嫁利率风险，创造了浮动利率票据、浮动利率债券、可调整的抵押贷款等，提升了竞争力，获取更大的贷款市场。

**（4）债务危机加速了风险转嫁的金融创新。**1982年8月，墨西哥、巴西、阿根廷等国相继宣布无力还债，爆发了国际债务危机，迫使金融改革，诞生了大批新融资工具和融资方式。例如，债务股权转移、购回旧债发行有抵押条件的新债、债务转换成债券等，以及融资技术的四大发明——票据发行便利、互换、期权、远期利率协议，增加了客户投资渠道，满足了银行风险管理要求，成为利润新增长点。

**3. 20世纪90年代至今，创新主要围绕成本控制、价值创造和流动性转换**

20世纪90年代，金融自由化和经济全球化程度加深，在国际资本冲击下金融市场的动荡加剧，为了防范和化解金融风险，银行提高了资产流动性要求。同时，信息技术引导了银行经营方式的转型。因此，银行通过转换财务风险、期限、规模，转变服务渠道，降低交易成本，提供个性化服务，实现客户和金融机构的双赢。银行业主要的创新列于表11-5。

表 11 -5　　　　　20 世纪 90 年代以来银行业的重要创新

| 年代 | 动因 | 创新成果 | 创新结果 |
|------|------|----------|----------|
| 90 年代 | 为投资者创造价值 | 结构性收益强化信托债券、共同基金、期权保值证券、收益抵押证券 | 采用新金融工具 |
| | | 私人银行 | 提供新金融服务 |
| | 规避风险 | 资产证券化 | 应用新金融技术 |
| | | 信用衍生品市场 | 产生新金融市场 |
| | 技术创新 | 客户关系管理、信用打分模型 | 引入数据库技术、专家系统 |
| | | 家庭银行 | 引入微机、工作站 |
| | | 网上银行 | 因特网 |
| 2000 年后 | 技术创新 | Web2.0 下的网络银行 | 提供新体验 |

创新的社会经济背景与动因主要是：

**(1) 技术创新引出了银行经营模式创新。**互联网技术的兴起，使西方国家率先步入"新经济"时代，高效率、低成本、灵活多样的电子金融业务成为新业务增长点。1999 年末美国的银行网站已有 3500 个，业务包括支付账单、家庭理财、申请贷款、支票停兑、养老计划、保险等。进入 21 世纪后，互联网推进了全球银行业重构经营模式。

**(2) 客户投资需求的转向，刺激了价值创造类金融创新。**20 世纪 90 年代美国经济在持续增长，居民财富不断增加，带来消费和投资观念的转变，推动了银行的产品创新。个人投资转向高收益投资品，对银行理财、养老金、共同基金、证券和金融衍生品需求显著增加，银行共同基金业务降低了总体风险，增加了获利能力。同时，借助金融工程技术发展衍生品市场，为投资者提供了避险、保值、增值的投资工具。例如，美国开发的利率期权协议、信用期权交易，欧洲开发的收益型信用掉期交易，日本创造的信用违约掉期交易等。

**(3) 经济波动促生了流动性转换的金融创新。**20 世纪 80 年代末至 90 年代初，美国房地产市场行情跳水，房地产贷款质量迅速下降。为避免危机重创银行业，联邦存款保险公司将银行不良贷款通过资产池进行证券化，以提高资产组合的流动性。信用卡欠款、债权抵押凭证、汽车贷款的证券化也应运而生。**资产证券化成为最重要的金融创新工具**，提高了银行资本利用率和贷款组合质量，改善了资产负债结构，增强资本营运能力，也带来了丰厚收入。

**4. 近代西方金融史揭示了创新的基本特点和规律性。创新从不是金融的自娱自乐，是受到需求、政策、科技和经营四大力量的强力推动。需求是市场导向、政策是行政导向、技术是生产力导向、经营是资本导向，在各种力量作用下，创新是一种生存应变的方式。**

**（1）社会、制度、市场、经营各层面在推动金融创新。**其中，宏观层面是市场与需求起着基础作用，物竞天择，创新受环境变化的调节约束；中观层面是政府在推演导向，推波助澜，经济政策与金融监管决定了创新命运；微观层面是经营的动力，适者生存，经营状态与竞争机制使银行不敢停滞创新。

**政治、经济、技术、业务各种因素都牵动着金融创新。**创新是在与各方力量博弈下的共赢，它伴随着推陈出新，改革了旧模式的羁绊，构造起新经营关系。它与经济可持续发展齐飞，在同业竞争中求同存异、共生发展，在服务方式再造中提升效率，在经营方式市场化中实现服务、成本和收益的新均衡。

**（2）金融创新有4项基本的特征规律：**

**第一，少数创新多数只需跟进，这是基本路径。**金融业重大创新并不多，因为从流通和稳定看，市场有限经营类同，在严格监管下需要共同接受，不能各行其是自搞一套。一般常是少数银行先行突破，创新被市场接受后，同业模仿跟进迅速放大市场，产品大同小异，制度规则与监管也随之不断完善。

**第二，创新活动并非均衡，难得突破。**重要创新机会的出现，一定是在经济政策或市场变动的特定环境背景下，当市场需求泛起时，才能形成金融创新，并不均匀分布在各年度、各银行、各专业中。银行基本业务早已简洁高效，无需多变，创新点蕴集在待政策开放的领域，在服务与经营方式调整上。

**第三，创新效应具有层次、复制性**。不同国家、不同机构的创新能力和水平并不相同，少数银行创新但无法垄断，多数快速复制，热点围绕着市场获客。制度性突破的创新具有辐射效应，大的足以影响改变金融发展进程，更多出自不断革新自身的经营管理，改进市场产品服务，形成良好的创新效应。

**第四，创新完全依赖信息技术推进**。技术成为金融创新的载体，但凡优秀的银行都有强大的科技力量。现代银行业创新经营管理方式，完全建立在现代技术平台上，每一次新技术的突破，都引导产品、管理与服务升级，也带来风险管理与经营模式的重大变化，未来金融创新依然架构在现代技术之上。

**（3）牢记一条风险原理：金融创新必须在法制规则的笼子里**。创新是一柄双刃剑，时髦的外衣下也隐含风险，因为新事物不完善，受政策环境与市场需求局限、认识和监管制度局限，一旦经营失误，极易酿成社会性危机灾难。

**创新不足与过度创新**都具有风险，前者因保守导致落后，后者因失控风险泛滥。例如，2007年美国金融危机是一种创新过度；2012年国内泛起的互联网金融泡沫也是创新过度。经验告诫我们：第一，金融对市场敏感，竞争极易激化行为导致创新过度，违规经营放大了风险。第二，对市场类产品创新要审慎，一放就乱造成风险；对内部体制的改革应放手，否则一控就死不作为。

风险常在经济周期中暴露，这种延滞造成的破坏性严重。银行业循规蹈矩，但金融实务又适时而变，既要放得开又要控得住，不能保守也不能冒进，创新才健康有序。

> **案例：**以贝尔斯登和雷曼兄弟为代表的投资银行模式，并不受传统商业银行法律规则的制约；商业银行创造的结构性投资主体（SIV）机构，也以其独立性绕过监管；银行通过发行次级抵押贷款证券等非传统新兴业务，给经济体系带来新的风险等，都使

传统银行监管者很难发现①，因而对银行采用另类运行模式的管制越来越放宽，终究导致风险失控。这些都是 2007 年美国爆发金融危机的重要根源。

---

① 传统银行商业模式与 2007 年爆发的金融危机没有任何关系，反而是一些新的商业模式导致问题的产生。影子银行成立之初就通过精心设计，使其无法被定义为商业银行的金融机构，它本身不吸收存款，而放贷则通过其他方式的融资。例如贝尔斯登和雷曼兄弟为代表的投资银行商业模式，由于不吸收存款，所以不受传统商业银行法律法规的制约。又如 2007 年金融危机以前商业银行创造的结构性投资主体（SIV）机构，被视为法律上相对独立的主体而不受监管，银行注入业务而绕过监管。这类影子银行可以获得商业证券化贷款或抵押贷款，并与投资机构者签订回购协议，以手中所持有的债券作为抵押，这样机构投资者获得了具有流动性的投资，如同存款。传统银行在这种竞争压力下，也创新业务，比如发行次级抵押贷款证券等非传统新兴业务，由此给经济体系带来新的风险，而传统银行业监管者将很难发现。这也是危机的源头之一。（《金融与好的社会》[美] 罗伯特·席勒，中信出版社）。

## ▶ 第 12 章　金融·银行文化的观念

文化的力量渗透在经营思想、经营方式、管理模式和经营活动中，发挥一种内在的稳定力量和作用，积极文化带来经营的动力。制度转型的起点是转变思想，观念冲撞都是文化的冲夺，旧文化随着旧体制逐步地消亡，新思想文化取而代之。管理者应是传统的守望者、新思想的使者，有一种神圣的使命和责任。

领导者是企业文化建设的直接责任人，是承担者、培育者、倡导者。一家银行文化力量强不强，表明领导者的文化标高、文化认知和所下的功夫，导向着队伍的思想行为和精神状态。实务中，任职思维的领导抓指标，关注眼前的绩效；尽职思维的领导抓发展，思考可持续发展；而卓越的领导抓住文化，努力营造职业精神、驱动经营发展。

## 一、银行文化的基因

银行文化是经营价值观、职业道德观及行为规范的总和，文化观念奠定了经营的稳定性，也驱动着经营管理的走向与思想行为。

**1. 银行文化的内涵**：世代传承的银行业传统＋现代文明新元素，变得丰富而具有活力，支撑起金融发挥现代经济的核心地位，支配着银行的经营宗旨、思想和业务行为。文化的作用显而易见，内容鲜明地烙在经营的行为中，几百年延续，推进这个行业经久不衰。

**（1）体现信用道德和经营货币的价值观**。银行文化是经营货币的文化，价值观体现在宗旨与思想上，贯穿于经营过程中。经营价值观是坚守信用信誉，围绕着以经济建设为中心，经营为消费者服务，对资本保值增值负责。

**（2）讲求风险和服务的经营观**。银行文化形成于经营风险及金融服务中，伴随着经营管理的主题而发展，依法合规、审慎经营成为经营文化的内核。它具有鲜明的经营管理内涵和时代性特征，依存于经营的市场活动之中。

**（3）与时俱进的经营思想与精神文明**。经营发展与精神文明建设两手抓，两个文明建设相辅相成，成为政治责任和有效的管理途径，形成了经营发展的力量。银行以人为本，围绕经营目标管理队伍，培育创造力和凝聚力。

**2. 银行文化的构成**：资金、信用和机构是业务经营的三大支柱，从中衍生出银行的三大基础文化：货币文化、信贷文化和企业文化。货币文化与信贷文化具有专业文化的特征，构成了金融文化的底层基础；企业文化具有组织的管理特征，是金融文化的表现形式。

**（1）货币文化是资金的文化，是货币特征的文化，是反映银行业共同的经营方式的基础文化，是银行文化结构的底层土壤。**

货币受政策的调控，使得经营活动与整个经济发展紧密地联系在一起。因而货币文化带着政策特征，形成了银行人鲜明的依法经营的观念意识、合规经营的行为规范，表现在思维言行、经营管理、规矩制度、做事准则等方面。货币文化下，在服从政策、维护大局与宏观调控、服务经济方面，经营思想与文化观念的特征鲜明。

**（2）信贷文化是经营的文化，是经营货币的文化，反映银行业的经营意识和经营价值观，是银行文化生成变化的基础平台。**

信贷文化的内核底蕴是商业文化、市场文化，内容包括诚实守信、执业道德、公平交易、维护消费者权利、管理风险、盈利经营、责任操守和服务企业方面的文化表现。银行是金融服务中介，在长期的社会借贷活动中形成信贷文化的观念意识，既反映交易规则，又受道德规范约束，保障正常的秩序，体现了借贷行为的准则。

**（3）银行企业文化是经营管理形成的文化，是组织的文化，反映生存方式的文化特征和价值观，表现为银行经营的文化观。**

企业文化是一家银行成员共同认定和遵守的价值观念、道德标准、行为规范、经营管理方式、规章制度等的总和，是在银行货币信贷文化基础上生成的一种亚文化，带有资本的意愿。银行文化一般是指企业文化，或落脚在企业文化上。受到两种力量驱动，一是发育于货币信贷文化基因；二是在经营管理中营造培育成长成熟。

**（4）三个文化层次的相互关系。** 银行文化带有浓郁的市场经营本性，形成于经营实践中，又对发展起着重要的稳定作用。分析其逻辑关系，三种文化各自都具有极为丰富的内涵，相互依存、融合渗透、互为影响、共同发展。货币和信贷文化起着稳定的基础性作用，银行企业文化则是从中萌生出来的花朵，成为各家银行之间文化差异的个性。每家银行都有信贷货币文化的共同性，却有着自身企业文化的鲜明特色。

企业文化与社会经济发展相伴，滋润了信贷货币文化的发展与繁荣。货币与信贷文化是银行业文化的基础，即行业文化，支配着所有的业务与经营行为，一旦背离就会出轨。互联网金融泡沫期为什么出现社会性金融风险？因为外来者缺乏金融文化、金融人才、违背游戏规则、不懂风控、未能维护消费者权益，样样致命。

**3. 文化的特性：各行各业文化不同，金融中介文化的核心特性是诚信、专业和服务。银行业属专营准入，信贷货币文化是银行业独占的、传承的，其他企业无法侵入，如非银金融机构也不得吸收公众存款。银行企业文化具有企业的共性，更有经营货币的特殊性。**

**（1）讲究信用信誉。** 弘扬守信用、讲品牌信誉，视作为生命线至高无上，诚信为本，遵守法规规则与职业道德，注重商誉与形象品牌，这是银行企业文化的本质特征。经营特殊的货币商品，办理各种信用及中介业务，特别严格管理人员的职业道德和操守。在这种信用环境与文化氛围下，银行人成为诚信人。

**（2）风险管理特征。** 特别讲求依法合规经营，特别重视政策导向，成为铁律规矩。极其严格的流程、权限和业务审批制度，严厉的经营责任制考核，体现出审慎稳健的风格。从业人员的风控意识、思维方式、言表处事的行为逻辑中，显露一种对风险的敏感性特征。在这种文化的熏陶下，银行人成为专业人。

**（3）对消费者负责**。银行有十万百万、数千万、数亿级的账户，具有广泛的公众性业务特征，社会影响力极大。服务以客户为中心，保护消费者权益印入人心，成为普遍的准则要求，也是监管的重点。持续反复地倡导，认真处理好各种投诉，成为社会性样板。在金融中介文化的环境下，银行人成为服务人。

**4. 文化的功能作用：是银行的传承与传统，是构成核心竞争力中的软实力，是完善经营管理的润滑剂、凝聚力，是支撑发展的内在动力，维护一家银行的思想信念、经营战略和目标追求。文化与经营不是两张皮，没有文化是游兵散勇，缺乏文化的银行目光短浅。**

**（1）规范银行人职业素养和素质**。文化潜移默化地熏陶和影响着员工的人生观、价值观、道德观，把基本职业要求内化为素质，体现在从业的职业意识、道德规范、行业习惯、思想观念、知识结构、思维逻辑和行为方式中，得以自律约束和规范行为，生成职业化的人格和精神面貌。银行文化引导和培育员工，增强职业认同感和归属感，凝聚和稳定队伍，树立起共同的理想和精神支柱，并为之奋斗。

**（2）维护和约束银行风险经营方式**。文化是基础力量，导向和推动了银行稳定运营和健康发展。一家家银行的兴衰演变、一起起重大的金融事件，都能从银行管理文化中找到注释。文化在支持银行发展转型中起到特别的支撑作用，齐心协力战胜困难和风险危机，在经营低潮时总能显示出内在文化顽强的积极的作用。形式上是制度、管理措施，内涵中是思想文化意识，支配着个人和整体的行为方式。

**（3）维护一家银行品质特征和经营特色**。文化的传承具有强大的惯性，这种惯性力量在经营的全过程中能充分得到显示，维系着整个体系的稳定和传统，抵御着异常冲击或各种思潮的入侵；有时是积极的动力需要推崇，有时是消极的阻力需要化解，一定要认真鉴别和运用。银行企业文化底蕴愈深，维护传统的力量就愈强，持续的经营活动都会积淀形成文化的积累，逐步强化了一家银行的品质特征。

**（4）以思维、行为的逻辑方式实现对银行管理控制**。文化是一种内生的无形控制力，既有持续的妙不可言的隐性力，也有强烈的爆发力。"文化是由价值观来实现，一个文化整体的成员必须服从它的准则"（法国政治学家莫里斯・迪弗尔热），精神意念管控人的行为更为强力和持久。企业文化影响人的世界观、价值观和行为方式，把员工塑造成为银行职业人，实现经营目标与员工需求的相向互动。

# 二、文化：经营软实力、渗透力、凝聚力

文化是积淀的，从发育、积累到升华聚成，潜移默化渗入思想，影响行为意识。文化受价值观导向和建设，若任其随波逐流，就散乱缺乏力量，以致误入歧途成为观念阻力。行业基因是文化的胚胎，一家银行成立后它组合萌生、成长发展，逐步形成企业文化特色，成熟成型、成为一种稳定的力量。这个过程不是天然自成，需要不断地培育、传承和发扬，才有文化的软实力。

**1. 企业文化与经营共生，与人文共存，与管理共长，与时代共舞，活跃在经营理念中。** 文化在银行经营管理中，具有基础性地位和内在的作用，绝非可有可无，在经营理念中如同压舱之石，举足轻重。处处可见文化对银行人的引导力量，对经营发展的支配影响。

各家银行都会持续地倡导、培育本行的文化内涵，得到认同顺从，形成特定的文化小环境。文化以自有方式和机理攀附在经营中，聚成其管理风格、特色和传统，成为一种无形的稳定力量，始终在影响、控制和支配着经营活动。日常不知不觉，关键时刻又激烈张扬，维系着传统和经营的稳定。

确切地说，在经营发展中，逐步凝结确立起本行的观念、精神、品性、传统和风格，日积月累成为规范的秩序。企业文化渗透到经营的全过程、全环节、机构和每个成员，从思想理念、领导管理、发展方式、人际关系等有了共同的品质特性，以其价值取向、道德规范推动和约束全体成员的行为，铸成了品牌内涵和影响力。

**2. 从产品竞争→服务竞争→品牌竞争，文化成为核心竞争力中的软实力。一家银行的企业文化鲜活地表露出品性色彩，当然是排他的、唯我的、不可复制的，是难以被模仿的经营能力。它与经营共生发展，体现自身的性格精神，成为核心竞争力的重要组成部分。**

核心竞争力包括资金产品与经营资源的硬实力，也包含人文理念与管理的软实力，相互交织为一体，组合成一家银行取得稳定发展的根本原因。

随着全球经济、金融发展的不断融合，金融产品之间的差别越来越小，科技迭代也使时间差缩短消逝。金融业产品趋同，单纯以产品领先方式的竞争逐渐淡化，变得更加注重以文化内涵注入产品和服务，这种转型从本世纪初已经开始。形式可以模仿，产品可以复制，但出自一家银行品性特色的经营方式无法照搬，文化很难照套。例如，各家银行都办理同一种业务，服务品质却有差异，留给客户不同的感受印象，这就是品牌个性和鲜明的文化烙印。

**3. 企业文化有效地向社会传达了品牌形象，推波助澜的是渗透力。一家银行被市场普遍认同，靠经营和产品的力量，更要靠服务的品质特色、形象风格在社会中的传播，成为人们鉴别区分各家银行差异的标记。这就是文化的力量和影响力，可获得稳定的客户群。**

银行的社会形象，通过产品业务方式向客户展示，也以企业文化形式向社会传播，两者相互渗透，共同守护着银行的品牌。文化不是庭院内自赏的花朵，从来是参与市场竞争的一部分，共同承担着拓展市场的责任。各家银行都在张扬和运用文化的力量去强化竞争，不断地宣传品牌，留给客户深刻的印象，赢得了一大批客户的亲和力及忠诚度。银行企业文化的宣传用语，字字浓缩着经营思想的意图，见表 12 - 1。

表 12 - 1　　　　　　　　　　银行企业文化宣传用语

| 类型 | 银行名称 | 标语 |
|---|---|---|
| 大型<br>国有银行 | 中国工商银行 | 工于致诚，行以致远；您身边的银行，可以信赖的银行<br>诚信、人本、稳健、创新、卓越 |
| | 中国农业银行 | 大行德广，伴您成长；服务现代城乡 |
| | 中国银行 | 中国银行，全球服务选择；中国银行，实现心中理想！ |
| | 中国建设银行 | 贤者择善，善建者行；健行者，建行也<br>中国建设银行，建设现代生活 |
| | 交通银行 | 交流融通，诚信永恒；百年之交，相融相通<br>百年交行，您的财富管理银行 |
| | 中国邮储银行 | 邮政无处不在，金融值得信赖；信赖绿色天使，托付邮政金融<br>你的、我的、共同的绿色银行 |
| 股份制<br>银行 | 中信银行 | 承诺于中，至任于信 |
| | 招商银行 | 因你而变 |
| | 广发银行 | 广纳百川、发展共赢、泽惠天下；创造卓越 追求超越 |
| | 浦发银行 | 笃守诚信 创造卓越 |
| | 华夏银行 | 同为华夏人 共结华夏情<br>以人为本，文化立行，开拓创新，做大做强 |
| | 光大银行 | "超越需求，步步为赢；阳光在心，服务在行" |
| | 民生银行 | 服务大众，情系民生<br>规规矩矩办银行，扎扎实实办银行和开动脑筋办银行 |
| | 兴业银行 | 服务源自真诚 |
| | 平安银行 | 平安相伴，成长资道；专业，让生活更简单 |
| | 浙商银行 | 创造价值，追求更好 |
| | 渤海银行 | 一旦选择，终身相伴；客户为先、开放创新、协作有为、人本关爱 |
| | 恒丰银行 | 有恒必成，有德致丰 |
| 城商行、<br>农商行 | 北京银行 | 真诚所以信赖；服务首都经济、服务中小企业、服务市民百姓 |
| | 宁波银行 | 人心之安宁，海起之浪波；融天下，行未来，财富相伴，宁静致远 |
| | 上海银行 | 精诚至上，信义立行 |
| | 江苏银行 | 践行普惠金融 创造金融之美 |
| | 南京银行 | 加强管理、深化改革、控制风险、推动发展 |
| | 北京农商行 | 浓情 浓意 农商行，"浓""农"相通<br>立足首都，服务三农，服务企业，服务百姓 |

续表

| 类型 | 银行名称 | 标语 |
|------|----------|------|
| 国际银行 | 富国银行 | Together we'll go far（和你一起，我们可以走得更远） |
| | 美国银行 | Higher Standards（更高标准） |
| | 渣打银行 | Here for good（一心做好，始终如一） |
| | 瑞士联合银行 | We will not rest（生生不息） |
| | 恒生银行 | 理财创富 专注为你 |

**4. 文化内生一种凝聚力，认同、约束、聚合继而发扬一种群体向心力，增强忠诚度。** 文化服从、维护和驱动的作用，能调动人们的主观能动性，释放创造潜能，激发归属感、责任感、荣誉感、成就感，提高对本行目标价值的认同度，并为之努力，以付出而自豪。

管理方式一般分为两种：外在强约束方式和内在激励方式。**外在强约束**手段主要用纪律和规制实施，是一种以服从为前提、严肃无情的管理方式，对违犯者处分处罚。**内在激励**主要运用文化方式，不断地向员工宣传灌输，情感沟通，以理服人、以情感动人、以人文环境感化人，理解人、关心人、疏导人、教育培养人、以理想信仰激励人……同时将经营理念、任务目标和管理融入其中，将银行品牌、产品经营、员工准则内化成为个人的价值观和行为习惯，使人自觉地遵从规则服从团队，这是一种能动的、以人为本的、无形胜有形的管理方式。制度管理直接维护一家银行的基本经营秩序，但强约束还需要文化来润滑，以缓和抚平不必要的冲突。

员工是文化载体，也是文化的使者，尽管每个人的文化背景和认知不相同，但企业文化是包容的，求同存异合而不同，丰富多彩。因此，文化是银行的精神支柱和追求，重要的是统一经营理念，引导团队意识，实现各方利益的协同，使员工成为自觉者、推动者，为了共同的理想目标，满足共同的利益诉求。

**5. 经营秩序需要文化的维护，经营业绩需要文化来推动。** 任何知名的产品和服务，都凝聚着丰富的文化属性，营销产品、开发市场的过程伴随着传递文化的过程；"一个企业本身特定的管理文化，即企业文化，是当代社会影响企业本身业绩的深层次重要原因。"①

银行文化紧紧围绕经营宗旨为核心，崇尚稳健经营，倡导风险内控，履行社会责任，讲究优质文明服务，旨在营造良好的道德规范和环境。文化底蕴越厚重，经营秩序越稳定，在经营活动中发挥支柱作用，继而提升和增强银行的影响力、竞争力。稳健经营的文化观念有效地维护运行的秩序，利于规避和抵御一般性的经营风险。当受到外来突发事件冲击时，企业文化总能显示其强大的抗冲击的稳定力量，这正是它对经营的基础性作用。因此，行长应当重视发挥运用好文化理念的支柱作用。

# 三、货币生成经营文化：货币文化观

**金融从货币而来，金融文化带着货币基因。**货币特性约束了经营货币的方式，货币文化成为银行文化的底层平台，形成经营的基本观念。**经营货币的理念意识从货币文化观念引出，当一个从业者注入了职业文化基因，就变成了银行人。**

信贷文化是银行的基础文化，银行基本经营活动围绕存贷款、谋求利息差，从吸收存款、发放贷款到收回本息，表现出银行人在思维方式、言行规范、经营方式、管理制度、职业道德、行事准则和知识结构等方面，具有了经营价值观念的文化观。

**1. 浓郁的资金文化意识。**货币文化是一种资金文化、钱文化，是资金活动展示的文化观念特性，与价值紧密关联，与政策制度分离不开，与风险危机相伴随，与经济发展需求相联系。**在强烈的资金文化氛围中，银行人充分服从经营的价值观、道德观及经营观念。**

资金文化厚重浓郁，从资金性质、管理运用、交易增值与风险等各种形态与流动过程中折射出来，与各种金融工具产品、服务方式、经营行为

---

① 约翰·科特和詹姆斯·核斯克特教授，《企业文化和经营业绩》。

与管理目标密不可分。经营货币的形式是钞票、头寸、资金，无论是铸币、金银，还是纸币符号、账表中的数字，都代表了货币财富的价值，银行只是在管理和经营中赚钱。经营所想所为、所说所写都以营运资金为中心，骨子里发散出一种资金文化意识。

**2. 独特的业务文化意识**。特殊的商品货币引出独特的资金经营方式，业务特征表现为：

第一，团队合作意识。在业务流程中，各环节构成相互关联制约、流水式协同作业，是一种典型的大生产方式的作业关系。

第二，时效意识。资金抵用清算时间、合同有效计息时间、存贷款期限、拆借时限等，作业交易以时计价，时间文化极强。

第三，服务中介意识。围绕着资金运作提供金融中介服务，中介文化讲究公允公正，保护消费者权益，成为职业道德操守。

第四，风险经营意识。防范规避风险，讲求资产质量作为最高信条，成为对所有经营活动的核心要求，成了最鲜明的特征。

第五，适时应变意识。适者生存，紧跟市场和客户需求的发展变化，不断改善创新业务的产品和服务，在适应中求得生存。

上述都是在经营活动中体现出来的行为意识，成为银行业务文化的显著特点，维系了业务运营，并强烈地影响、造就了银行职业人。

**3. 典型的制度文化意识**。**规则是法治基础，按规则做游戏是规矩。制度是行为规则与管理规范，制度管理成为管理文化的重要内容，制度观念是深入人心的管理思想、行为准则和基本经营理念，制度文化是在长期经营资金中形成的、成为最鲜明的金融特征之一。**

银行以合规经营、严密制度著称，历来以铁账、铁款和铁规章"三铁"著名，遵章办事、合规经营、违规必究成为行业的管理特征，这在其他服务性行业中难得少见。

**只要强调合规经营，就抓住了金融管理的本质，永不过时，永远不错。**严格的内控机制约束着每个人、每项权力、每项工作和业务作业的事前、事中、事后全过程，严密防范资金运作中可能发生的任何细小的纰漏。任何失控都意味着风险，失控时间越长、层次越高，意味着损失越大，问责越是严厉。因此，决不允许存在任何不受控制的权力、部门、人员和业务事项。

每个岗位、环节、业务、流程都有风险，都设置起严密的制度、规程和权限，启动任何新业务必须以制度先行，整章建制是常态的管理要求，表明了制度在经营中具有基础地位。依靠制度文化维护着安全有序经营，培养了银行人规范、谨慎、细致、严密的思维和行事方式。

**规则是行为准则，西方成熟市场化管理更守规矩讲操守**。人们都爱惜自己的羽毛，以合规、权限、流程作为职业之命，关注信誉，不会贸然出格。循规蹈矩按规则指令做事，对不符合规程的绝不通融、变通；缺少规则的事不做，讲究条件责任，没有边做边完善的方式，不会有"不具备条件也要上"的要求。信贷实行有权人审批，流程短签字人少，尽职免责不株连。发生案件时，银行会很快采取解除有关人员合同的方式，了断并撇清关系，以保护银行声誉。对不适合银行工作的人员，常采取清退方式纯洁队伍。在这种环境下经营并非没有风险，而是减少了许多非正常行为的风险。**这应是未来趋势与模板。**

**4. 高尚的精神文化意识**。金领是对金融从业者的别称，银行精神文化与员工的知识结构、文化素养相关。**加强党对金融工作的领导，发挥和运用政治优势，加强精神文明建设和思想政治工作，重视对员工队伍理想信念教育，以维护金融安全、高效、稳健地运行。**

金融是现代经济的核心，社会对银行人的行为与道德标准的要求更高。在经营宗旨与市场风险压力下，银行对员工在政治、业务和技能等综合素质的要求起点亦高。对员工知识文化层次、综合专业素养的职业要求也十分具体，体现为重信誉、讲信用、守纪律和社会责任感方面的职业道德与操守。在两个文明建设中，总体显示一种忠诚敬业的精神风貌，形成了强烈的责任感和勇于奉献的精神。

# 四、市场文化的本性：经营文化观

高盛公司原总裁 E·Gerald Corrigan 说：信贷文化涉及到确定借贷双方关系的行为模式，最难把握的是"借贷双方在进行信贷交易时，通常都是用他人的金钱。而这些钱多数是公众的储蓄，他们把钱存在他们信任的银行，相信这些银行会谨慎地放贷。所以，如果信贷交易大规模失败，危害的不仅是个别的借贷方，而是公众对银行甚至银行体系的信心"①。

**信贷文化是经营的思想基石和观念内核，经营文化最简明朴实的道理，是怎样对存款人负责？记住了这一点，一切变得清晰明了，审慎尽职油然而生。** 银行的原理是借用存款人的钱经营，负债业务中银行是借款人，必须保证向存款人按时支付本息；资产业务中银行是贷款人，必须保证贷款按时收回本息。信贷文化观念有以下文化理念和行为特征。

**1. 诚信文化的理念。诚信是无欺、守约、践约，信守契约精神。借贷双方平等，诚信度决定风险度，至关重要。"最为商业化的社会也是最讲究道德的社会"（亚当·斯密），信用是道德的基础内涵，诚信是市场最重要的通行证，失信者寸步难行，被驱离市场。**

诚信是经营交易的道德平台，以借贷合同约束双方，遵循规则维护稳定运行。银行失信则天下茫然，谁敢来存钱？因而保持良好的经营状态是维护诚信文化价值观的基本要求，信用最终表现在经营思想、财务状况和服务水平中，诚信待客，维护信誉，审慎经营。

诚信文化意识突出表现为风险控制能力，即在信息不对称下，必须具有强大的识别和防范非诚信行为的能力，能够管控住贷款的安全。体

---

① 高盛公司原总裁 E·Gerald Corrigan《信贷文化》，中国银行—国际金融协会联合举办银行风险管理研讨会上的演说，2001 年 3 月于北京。

现在：

第一，从贷款过程中鉴别借款人的诚信度。要检验借款人的言行与动机是否统一，提供的信息是否真实充分、及时有效。审核借款人是否具备贷款条件，有否存在虚假信息与违约动机，要防范欺诈或不诚实行为得逞。

第二，从举债责任与还贷中鉴别借款人守信度。守信是道德底线，对贷款承担责任，对社会负责任。借款人守信表现在：一是信守贷款合同，行使履约的责任和义务；二是按照约定方式，按时还本付息，不需要理由。

**2. 风险控制的文化理念。具体表现为合规经营意识，固守底线红线、边界规则和纪律的意识。经营处处在风险中，面对市场运营风险、政策类风险、信息不对称风险与道德风险等，各项业务都设置了一道道的"防火墙"，防范各类风险的发生，盈利常取决于风险管控。**

风控重点在信贷业务，制度文化推崇信贷行为的规范化，制度规则成为最重要的风险管理文化特征，包括：借款人评信授信、项目评审、贷款审批发放、贷后管理、权限管理、收息收贷、贷款核销等流程环节的规定和操作规范等。

在贷前调查审查、贷后管理、逾期追索的各个阶段，都透析出鲜明的风险管控文化。经营中充满着强烈的风险审核意识和方法，包括制度流程、手段机制和专业把关等，严格对借款人偿还能力进行全面、客观、尽职的调查。既要识别对抗恶意欺诈行为，又要规避借款人潜在风险失控，还要克服不当竞争、利益输送、行政干预。贷后管理要验证真实性及变化，及时补救以免遭新的风险。在发生不良贷款后，采取协商或仲裁、诉讼等方式，运用改期、展期、重组、处置抵押物等办法，最大限度地追索有效债权以减少损失。实行风险责任制考核和问责机制，运用内控审计等多种管理方式，在日积月累中培育起风险文化意识。

**3. 责任制的文化理念。经营考核是一种权责利机制，责任对应权力与**

风险，问责是管理的基本逻辑，责任制文化与信用风控手段相配套。围绕着经营指标、风险管理、经营发展目标和工作要求，从经营决策到管理实施的全过程，无不透析出一种经营责任制文化。

以信贷为例，信贷责任制是风险责任机制，目的是将贷款的风险责任明确落实到作业人，从调查审核、分级审批、贷款管理、收贷收息的各个环节都有签字人和当事人。当一笔贷款出现问题时，分得清主客观原因，如果存在过错、过失或者失职问题，都可以从相应管理环节中找到责任人，并依据风险性质和损失的程度，决定是否问责。责任制文化倡导责任心和负责精神，确立风险经营意识，尽职地审核、发放每一笔贷款直至收回，避免发生不负责的行为。

**4. 利息文化的理念。没有利息不成借贷，没有利差不成经营，利润从利息差中析出。利息是经营获利的基本渠道，是银行至关重要的盈利方式，是信贷行为动机和标志。一头存款利息成本，一头贷款利息收入，中间是风险经营成本，全程透析出强烈的利息文化。**

负债与资产两头都是利息的活动，获取利息差是银行的显著特性，银行最关注利率、收付息率、应付应收利息等指标。一头是增加存款又要控制存款利息的上限，另一头要安全放贷又要定价利率保证收到息差，财务与市场风险使银行最计较利息差，利息意识维系着经营状况，丝毫不敢松懈。央行通过利率来调控货币信贷活动，银行关注市场利率的变动，牵动命运。高利率的诱惑引向高风险经营，低利差的危机感牵动着财务风险，利息敏感地表明经营的成败。经营离不开利息文化的支撑。

**5. 执行政策的文化理念。政策是经营银行最为明显的管控特征，是从业者最敏感的管理意识，坚决贯彻从不逾越政策红线，成为管理文化的根基。国家通过政策实现调控，银行通过贯彻执行表明尽职和态度，绝不含糊，这是履职的行政纪律，经理人是履职文化。**

国家不断运用信贷杠杆，稳定经济发展调控经济转型，抚平市场的波动，应对市场的风险，银行是经济货币政策的执行者。在以经济建设为中心的服务宗旨下，银行经营活动紧跟各时期的中心任务和货币政策的要求，以贯彻落实为己任，尤其信贷是受政策导向与调控的，不能自以为是。违反政策的后果最严肃，面临监管的制裁和处分处罚。银行从业者应当树立整体全局的意识、自觉服从的执行意识，在政策框架下寻找政策与经营的微观结合点。

# 五、机构是文化载体：企业文化观

企业文化是组织文化，出自经营，融为一体，靠银行家培育，在长期发展中积累形成，是经营之魂，给予银行家经营的自信力量和底气。每家银行都有自身的企业文化特征，给予行长经营理念意识和文化特征。

**1. 倡导经营文化的意识。经营文化属商业文化范畴，包含资本增值理念、成本效益理念、经营方法策略等经营思想的特征，内涵是经营价值观。每一家成功银行的经营思想中，都饱含经营文化的哲学精髓，货币的经营价值是构成经营文化的核心内容和共同追求。**

银行人从事货币经营活动，讲经营、算成本、求利润，讲管理、算绩效、求增值，表现出一切围绕着风险效益施展经营活动的企业本性，表现为各专业、各业务和每个人都为增收而思考、为成本而约束、为盈利而尽职，没有人可以游离在经营目标之外。

经营文化讲求效率和效益，倡导员工最大限度地提高效率，创造最佳绩效。如果一家银行缺乏经营文化，就很难生成追逐利润的经营目标和机制，也就缺乏市场的竞争生存能力，不能称之为成熟的商业银行，计划经济时期的旧式银行就是那样。

**2. 培育企业精神、职业精神的意识。企业精神形成于长期经营中，在行长倡导和员工自觉接受的基础上，在对经营哲学、价值观念、道德规范的凝练和总结形成的。企业精神落脚在员工的尽职敬业和奉献精神中，体现职业道德和品德风貌，给外界以鲜明的宣示。**

它反映出一家银行市场的状态和风格，成为共同的追求、志向和决心。它通过总结提炼后表述出来，带着本行的特色，含义确切，词义清晰，简短易记，语言通达。它体现优良服务的传统和作风，以及恪守信誉、自律谨慎、竭诚服务、奋斗贡献的精神风貌，成为推动经营管理的文化旗帜。企业精神当然是一家银行之魂，反映机构的特性，成为做好各项工作的精神支柱和内在动力，始终作为银行文化建设的重要内容。

**3. 员工为本的意识。以人为本、与人为善，突出以人为中心、立足员工的经营管理思想。落脚点是：依靠动员人、管理使用人、教育培养人、信任关心人，充分调动全员积极性、创造性、能动性。人力人才立于各项资源要素之首，表明人本思想之地位不言而喻。**

现代管理科学的发展揭示了一个基本道理：一流的企业、一流的产品、一流的技术、一流的经营，寻根溯源都基于人才的科学管理，旨在造就一流的队伍。管理文化的核心，始终围绕着如何提高人员素质，激励主观能动性，发掘人的潜能，调动人的积极性，发挥人的创造性。

以人为本就是发挥人的核心作用，培养员工的精神风貌，形成共同意志和目标的精神力量，形成经营发展的动力合力，把员工的职业理想、道德操守、劳动纪律与员工的权利义务、责任荣誉和利益充分相结合，铸造共同的价值观，营造心情舒畅，奋发进取的工作氛围和环境，去为实现经营目标奋斗。

**4. 弘扬服务的市场意识。在服务中营销获客，以服务发展市场，从服务中经营盈利，将服务变成为一种强大的市场竞争力，而不是只为交易、改善一下客户关系与形象。企业文化要渗透到各项经营活动之中，以一种服务文化的姿态紧随经营，去展示服务价值观。**

营造服务文化从来是企业文化最重要的内容，既是对外的形象宣传，也是提升管理能力中最重要的抓手。银行的职业道德理念、服务中介与代理人意识、以客户为中心思想、环境与素质理念、人才与素养等，都是与服务紧密相关的文化特征，表现得十分强烈。尊重客户、精心作业、文明服务、解决需求问题，在优质服务中盈利，成为各家银行的经营宗旨，并且是对员工的履职要求。

**5. 勇于进取的竞争意识**。进取精神＋创造开拓＋持续性机制，成为一家银行不败的市场标志，企业文化能够保持竞争的持续性，使队伍充满活力。今天的银行业再也不惧怕市场方式了，争先恐后勇于进取，创新市场没有不可能，努力赢得市场，遍地英雄下夕烟。

进取是一种对未来充满的自信，各家银行都在抓住机会增强实力，提升市场竞争能力。未来的市场一定风险更大，与西方的国际化竞争也将更激烈，抓住当前有利的经济环境发展自己，迎接更为严酷的竞争市场。市场仍在推进深化中，图变革、谋发展、求进步的竞争意识深入人心，成为至关重要的经营驱动力。竞争意识强的银行活力更大，市场意识浓的银行更抓得住机遇，处处主动，而推进企业文化自身的建树，能够不断地营造银行竞争机制的思想基础。

**6. 讲求经营道德的意识**。经营受到行为道德约束，这是一家银行文化传承和经营思想的平台，任何失德行为都会留下历史污点被记录在案。经营要遵循职业道德和行业公德，严守经营规则和职业操守。切忌欺诈，不能违反规范、采用不允许的方式赚不该赚的钱。

当今银行告别了世纪之初落魄亏损的状态，盈利能力已经很强。但是，经营路上依旧面对市场的各种干扰诱惑，如何守得住经营道德，是经营观与立场问题。银行利润应当是阳光下的盈利，通过合规经营得来，经得起审计检查，这样的盈利无可指责，证明经营能力健康强大。银行应当会赚钱，且要合规合矩诚信地赚钱。

经营道德是一家银行内部监管和维护信誉的行为指南。在充满博弈的金融市场上，任何欺诈都会带来严重的后果，绝不允许发生有失经营道德和社会责任的错误。在 2013 年互联网金融泡沫泛起时，许多银行经不住诱惑，伸手被捉酿成大难，正说明经营道德问题并未得到根治，一有气候便会还潮，切要自律。

**案例：** 花旗银行建于 1812 年，是全球最著名的银行品牌，但 2004 年它在日本和欧洲相继发生了业务丑闻。在日本的私人银行误导消费者、牟取暴利，受到日本金融厅指责被暂停业务。该行集团 CEO 查克·普林斯（Chuck Prince）被迫鞠躬致歉，并宣布关停一家主营房地产和信托银行业务的分公司。在欧洲，花旗交易员被控在政府债券市场中有欺诈行为，受到德国监管部门审查，使其在欧元区国债承销业务陷入困境。2003 年下半年它在包销排行榜排名是第 5 位，2004 年下半年下滑至第 14 位。为重塑信誉，避免再次出现违规丑闻，2005 年 2 月 17 日花旗集团决定每年对 26 万员工进行道德教育，每年对 3000 名高级经理进行一天道德教育，指出不仅要创造效益，且要长期关注公司声誉。可见，讲究和遵循经营道德是领导人塑造百年根基的重要责任。

# 六、文化在不断演进：文化认知观

无论你是否了解、认识和重视，文化客观地存在、内在地发挥作用。如果你关注重视它，能有效地助推经营发展；如果你无视漠视它，无非是少了一件有效武器，多了管理之难，甚至总有负面效应。哪有优秀领导人不关注文化建设？这本是企业管理的规律，看你是否具有认识和驾驭的能力。在文化建设中，有哪些重要认识与经验需要总结思考？

**1. 厚重的银行文化附着于强大的经营体系，构成经营稳定的基石。没有文化的银行不能稳固强大，文化力量才是银行健康成熟的根本标志。你看，大凡金融业发达的城市，都是金融机构密集，金融商业文化浓厚兴盛、金融意识普及的大城市，奠定金融基础环境。**

市场滋生商业文化，市场化经营是商业文化的内核，缺乏市场要素就缺失银行文化的基因。计划经济时期的银行担当金融管理角色，银行行使行政职能，笼罩在严肃的行政文化中，没有市场性；统管资金、代理支付，缺乏风险与利润意识，缺少经营性。尽管也有存贷款业务，那只是"社会的出纳"，未形成竞争、风险经营、服务创新、追逐盈利等市场本质特征。因此，当改革开放后，那时的银行信贷如大山溃塌，使旧体制走到了终结。

几十年来，在银行业改革发展转型中，经历了许多动荡的风险灾难，从放纵走向自律，从无序走向规矩，从粗放走向精细，变得稳健懂得了约束。金融文化逐步积淀起来，并越来越影响经营，如今银行也有了成熟的模样，赢得了国际地位。金融改革成果来之不易，未来现代化银行需要企业文化同步推进。

**2. 银行文化具有完整的内涵，货币文化、信贷文化和企业文化构成一个互为融合的整体，哪一项内容疏忽都有缺陷。企业文化以货币信贷文化作为基础，吸收和强化货币信贷文化对经营的核心作用，绝不可脱离这个经营的基础要素，不能搞纯粹的企业文化建设。**

这就是说，企业文化建设必须服从服务于经营发展，增强金融意识，依据金融基本原理、理论和规则，依法合规经营。市场最薄弱的一环始终在风险，表现在经营中，各种违规经营奇葩的风险案例不断，造成信贷损失；对市场对企业缺乏深刻的风险意识，贷后管理不严；经营意识不强，内控意识薄弱。

年年都要开展运动式的检查整顿，依靠动用强力的行政手段和惩罚措施，这表明文化的作用仍然薄弱，缺乏约束力；表明风控的基础文化单薄，未能真正普遍地扎根，残留着某些旧体制的管理文化，未能有效地制止那些低级的违规行为；也表明领导层、管理层能力存在结构性缺陷，单靠管理不行，应当强化文化的力量。

**3. 企业文化是经营文化，不是单纯的精神文化，以两个文明建设培育银行文化，内容才丰富多彩，目标方向才明确。文化"文以载道，潜移默化"，是指精神文明之道、经营管理之道，缺一不可。如果两者分离了，表明两个文明建设未能有效落脚到银行文化中。**

两个文明具有两大文化内涵，物质文明体现在经营文化中，精神文明凸显在人文思想上，两手抓都要硬。前者需要不断完善银行的经营管理，办好银行，使之跟上经济发展进程；后者着力思想道德建设，带好队伍，使之挑起经营发展重任。

银行文化建设的内容，一是培育员工的世界观、人生观、价值观等重要文化内容，二是培育员工的经营观、市场观、发展观等重要经营内容，缺一不可。例如，经营的思想理念、依法合规教育、风险教育、制度及责任制教育、业务知识及管理提升等内容，都属业务经营文化，与人的素质素养能力不能分离；还有管理发展的内容，企业精神、职业精神、经营发展目标、队伍文明建设等。只有将它们充分纳入文化建设的内涵，融为一体不再分离，才不会枯燥呆板，内容丰富又生机勃勃。

**4. 文化建设要与经营活动相结合，以业务为本，注重内容，寓教于经营，充分结合渗透其中。不能两张皮各行其是，变成空泛、肤浅和口号化。内生的才有生命力，自信的才会生动出彩，贴上去至多是装饰。一意地突出文化形式，反而游离在外，使人敬而远之。**

精神文明建设如何融入经营中去？一直在苦苦探索中。内容确定之后，形式与方式最为关键。思想政治工作必不可缺，十分重要，从目前队伍的素养风貌和状态看，过往工作的成效不错；从经营业绩和深化转型的要求看，未来仍需不断地创新完善。文化需要灌输，更要潜移默化地沁入，两者相结合才有效。**灌输不是说教，不该简单粗糙，应有其丰富的思想内涵和多种形式，将理想信念、精神道德的内容自然地融入经营发展之中，使人认同接受、吸纳并弘扬经营价值观，为之而奉献付出，才是文化建设的重要方式。**

有的银行以文化生活、娱乐等活动替代文化建设；有的银行把政治思想建设等同于企业文化建设，都是偏离片面的，不足以体现一家银行的价值取向、经营哲学、行为方式和管理风格。总之，任何脱离经营的文化取向都会丢失效应。

**5. 文化伴随着经营在不断发展，亟待跟上时代步伐，注入新市场因素。文化建设不是一劳永逸，它与经营的伴生性、与市场的趋同性、与发展的能动性，都是激励内在生机活力的源泉。过时的文化因素也有其负效应，因而每一次改善经营方式都带着理念的更新。**

各种经营冲突的背后，伴随着文化冲突和观念转换，成为经营价值观在文化的体现。从一定意义上说，文化建设需要持续不断地进取，才能强化吸引力、影响力、召唤力，继而聚成合力发挥导向的效应。

银行发展史就是一部企业文化的发展史，每一家银行文化的形成，都经历了一任任银行家承前启后的传递。通过长期经营中的积累铸造、精心培育，是一个不断吸收扬弃、不断创新完善、不断发展的过程。文化折射了时代变迁，企业文化如果停滞不前，其中消极陈旧成分总会表现为一种惰性，安于现状不思进取，消极求稳不思变革，保守而阻碍新事物，致使经营失去活性。因此，银行股东的变化、高管的变动、时代的要求和市场的变化进程，都在经营发展中推进了文化的创新。

# 七、培育银行文化的要领

文化建设自有规律性，一手抓经营发展，一手抓企业文化，应注意关注把握好以下问题：

**1. 领导与群体：领导重视，全员参与，银行家智慧＋群体创造力＝结出文化果实。企业文化带着银行家的思想、观念和经营导向，在总结宣传和安排下推动。领导者素养及重视决定了方向和目标，体现文化工作的内容、高度与力度，最终在群体认同参与中落实。**

文化本是群体的意识，但无论是内容或形式都需要领头人长期地倡导、培育和提炼，领导重视起着关键的作用。文化是无形的，却需要落脚到一件件具体的工作事项和活动中；文化是进步的，需要不断地更新内涵赋予时代气息；文化是大众的，一定依靠全员的共同参与并得以检验效果；文化是银行的，总是表现为领导者的认识、关注和培育。

**2. 要领与方式：文化依附融入、渗透反哺经营，维护稳健经营。经营发展是企业文化建设之本，如源泉带来生生不息的文化动力。文化建设是经营管理的组成部分，在点点滴滴、日积月累、潜移默化的过程中，实现**

一种共生共荣的状态，形成无形胜有形的境界。

企业文化在银行经营活动中派生，没有经营也就无所谓文化。经营管理的体制和方式不断地影响着文化的内容特征，只有植根于业务经营，才有生机活力与动力，才能实现文化内容与形式的完美统一，一旦脱离便滑入形式主义。

文化建设是一个长期渐进、逐步由低层次向高层次演进的过程，每一个环节、每一个步骤都与业务经营发展紧密关联在一起。从其作用来看，旨在推进银行的发展与振兴，得以体现；从其形态来看，融入到经营管理的全过程中，得以存在；从其效果来看，促进业务经营与效益的实现，得以发展。

**3. 思想与方法：** 人本思想是队伍建设的价值观，每一项经营活动都依靠人在发挥作用，以人为本开展银行的各项工作，更加体现人性化，效果更好。无论业务经营还是文明建设，人是经营发展的担当者，当然成为文化建设的着眼点、落脚点、出发点和目的归宿。

经营绩效从哪里来？有赖于员工的主动性、积极性和创造性，有赖于员工专业技能和素质的发挥。因此，经营管理要以人为本，尊重人、理解人、关心人、造就人，注重提高全员文化素质与统一价值观，发挥主观能动作用，增强认同感、归属感、荣誉感和使命感，使个人与银行形成一个意志统一、目标一致、同命运共荣衰的利益共同体，从而为银行注入了旺盛的活力、动力。在文化建设过程中，思想政治工作是有效的武器，每一个管理者都要学会、掌握和自如地运用，重视和善于做好人的工作。

**4. 形式与精神：** 企业文化可以提炼出简练精华的用语，读起来上口，容易记得住，使人直接感知银行的经营理念与倡导的精神含义。许多银行已经成立几百年了，依旧保持初时的用语，初心不改，一贯坚守。它作为一种文化标志，成为经营活动自觉遵循的准则。

尽管短短一句话代表不了全部文化内容，却直接表达出经营管理的宗旨、意志与精神，成为宣传和传播文化最重要的形式。

文化体现了企业精神，反映思想观念、经营价值观、行为准则、管理制度和文化的群体意识，展示一家银行的个性特色和精神风貌。精神是不可或缺的，是从艰难的发展历程中顽强地生长培育、积淀表达出来，被人们认同遵从并受之约束，成为意志和力量去发扬光大，发挥出效能和作用。一家银行离不开积极向上、人心归一的精神力量，企业精神使队伍产生凝聚力、向心力和创造力，从而表达出了人们的精神追求。

**5. 特色与个性：文化特色是文化的个性，通过培育使个性变成优势特长。经营需要个性，它带着竞争力的特征，文化也随之有了自身特色，不要忽视。企业文化不要平庸，那是无所作为的代名词，而要懂得去研究发挥和发展，将特色作为抓手，使经营更加有效。**

文化形式需要与当地人文环境共生，与经济活动特征相关联，各级行长应当着力思考本单位文化表现的具体形式。银行文化的落脚点是分支行，精心构造一种能为员工认同接受的文化模式，就是文化建设的基础。在一家银行企业文化的麾下，各分支机构不该千佛一面，而应各具色彩，应当结合本地社会环境与员工的管理特点，培育和导向文化建设，才是一家分支行的成功之路。这就要求分支行行长开动脑筋，去营造企业文化特色，让各种花朵鲜艳地盛开，汇入全行文化的百花园。

　　特色文化是亚文化，它与母体银行企业文化不冲突，与经营思想、制度方式、体制机制表现的主体文化是统一的，统一于主旋律下展开，成为构造机构文化的表现形式。我在担任市分行行长时，在分行下属机构中，有的支行以学雷锋为主线持续抓两个文明建设，推动业务连年发展；有的支行运用科技做银企财务接口，形成特有的发展方式和客户群；有的支行通过发挥好工会在民主管理中的作用，调动了员工参与经营管理的积极性等。鼓励创新文化形式十分有效，特色文化在经营中十分有益。

**6. 品牌与形象：文化建设是银行的，也是服务社会的，关系到塑造自身的社会形象。各家银行不遗余力地向社会传播品牌文化，以标识广告形象传达经营理念，对公众宣示效果。品牌是文化的结晶，是银行的无形资产，比产品更重要，成为企业文化的独特表现。**

品牌如同一件好衣裳穿在身，美化了仪表形象，也约束了自身行为。一旦形成好品牌，在社会形成共鸣，求得客户的认同和理解，达到稳定的市场服务，对内对外都起到重要的作用。对内，需要不断地努力去维护和发展，做到与品牌的一致性，护卫品牌，传承经营价值观，推动创新进步，这正是文化建设的内在力量。对外，积极向社会传播正面的形象，以求市场对企业精神和价值观的认可，这正是运用品牌的文化力量。因此，品牌建设是实现和推动经营发展重要的文化力量。

我理解工行文化有 4 大特点：国企文化、排头兵文化、科技文化与专业文化。国企文化：尽职、担当、奉献，无条件为国家利益；排头兵文化：长子担当、争先精神，做出样子品牌；科技文化：追求创新、敢担风险，以技术引领发展；专业文化：规范稳健追求卓越，精益求精工匠精神。

第 三 篇

# 经营之道

## ▶第 13 章 经营与管理

　　很多人喜欢谈管理，引经据典很时髦，头头是道很深奥；我却喜欢讲经营，市场瞬息万变真风险，简约精彩真本事。经营是市场的方式，为资本获利；管理是行政的方式，始终围绕着经营。许多人热衷于体制模式，以为管理就是经营，其实本末倒置了，经营才是灵魂，管理是从属经营的附庸。市场并不都理性，不讲道理是竞争机制，经营需要智慧诀窍、谋略策略，唯有实践是硬道理。

　　外行看热闹，内行讲门道。经营充满诀窍，处处折射出资本应变市场的生存之道，永远那么神秘，像蒙娜丽莎的微笑，展示出市场魅力，使投资人入迷。经营禀赋常是成败的基本原因，在市场大舞台上，谁都有机会成功，谁都有失败危机，一切由经营说了算，经营力是竞争力，擅长经营者胜。

## 一、什么是经营、为谁经营、怎样经营？

　　经营始终散发出市场的精神与资本的意志，充满了生机活力，演绎出精彩无比的世界。市场熙熙攘攘，市场之道是经营之道，要么拼命向前，要么淘汰出局，经营是一条不归路，满地是见证与挑战。

　　**1. 经营是什么？是资本在市场的生存、运营和牟利方式。经营由市场而生，导出经营方式，继而形成管理和盈利模式，追随市场谋取盈利。内核是因地制宜、应变市场，寻求机会、竞争取胜。经营无处不在，是市场的学问，离不开智慧与本事，令人崇敬和敬畏。**

**（1）经营是配置资源要素，开发资金价值**。通过优化组合调配资源，调整结构与效率，谋求实现利润。总分行层级的经营职责有分工：最高层总行的经营特征是战略规划、计划调度及配置整体资源；中层省市级分行在辖区内经营，执行与分解落实计划指标；分支行具体实施工作任务。如同打仗，最高司令部部署战役决策，集团部队组织攻防，团营连队冲锋陷阵，攻城略地。上下协同、左右协作，各司其职，调动起积极性，发挥各项业务的功能，营造每个机构的活力，形成综合竞争力优势，去实现经营目标。

**（2）经营是营造竞争力，增强市场应变力**。每一程发展都靠经营业绩铺路，靠经营引擎带来动力、生成力量。经营使金融资本发挥出功能效应，形成市场的意识与手段，成败皆出经营方式；经营给管理注入思想的灵魂，去应对市场变化，绩效皆因管理方式；经理人展示经营智慧才干，多少银行业者一生在探索经营之道，适应市场推进发展；所有制度规则和政策监管都围绕着市场经营展开，所有经营措施机制和开拓发展都针对着市场对业务的需求。

**（3）经营是市场能力，银行在市场中发展**。经营跟进社会生产力，人才、业务、技术、机制、客户、管理都是活跃的经营要素，每一项都牵动着发展与未来。关注市场应在经营上下功夫，踏实做好经营，才能收获硕果。

**经营充满着技巧技能、机制机理，侧重于方法论；经营是感性睿智的，离不开谋略、策略与胆略，随机应变于市场**。商业银行本源是吸收存款、放贷获利，这是全球各国一致的定义，经营逻辑和基本理念当然来自这一定位。信贷就要控风险、赚利差，市场化经营以盈利为生死线，这个商业至理亘古不变。市场是竞争机制，风险成本是代价；市场有运营规则，参与者以合规进入，违犯者出局。政府干预是纠偏市场弊端，利于改善经营关系。无论有形无形之手、是利是弊的环境，经营在适应中走向前。

**（4）经营是内核更为显要，体制只是形式**。经营是资本的动作，资本由经营决定命运，所谓体制只是想控制经营。体制属生产关系范畴，由国家政策、股东资本决定，而经营围绕着市场与客户，由经理人担当实施。

需明白，社会处在深层改革的转型期，银行体制与经济难解难分。不会单独去解决银行体制问题，何况体制也不是一把万能钥匙，哪种体制下都有成败。公司治理主要为解决股东控制与运营规则，无法替代业务经营，一旦竞争力败落，再好的治理形式一同散去。这是市场的逻辑，中西方皆如此。

中西方经营模式从来分道扬镳，我国遵循中国特色的体制，走向社会主义市场之路。各级行长的职责是在国家体制的平台上经营，业务专业的经营与市场勾连得更紧密。实务中无需去纠结体制性难题，它不是经营人的职责，也无能为力。

**2. 为谁而经营？** 经营是机构的使命，受资本驱使驱动；经营是行长作为的方式，是创造业绩的平台。经营在迷茫中行进，内部外部各种利益的矛盾都充分显现出来，充满风险不确定性。一切落脚在经营中，以绩效见证，需担当也是担责，过程中充满着艰难艰辛。

**（1）经营担负着双重使命。** 主要是：第一，以利润为核心的考核指标贯穿于经营活动始终，体现经营的财务价值，通俗讲是为股东经营，为资本实现价值，接受经营问责。第二，以经济建设为中心的宗旨贯穿着经营工作始终，实现银行的功能要求，贯彻落实党和国家政策是职责和政治要求，接受行政问责。银行高管的职责与能力，是要将两者有效地结合起来，侧重一项或轻薄一项都容易出错。

经营状况体现在两类指标中：第一，利润等经营绩效指标，终究股东及投资者拿指标说事，据以衡量银行高管的经营情况；终究各级干部、员工最关心绩效考核指标，指标与薪酬等切身利益紧密挂钩。第二，业务发展类、监管类工作指标，上级据以考核评价行长的经营管理工作。它们是银行经营状态的写实，反映机构的综合经营力，也表明一家银行的市场竞争力、服务力地位。

**（2）经营的最高境界：力求达到国家、股东、高管、员工与客户五方**

的满意度。难点在，各方都很强势，但利益诉求并不一致，上一方控制着下一方，影响力依次递减，但谁不满意都不行，最终落脚到经营上。

国家关心银行功能与政策调控，股东关心资本回报与发展，高管关心工作的绩效考核，员工关心利益分配，客户关心服务水准，关注点不一样，存在多种冲突，形成不同的矛盾特征，聚合成一个复杂的经营体。**假如哪一级想回避绕开自身的矛盾，必定在下一级暴露得更加突出，只会增加了经营内耗。**因而，成功行长的经营艺术，一定是追求经营稳定，以发展统领，以绩效求胜，以管理力求各方的基本平衡。

**（3）摆正各种经营关系，不能犯糊涂，检验行长的立场、观点与方法。**经营受到各种力量的支配，国家是政治力量，监管是行政力量，股东是资本力量，客户是社会力量，员工是利益力量，形成对高管经营的工作压力。如何把压力转变为动力成为关键，如何把管理转化为机制是能力。需要什么经营机制？**对上是执行机制，对内是财务机制、内控机制，对外是服务机制、竞争机制。这5种主要机制，必须在经营中关注、维护和运用。**

经营关系分层次主次，第一层是政治关系，加强党的领导，贯彻执行党和国家的重大方针政策，任何时候都要讲政治，绝不含糊；第二层是经济货币政策关系，体现在金融调控与监管方面，政策要求很具体，不要犯错；第三层是制度规则中的经营关系，合规经营为上，违者处罚；第四层是客户服务关系，重在协调维护；第五层是内部的管理关系，靠有效管理。这些关系体现在经营中，**一层压一层，绝不能错位处理，这是任职规则。**

**（4）行不行看经营，强不强看市场，经营检验着行长的领导能力与责任。**分支行行长的经营能力，主要表现在依据市场实际贯彻执行上级意图，落实经营管理要求，营造经营的优势与特色上。重点体现在四方面的能力：维护与开发客户的业务市场能力，营销与优化客户结构的能力，调度资源完成经营指标的能力，以及构建经营机制与保障经营秩序的能力，缺一不可。

**3. 怎样做经营？** 市场复杂又丰富多彩，不以科学做定义，只以绩效来衡量，具有许多基本要领方法。经营手法因人而异，机缘诀窍各有高招，殊途同归；经营形式不同实质相通，只有统一规则，没有一劳永逸的策略；经营各不同并非都能如意，优秀者只是少数。

**(1) 市场使经营变得极其复杂**。利润是怎样产生的（财务实现）？经营风险在哪里（风险防范）？管理应如何去应对（管理技巧）……这些基本经营道理并不难。但是，若将其放到经济发展的复杂环境下，放到深化改革的金融体制下，放到政府与市场有形无形之手作用下，放到经济转型、支持小微、民营企业发展等重要政策背景下，哪一项都夹杂在市场风险之中，经营就被注入了最为复杂富有的内涵，变成最难最需要智慧的学问。许多精髓的内容需要发掘、传承，经营的真谛才有动力活力，更加有效。

经营始终**围绕着改革、发展、绩效、风控、服务5大主题去适应，围绕着工作的重点、热点、难点、目标、关系的中心去部署，围绕着动员、组织、协调、配置、整合各种经营力量去推进，在不同形势与环境下作出调整，需采取不同的方法、策略和措施**。经济在发展、市场在推进、国情在变化、国民富起来，金融需求越来越丰富，金融市场越来越繁荣，经营方式也亟待跟进，要重视经营、研究经营，它比什么都重要。

**(2) 经营管理有5大维度，都是重要的视角**。可全面正确了解经营的位置和角度，得以揭示一个完整真实的银行。

一是看资本与制度体系，这是经营的基础资源，表明实力、秩序和能力。资本约束规模，制度确立规则，多少资本体现多大的规模体量、市场地位和经营能力。

二是看客户与市场，这是银行经营的业务市场空间、生存能力和定位状态，表明市场认同、竞争力和服务力。多少客户体现有多大市场、业务基础和服务能力。

三是看银行产品、服务和渠道，这是经营的方式、手段与市场需求，表明与市场切合度、创新力和渗透力。产品数量和渠道体现在市场的分布、层次和融合度。

四是看体系、技术和人才，这是经营的基础要素、品质能力和管理素质，表明管理的水准能力。人才决定未来，技术决定格局，体现出基础厚度、深度与高度。

五是看经营方式、策略与机制，这是领导能力、经营思想与管理方式，表明经营管理水准、效率和控制力。领导层、价值观和方法论决定了一家银行走什么路。

**（3）经营需要遵循监管，严格自律约束。**经营的自由度、灵活性与多变性太大，必须接受管控走上正确的路径，约束在可控的空间里，戴上紧箍咒才守规矩，使之稳健审慎，经营才踏实有序有效。

如何约束经营？前提是依靠经营的价值观导向，措施是通过方法论落实，关键是把握住红线、底线及边界，牢牢记住才能守规矩，保障合规经营。**红线是红灯生死线，用以保护好自己。底线是黄灯风险线，是灵活度的极限，即做人的道德底线，是做事的妥协底线，是财务业务的经营底线。边界是设定的有效经营空间，受到合规性支撑，努力在规则、规定动作与制度规范下经营。**市场太复杂，遇到需要突破或创新时，首先要作出制度性论证，目的是为了保护机构和经营者的安全。

# 二、经营的三项管理、三种能力

财务管理的地位是怎样形成的？历史上，人们将 1897 年美国著名财务学者格林的《公司财务》一书，作为财务学科初步形成的标志。20 世纪 20 年代兴起了股份公司制度，极大地丰富了财务管理内容，提高了地位。到 50 年代，随着资本预算方法的日臻完善，提出了资本选择理论，使财务管理对象延伸到企业全部的流动资产和固定资产，管理的角度转移到内部。至此，企业管理开始形成生产管理、财务管理、营销管理三足鼎立的格局。

1. 银行经营活动可划分为业务运营、市场营销与财务管理三大体系，三者的经营地位并重。三种职能构成有机的经营整体，同时存在于一项业务的全过程中，相互间分工明确自成子系统，却彼此又紧密渗透不可分离，互为制约，为共同实现银行业务经营的目标。

（1）从价值论看，生产经营中物流与资金流运动，既相一致又相背离。所谓一致性，即物流是资金流的基础，资金流反映物流状态，并制约物流运动，这是价值与使用价值的统一性。所谓背离性，即二者在运动时间与数量上不一致，是因为价值运动具有独立性。

银行经营同样存在资金使用价值与价值的统一与背离，在存款、贷款等业务中，资金表现为使用价值运动，而在财务运作中体现为货币的价值运动。两者关系是，只有资金使用价值得到良好的运用，才能丰裕财务资金；只有财务资金丰裕了，才能充分保障业务的良好开展。财务成为各项业务的出发点与归宿，财务管理自然是经营管理的内核与标准。

（2）从系统论看，三大系统各自的侧重点不同，大体分布在前中后三个部位，关系紧密、融洽配合、相互依存。营销系统部门包括负债、资产两大板块，面对市场了解客户需求，推广产品和渠道，致力于扩大市场效应，表现为**市场竞争能力**；运营系统部门采用先进的管理手段和技术，致力于提高资金效能，表现为**专业管理能力**；财务系统部门通过会计、统计等各种信息，正确配置财务资源，实施成本管理、分析评价、考核分配等，致力调控和规范理性地经营业务，表现为**价值实现能力**。因此，三种经营能力同等重要。

（3）从经营目标看，业务与财务互为渗透支撑，分离不开。业务是财务的载体，财务是业务的魂灵，各自既有运行方式又协同统一，才有健康的经营。

围绕价值管理，财务贯穿于经营全过程，支持各子系统的良性运行，成为各系统运行的晴雨表。财务指标是依据，部门管理者可从财务状态中发现运营的偏差，及时矫正以保持良性运行，要预见趋势防患于未然。同时，财务管理者应敏锐了解各系统的运行情况，发现偏差度并及时矫正。

在相互促进、完善和补充中，为实现共同的经营目标服务。

实务中的问题：一是财务管理重事后轻事前，偏向会计事项，偏重事后核算、确认与分析；二是专业部门的财务意识不强、能力偏弱，系统间互补不足，影响了整体财务效率。原因来自体制，也有财务能力问题。

**2. 管理者应当具备营销、专业和财务三种能力，组合成完整有效的经营管理能力。能力从经营意识引出，来自专业意识、营销意识和财务意识，形成于经营实践。一个合格的领导者总能以营销的眼光看市场，以专业的眼光设计产品，以财务的眼光实现经营利润。**

三种能力与眼光融合为一整体，哪项缺少、哪项软肋都隐藏不住，一定会暴露出来，伤及到经营。**有效切入点＋专业之精致＋价值管理，有机合成一套经营组合拳，使经营思维变得完整全面。假如不懂市场不善营销，则起点迷茫；假如专业不强，则过程出事；假如财务不力，则空忙一场。**

实务中，常有争业务资源、压财务指标的，以及业务管理不到位、成本意识薄弱等，都反映出领导财务素质的弱点。从各级管理者的整体素质看，财务管理能力弱是最大缺陷，因为专业与营销都是日常手头的事务，容易掌握。而财务是一门专门技能，制度与规程比较复杂，掌握好不容易，尤其是财务观念和意识的形成，要从日积月累的经营中磨练来。因此，财务是提升行长素质的必修课，财务观定格了经营。

# 三、有形无形之手：经营模式、定位与政策

20 年前我们还在摸索，期盼脱去旧体制的外壳，却不知向哪里去？10年前我们刚跻身全球之先，不自信总怀疑，怎么超越了？如今领跑 10 年有了信心，肩上也已负重。下一个 10 年该怎样领跑？历史责任面前需要勇气。因为要立足现有基础坚定向前，一步一个脚印开创未来；因为改革做对了，走出了一条路，只需稳健地前行，不辱使命。未来市场化的机制与

规则逐渐清晰，在世界大变局中，要坚守成功的中国方式。

我国银行业已经形成了基本经营特征，既是金融改革的成绩和出发点，也是思考未来的基本立场与立足点。

**1. 国情环境已经孕育出我国银行特有的经营模式，尽管仍处在初级阶段，但市场格局的雏形已经成型，未来必定在这个基础上发展，只是在现有基础上完善丰满，不会也绝不允许推倒重来。它与国际市场接口相通，遵循规则但坚守特色，是认识经营的市场视角。**

改革开放中银行商业化的最大成绩，是基本实现了与国际接轨，逐渐成熟。国际化不是依样画葫芦，所谓接轨，是指与金融市场规则接轨、业务相通，但管理经营应保留自身的传统，有特色才有优势。这是改革成功的基本经验，是护身符，决不能丢失重置，尽管仍有不足之处，坚信在未来 30 年中一定能够完善。

**市场化进程主要解决了三大根本性难题：第一，实现了公司治理的现代企业制度，股改上市是一个明证；第二，统一了会计制度，符合国际市场标准的经营规范；第三，监管标准国际化了，统一于巴塞尔新资本协议。它使我们立足在市场化平台上，而除此之外并无强求一致的经营标准。**

有人理想一步融入市场化，以为市场化在西方，急于搬用现有西方模式，其实错了。市场有渐进的阶段性，什么时期做什么事，分步走不能超越现实，否则走两步还得退一步。市场有国情特色环境，经营货币各有模式与技法招数，自己的鞋子才合脚，可借鉴但无须挑剔，相互间只需交流沟通。两股道上跑的车，何不赛赛？经营求稳健，适用的方式别折腾。存在是合理的，生命之树常绿，如今我们已经构建了经营架构，形成了活力与发展模式，坚信在未来向现代化转型中定能更完善更强大。

**2. 银行的市场定位并未明确，一直有争议，人们指责各类银行同质化，把盲目发展、无序竞争、业务雷同、缺乏特色、经营风险及竞争力不足都归结于定位不清。大中银行应由国家定位＋市场引导，是否改变取决于政策环境，实质是政策与市场两种力量在博弈。**

**（1）市场带来两项冲突**。第一，为谁服务？这是服务定位。市场的本性使银行追逐高端优质客户、高附加值业务，不愿做低端客户与业务，这是价值规律在驱动。第二，支持谁？这是信贷定位。银行争揽低风险好客户、大中客户，不愿做高风险的小微小企贷款，这是风控规律在驱动。假如完全遵循市场规律，低端的市场由谁做呢？这显然不符合我国国情下的社会现状。国家政策导向是共同富裕、普惠性金融，要求银行服务大众，扶植中小企业发展。因此，不能以市场说了算，政策干预是必要的，使市场在国家宏观调控下配置资源，这就是我国社会主义市场经济的特征。

**定位涉及经营的自主权、配置权、控制权，国家并未全面放手经营定位的市场化**，理由很清晰。因为经济发展的重点与薄弱环节都亟待金融支持，只能国家说了算，宗旨与核心功能使银行受到政策的强约束。经营历来以经济建设为中心，一个时期重点支持国企和基建，是主导和基本国策；一个时期支持购房，为扩大消费服务城市化；支持民营、小微企业是新的方向，服务实体经济和解决就业等，在政策指引和监管督促下，无论金融体制如何银行都是贯彻执行者。因此，在未来相当长的时期内，管住银行服从大局才能稳定经济。

**（2）市场化发展到了需要定位阶段**。银行改革40年来走出了市场化第一步，即从混乱到有序，从单薄到有实力，经营格局体系已经成型；未来实现市场分工分化是第二步，即走向选择市场适度分工，拉开了定位经营的帷幕，这是挡不住的市场趋势。找准角色才能演好戏，培育有特色的核心客户群、有经营战略定位的路标才不迷茫，不再满天下打乱仗，致力于培育相对优势，杜绝粗放走向精细，才有稳健审慎的市场基础。

**定位是市场化经营的前提，为经营定标，选择客户、产品的市场坐标，确定重点、形成专长特色，都是经营的核心问题**。定位不明会乱章法，政策过强会乱责任，市场错位会生风险，缺乏定位就没有客户发展战略，包括细分市场培育客户群、差别化服务组合、系列化多品种、一揽子综合服务，源头都在客户定位。市场经济是一种定位经济，市场发展一定走向定位经营，是各行业普遍的规律，因为这是一个竞争的市场，受经营考核驱使，主动定位才能方向明确少走弯路。

**未来趋势如何？在政策与市场的冲突中，中小银行一定先行一步，它们原本起于市场机制，自主权更充分，加快走向定位的市场。而大银行定会依据政策而行，服从国家定位，大国也需要全方位经营的银行，它们只能以自然演进方式走下去。**当然，市场机制终究促使大银行作出策略性优选，结合政策去挑选优化微观市场，这是经营的市场规律驱使，是一种挡不住的经营力量。

**3. 寻求政策与市场的交汇点，才是领导者落实、理解和经营的本事。这在西方银行、金融规则和教科书中并无提及，却是我国银行的行为特征与特别能力。政策干预是政府领导方式，市场驱动是资本内在力量，交汇于经营反映了领导能力，成为经营成败的灵魂。**

市场自有规律，在有形无形之手作用下，行政干预总想牵住市场，有时相向有时逆行，必有摩擦和后遗症。尤其当政策逆向调控，过热要降温，下滑要启动，结构要转型，弱点要补台……信贷是首当其冲的调控工具，过度产能要削减，风险事件要补救，弱小企业要扶持，信贷无不在其中。当企业七八成负债来自银行，岂能摆脱风险？

**（1）政策是规则、红线与导向，经营是策略、技术与路径，结合点、落脚点在微观。**执行政策是银行的政治态度，不能随意触动与违反，政府与监管最在意政令畅通，据以督查。经营却围绕着风险与绩效，因而政策与经营交汇在业务中，何以求得实现政策条件下的市场效益？寻找交汇点是经营者的基本职责，找不到、找不准、找不够都有风险。例如，国家要求支持小微小企业贷款，银行必须找到合适的小微借款人，既要完成小微贷款指标，又要确保贷款安全盈利，才算尽职。放不出或放坏了都有问题和责任，受到政府、监管与上级的问责处罚。

**（2）政策与市场都在变化中，经营要随之而变，矫正交汇点。**政策的变化在明里，市场的变化在暗里。政策是刚性的，市场渐变后定有突变，考验着商业银行的传导机制，如何紧跟快转？首要是准确理解国家政策，任何自以为是都会出事。例如房地产及按揭贷款，时而收紧时而放开，按揭成数、规模不时在变。

**找到交汇点是银行家必备的经营智慧，既要懂政策，更要懂市场、客户。** 政策变化有三大指向：第一，信贷总量的增减；第二，调整投向，如支持小微、民企、淘汰污染企业等；第三，调控敏感行业，如房地产业等。后两条是牵动风险的核心问题，需认真贯彻和重视。若在经营早期就关注政策方向并相向经营，顺势而行便更加自信；假如投向错了就得赶紧清退以免损失扩大；假如贷到受调控的行业，就得千万小心，以免被困其中。因此，政策决定着市场走向，只要远离敏感性市场，风险就少了；只要与政策合拍共振，就能达到顺势发展的境界。

> 我国的货币政策取向由紧到松，可分为"从紧""适度从紧""稳健""适度宽松"和"宽松"五个区间，"稳健"又可细分为"稳健偏从紧""稳健中性""稳健偏宽松"三个小区间。最能反映变化特征的是 2007～2016 年期间，在 2007 年下半年至 2008 年第一季度短暂实施"适度从紧"和"从紧"的货币政策，在 2008 年第四季度至 2010 年末实施两年零一个季度"适度宽松"的货币政策，2011 年起定为"稳健"。短短数年跨越了 4 个区间，其中，2007～2008 年间实施了 3 种不同货币政策①。此外，经济热点、结构与重点也在调整变化中，随时影响信贷，变得敏感、复杂，需适时而变，任何迟疑、出格都有风险。

**（3）改善经营机制，力求与政策、市场合拍。** 政策多变、市场无序，但谁也难预料政策之变，有转折时的偏离，有刹车时的惯性，还有摆动的折腾，找对落脚点才是归宿。经营要随机应变，观大势识大局，跟进即为理智，机会亦在其中，若怠慢会有政治、经营两失。严肃的政策至高无上，不执行或违反政策比市场类风险更加严重，考验着银行家的应对能力。因此，**银行要长眼睛，看清安全点落地。唯有找好政策与市场结合的安全岛，才能落实三个负责：对政策负责，对经营负责，对自己负责。这**

---

① 孙国峰. 正确理解稳健中性的货币政策［J］. 中国金融，2018（15）.

是忠告，是对领导者职责与能力的基本要求。

经营的范式：政策思维、市场运作、经营应变。政策性、专业性、市场性是范式的内核。政策带着政治与规则的导向性，经营随之起舞，银行需密切观察经济环境动态，敏锐地寻找政策中蕴藏的市场机会。银行的专业能力，体现在能否将政策转换为可操作的业务规定，使风险管理细致可行，渗入每个环节，确保条条指令能贯彻到位，成为市场营销的依据。

总行擅长理解政策，基层强在市场能力，两者相结合，确定竞争力。实行市场化运行需要有效的组织架构与运行机制来保障，条块结合，因地制宜。原则性坚定不移，灵活性落在流程与权限中，授权经营、条块结合才利于提升风控与效率。既有统一政策的传导机制，又授予分支行充分经营权责任制，以应对千差万别的区域性经济市场特征，才有生命力、竞争力。

# 四、经营自有套路要领，掌握方自如

套路是常人手法，了解才能另辟蹊径，有套路又不按常规出牌者是高手。治大国如烹小鲜，银行经营也就几项要事，抓住抓好基本要领，一切变得明了有序。谓之经营之道，也是抓手，加上自身风格特色，如庖丁解牛、顺藤摸瓜。

**1. 经营之道常是秘籍私谈，总能显露出要领共性与成功之道。**有一技之长，有独门诀窍，有个人色彩，但万变不离其宗，终究有基本原理和相通的经验技法，给人以启示与思考。把一般的常识变为自身特色，在平淡市场造就自身独有风格，走出差异化更能成功。

**（1）寻找业务方向和突破口，选准着眼点、切入点是关键。**要判断和记住本机构处在全行的位置、地位，处在同业市场的位置、差距。**记住：中位数是经理人的底线，高位数是目标，前移就是业绩。**落后者何以改变现状？质变是方向，量变是路径，安排阶段性渐进目标。一家机构能否翻身只看三年，头年形成势头起色，二年必须见到成效，三年期限要急行军，交流使任期变得紧迫时短。守好存量，进步靠增量，人人为整体贡献绩效。**这些都是基本经验。**

（2）**抓住经营的重点、难点，记住机构的优势、劣势、特长，分配好工作精力与资源。**从最好最差两头着手，一头拓展增收，一头减亏补齐，带动中间层次的发展。以单项进取推动全局，或全局带动单项突破，以增量改善存量，逐步调整经营结构；抓住任何发展机会不放，在发展中逐步消解旧风险，实现效能最大化以增强优势；培育相对优势，使每一个分支行都能发挥比较优势，扬长避短营造核心竞争力，领导者必须会用。**这些都是经营方法与常识。**

（3）**确定市场的客户定位、机构的经营定位，抓结构调整推动基本面变化。**稳住老客户，增加新客户，获取他行客户，行长应当走在营销最前面。培育壮大核心客户群、重点业务板块和支柱性业务，以新业务跑马圈地拓展新市场，以本机构优势特色业务拓展领地。分析业务结构合理性，寻找市场机会与增长点。对机构、风险、信贷、客户等要讲经营结构分主次，例如对存款客户要始终盯着10%、1%和0.1%三个结构数字，构成核心客户层。**这些都是市场攻略。**

（4）**看活力、动力、竞争力，分析关注员工的思想与情绪，构造合理的经营机制，一切围绕着形成队伍的积极创造性、主观能动性。**挖掘动力源泉，设法从完善经营机制去调动积极性、激励并落实责任制。在基层，干群关系比什么都重要，纾解矛盾、团结互助，营造氛围，专业协同、齐心协力求发展，弘扬正气努力塑造机构的荣誉。但凡优秀的机构，都有一种"家和万事兴"的氛围，成为最重要的标志，道理自在其中。这就是：**营造活力才能成就经营。**

（5）**着眼于打好基础，建立秩序防范漏洞，理顺各种业务关系，提升综合经营能力。**经营通过整合成为一盘棋，发展业务与财务收益兼顾，拓展市场与控制成本兼顾，集中管理与分级经营兼顾，单项突进与整体跟进兼顾，治本与治标兼顾……兼顾旨在防范工作中出现偏差与不平衡性，避免一些预料不及的意外风险事件发生。兼顾可使人冷静地思考，从整体全局去思考，是极其重要的领导控制的能力，避免我们在喧闹的事务中出事。**这是重要的领导方法**。

**2. 经营的命门：秩序、绩效与发展，一项都不能怯弱。经营的要素很多，个个重要，但核心重要工作是这三项，哪一项有短板都不行，否则要出事，或会落后，或被动为难。它们决定了行长的基本工作事项：保障秩序、完成任务与努力发展。要紧紧抓住不可疏忽。**

**(1) 抓秩序，这是基本的经营态度，重视营造本行良好的运行环境。**循规蹈矩守规矩，谨慎稳健有秩序，是金融最鲜明的特征。营造秩序是基本工作要领，表明经营的规则性，也是服从监管的经营态度。目的是保障业务稳健开展，防止发生浑水摸鱼、乱中失控的各种风险和案件。假如一家银行常有违规现象，一定是领导人的秩序意识与管理措施不到位。

**怎样去抵住诱惑岿然不动？**有定力方守得住。西方银行经历过的市场风险更多，员工讲究规则，自我保护意识强。而我国仍属发展中市场，许多人守则意识淡薄，一有气候就滋生变通，一遇思潮就蠢蠢欲动，一见监管盲点就守不住魂，自诩创新突破，后果不可收场。前些年在互联网金融风险中暴露得太充分，为什么西方没有这种现象？这多是低级的、不该泛起的操作风险。

**抓好几项措施：**第一，及时修订制度优化流程，应具体明确，明示告诫。操作制度不合理一定会引出弄虚作假，造成风险漏洞。第二，加强内审及稽核巡查，营造不敢违规的监督氛围。内控要警钟长鸣，月月提醒天天查，层层落实个个做，严格管理才能生成良好的习惯操守。第三，关键在领导者，提高辨别能力，增强合规经营的定力，从顶层决策中规避重大风险。

**(2) 抓绩效，这是基本的经营态度，一要千方百计完成任务，二要使工作年年进步。**经营是内核，绩效是归宿，是履职报告单，是工作的基本点，完不成是缺陷。指标连着全局也牵动员工利益，应当尽职尽心、尽力尽为。绩效见证经营策略、机制管理和机构状态，表明市场进取、质量风控与经营水准，是上级领导考核评价行长经营能力的基点。绩效是经营的核心动力，一旦放松就会垮塌下去，万不可松手，措施手法无需详述，行长们各有本事高招。盯住优秀者、落后者两头，一头是市场导向，一头是解决难点，抓两头带动整体绩效的提升。

**（3）抓发展，这是对市场与未来的态度，增添动力、壮大实力，应变市场、改革进步。** 经营必须跟进市场，业务发展与之同步，以发展证明改革进步。发展从来是经营的基调，因为我国市场是发展中市场，仍处在成长期，哪家银行都争先恐后，快马加鞭地筹划发展规划，并考核要求分支行机构，行长们能不随之起舞吗？实务中，发展不快则一定是状态不好，卡在了什么问题上，一旦业务发展慢了，经营如同丢了魂，没有了生机。

**牢牢记住几个基本关系：** 发展是硬道理，强势者都是发展最快的，这是**经营与发展的关系**。发展变化不断打破旧的平衡，市场无序总不安宁，经营只能相对稳定，这是**发展与秩序的关系**。缺少增量则难有新绩效，考核恰恰总是盯着增量，这是**发展与绩效的关系**。发展低于平均数则分配低于平均数，高于均值才能多得薪酬，这是**发展与分配的关系**。

# 五、把脉经营内核，弄懂才不偏离

无论经营活动多么复杂变换，内核脉络总是清晰简单的，有取向有核心、有机制有动力、有结构有应变，成为经营者始终的着眼点、落脚点和归宿。

**1.** 经营的落脚点应当在机构竞争力，坚定不移着眼于提升竞争力，始终不渝着力于提升经营力。资本谋求盈利，却采用综合竞争力做比较，经营能力＝市场竞争力，经营行为与过程都围绕着提升机构竞争力展开。利润只是阶段性果实，竞争力才是机体综合力量。

**（1）经营的核心问题，首要是生存与发展，表现在市场是竞争力，是分支行经营之本。** 一切要着眼市场而不仅是指标，指标只是阶段性任务，如过眼烟云，唯有竞争力耿耿在怀，才是经营能力。竞争力看似抽象，市场却现实严酷，充满各方的较量，一时让你腾云驾雾，一时叫你跌落深渊，都是竞争力在作祟，它无法完全量化为指标，却是核心经营理念与指导思想，从各方面显露出来，成为所有市场主体的口头禅。

**（2）如何验证机构的竞争力？**提升竞争力有三：第一，体现在某些重要经营要素得到了优化或突破；第二，体现在趋势、增量、结构得到了根本性改善；第三，体现在强化了经营优势、特色和重点。使得专业、渠道、机构得到整合，使得产品、服务和客户得到拓展，使得经营机制、体制和市场得到优化，最终使得市场份额、效率与财务成果得到改善。

金融永不眠，竞争永不歇，伴随着市场的节奏。分支行何以提升竞争力？知己知彼，扬长避短，发掘潜在优势，整合现有优势，培育未来优势，有所为有所不为，旨在取得比较优势。由于各地的市场有限，各种要素在银行间流动，不时检验经营方式的有效性，叫经营者失眠。

**（3）着眼点永远在市场客户、在发展机会。**这是对竞争市场、争夺客户与发展的期待，优秀领导者最关注未来的市场地位。通常采用总量、增量、质量等指标，来评价与鉴定竞争力状态，需要处理好近期经营指标与远期发展目标、自身发展目标与社会责任之间的经营关系与衔接安排，培育与增强实力优势，改善现状铺垫未来。

市场竞争贯穿于经营全过程和各要素方面，同业竞争、资源（客户、业务）竞争、人才竞争、资金竞争，领导者应去强化并不断灌输竞争力思想。立足当下，着眼未来，贯彻于各项工作之中，而且要确定阶段性规划，落实到具体项目，一步步持续地实施推进。

**2. 着力营造经营机制，好机制生成动力，抓机制才是抓落实，这才是行长的工作责任。什么是机制？是有效调动人的责任心、事业心、积极性，将业务运行规律、经营规律与人事管理规律有效结合，形成分配激励体系，带来持续稳定发挥能动性的活力动力。**

**（1）少埋怨体制，它是如来佛的手掌，经理人岂能撼动？**银行体制是经营规则的平台，确立了金融行为规范的准则，代表着国家国情与经营的关系，改动它的权力在最高层。优秀的银行依据体制来规范各方面的行为关系，依靠机制来把握运行，实施经营目标。

**体制不是经营的首要问题，哪种体制下都有成功与失败，都有先进与落后**。体制有利也有弊，别指望能够解决所有问题，体制总是以不变应万变，业务却是天天跟随市场应变。经营者无法左右体制，别总拿体制说事，要依靠市场盯住市场；无需怨天尤人，空谈是书生气，依靠自身努力才是真。**经理人是要在现有体制上做事出业绩，这是正道正业，有所作为方显英雄本色**。市场总是把机会给那些奋斗者，市场茫茫路在脚下，靠自己走出路来，努力吧别计较制度。

**（2）成功的领导者都从抓机制入手，完善机制的职责在行长**。机制是领导者的管理工具，是与经营配套的手段，也是授权经营下的一种领导方式。**善于以制度去规范人，以机制去驱动人，把握运行实现经营目标**。机制反映资本与经营者、管理层和员工之间的利益关系，当利益与经营关联越紧密，形成激励的能动性就越强。如果一家银行有了好机制，则无需扬鞭自奋蹄，反之很累，有神仙皇帝也不行。每任行长都有自身思想方式、管理手段的个性，在经营目标和措施确定之后，配套营造一种适合的机制是决定成败的首要任务。机制也要适时而变，因为人在变、任务在变、环境在变、薪酬也在变，当你发现老办法的杠杆效应在减弱，人们不在乎了，就得调整了。

经营责任制是落实经营机制最重要的抓手，但责任制并不一定有效，难点是如何去触发机制的有效性。一位分行行长告诉我，**假如完不成任务该如何问责？**他的方法是：**管理层应承担70%的责任，员工承担30%的责任**。因为管理层作用大、薪酬高因而责任更重，员工只是跟随执行者。他多年在基层的体会是，不保住员工7成利益就难以稳住人心与局面，不给管理层7成压力就难以落实责任，需促其担当尽责。

**（3）经营机制有哪些内容？**主要是：以客户为中心的营销服务机制、以成本利润为中心的业务运营机制、风险防范的内控机制、绩效考核的经营分配机制等，这些方面分支行行长都能大有作为，去建立和落实经营机制，不断适时优化完善，使之符合人们的心理认同，符合市场的规律，变得生机勃勃，饱含活力、动力。

任正非说，"我们留给华为公司的财富只有这两样：一是管理架构、流程与 IT 支撑的管理体系；二是对人的管理和激励机制。华为相信，资金、技术、人才这些生产要素只有靠管理将其整合在一起，才能发挥出效应。"我理解，第一点是构建平台体制，第二点就是营造机制动力。

**3. 致力于调整经营结构，知结构才懂全局，调结构是抓根本。业务数据只是经营结构的表象，搞清结构才能理清因果脉络，看得到银行的真实状况。一个银行领导者的经营水准与眼光，不能只满足于浅层的业务分析报告，而要感知深处结构状态反映的内在问题。**

**（1）结构是因，结论为果，结构合理方能祛病强身。**湖面很平静，水下才有真实世界。经营诟病藏于结构中，一家银行的竞争力状态与优劣势的基本原因，都出自业务结构。揭示结构方能对症下药，调整结构才能根除病因。因此，行长要学会把握结构分析的方法，从深层认识经营问题的实质，进而从根本上突破和改善经营难题。结构分析的内容广泛，主要针对资产负债表、机构人员两方面，分支行行长应该掌握运用它。

优秀的行长精于业务，对数据敏感，最关注结构性变化，一出报表就要看，研究报表才踏实。为什么直接看报表？因为有些数据在书面报告中会被略去，基层综合能力弱，视野高度、时效性不够，而看报表一目了然。分支行行长要善于自己收集信息做深度分析，千万别做只看材料、听汇报一类的行政领导人。

**（2）如何设立经营目标？一要掌握实情，二要确定目标。一任行长要有两张经营结构图，才能导出经营策略。**第一张是本银行解剖图，剖析本行经营结构，揭示各项数据间的勾稽关系、合理性及其问题。目前是何种状态？与环境是否契合，与发展是否适应，弄清现状才能准确地判断未来。第二张是任期规划图，或三年发展图，依据本地特征和本行优势，确定结构调整的目标方向、重点事项，以及分步实施的进度安排。可从两张图的比较差距中，确定工作目标与路径。

两图在手，如指南针在心，找到方向就敢下决心。例如，可从结构诊断中判断优劣，对好机构找出问题短板，对差机构找到长处以鼓励，分类指导，针对薄弱环节辅之对策，从配置资源入手，发展重点地区、重点产品、重点客户的业务。

**（3）调整经营结构的抓手：精心调配资源。资源是经营的本钱，缺乏资源则经营为难，获取资源、用好资源是一种重要的经营能力，统领资源是行长一项重要职责。**由于新资源短缺而存量资源庞大，有效配置变得十分突出，行长拥有这种权力。假如不能有效调配运用，如同战士不会使用武器，谈何经营管理？

基本方法是：用新资源调整旧结构，用增量盘活存量，实现整体效用的最大化，提高投入产出效能，确保重要业务、重要工作、重要客户的发展需求；妥善安排好资源在长短期目标的衔接，着眼全局与未来，兼顾眼前与长远；千方百计开发新市场，挖掘优化旧资源，想方设法获取更多资源。

# 六、经营是做正确的事，管理是正确地做事

一代大师彼得·德鲁克说"做正确的事（to get the right things done）······而且正确地做事（to do things right）"那么，**经营是做正确的事，解决效益问题；管理是正确地做事，解决效率问题。**经营对市场而言，为了实现资本增值；管理对经营而言，为了实现经营目标。在变化的市场环境中，经营总是在选择决策、应变调整、创新适应；管理总是为改善优化、跟进转型、推陈出新，创造适应市场的经营管理模式。

经营孕育机制、动力，如同烈马，需要戴上管理的笼头。管理营造方式、规范，如同骑手，需要跑上经营的目标。管理学有各种的管理模式系统，逻辑上都完美，一旦不能依附经营的肉体就枯萎无用。经营运用管理

来实施，管理的艺术技巧展现在经营过程之中，没有经营就无所谓管理，经营的灵魂赋予管理活性，否则就苍白失色。

**1. 经营向感性，管理向理性。**经营是市场的活动，从市场来，向市场去，脱离市场就会失去活力。它不时显露出商业的冒险精神，甚至冲动，拼向叵测严酷的市场。而管理常不常祭起银行的稳健风格，面对不确定的风险与内控漏洞，告诫着不断编织起新的模型。

**（1）经营是感性的，带着野性的基因，并非处处理智。**市场是丛林法则、零和游戏，天天有倒闭有新设立，盈亏乃经营常态；资本在市场腥风血雨，刀光剑影凭真本事，经营是实战。追逐利益是野性与本性，市场主体都如此，否则投资干什么？亏损走向破产，这是市场的逻辑规则，冷面无情，四面博弈。

市场是生存拼争，经营骨子里牟盈利。技术方式、管理模式都能通用，但复制经营方式却很难，因而资本各不同，市场是竞争地、利益是博弈场。时空环境、机遇运气、成本能力都约束着经营，充满着不确定性。一样耕耘不一样的收成，有的耗费更大精力、更多成本，换来却是亏损；有时一些管理差的反倒意外成功，令人迷茫不知，天时地利与机会，是经营的命。或许"谋事在人，成事在天"，经营者充满着市场的压力。经营之危机紧迫感来自市场，总是着急火了的，不可坐失机遇。

**（2）管理更见理性，甚至温文尔雅，见诸于严谨。**管理遵循理论的逻辑在运作，修剪经营中杂乱的行为动机，它更喜欢坐而论道，谈经验、论艺术、说创新，什么都能找到理论依据。它围着经营要求转，盯住目标走，但效率受制于市场与体制。针对人性的弱点，各种措施对症下药，着眼于提高资源效率，一切都得服从经营的需要，服从市场的变化与客户的需求。

经营在进化，管理要跟上，两者冲突不断。经营期待着管理合拍，一旦偏离就会阻碍经营发展。经营追求简约、简约、再简约，要放权、放手一竿子到底；而管理总是复杂、复杂更复杂，要管住、管好反带来冲突。庞大的管理系统容易脱离市场自求完美，自得其乐并自我繁琐封闭，伤害到效率，表现出各种的企业病。实务中经营总是挑剔管理的效率，也不时容忍，直到危机时才爆发出来。经营会祭起快刀斩乱麻，精简管理转为一种新的模式。每一次的改革都在这样轮回中，从放权→收权→再放权，从精简→繁琐→再精简，经营体系越来越复杂，管理系统越来越庞大，相互在发展中适应。

> 经营管理有两副面孔，一是善用既有的盈利能力（Exploitation），二是探索未来的盈利可能（Exploration）。自从马切（March）提出了对组织的双 E 管理任务后，关注企业竞争能力的核心就落到组织的双灵活能力上：既要充分发挥现有的核心竞争力（兑现活动），又要不断摸索培育潜在的商业生机（孕育活动）。

**2. 经营与管理两种素质中，经营在悟，管理靠熟，高管更缺乏经营素质。** 经营者管理者有区别吗？两类人思想与方式不同，只需看看是以客户为中心，还是以指标为中心，就能大体区分。经营者很在意指标任务，但一定兼顾市场与发展，有时的让步是以退为进。

**（1）银行的难点在经营而不是管理。** 经营者总是盯着市场围着客户需求的机会转，管理者常是比着任务围着完成指标转。经营责任围绕着财务与市场目标，管理责任围绕着制度规程与工作指标。银行不但有资本的经营目标，还有社会性组织的管理目标，两个方面构成了银行家双重领导责任。

我国银行分级经营的管理体系早已成型，企图引用西方管理模式来取得的探索，基本是失败的。例如，试行事业部制多以失败告终。分支行的管理能力与责任主要是贯彻落实，至多做小改小革调整。经营能力只能从市场来，需要基层依据市场去创新，依靠谋略谋策、智慧能力，从市场寻找机会、在规避风险中拓展业务，运用技巧实现盈利，才能做好一件件经营实务。实务中，基层干部最缺乏最需要的是市场经营能力。

**（2）经营与管理是两种素质，并不相同。** 经营是市场交易行为，管理是组织领导方式，两者都强必定是一个优秀企业家、银行家。有人能当老板，有人只能做经理人，但善经营者一定点子办法计谋多，对市场机会尤为敏感，特别擅长营销，若迟钝则很难经营。有人擅长管理，领会经营意图，善于资源调配、调动积极性，管理特别有效；也有人不善管理，总是关系紧张矛盾多，小事搞大经营不得安宁。

行长稍作自省，便知晓自身经营素质强不强。银行干部大多从专业中来，精于业务与管理，但因专业面窄对市场敏感性受限，尤其财务运作不深，自然对经营的理解较浅。因此，当了领导者后，一定要弥补与提升自身的经营意识和素质能力，以利于有效履职。

**经营要在不确定中作出正确的判断和选择，因此，这成为领导者第一位的责任，行长定位于经营，而管理可以放手让别人去做**。金钱永不眠，是经营永不眠。经营伴随着经营者，经营素质是最核心最重要的领导素质，提升它有益终身。

# 七、经营重价值观，管理讲方法论

经营与管理的内涵定位并不同，经营如同男人挣钱谋生，管理则是女人操劳持家，家有分工有主有从不能拆离，人们常把经营管理连在一起。第一，经营是内核，派生管理，没有经营何须管理？管理附着于经营，围绕经营意图与目标，管理方式紧紧跟随。第二，经营管理方式都在不断变化，因时而变、因规模而变，围绕着市场环境与政策在变，期待最佳的组合。第三，人是决定经营管理的根本因素，经营是马，管理是鞍，驾驭完全靠人。

管理需要符合国情特色，外来模式不一定适应中国式经营。成功的管理促使经营见效，但管理的失败也使经营难以持续。一时的经营成果不能证明管理方式的成功，但失败的经营注定了管理并不成功。银行不凭定理、公式、法则、模型做市场，只按法规、制度、政策、指标做管理，经营是市场的艺术，管理是社会的艺术，都有丰富的内涵，拿捏有度是银行家的领导艺术。

**1. 经营目标定位，管理选择路径。经营要求管理跟上市场变化，管理需要经营提出科学目标，合拍了才有效**

经营是做什么，管理是怎样做；经营产生动力，管理完善效率。离开经营抓管理是形式主义，管理缺位是粗放冒险主义。有经营意识才有市场眼光，辅之有效管理方得成功，行长首先要有经营眼光，加上管理能力水准，两者相辅相成，不可分离。

经营定方向，管理选路径。往哪里去？有方向就坚定信心，坚持走向成功，方向正确不迷路不折腾、不走错路少走弯路。无论路上如何艰难，路径对了就自信、越走越光明。

经营定目标，管理出方案。做大做强做优，带着经营的意图；调整优化创新，施行管理的手段。经营目标是愿景，人们都盯着下达的任务，它带来压力和驱动力，抱着希望催人奋进。管理何以有效？一切管理行为都是围绕着经营目标展开，因而方案措施都具有阶段性，工作步骤也有相对性，目标变动一切随之而变。

**2. 经营向前拓展，管理统筹调配。经营要求管理服从市场要求，管理需要经营合规量力而行，合一了才有效**

经营在市场鏖战，管理如支前运筹；经营始终冲锋陷阵，管理不停地运作保障。经营不断会冒出风险漏洞，管理在堵漏设防，化解风险危机，亡羊补牢建章立制；构建标本兼治的长效机制，全方位监管，着力防患于未然，为行稳致远提供有力保障。

经营定发展，管理提战略。经营在有效战略下策马扬鞭，管理在发展动力下生机勃勃。发展是经营的本性，规划是管理的思想，通过制定战略和策略，部署和实施经营意图。

经营下决心，管理下措施。决策确定后，需要一系列经营措施。如何走得好？得有标准参照系和有效措施，先人一步抢在前面。如何走得稳？得有制度规范，有严格管理，保障稳健审慎经营。管理千方百计为经营补台，避免存在的漏洞和失误；当经营落伍时，管理要适时改革转型积极推动，避免掣肘经营的步伐。

**3. 经营定位市场，管理服务到位。经营要求管理有效落实业务，管理需要经营明确风险定位，合力了才有效**

经营的手段方式是服务，管理要解决如何为经济建设服务、为顾客服务、为员工服务、为经营服务。这是银行服务的四大内涵。经营贯通于服务始终，是血脉和灵魂，管理不善则服务不优，带来经营失误、员工压抑，无力担当起金融服务的责任。

经营定风险，管理定标准。一家银行确定市场风险定位后，管理要落脚到相应的市场客户群，制定相应的业务政策、管理措施、流程模式和权限，落实到业务中并实施内控。

经营抓机会，管理抓落实。经营思维始终在敏锐地搜索市场，一旦发现了机遇要紧紧抓住，若不具备条件就要营造培育，丝毫不肯放弃。管理思维是以提高效率和效益，千方百计地采取各种措施去落实，将机会变为成果。市场不进则退，充满危与机的挑战，经营和管理结伴相行，都要有危机感紧迫感，转危为机。

**4. 经营算账定量，管理考核分配。经营要求管理工作责任到位，管理需要经营指标明确可行，合理了才有效**

经营讲机会、条件和资源能力，并非按部就班；管理谈模式、规则与效率，管理方式要与经营方式适应，跟随着市场发展不断携手演进，一旦落伍就失败。发展与转型、规模与模式、创新与传统、进取与风控，处处存在经营与管理的组合与冲突。

经营要指标，管理抓结构。指标是资本收益的欲望，结构是状态逻辑的根源。经营的指标导向管理去落实，管理追求一个良好结构以保障经营，结构的稳定才有经营的稳定。

经营讲数量，管理讲平衡。经营讲竞争力强弱，以资产、利润、资本总额大小排序；管理讲究稳健平衡，尽力而行，留有余地。经营不断地打破旧的平衡，暴露各种难题缺陷；管理亟待秩序，讲统筹兼顾、轻重缓急，注重节奏、分寸与时机，力图遵循规律与趋势，但市场规律恰恰是经营造成的，两者在冲突中演进。

福耀公司曹德旺说："经营是没有规矩的，完全是一种判断。我自己有自己的一套说法，我们会根据某个现象进行判断，现象总是会一环扣一环的。**我从业办厂40年，很自豪地说，从没有一单失败过**。我在9个国家和地区投资了数百亿元，一旦我们意识到机会就马上行动，等你弄清楚以后，我们差不多已经成功了。**随着环境现象来做，这就是经营的决策**。决策不能失误，管理也很关键。"

## ▶ 第14章  经营与市场

市场是什么？它是资本的天地，是竞争博弈的平台。经营在市场中，经营是资本的生存方式与运作形式，无数经营交易汇成了市场。市场规律与经营规律相互地交织，加上强烈的政策与监管色彩，令经营者敬畏。

市场无情强者胜，市场对垒勇者胜，市场险恶智者胜，市场艰辛指望经营者。市场日新月异适者生存，市场逆水行舟不进则退，市场优胜劣汰经营擂台，市场如野马靠经营骑手驾驭，市场的舞台任凭经营者驰骋。

## 一、经营的市场属性：利益、竞争与规则

懂得市场特性才如鱼得水，遵循市场要素的本性经营，才是提升经营力的基本方式和路径。

**1. 市场的属性：竞争与规则维护着有效的市场。市场中，竞争是一种经营机能，同业之间较量着竞争力，优胜劣汰强者胜出，关乎生存与命运；规则是一种规矩与法则，以有效完善的制度来规范、维护和保障，合规是经营的素质。两者都决定着市场主体的状态。**

**市场是利益场，是资本牟利的平台，运行着最原始的商业机制。司马**迁说："天下熙熙皆为利来，天下攘攘皆为利往。"如同炒股不谋利干什么？众多参与者在有限空间中竞争，赢者多取，败者少得，甚至蚀本，成熟市场的内核只剩下利益，盛行无情的丛林法则、零和游戏。在公平规则下，像是格斗却无腥风血雨，演绎着最真实的利益争夺，失败者被不断清理淘汰出局，新的竞争者不断涌入投入拼争，将市场健康地发展下去。利

益机制是市场最核心的动力机制，调动着所有的参与者。市场是一只无形的手，它让你自己当裁判，成败标准是利润，盈利就发展，亏损有危机，剩余资本是唯一筹码，检验你的能力智慧、实力竞争力。**这就是牟利的市场**。

**市场是交易场，契约是商业方式，公平守约，诚信尽职**。法制秩序、契约精神、信用操守是维护市场秩序的三大支柱，成为彼此交往合作的基础。交易讲公平，但前提是对对手的判断，在信息不对称原理下，需要通过交往、选择，进行真实可靠性评价。熟悉对手才知根知底，这就是自我保护机制，也是建立社会关系的必要性。交易讲规则，规则下的交易保护双方的合法权益，在有序环境下规避操作风险。交易讲守信，彼此信任才更真实，得以不断维系关系，构建有效率的市场。交易讲守约，履约是基础，带着不同诉求而来，谈判达成一致的合同，这个法律文本成为交易合法性的凭证，无形的市场落脚在有形的合约中。**这些都是交易市场的法则**。

**市场是风险场，风险机制是竞争淘汰机制、清算机制、进取机制**。商海本是无情地，风险大诱惑多，一失足成千古恨，谨慎稳健是常态，任何轻举妄动都惹风险。银行靠人才团队、靠组织制度、靠流程权限、靠专业技术等纵横金融市场，盈利从来不容易。市场中失败者多于成功者，20年间被淘汰出局的借款人远比现存的多。交易场上有风险、有欺诈，总有一切市场阴暗面在作祟。资本对经营者奖励有限、惩罚无情，构成了职业风险。市场机制从不怜悯、挽救和保护弱者，不相信眼泪、不以道德尺度、不以情感评判——这些人性因素进不了市场。历来社会只有一个共识，即不同情失败者，反倒指责、蔑视、严厉地清算它们。**这是市场的真相和忠告**。

**市场是竞技场，形式较量着服务和产品，背后拼比着智慧与策略**。一是专业技能和能力；二是经营关系和方式；三是队伍活力和士气，三位一体竞争力更强。业务靠精益求精，风控靠严密管理，人才靠机制调动，组成核心竞争力。竞争什么？表面在争斗业务，骨子里是生存利益与发展。

对手是谁？市场庞大常看不见对方，最高哲学境界是挑战自我，不甘现状，居安思危，才能生成竞争进取状态。否定是痛苦的，却是进步的，尤其是否定过去的成功，否定之否定凝聚着升华。竞争力很具体，是比别人更快、更高、更强。竞争机制来自竞争性思维，宏观说机会永在，春江水暖鸭先知，看谁先觉察到了那一丝春意，每次机会只属于先行者。**这是市场方式。**

**市场是监管场，俨然执法如山，保护着公平，维护起竞争秩序**。海阔凭鱼跃，天高任鸟飞，市场保护合规者有所作为，叫违规者寸步难行。有三个层次的监管：一是国家对银行业监管；二是银行内部的管控；三是银行对客户的管控（如洗钱、信贷等），都事关经营的安全。规则是平台，从严管理，对内设置底线、红线、围栏，明确规则、责任、纪律；对外经营有度，有额度、时限、标准、条件，越界有警戒、警告、处罚。最高层面是加强党的领导，讲政治讲政策讲执行，保持与中央的一致性，保障经营活动落实在以经济建设为中心的宗旨上，依法合规，不可麻痹大意。外表平静有序，内部密集监管，处处有设防，不容许漏洞。**这是市场规则的约束力。**

**市场是责任场，授权经营要问责。两种责任：一是合规的责任**，在一个密布规则的风控领域，政治性、政策性、规则性无处不在，一举一动受到行为约束，疏而不漏不留法外事项。经理人要坚守职责，遵循规则经营，严守职业道德和操守底线。规则是常识，是经营行为准则，不懂别上岗，否则惹风险。合规行为下的风险，其性质属于业务水准与能力的问题，是失误失策；若是违规行为属于恶意，是失信不可原谅。**二是经营的责任**，以经营指标问责，如同鞭子，责任制＋淘汰制是最大的压力，无情地淘汰未尽职者，给强者让道。问责无情，示弱不能替代责任，不能顶替风险伤害，市场看不起眼泪，问责才有实质性的意义。**这是市场的机制和力量。**

**2.** 国内市场竞争未到最难时，未来的竞争更深刻。竞争是紧张美好、充满激情的过程，竞争机制使我们走入市场，赋予信念和成就感，既有压力和挑战，更享有机会、活力和兴奋。**讲规则、凭实力、靠智慧，有效地推进规范良性的经营活动，去履行社会的责任。**

**（1）竞争要具备两项基本条件。第一个条件是规则，**早期从亚当·斯密到哈耶克提出了"正当行为规则"。竞争建立在法治的金融秩序上，使"无形之手"在有形规则下发力，依法经营、政策控制及金融监管，严禁商业贿赂、不容许洗钱、不允许违规经营。**第二个条件是内在约束，**竞争主体必须具有严格的财务、风险与制度的约束和控制机能，不允许冲击触犯经营的底线，限制并制止发生非理性的一时冲动，从根本上保护资本的权益。这些要用制度来规范。

早期的经营视市场为战场、竞争为战争，杀敌一千自损八百，不计代价打消耗战，无所不为，如草莽英雄般粗放，缺乏财务的约束。这种拼争有损于国家利益，付出了沉重的代价。如今明白了，银行有共同的宗旨理想，有共建秩序和环境的责任义务，有股东资本利益，失败意味国家财富的损失，在规则与责任机制下才能双赢。**国家利益至上是中西方根本的市场差异。**协作才是风险行业最基本的商业规范，和谐是最优秩序，成本最小。合作带来共同利益，降低共同的风险，懂得了合作才是成熟的竞争，才有共赢局面。

**（2）竞争的形式与内容。**只要进入市场就受竞争折磨，只是竞争机制与方式不同。与西方相比，我们还未达到成熟市场竞争的深度、质量和程度，仅仅对比形式做结论易出错。

**形式的热闹常是内容的肤浅。**初级市场的竞争如同在浅水区，彼此争斗扑通得水花四溅，表面热闹非凡甚至胡来，违规动作多，意气用事什么都敢拼，甚至不顾成本与风险。底线与规则意识不强，潜在风险很大，仍是粗放式经营作怪，尚未生成稳定的市场机制和行为意识。成熟市场的竞争如同在深水区，看似水面平静没有水花，而动作在水下。水中功夫才是真本事，需协调一切资源和能力以求生存。无需多余动作，经营意图鲜明，有底线定位，讲专业品质，规范有序柔而强大，任何破绽都会导致失误失败。**这才是市场竞争高级的形态。**

市场背景决定竞争方式。环境背景约束竞争，发展中市场的竞争仍在进化中。西方银行经营在成熟市场的秩序与法制规范下，与我们初级阶段的市场环境与场景、需求与竞争、监管与规则等差异很大，自然无法采用西方模式标准。因为客户需求、产品和业务不同，文化习性不同，不能跳出环境超越需求，这叫做需求决定论，应当从西方竞争中得到启迪和引导，做得更好。

**（3）我国银行竞争的特征**。西方银行竞争焦点不在存款在业务，因为富裕社会中国民财富结构变了、存款少了。竞争转向信贷、资管理财、投融资市场，成为核心业务，当然是竞争重点、热点和经营核心。我国银行竞争的热点焦点仍是存款，具有两大特点：

**第一，善于处理客户关系、政府关系，成为竞争的重要特征**。例如，各级政府是领导者、监管者，又拥有强大的财政实力，直接掌控的资金量很大，管控着骨干企事业单位，影响和决定着存款和投向。因此，银行一定会围着政府转，彼此互动，协调关系成为交往的基调，经营尚无完全移位至以市场为中心、以功能效率及财务为导向上。

**第二，低端的竞争已充分，高端的竞争已经开场**。因为许多金融市场业务尚未开放，很幼小，还不能做，市场环境未成熟，因而竞争只在有限产品区域，技术与附加值含量、作业与风险管理难度相对较低。西方在高端业务的竞争经验更为丰富，风险管理能力更强，规范自律，会主动退出成本风险过高的项目。正因为退一步，化解了盲目拼斗，避免了恶意竞争，市场变得有效。而我国初级市场的竞争形式粗放，常不顾成本奋力一搏。前些年互联网金融违规泛滥，银行表现也反常，都是这个原因。

# 二、竞争力是什么、经营竞争什么?

市场的银行崇尚竞争，不畏惧竞争，致力培育与发展核心竞争力，以竞争解决问题，使自身更强大。

**1. 竞争力是什么?** 竞争是市场固有的生存机制与相处方式,造就经营的活力、动力和效率,并以竞争力评价银行的经营状态与发展能力。社会采用一系列指标体现竞争力效应,评定排位银行的综合竞争力;行长努力以市场的竞争理念、考核机制引导和激励员工。

**(1) 经营竞争力包含三方面的内容。** 主要是:

第一,财务类指标。资本的较量终究要以收益来界定、衡量,财务指标是经营能力的最终成果,它不以银行规模大小区分、在何国何地及何种环境下经营、谁是股东。财务状况是市场能力的综合性反映,是资本对竞争力的评价。

第二,硬实力状态,大体包括资本、资产规模、市场比重、资产质量、流动性、资本充足率、效率和存贷款余额等。这些资本、资金、系统、人才、机构、客户等有形的要素状况,反映银行强弱的能力,并感知市场实力与力量。

第三,软实力特征,是指对经营价值观、领导力、执行力、创造力的评价,表明经营的总体市场状况。它不全用指标来衡量,而常以感觉与认识勾画,显露银行的市场品牌、信誉声誉、知名度的社会影响力,是金融的重要特征。

优秀的银行一般都有三个特点:第一,**有明确的市场战略与定位**,做哪些重点的业务、产品和客户,走什么发展方式路径,思路十分清晰;第二,**有经营的特色与专业优势**,在营销、客户和资源管理等方面扬长避短,始终在发展中构建培育优势;第三,**有经营思想和管理特长**,形成了很强的文化底蕴及应变力、执行力,使之适应市场与政策的变化。这是一种软实力,是综合竞争力的体现。

**(2) 核心竞争力是什么?** 是指竞争力中的核心要素,表现在经营模式、专业产品和经营指标中,构成了软硬实力的基本市场特征。它是通过持续培育营造、逐年创新积累形成的特长特色,经营中起着稳定持续的作用。

软实力是重要的核心竞争力内容，形成的商业模式特征特色很难被仿效，别人无法生搬硬套。如果形成了软实力优势，则使核心竞争力变得稳定强大，持续地保持发展优势。

硬实力带有各项业务的经营特征，各家银行都具备基本业务能力，但**把一项项要素聚成竞争力优势，才是关键和难点，主要的差距与特色就表现在核心竞争力**。核心优势分为整体优势和某些方面的优势，通过某些产品、专业表现出来。多数银行的核心竞争力表现在某一方面，拥有某些产品、渠道的强大能力与显著的优势特长，形成市场的竞争特征。

**（3）决定竞争力的土壤：银行家、现代技术和企业文化。**竞争力的本质差距都由这三项因素的差异引出，银行家起着主导作用。

银行是银行家的舞台，他们是导演，决定了一切经营事项和状态。一家差银行变成好银行，或好银行退步，根本原因都在此。银行家能够改变技术与文化，改变经营管理模式，他们重视了才能真的重视落实，他们的决策是顶层设计和战略规划，决定优先顺序和重点，表明决心和勇气。竞争力管理依靠思想家，需要战略思维能力，领导者才有权力，优秀者总能领先一步。

科技是第一生产力，成为实现竞争力的方式，使银行家梦想成真。新技术提升了核心竞争力的附加值，一是把产品业务系统、管理控制与商业模式集合为一体，提高了技术含量与品质；二是有效设计了技术门槛与细节，不易被模仿；三是现代银行网络化、信息化特征，使投资高技术的维护管理更难，增加了竞争的难度。有效技术成为提升竞争力所依赖的手段和抓手。

企业文化有其惯性，是维护竞争力的动力与氛围，是保持执行力的场景与环境。文化潜在地影响竞争力效应，优秀的企业文化推动人们积极主动参与，努力为银行经营发展作出贡献；而保守的文化故步自封，理念陈旧创新难，不可忽视。经营文化是领导人经营思想的反映，倡导什么一目了然。应当运用和推动它去强化竞争力，重要的是转变观念，这是经营的思想基础。

（4）**竞争力具有阶段性时代性，不是一劳永逸的，每个阶段都有竞争力的市场标志物**。具体表现在经营力中：存量指标代表过往的实力，增量指标代表了现时竞争力，而活力状态表明未来。现代技术更新迭代得太快，导致银行不断改变着商业模式，引起竞争力形式的变化。例如，从算盘、微机、大型机、网络化、信息化……这些标杆代表了银行科技高度、管理深度和经营宽度的提升；一代、二代、三代、四代系统的进化记录着经营能力的进步，都是当时竞争力的科技特征。在高技术发展的背景下，引出业务市场不断地演进，银行原先的业务模式不再适应，发展引出业务变革，带给竞争力鲜明的时代性内涵，一旦跟不上，就会被打上落后的印记。这就是竞争力的市场阶段性。

**2. 银行竞争什么？** 竞争不是花拳绣腿，一定有市场落脚点。无论何种竞争方式，最终都落脚到争夺客户以及客户的业务上，焦点集中在拼争价值大的优质客户及其业务，概莫能外。以服务、产品捕获市场，比较谁更强、绩效更好、状态更优，强者横行在市场前列。

（1）**从市场解读业务，竞争力具有专业结构**。市场始终围绕着金额、产品与客户数量做比较：第一，存贷款及主要业务的余额、增量，是常用的市场指标。第二，从客户数量、质量、大小与属性，看市场定位、经营基础、社会认同度及影响力。第三，从某些重要的金融产品，看经营特色特长，例如某些理财、网络类产品，既代表发展趋势也是市场能力。

**如何理解竞争力的业务构成？** 一般而言，吸收存款的能力是银行的社会竞争力，反映人们对品牌服务的认知；贷款能力是市场经营能力、核心风险控制能力，反映经营素质与管理水准的有效性；结算能力是银行提供的基本服务力，反映经营网络的分布体系；表外业务能力是财富管理能力，反映向金融领域渗透的范围。四大能力综合构成银行经营的竞争能力。

（2）**实务中，竞争力表现为争夺具体的客户与业务，竞争客户是经营的主旋律**。核心竞争力落脚在客户认可、市场认同，优势通过业务来体现。市场天天争夺战，有血有肉很具体，直接看得到竞争力状态与成果。它不是孤芳自赏的管理体系，系统内的考核名次不证明在当地竞争力的强弱。

市场落点在客户群，旨在获得强大稳定的客户群。银行服务方式是用产品服务做实客户群，谋取市场的基础；用服务凝聚客户，用产品携手客户。需要发挥客户经理与产品专家的作用，一头了解客户，一头精通产品，经营模式围绕着以客户群为中心。同业间彼此挖墙脚，墙角就是客户，挖走好的日子就难过。

**核心的市场任务只有两项：第一，把好客户从浩瀚的人群中寻找出来，联络上；第二，把新生的富裕客户群吸引进来，培育起来。** 竞争的热点、焦点和难点都在此，聚合起两大客户群，还担心竞争么？

**（3）钓鱼与跑马圈地，是猎取好客户最强的竞争方式。** 现今的人们都有"出生地银行"，归属清楚，是自主的选择，或就业时持有单位给开的工资账户。这样，银行瓜分了客户，让他们从习惯的银行里出来不是一件容易事。因为在潜移默化中有了一家银行的色彩印记，改动不易不便也无必要。唤起人们去其他银行开户，最有效的手段是采用新的产品工具，去迎合新需求或兴趣。

钓鱼从来是竞争惯用的方式，频频奏效，稍不留神，最好的客户就会被他行钓走流失，而原先的银行却全然不知，只满足于数量足够，或不清楚客户结构。什么饵料钓什么鱼，用高端信用卡定向钓高端客户，从来不商量。如同偷入别人领地里狩猎，再圈养起来牧人式享用，久而久之客户改换了门庭。

> 我常收到这类信息："您在兴×银行的征信记录良好，可申请专属特权高额度白金信用账户，快来申请吧"；"您在×招行的信用资质审批结果已更新，享尊贵特权请尽快领取"，"您的信用卡金卡邀请函已下发，点击立即申请"，我压根就没跟这些银行往来过，它们在营销钓鱼，愿者上钩。由于个人可持有多家银行的卡，而钓鱼的银行通过广告营销把信用卡塞进了你的口袋，一旦领卡就有了交往机会，客户在品尝鉴别中感受服务的差异。犹如打进了一个楔子，服务好的银行借机入侵。

新产品新业务的入侵方式是跑马圈地，它以新规则新方式如入无人之地。记得当年工行最先推出电子银行后，很长阶段独占绝对领先地位，网银市场一度占到80%，持续了3~5年，这正是认识新事物到开发的周期。那几年的营销口号就是跑马圈地抢占市场，杀伤力很大。未来也是如此，新业务都具有这种效应，成为强劲的竞争手段。

# 三、竞争力的比较与特征

有市场的激烈竞争，就有竞争力比较。谁在牵头？国家不出面，多是媒体热闹的商业行为，没有标准也无权威。其实，业界只需感知一种竞争状态，以及对市场竞争规律的认知。

**1. 竞争力从区域市场的同业竞争引出，若不在同一市场、不同的经营方式与内容，或在有限市场、在银行内部机构之间，比较竞争力强弱毫无意义。提升国际竞争力的阵地在国内，竞争力要素体现在国内，国际化立足于国内，国际市场只是国内市场向外的延伸。**

（1）**银行排序≠竞争力比较。**英国《银行家》杂志年年发布全球银行业1000强榜单，对相关经营状态指标作排序分析，其中不区分各国国情，不依据经营方式，不在一国市场中，绝大多数没有往来。没有市场关系就谈不上竞争，通俗地说只是一种经营力的比较，根本说不清竞争力的强弱差异。实务中，国际竞争力只是一个抽象概念，并无经营的意义，无需盲目追崇。假如要做具体竞争力分析，就十分复杂了，对哪家银行都得做一份厚厚的报告，还真难下结论。

竞争力具有鲜明的地域特征，同台较量方显强弱，同类比较才有差异。大小银行都能够赢得竞争力的某些强项，例如在许多市县，农商行在业务总量、质量上都居于首位，在服务三农的市场上担当主角，大中银行竞争力远不如它们。

（2）**全球化与国际化是两种内涵。**全球化是国际布局的经营概念，包括本土的国际化经营和在多国设立营业机构、在全球配置资源。国际化是业务规则的概念，实现交易制度的国际通用方式接口，使业务经营延伸出境，为企业境外经营做好配套服务，为经营赚钱，并非一定要去境外设机构。

提升国际竞争力的着眼点在脚下。渴求从西方寻找出路，亦步亦趋搞欧美化，期待求得西方认可，似乎有了外资股东就踏实放心，这都是错误的认识。这20年来从美国金融危机到贸易战，令我们蓦然回首，真正认识要走自己的路，命运在自己手中。

> 世界著名的营销大师唐·舒尔茨教授说："模仿跨国公司……仅能增强企业的竞争力，不能造就市场领袖。采取这个选择，便没有真正地利用中国特色。我要特别说明的是，目前有大量证据表明，西方的概念和管理技巧在很大程度上造成了如今的金融危机。""中国公司应该建基于内在的能力，创造21世纪的模式，而非重复20世纪的西方模式。"因此，我国银行家应当成为市场领袖，创造21世纪中国模式，使自身变得更强大，才能在未来改变规则与格局。

**（3）强国大国都是本土银行最强大，外来银行竞争力都很弱**。在美国，外国银行总资产也不高（见表14-1），体现出一国实施对金融业的管控，以及对本国银行业的保护，谈不上国际竞争力问题。

表14-1　　2020年12月末美国外资银行相关数据　单位：百万美元、%

| 类型 | 总资产 | | 总贷款 | | 总存款 | |
|---|---|---|---|---|---|---|
| | 余额 | 比重 | 余额 | 比重 | 余额 | 比重 |
| 本国的商业银行机构 | 19282200 | 82.7 | 9399957 | 85.3 | 15674888 | 86.7 |
| 外国银行在美国的子公司 | 1558878 | 6.7 | 807880 | 7.3 | 1305213 | 7.2 |
| 外国银行在美国的分行及机构 | 2477386 | 10.6 | 805882 | 7.3 | 1100772 | 6.1 |
| 合计 | 23298464 | | 11013719 | | 18080873 | |

资料来源：美联储官方网站。外国银行组织的美国银行子公司，指外国银行组织股权占比超过25%或者在FR Y-10报告中的关系是控制关系。

### 银行如何提升国际化全球化经营能力？

第一，做强本国才有国际辐射力、竞争力，在本国有市场地位才有全球的地位。全球经济重点热点在中国，国内机会比国外更多，国内业务的增长必定超过国际业务的增长，这是基本道理。本国经营也要努力采用国际通用标准，才能构建国际化的基础。

第二，全球化经营只是数量不足1%银行的市场布局，99%的银行无需涉及，各国皆如此。我国银行为何去西方国家设立机构？如何求得盈利生存？首要的是市场定位，认认真真核算成本，万不可沽名钓誉，不贪图急功近利，少惹是生非，才有竞争力可谈。

> **案例**：美国一家中等银行的高管告诉我，他们把国际业务部门卖掉了，专心国内业务，不搞小而全，因为国际系统的成本大，风险不小。加拿大一家银行的高管告诉我，他们严格控制衍生品交易在整个业务中的比重，限定介入的程度，不得超越风险底线，这样也就确定了收入的格局。一家著名美国资产管理公司的高管告诉我，欧洲银行家偏好传统存贷款方式，而美国的经营文化更加关注市场交易量，形成不同风格的中间业务方式。

**2. 竞争力的分布并不均衡**，整体强不是样样都强，总有强有弱，弱小银行也有其强的内容。品质优才是真优秀，在竞争力选项中，只要自强不息，就有机会成为强者。竞争落脚在经营策略上，谁都能成为第一，都有希望成为单项强者，能在某个市场较量中取胜。

**（1）有弱点很正常，有缺陷掩盖不掉，弱项不可能都能弥补，不能要求万全。** 竞争力是多种要素组合的综合评价，但一家银行有千百种产品、几十个专业、众多分支机构，经营总是参差不齐，岂能划一？看起来整体竞争力强势，但局部软肋掩饰不掉，经营只能扬长避短，在某时某地、某事某业务的弱项总会暴露出来，技不如人。这就是公平的市场。

**（2）一家大银行，不需要所有的分支机构都争第一，既无必要也无可能。** 地域经济差异那么大，有必要都争第一吗？况且第一需要资源与成本维系，虚荣的位次不重要，唯有踏踏实实做经营，才是市场职责。大银行更要自律，服从于整体结构与经营盈利，着眼于营造经营实力与财务品质，避免无谓的竞争乱象。

就一家银行经营而言，只需在一些重点区域城市、业务与客户中取得优势即可，而在另一些城市可以甘当老二老三，当小弟也罢，不要虚荣逞强。不要偏见不要走极端，未来终将是市场配置资源，品质决定地位，要逐步摆脱以数量为上，走向以质量为重。

> 一家分行行长对我说，总行要求他争当市场第一，可每年下达的信贷规模都排在二三位，远不如他行多，起跑就是一个输的安排。该怎么办？确实，信贷是最重要的市场武器，缺乏强大的信贷功能，中间业务也受影响，竞争中很难唱主角。

> 我回答，在政策调控之下的一般分行，信贷规模少是一个事实。但若你行的信贷质量有保障，规模能不向你倾斜吗？**竞争力不是分配来的，而要靠经营造就，比数量更重要的是市场战略。市场比较什么？一是数量的份额，二是结构的优劣。前者是大小，后者是品质。**谁都想争第一，总量第一需要资源投入，分行不能自主；但重要的是品质第一，这是由自身经营素质决定的，品质好增量就有望上去。例如应当分解目标：在本省哪些城市争第一？哪些业务夺第一？哪些客户群规模要第一？这就是相对领先，能否落实到市场策略中，才是最重要、最难最关键的，完全靠经营管理。"寸有所长，尺有所短"，是市场的经营理念。

**3. 竞争力变化很快，保持长期竞争优势很难。一家差机构，换个好行长就变；一家好机构，两届班子不强就落后；市场争先恐后进退频繁，5年后排名必有变化。其原因，一是领导人决定一切，稍不进取江郎才尽；二是市场进化很快，稍有歇歇之念头就滑下来。**

**（1）好景不常在，风水轮流转，市场的力量在导演。**市场竞争有其逻辑，竞争导致市场最终走向均衡，受市场规律的驱动。

第一，一个城市并非年年总由某一家银行领跑，时常是各领风骚，此起彼伏，交替领先。博一博谁都有望领先一段，也都会品尝到退步的苦果，如同马拉松赛场上选手们交替领跑的场景，正是竞争使得市场保持了活力和动力。

第二，能持续优秀的分支行机构并不多，一任行长能保持五年强势领先的不多。一家银行机构发展好过三届班子的不多，事不过三，除非是那些基础特别好、又在不折腾的环境之中。如今干部限期交流多，发展总受波动。

第三，在细分业务、产品的竞争市场上，大小银行都有领先的机会，谁都不能稳当旗手，谁都充满危机感、紧迫感。告诉我们，经营需要特色，培育自身优势是核心竞争力，有限资源要用在刀刃上。这是经营定位的市场选择。

**（2）竞争力升降根源在行长，领导者状态决定了机构强弱的命运。** 在行长群体的构成中，最优秀的领导者只占两三成，他们是精英明星，人才短缺，他们的调动必定会带来机构状态的变动。理由很简单：其一，基层的行长调整频繁，哪家银行都很难连续选派最优秀者担任某一分支行行长，也难押宝成功；其二，一人一种思路与风格，前后任的思路方法顺畅对接不易，常因磨合不顺而削弱了发展势头；其三，其他银行也会派来优秀者，形成赶超的有利时机。假如几年后该银行真退步了，上级再度调兵遣将重整旗鼓。如此往复轮回，结果哪一家银行都不会永远领跑。这种快一阵、慢一阵波浪式推进的规律，合乎市场的属性。

这是发展的曲线，别指望永远强势，只期待领跑的时间能持久一点、领先的业务重要一点、收获的绩效更多一点，经营的基础扎实一点。况且，再优秀的行长也不完美，走快了都会遗留一些难题，亟待接任者去化解修补，这种基础性补台不可或缺，也是一种普遍现象。快时前进，慢时盘整，既在修正过错，也能激励向前，终究市场力量超越了银行家的智慧，实现了总体均衡。


# 四、经营在变，随市场、政策机会应变


市场的理念日渐向经营渗透，经营方式也不可逆转地商业化转变。慢慢地，一个旧模式消逝淡漠了，尽管还残留着混沌的痕迹，但经营行为已经证明了真实。新模式在逐步地确立完善，人们的市场意识在不断强化，银行有哪些重要改变？

**1. 从配置管理国家信贷资源的机关→经营货币资金的金融企业。银行不再以一种居高临下的姿态，而是脚踏实地去接通市场地气，与企业成为平等的交易对手；从社会信贷资源的分配人，逐步还原成为货币经营者，地位改变了经营理念。这是体制性的根本转变。**

20 世纪 80 年代人民银行与四大银行分设之后，工行分管企业流动资金信贷，建行分管基本建设业务，中行分管外贸国际业务，农行与农信社办理农村业务，别无他家银行，彼此间设有严格的政策围栏，不能逾越，配置国家信贷资金。直至 1995 年底《商业银行法》出台定性为商业银行，1998 年四大行才全面向市场化转型；2004 年起陆续股改上市成为商业银行，有了市场地位，以法规为红线，风险为底线，诚信为本性。

旧体制下银行分配信贷资金到企业，兼任政府职能。如今以市场方式配置信贷，贷款是自主经营的行为，政府干预只是一种间接调控方式。旧模式下银行缺乏市场动力与风险责任，而盈利和风控需要市场化机制，信贷难做了，每个经营者都深感肩上沉重的责任。在改革中市场的理念逐步生成，旧意识与惯性在散去，经营走上了一条中国特色有生机的市场路。如果每 10 年作为一个里程碑，各阶段进程的商业特征十分清晰。

**2. 从支持企业发展→服务借款人的中介。金融服务不再是行政意识的概念，而是市场的经营方式、营销方式。金融资本开始强调盈利，银企关系变成互利合作者，在经济发展中携手，谋求发展共赢。过去的银行总带着一种"支持"的口吻，如今转变为经营服务。**

体现在借贷上，合规做前提，风控为底线，收回本息是动机，合作互利是基础。从一种单向支持企业的口吻，转变为以市场方式相互支持、利益均摊。银行的功能只是体现在微观配置资源中，投向上不再是普遍分配贷款，而变为银企间互做选择。形式上企业有求银行，实务中银行亦有求企业。主观上将资金安全贷出收回，客观上履行银行宏观职能，借贷成为银企之间的金融交易，围绕着资金使用权，交易对手谋求合力共赢。

市场化经营后，贷款自主性、竞争性和牟利性强化了，自然附带着一揽子服务要求。各项业务都围着客户转，转变观念讲求效率，竞争营销、争市场争客户。我曾在信贷委员会上指出，低效率必定造成质量走低，因为优质项目总被先出手者抢先贷出，后出手银行既少收了利息，客户印象也差，或许后来就不贷款了。假如全年审批的项目中有1/4被抢走了，尽管留下的3/4规模也够了，但项目品质在下降，还耗费了多少管理成本？

**3. 从包揽客户业务→同业分享合作，苹果分着吃，不再独占。尽管同业合作仍带着初级竞争阶段的色彩，组合银团模式尚未成为普遍的主流方式，但跨出这一步难能可贵，因为经营思想开始转变。通过管控，穿透不良借款人的掩饰包装，风控的眼光越来越犀利。**

在国家专业银行时期，贷款被严格地划分性质，开户受到政策的限制，基本处在垄断的格局状态。银行间互不侵犯领地，业务因政策画地为牢。是市场竞争打破了分割，企业找银行，银行找企业，分业逐步被市场撕裂，多头开户、多渠道贷款成为市场化的基本特征。

转变理念不易，教训从痛苦磨砺中来。在风险管控方面，当银行的强势地位逐步走弱，每一次大中企业不良贷款的爆发都牵出几家、十几家银行时，银行逐步认识到协同合作才是市场方式，比单打独斗更有效有力量，驱使大家结成风险利益共同体，维护应有的权益。

包揽是一种封闭思维，风险意识缺失，是旧体制惯用的手法与遗留的思想。市场的痛点是风险，哪家企业都不保险，再好的企业都有风险危机。同业合作方能从多视角分析把控，减少信息不对称，避免行业内斗，并以市场的手段与力量约束借款人，联手抵制逃废债等欺诈行为。从独占走向共担，是转型的必由之路。

**4. 经营思想从粗放型行政管理→精细化集约经营。当年那种不顾成本竞相争存、不计风险大胆放贷的混乱状态一去不复返了，围绕着考核问责、严格核算、质量效益优先、合规审慎做业务之风气已占主流，构建起**

了商业银行经营方式的基调。这是一种质的飞跃。

思想理念决定了经营方式，管理模式的转变促使新经营理念生成，施以考核、问责去推动。如今的银行真的会算账了，大小银行都在控制成本、控制开支、控制增加人员，谨慎地设立新机构，大力推进自助方式，网点机构的经营模式彻底得到了改变。

尽管20年来银行规模一直翻番式扩张，但经营集约化亦步亦趋，成功实现了整体架构的适应性转型。以何为证？一个最重要的现象是，银行业总体规模、资产质量、经营利润做到了持续同步，哪怕在本轮经济长期下行期间，依然稳定保持了高速增长、盈利不降、质量稳住，稳定位居全球银行业之首，事实印证着辉煌。只能说明，商业的经营思想和理念已经成为主流思潮，经营实现了市场化的跳跃。

**5. 资产从单一信贷→多元化结构、多渠道经营的广泛市场渗透。**视角与视野变得宽泛，业务深化交叉混业，越来越走向价值经营，从操作型向高附加值深度拓展，思维方式变了，更加关注结构趋势。表明银行着眼于构建未来的经营模式，持续推进向市场化转型。

**（1）2020 年如今存贷比已经达到了 81.7%**（见图 14－1）。假如存款增长继续乏力，那么存贷比仍将不断地提升，相对的贷款资金显得不足。假如未来 10 年中存款不再能支撑信贷的增量，当增贷模式难以为继，银行

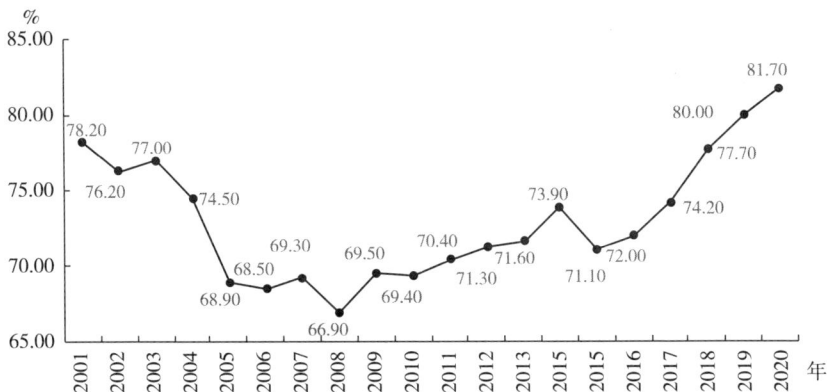

图 14－1　2001～2020 年贷存比情况

（资料来源：央行数据）

341

应当干什么、怎么干？答案是：单纯的信贷必将让位于资产多元化经营。这已是共识，正在转型之中。

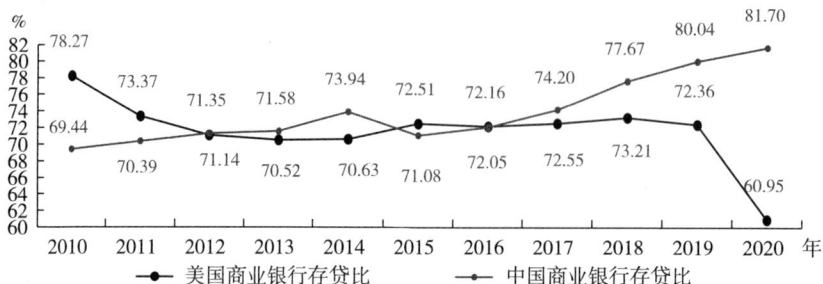

**图 14 – 2　2010～2020 年中美商业银行贷存结构图**

（资料来源：美国数据来源于 FIDC 官方网站，其中商业银行口径包括所有在 FIDC 投保的

商业银行和储蓄机构；中国数据来源于人民银行的金融机构信贷收支表，口径是本外币存贷款。

2020 年美国存贷比数据迅速下降，可能的解释是采取了非常宽松的货币政策刺激经济，

投放的货币导致存款增加，还未刺激企业和居民部门贷款需求增加）

**（2）前些年资产管理业务大潮兴起，银行业已饱尝风险与压力。**当财富总量继续增长，被禁锢的金融市场大门势必被冲开，资产管理、财富管理必将涌出，挡不住的洪流必定驱动未来经营方式的转变。2012～2017 年泛起的互联网金融浪潮虽有风险泡沫，却是一场缺少规则下财富涌动的预演，这是市场需求创造的驱动。谁也抑制不了、挡不住它下一次再到来，不管金融监管是否意识到、准备好，暴风雨总要倾泻下来，银行应当是"海燕"。

如何评价经营变化的程度？经营方式已经突破了质变，市场化模式已基本确立。这是一个基本事实，未来只会更加完善，老路不通了。

# 五、经营是近视眼，至多看三年

经营是否要有长远的打算？看你在哪个级别任职。总行行长当然看得

更远，他们任期不定，责任更加关乎全局，事事都要战略思考安排。分行经理人自然看得近一点，考核在当年，任期仅几年，地域受局限，眼光自然不会长远了。

**1. 经营能看多远？** 从战略的视角，国家着眼于 **5** 年计划，构想 **15** 年现代化社会大轮廓，这需要全局的视野和志向；但从经营的视角，一般能看 **3** 年就不错了，不会再远。为什么？它取决财务的年度性特性，一年一了断，受到经营责任制考核束缚，受任期机制驱动。

**（1）银行经营是做中短期业务的，经营逻辑也是中短期思维。** 例如，负债中一多半是活期存款，几乎没有三年期以上存款；信贷资产年周转约 2/3 次；项目贷款一般着眼于三五年（能源、交通和住房按揭等长期贷款另当别论，风险较小容易论证）；同业业务的期限更短。

经营中，指标与考核都是当年，管理总是盯住眼前，上下围着指标转，绩效牵制着所有的业务机构。在这种管理逻辑、经营模式与经营方式下，银行的眼光能看得远吗？不会、不能。经营都是近视眼，无法准确预测未来，无须看得太远，只凭基本的判断。

市场化机构才有战略思维，因为命运在自己手中，看得准想得远才不折腾。我国的银行服从国家战略，贯彻货币政策指令，银行是执行者，不会也不需要预测政策是否会变，不能也不敢在执行中留有余地。因此，在政策导向下银行服从性更强，行为守规矩，眼见为实更安全，风险把得准，事关每个经理人的命运。

**（2）眼前风险可控，越长远越难控，经营就是做好眼前事，无须好高骛远。** 现有的体制是通过机构领导人去把握大局、全局，处理好眼前与未来发展的经营关系。只有少数优秀的高管能够滚动地规划三年工作，难能可贵；能够做当年、想明年的也很不错，更多高管缺乏长期打算，做一年是一年，围绕经营任务在做。这是金融业的经营特征。

这种领导状态无可非议，想远了既无必要，也无能力。第一，主观上高管的交流频繁，一年生二年熟三年会调动，缺了长期规划，自然做好当下最重要；第二，客观上分支行行长很难预测多变的政策调控，跟上就不错了，盲目预测只会添乱子动摇执行力，体制也不允许；第三，实务中信贷受政策干预多，不能因管质量而影响企业，银行自主性不足，只能执行政策要求去落实，并不思考未来的变化。

**2. 政策变化多快？一年有几变，年年都在变。经济货币政策的调整，牵动利率、规模与信贷政策的变化，从会计制度、核算到业务措施都随之而变。经营中必须是盯住政策的变化，因为市场总是在政策干预下突变，直接影响到绩效，盯住变化成为一种职业特征。**

我们感知市场规律的存在，却不清楚何时何地发生何种现象事件。政策也一样难以预判，年初年底不一样，出台之前均属机密，信贷投向、投量都由国家政策调控。从央行货币政策的频繁操作和紧松变化，精准到微调，人人都感受到了国际政治形势大背景与经济压力的剧变。

**（1）银行是国家经济金融政策的抓手和杠杆，是执行者，令行禁止不自行其是。** 政策原本是对市场的修正，也是对经营行为的矫正，得以推进实施国家战略和稳定经济。政府行政与政策干预，包括领导人指示，都是贯彻国家意志，银行必须认真服从执行好。加强党中央对金融工作集中统一领导，是对高管的政治要求。"政策和策略是党的生命，各级领导同志务必充分注意，万万不可粗心大意。"（毛泽东）"国有金融机构领导人必须增强党的意识，牢记第一职责是为党工作，坚定不移把党中央决策部署和工作要求落实到实际工作中。"（习近平）

**（2）银行缺乏对经济规律独立预测的能力，自在金融规律中，难以自明。** 发展方式是摸着石头过河，谁都预测不准，何况银行分析员对产业不专长、不熟悉、太年轻。回首往事，那些年当高铁贷款一度被叫停时，谁曾能料想到今日的辉煌？当初银行对许多大城市地铁贷款不敢贷款，有的地铁贷款甚至受人大代表质询而被清退，……如今看来是多么幼稚。银行擅长服从跟进政策，缺乏独立的市场能力和机制，对许多重要建设项目一知半解，因而总是人云亦云跟风走；银行终究对产业经济、企业经营是外行，只是关注流程的合规性，擅长资金运作和风险管理。这些都是市场化经营中暴露的软肋。

**3. 市场天天在变，唯有谨慎稳健与专业精神永续。在经营中坚守专业水准，在执行中不违背信贷本义，在履职中承担风险责任，认真贯彻执行，才真实体现了经营本质与宗旨。无须想得太远，少点杞人忧天，管好当下，以后的事情以后总有办法，这就是经营者。**

银行的经营性格从来是谨慎守规，遵循专业的经营逻辑和规矩做事。银行对新事物、新业态、新商业模式习惯于观望犹豫，当触及现有制度标准时，银行首先期待监管的态度，不敢贸然操作。例如，在这轮互联网金融泡沫兴起时，起初只有几家中小银行趋利而动，大多数银行都在静观电商金融的混乱。面对媒体造势、监管旁观的场景，银行一度成为保守落后的众矢之的，后来一拥而入风险成灾，反倒受到违规的惩治惩处。这一过程充分体现了银行实用主义的行为特征，以及经营文化的审慎性。

眼光反映出领导人素养，更出自经营者的责任。当学者们夸夸其谈中国银行业改革时，内行人都明白这些言论缺乏市场与实践的底气，尤其不担经营责任和风险压力。唯有负重者呼喊着号子前行，注视脚下步子不能乱，专心踏实走自己的路。银行最重要的两件事是经营和执行，策略和本事落脚在能否结合得更好，有时真不要想得太远。

# 六、经营要讲得清本银行状态与趋势

经营需要有远见、会思考的行长，每每调研或召开有关会议时，我都期待遇到这样的行长，使人眼前一亮收获满满。谈及经营问题，无非是揭示市场的状态、趋势与问题、提出解决的思路，拿出有效对策办法来。但优秀者所谈，总是带着明显的市场特征：他们不是套路式汇报，是使听者感受到一种经营意图、用独到的眼光看市场看问题；不是一般贯彻执行的情况，而是展开了思路、结合实际创造性地实施；不是一般地罗列问题，而是自有对策办法、谋求解决突破；不是笼统抽象地提建议，而是附有可操作的方案措施，可做选择决策，让你认可。他们才是经营人才，是引领者。

**1. 经营最喜欢哪一类行长？当然是有思想、有眼光者，受领导青睐。因为，高级领导者最关注趋势，亟需以科学态度、方法与结论来指导实践，亟待有志同道合的伴行者。**

行长群体大体可分为两类，一类是偏重执行的，像演员，汇报完各种数据和工作总结事项，就等谢幕，等待领导指示和提问，像是报流水账平淡缺乏激情，要听者自己去提炼，无法直接切入形成共振。另一类是有思想的，像导演，充满着想法和打算，思路清晰，有规划、有步骤和措施，说明他胸中早有思考、有意图与安排。听者可直接交流切磋探讨，相互启发互动共鸣，使对话有滋有味，给你留下深刻的记忆。

**两类的区别在于思考与眼光，在于是否透彻地了解市场，是否关注和规划未来的发展问题。**假如上级未做布置，而你主动思考了，说明你具有宏观思考的思想素质与能力，经营有规划、有远见、有眼光，因而更加理性，方向、定位与标杆更加明确。假如一个分支行行长在工作汇报中能展示这种战略思维，你的领导一定刮目相看，并十分重视你提供的数据、观点和措施，留下好印象也记住了你。

**2. 领导者要有经营判断力，基层行长不能只满足于冲锋陷阵，还要明察市场变化动态，看得到趋势。揭示未来是一种穿透混沌市场的能力，体现综合素质，决定经营格局。**

确立定位才能找准方位，认明方向目标，找到合适的路径。每个人都应看清看懂自己前方的一片空间，若看不到、不清楚，就不知道如何努力、向何处去，就很难发现市场机会与前景。

一般而言，规划与趋势属于高层级的管理范畴，越往上越离不开。当一个行长，假如对本地区及主要业务缺乏全盘的认识，不会用宏观思想方法指导，井蛙观天只顾忙于事务，埋头拉车着力完成指标，把自己当作一个作业者，显然不符合高管角色，很难成为优秀领导人。

管理者人数约占1/10，优秀的领导者都是通过长期筛选、培养出来的。完成业务只是基本作业的要求，领导业务才是管理要求，领导者的作用不是能不能做好业务，而是能不能管理、规划与发展业务。特长应当是管理能力，职责建立在搞清市场情况，跟进发展趋势上，不能混同于一个员工。

**3. 应当内行懂经营、又要擅长做市场，这是当领导做好经营的基本条件。不懂经营怎么当领导？金融不该是外行所为。岗位有业务的职责要求，领导者应当具备经营素质。**

何谓内行？第一，看是否懂经营，具备基本的业务经营管理能力；第二，看他是否会经营，具备基本有效的经营决策能力。前者是最基本的上岗操作性要求，即要去分管职责范围的各项工作，解决遇到的经营问题，保障充分的执行力。后者是有效把握经营方式，以市场的观念方法经营业务，保障稳健有效地经营。两者缺一不可，既要管理业务，又要经营市场，科学有效地完成经营目标。

所谓做市场，最重要的是能看到经营发展的市场空间。包括：各项业务市场突破的可能性，发掘发现新机会，带领走向正确的方向，进入新市场的领域；副行长要能看到分管业务的发展空间、发展机会与可能性，指导和带领分管业务奋力拓展。各级行长都有自身职责要求的任务，假如你找不到、看不清未来的趋势，分管业务一定会落在盲目的境地，信心和措施还会有吗？

**4. 首要是认识经营环境、了解时势、选择方向、寻找机会，几方面都靠自身见地。这是理论联系实际的管理成果，是一个创作过程，代表本人的经营观，具有经营的价值。**

能否规划预测？体现一个行长宏观管理方面的领导素质与才干，看出他在经营中怎样认识、把握与判断未来，折射他的发展观、经营观，以及对经营前景是否心中有数。未来是现有基础的延续、成长和变化，假如对现状认识模糊，对局势背景不了解，对增量要素把握不准，对变动轨迹与结构不清楚，对竞争态势不识别，对发展的动力缺乏基本估价，那么领导行为就不接地气，统揽部署都是空中楼阁。

**算者清醒，先算者胜**。估测一个城市未来经济金融状况，十分必要却不容易。需要科学发展观与实事求是的思想方法引导，需要脚踏实地做大量细致的基础性调研，经过反复的思考论证，才有确定性结论。有这个蓝图指引，就能找准市场方位，增加决策的可靠性、可行性，胜算的机会更多。

# 七、经营要讲得清本银行特点与优势

一行之长能讲出本行的经营特点与优势吗？这是素质能力之问，我很在意并以此观察干部，以往调研中都会询问这个问题，作为分析机构状态的领导因素。

**1. 一个人是否能掌握深层次经营分析方法，标定他视角的层次空间。讲得清则表明抓住要领前提，经营行为建在清晰的基本分析之上，讲不清是在混沌中经营；讲得清则表明做过周密思考，下了功夫做功课，讲不清是未做思考无结论，功夫不到难有战略性决策。**

**（1）所谓结构，是指经济、金融的深层次构造。**无论哪个城市，金融资源都有各自的分布特征，呈现出不同机构、不同板块的存在方式，只有了解它、揭示它，才能弄懂当地市场的金融状态。但实务中人们忙于事务，不懂不会不善于去思考探究，只有少数智者试图去揭示市场的脉络本质，去寻求把握事物规律。关注结构者是高手，这是一块试金石。

**（2）结构分析法揭示了业务内涵，行长应当掌握这个管理工具。**结构引出战略，使谋划有思想，策略有依据。讲得清结构的人，一定看得更深刻清晰，与市场更契合，善于把握市场的方向。而不懂结构的人，知其然不知其所以然，只凭经验、浮在表面、跟感觉走，缺少了深度难以做战略部署，局部性经验常导向失灵。因此，干了算的不及算了干的。那些优秀的分支行行长，擅长从市场结构出发提出经营安排，这类建议与措施最能得到上级的赏识、采纳和支持。

**2. 一个重要结论：不清楚本行业务特点、不了解经营定位的大有人在。为何会这样？原因是：第一，行长年轻而缺乏经验，以为自己只是执行者；第二，受业务的局限性大，忙碌于事务压力之中；第三，金融业务多样性使环境与结构越来越复杂，金融真很难懂。**

在广泛的调研中，我得出一个基本结论：在分支行行长中，能够讲得清本地市场经济特点和金融结构的行长不多，常是为了工作汇报而临时收集罗列一些相关数据，未纳入日常的基础工作中，真未去做深刻的市场分析。能够讲得清本行机构业务特征与经营优劣势的人更少，绝大多回答不出这个问题，甚至从未思考过。**他们把自己当成一个纯粹的执行者，机械地贯彻上级下达的各项指标与任务，工作围绕指标而战。**只有很少人在研究市场环境与生存方式，思考开辟新路径寻找机会，使发展更有效一些，他们一定是佼佼者，更为老练智慧。

我在考察机构网点时，见到负责人常会问：你的机构管理的区域有多大，负责几条街区？有多少机关单位、企业商店，有多少职员、居民？他们等级层次如何，多少在本机构开户？周围的街道小区、对公单位去拜访了吗？……如果经过调查掌握了基本资料，知晓了环境，工作方向性、策略措施能不清楚吗？我都会动员行长们一定要深入下去搞清楚。我说，一旦搞清楚后，你经营的市场感觉就全然不同。我过去当市分行行长时就是这样做、这样要求的，这是成功的重要经验。

**3. 搞清楚本机构的特点很不容易，要培育、发挥优势更难。一个行长不了解本行机构的优劣势，谈何知己知彼百战不殆，谈何扬长避短？一个行长不懂得经济与金融市场，如同将军不懂战场局势，无法调兵遣将，绝无制胜的可能性。这是经营差异性的基本根源。**

业务的经营特征是通过对同业、对市场对比中得出的结论，不懂全局、不识对手何以对比，何以了解相互的差异性？何况经营特点形成于发展过程之中，受制于环境与客户，只有懂历史、懂业务、懂市场方能作出深入的比较，懂得优势方能运用优势，提得出更高目标和适合的战略策略，制胜市场。

应当理性地以市场的视角认识自己、认识对手，在经营中培育优势，从比较中谋求相对优势，从竞争中扬长避短，使业务优势转变为市场的经营优势。不知自身之长，不懂对手之短，要么无知，要么平庸，经营自然难了。

# ▶ 第 15 章　经营与发展

古罗马神话中雅努斯（Janus）是门神，又称日月神，出征的罗马将士都希望在他的目光保佑下出击和凯旋。他生有两副面孔，一面凝视过去，一面遥望未来。在西塞罗（Cicero）的古罗马史记里，凡人生活在当下、现在时态之中，而雅努斯代表神人穿梭在过去与未来的两个时态之中，消费过去又创造未来。

经营只有过去时与未来时，现状只是两者的界面，代表过去也预示转向。经营者在混沌的环境中，经营追逐一切不确定的东西，将未来不断变成过去。变数让现时变短暂，让未来变神秘。

如果改革为求得经营的适应性，发展就是谋求可持续经营。经营有两大任务：今天怎么做？是盈利问题，是现实的竞争；明天做什么？是发展问题，是未来的生存。经营管理有两副面孔：一是立足和充分发挥现有资源能力，创造财富；二是拓展和深度开发未来市场空间，获取新资源。银行竞争力的核心，既要兑现现有的核心竞争力，又要培育发掘潜在的商业生机。发展使明天的理想归位，不发展只有被淘汰的宿命。

## 一、现代化之路：业务发展＋经营转型

"理念是行动的先导，一定的发展实践都是由一定的发展理念来引领的。发展理念是否对头，从根本上决定着发展成效乃至成败。"①

---

① 习近平讲话：省部级主要领导干部学习贯彻党的十九届五中全会精神专题研讨班，2021年1月11日上午在中央党校（国家行政学院）开班。

站上全面小康社会的平台，银行业具备了强大的基础实力，这是起跑线；在深化改革开放、为国家实现现代化目标中持续发展，这是大背景；与经济建设共命运，银行的经营管理方式业已成型，这是中国特色。

**1. 发展驱动力从哪里来？基本力量源泉是国家"两步走"伟大战略的社会驱动。前15年是银行业发展最快的时期，其动力来自为实现全面小康社会的第一步，目标已实现。未来15年新的发展阶段刚刚起步，其动力来自实现现代化社会进程的第二步，充满着自信。**

经营者都在思考：未来发展的驱动力能够持续吗？获取动力方能借势而行，动力强大则乘风破浪，面对现代化社会的发展目标，无论是最高层银行家还是基层领头人，都期待动力。答案明确肯定，即三大社会驱动力依旧强大，理由是：

第一，看经济发展史，我国经济是信贷经济，信贷始终是基本金融方式。企业长期运营在这种方式下，与银行唇齿相依命运与共，形成了稳定的模式。信贷推动了我国成为经济大国，银行成为企业资金来源的主渠道，至今力求改变这种模式的力量依然不足，有个逐年渐进的过程。**这是经济运行的惯性驱动。**

第二，看国情大背景，未来经济的转型，以发展战略新兴产业、服务业与现代制造业为基础的发展模式，正在强力地推进产业结构调整、新旧动能转化，亟需大量的投融资。但是，企业资本的积累能力极具不足，指望银行再挑重担。传统产业中企业的扩张，同样亟待大量投融资。**这是经济转型的需求驱动。**

第三，看经济体制，银行信贷仍是政府管理经济模式的重要抓手，货币政策是两大经济杠杆之一，信贷投入年年递增，从未减少。改变这种模式不易，需要条件、环境与国家财富积累的较长过程，需要巨量的直接投融资来源与渠道，这是一个培育渐进的转型过程，需要较长时间。**这是经济管理的制度驱动。**

三种强大驱动力聚成一体，相互掺和难以拆分，融为合力。它实现了经济金融的成功，成为我国经济的基础模式，也将主导现代化进程，成为未来 15 年的基本色彩。在新力量替代之前，只需调整完善，不必自乱阵脚去折腾，坚持走社会主义市场化之路，做好再上一个台阶的充分准备。**银行业服务实体经济，与制造业依存共生，鱼水难分，这种经营方式不会改变也不允许改变，只要扮演好这个金融角色，三大动力就是注入银行不息的源泉。**

**2. 未来经营核心依旧是发展，这是由生产力决定的，要坚持深化金融市场开放。**尽管形成了世界级银行群的阵势，整体指标健康，但现代化银行仍以充分市场化为标志，跟进市场进程才能实现。经济转型带来经营风险、功能缺口，核心竞争力不足，期待发展中完善。

**（1）如何根治资产质量？**目前银行资产质量总体正常，不良率处在全球平均线以下，并不突出，不良贷款主要来自经济转型，并不可怕；新冠疫情造成的风险亦可通过 3 年消化，因为经济向上，利润尚在。**保持发展速度是化解不良资产积累的良药，溢出的坏账依靠增量资产的绩效去消化，这正是中国银行业化解不良贷款的基本方式。**

质量从来是经营的突出难题，只能靠发展中解决，若停步整顿只会更难。历史上无数中外银行都在发展中一次次度过危机，继而摆脱风险，这是经营的基本套路。惯用的降低不良率做法是两手抓：**一手做加法，通过发展增加总资产，增大分母约可降低 1/3 的不良率；一手做减法，加强清收核销，减少分子约可降低 2/3 的不良率。**这是一般的路径，总体可控就心中不慌。

**（2）何以推进调整结构、拓展新市场？旧结构的弊端靠新结构的效能去化解，希望寄托于发展新市场。**这两项内容属于经济转型的范畴，因为结构是对应生产力需求形成的，银行无法超越经济发展进程，只能适时跟进，在经济发展过程中调整结构。也就是说，这两个经营问题只能在经济发展中解决，经济发展进程决定了银行现代化程度，经营紧随其构建起现代化平台，在发展中实现经营转型。

"十四五"是重要的时期，国家将依靠创新推动实体经济高质量发展，培育壮大新动能，这是信贷转型的新市场。积极跟进国家科技创新的发展目标动向，发现产业链、供应链调整中的新市场需求，盯住新趋势，从存量、增量一起调节，那么通过 5 ~ 10 年的努力，定能构造形成新的业务资产结构。

**3. 可持续性发展是经营内核，是经营状态正常的标志。其特点：第一，发展不停顿，步步向前，不要反复折腾，市场不进则退，这是生存之争；第二，不让不良资产积累，清淤消除风险，这是安全保障。两者结合才有健康经营，构成了成功经营方式的两个方面。**

怎样保持正常经营的状态？边发展边消化不良，绝不让不良风险资产累积起来，对经营中溢出的不良资产，藏着掖着往后拖都是危险行为。实务中，优秀的机构一般都担心不良率低了，怕不良出净后一旦再发生就难办；而差的机构总是瞒一点是一点，过一天算一天，后果使机构小病变大，最终要爆发。不良积累必定引向质变，唯有消化不良转危为安，因此一定要盯住不良额的增减，控制住数量。

新陈代谢是市场规律，经营发展呈现周期性，每个周期都会撇出一些坏账，业绩减去风险成本才见进退，不能覆盖则缺乏持续后劲。**经营转型中财务的底线思维是：只要保持增量效益能够覆盖风险成本，就是成功。如果一个经济周期是 10 年，那么银行经营一般是 4 年顺利 6 年为难。**例如近 10 年来，2009 ~ 2013 年较顺畅，2014 年后资产质量一直走低，基调是整治调整、转变结构、转换方式、清收核销等。修整的压力远比发展扩张重，及时清除风险才能消除后顾之忧。一个高管要千万懂得及时清除化解不良，它是一种最重要的经营管理能力。

关键是可持续性，消解积聚的风险才能走得更远。无论一个经营周期是长是短，**经营行为的基本要义是：日常不断清理与周期性重点整治相结合，持之以恒。**着力抓住几项工作，一是寻找原因努力消除产生不良的根源；二是及时调整结构堵塞漏洞；三是依据市场周期运作经营，增强主动性。

**4. 现代化初期仍有一段高速增长期，过后扩张方式将告一段落，逐步进入成熟阶段。这是经济增长带来的机会，是成长周期中最后一次扩张的**

大机遇。发展的形态仍是速度，如同孩子长大，成长期长得很快，当身高不再增长时，进入了成熟期，银行规律也这样。

经营中亟待认清与判断自身所处的地位、位置，借势而行，得以确定未来的发展战略与经营方式。如何划分过往银行的发展阶段？20 世纪 80 年代我国设立了四大银行，成为商业银行的生成期；至 90 年代出现了严重的"乱集资、乱投资、乱拆借"金融三乱，风险根源是法规制度与监管缺失缺位，缺少章法造成普遍的系统性、全国性风险，这是成长中最叛逆混乱的阶段，可谓青春期。

21 世纪前 20 年是快速成长期，完善公司治理，形成经营规模和绩效，但都是在政府管理下经营，相当在大学阶段。这个时期处在高速发展中，形成了基本规模与制度，也一次次暴露出许多不符合商业银行规范的行为，表明尚未成熟。

未来银行进入现代化社会时期，第一个 15 年仍将会快速发展，深化改革使市场逐步成熟起来，银行具备了市场的方式能力。后 15 年中，随着政府干预的不断减弱，银行实现完全的自主经营阶段，才真正实现"自我核算、自我经营、盈亏自负"的成熟状态。

## 二、经营需要基本规模，没有小而强

制造业分工很细、门类繁多，依托某些部件器件、产品或专门技术的优势，企业就能在有限市场下形成"小而强"，成为普遍的经营模式。银行没有"小而强"一说，它经营的是大众化风险产品，依靠服务效率与风控来维系，同在市场的汪洋大海中运营，小舟抗不住，需要基础规模。

**1.** 规模代表了经营实力与市场能力，决定经营方式和市场地位。在大小与优劣的关系上，优秀总与规模紧相连，而强大是以大作为前提，缺此条件很难实现。中小银行的风险相对更大，资产规模成为最基本的生存要素，唯有做大方能更强。这是真实的市场写照。

**（1）什么是大？一般指存量、增量大。**第一，存量大，绝对大，存贷款多、客户多、影响力大、业务市场大等，基本经营要素强大，体现了资本、人才、产品、经营力强大的基本经营实力。第二，增量大，相对大，表明竞争力的成长性更强，或某些产品的市场能力更强，或在区域内的增量与市场比重很高，排名在前，市场地位不低，哪怕是在相对不发达地区。

**（2）规模是经营的核心问题，经营需要基础规模的支撑。**成本与风险是影响经营成败的两大管理要素，规模经营方可降低分摊的固定成本，是构建抵御一般性风险的基础。这是经营的常识。**小银行抗风险能力弱，稍出一点不良贷款就提心吊胆，不像大银行有容忍度，因而更难经营。**

国际银行业在排序比较时，也依据银行的资本金、总资产、利润额等数值作为竞争力的排名，排序从来都是大中银行的盛宴。追逐合理规模是原始求生的市场动力，使银行业追逐扩张，追求提升位次，而经济的稳定、持续发展提供了增量土壤，牵引银行走上一条高速发展之路。

**（3）增量增速大的银行效益更高、活力更强，也化解了积累的风险。**谁增速快谁的经营就好，谁增速慢谁的日子难过，早已成为业界的共识。增速上不去、增势形不成，得不到更多增量，绩效立马给你脸色看。

发展也是一柄双刃剑，经济转型对信贷的伤害也不小，经济周期性溢出的风险充分地暴露在银行，但所有的风险难题只能在发展中化解。办法出路唯有依赖更多的增量，过去我们就是靠增量消解了积聚的风险，经营处在这样螺旋式上升的循环中，发展是硬道理。

**2. 做大资产规模是发展的使命，成为我国银行的基本经营方式。市场与政府都在驱动银行做大规模，市场每年有十几万亿增量存款，岂能不争夺？经济大发展亟待着信贷的支撑，岂敢不增贷？存款贷款是两大发展标志，若几年不力，那么你任职的时间到头了。**

**（1）国家更在乎银行发挥好社会职能功能，不做大背离大势。**经营宗旨是支持经济与货币政策、支持实体经济发展、为国民提供金融服务，前提下才有经营的资本盈利，主次不能颠倒。存款不增加何以增加贷款？政府、社会、市场、监管都不能允许银行在原地踏步，并以增量考核经营状态、以速度衡量经理人的态度与能力。因此，扩张资产规模变得至关重要，所有关注都聚焦于此。扩张的社会性需求，传导成为经营的强大压力，形成各种管理的矛盾，促使银行家必须关注增量，只能通过增量去平衡各方的关系。

**(2)"做大做强"带着社会责任的使命，"做好做优"只是自身的管理要义**。发展中市场崇尚前者，而成熟市场更强调后者，两种目标都有其必然性。走什么路不全由银行自身选择，而是市场阶段性决定的，期待两者结合好。在我国高速发展的经济环境下，不断扩展的经济规模促使银行必须配套发展。社会首先赋予银行发展目标，做大做强成为不断扩张的原动力。社会的经营价值观是：谁发展快谁优秀，谁跟不上谁落伍，谁发展慢谁不行，就得换人下台。这个逻辑简单无情，一直以来都是检验各家银行的尺度。

**3. 资本驱动着银行不断做大规模。股东们都要求经营大发展，经理人在相互较量谁发展更快更大，在经济大发展的环境下，靠增量得到更多的收益。要抓好最后一段发展的窗口时机，去获取增量的资产实力，获得更多市场机会，得以在发展中解决成长性难题。**

**(1) 未来5～10年还有一段难得的增长期，成熟以后规模基本稳定下来**。看前15年从2005～2020年，银行业总资产从36.5万亿元增长到300万亿元，是8.2倍多。这个奇迹在全球绝无仅有。银行成为最盈利的行业，能不吸引资本的眼球吗？这仅仅是"两个一百年"目标的第一步，未来15年仍会翻番，规模扩张的特征仍然鲜明。

人们企盼持续发展的愿景，国家对银行有继续发展的任务，社会资本投资中小银行旺盛的动力，都丝毫没有减弱消退的迹象。银行不快发展行吗？至关重要千万珍惜。未来前5年最为关键，千万不能丢失这个最后的增长大机遇，抓住就成功，抓不住就多难。中小银行千万注重扩展，尽快达到基础经营规模，精简瘦身是未来长大以后调整转型之事，无须跟大银行攀比。

**（2）做大资产才有资本进入银行业的更多机会。** 十几年来社会资本对投资中小银行趋之若鹜，做大是众望所归，是普遍的市场现象。当然，银行家最根本的职责是把控风险、做实经营，终究要回归"做好做优"的市场基础。

台上是银行家经营，台后是股东、资本在涌动，社会齐唱银行发展进行曲，做大银行已成为一种社会导向与经营心态。这是经营的主旋律，经济环境提供了快速发展的可能性，识时务者为俊杰，银行管理者应当顺势而行。

实务中，几乎所有银行在规划远景蓝图时，都以高速增长为经营基调；几乎所有银行为解决经营的难题，都期待以资产扩张为前提。不发展、发展慢了都不行，这种现象是我国银行业发展的基本特征。

# 三、创新机理：技术、市场、经营三股力量

发展的路径是创新，经营创新的动力在哪里？弄清楚才能挖掘源泉，有视角才会更好关注，顺机理才去有效推动。

**1. 创新是资本的属性，追逐生存与牟利。** 尽管西方各国不同，但创新的动力趋同。美国经济学家米什金（Mishkih）说："经济环境的不断变化将刺激人们寻求可能有利可图的创新"，为适应环境、开发市场、寻求利润或改善成本，嗅到有利可图的机会就会追逐而去。

**（1）适时应变，迎合客户需求。** 创新是需求之果，环境日异变迁，使经营遭遇难题也有发展机遇，敏感的银行家伺机突破。例如，跨国公司的发展刺激了跨国银行、银团贷款等新的组织与业务；政府扩大金融市场筹资的需求刺激了金融工具创新；多样化的消费需求刺激了电子银行、网络产品、信用卡等创新；价格波动的风险刺激了避险、投资类需求的创新产品……迎合新需求随市场而变。**这是经营的本性。**

**（2）规避金融管制。** 在西方市场化监管的金融生态中，金融管制和金

融自由化都诱发创新。管制约束了经营空间，抑制竞争活力，威胁到经营盈利目标，也迫使金融机构去搜寻规则的"漏洞"，引出规避管制的创新活动，得以活跃。例如，1933 年美国《银行法》的"Q 条例"限制了存款利率，至 20 世纪 70 年代"脱媒"现象已威胁到银行的资金来源，于是创造出规避管制的可转让支付命令账户（NOW）及自动转账服务（ATS）等新业务。同样，金融自由化放松了限制和束缚，形成宽松的创新环境。例如，80 年代的金融自由化掀起前所未有的金融创新蓬勃势头。关上了门也开启了窗，**这是法制的本性**。

**（3）竞争的机制**。别人做了我仿效、别人有我也得上，争先恐后地跟随，应对生存的压力。当今金融竞争更趋激烈，从银行间、金融同业的竞争，到企业向金融业渗透，在网络技术推波助澜下，重大创新活动都有金融运作的成分。**这是市场的机能本性**。

**2. 我国银行业自有创新机理、背景与切入点，创新动力以转型与服务为上，功利性求次**。银行高速发展中，发展难题＋市场难题＋经营难题同步涌现，把经营规模的扩张推向转型优化，恰逢科技提供了脱胎换骨的难得机会。转型式创新有三大动力，是一部巨作。

**（1）信息科技力量推动了银行转型，是载体**。科技是第一创新力，我国银行创新活动与信息技术新浪潮的兴起合拍。经营与计算机网络技术牵手结缘，进入现代技术下的商业模式，经营方式转型了。银行创新带着最鲜明的技术特征。

新技术至关重要。当 1987 年工行引入国内第一台大型计算机，从此终结了手工银行，走入"科技立行"时代。当**1999 年实施数据大集中**，仅仅三年工行具备了**标准化、流程化、专业化**综合运营基础，开启了"一个银行"新模式和统一法人体系。当**1999 年启用网络银行技术**，走向了开放式经营，自助分流柜员业务量已达 95%，**自动化、智能化**成为营业新模式。当 2003 年管理信息化系统启动，形成**精细化、信息化**效率优势。当 2007 年起步实施云计算、大数据等新技术，走向信息化银行。一步步创新提升了综合经营能力，依靠技术推动了业务的推陈出新。

**（2）银行转型是市场逼迫的，靠创新引路**。社会金融需求在发生重大变化：第一，财富效应使银行规模膨胀，近20年间我国银行总资产增长22.5倍，每4～5年翻番，令世界瞠目结舌，各类银行都处在发展的重压下。第二，经济发展与国民财富的增长使金融需求旺盛，机会带来动力，创新带来希望。银行是发展推动者，也是经济矛盾压力的承接者，问题最先暴露在大银行。处处碰壁旧模式再也承受不住了，市场逼其走上创新突破。

> 创新是逼出来的。当业务持续地翻番，必定驱动自助服务模式大发展，推动转型；当电商迅速兴起，必定促使网银向多渠道延伸；当个性化服务压力增加，必定推动大数据应用，深度开发客户市场；当财富多元化需求增强，必定开启纸黄金、贵金属、石油、商品期货等新金融产品交易；当全球化布局核算的压力加大，促使整合开发境外机构综合系统；当企业越来越走出去，必定推动跨国金融服务；当客户感觉支付结算不适，必创新电子支付与清算革新……需求是因创新是果，经营要适应市场迎合客户创新。优秀银行的可贵之处，是最先感知机遇，最先做到了。

**（3）经营困境与压力促使创新，破茧化蝶**。发展不断带来新烦恼，管理压力日趋紧迫：第一，如何推动管理从低层次向高层次提升？亟待从管控作业流程，转向有效运用数据。第二，如何把积累的经验、参数与规律提升为模型？亟待管理信息化、精细化、科学化。第三，如何优化经营结构与完善考评机制？亟待提高经营管理的效率效益，管好庞大的系统。

过时的躯壳效率低而风险剧增，旧模式裹不住增倍的规模，矛盾百出难题不断涌现，唯有优化整合脱胎换骨，去适应新环境，消减成长的烦恼。优化管理的传导机制是：问题暴露了需求，压力转换为动力，生成了责任和期待。力量来自困境与无奈，一次次以创新自救求生，这是一种生存的动力机制。

管理模式的创新最为精彩，手到病除，变成效率。以工行为例，20 世纪 90 年代中期金融初步开放，联行业务中接二连三发生大案，直到 1996 年改革实行电子联行新模式，从此风平浪静；世纪之交信贷风险大爆发，危机下推出了信贷综合新系统，信贷才有了管控工具；数据集中引出对会计、统计、财务系统整合，集中参数管理，从此结束了分散低效的散乱状态；信用卡种类繁多导致管理太复杂，2008 年成功实现了系统整合，化繁为简，抱怨少了。这些创新都成为银行业样板。

**（4）三种动力之间的关系**。三股力量如三足鼎立，相辅相成相依托，聚成动力源泉，但在内容、作用方式与领域各不相同。**技术力多作用在系统的整体优化和升级换代上，是创新的平台工具；市场力多作用于产品与服务领域，形成影响力、竞争力与适应性，是市场创新的需求；经营力多作用于提升管理效率及考核、内控，从整合完善经营入手，是优化管理的力量。**每一项都可能触发局部创新，主导了一家银行、一个阶段的创新特征。

**3. 中西方创新机理不同，背景、范围、重点与内容不一样，市场有国界，在国情和监管下创新走着两股道。西方在成熟市场机制下，创新的重点围绕着市场变化与客户需求，运用新技术工具提升效率。我国在深化体制改革中，创新热点在转型，仍然是主要矛盾。**

**（1）市场阶段性不同。**西方富裕而我国刚进入全面小康，客户层次形成不同的财富理念，使创新需求不同；银行的业务板块、市场深度广度、金融化渗透程度差异较大，也使经营模式与理念根本不同。**西方金融创新更多具有证券化、表外化和工程化特征，而我国市场进程晚于西方一个层次，处在基础性、管理型、网络化需求阶段，这也是中西方创新并轨的时期。**

我国市场的发育进程定会影响现有的经营体制，社会财富增长也会改变经营模式，都将转化为创新动力。例如，资管理财业务方兴未艾，资产证券化、金融衍生品定将扩张，人民币国际化产品尚未开启，而这些领域早已是西方成熟市场的产品和方式。

**（2）监管环境方式不同。** 西方的金融创新多由市场发起，监管体现**"法无禁止即自由"**，只要法律法规、政策规定不禁止、不限制的即可做。开放自由的思想引导自主冒险的创新精神，勇于突破、规避管制、开拓市场。

我国监管体现**"法无授权即禁止"**，只能在申报批准后实施，未经报批有违规之嫌，严格谨慎的审批制常会禁锢创新的思想空间。同时，还受到分业经营限制，受政策管理的严约束，而分业监管、多头审批以及行政干预，都会影响创新思维、能力和能动性，容易止步放弃。银行缺乏创新主体意识和激励机制，成为政策导向推动型。

**（3）创新的侧重点不同。** 西方银行运行的体制机制早已成型，处于完善稳定的状态，因而在制度方面的改革比较少，他们更关注市场。

**我国银行仍处在制度转型期，制度创新仍是发展的主旋律，主题特征仍是发展转型，成为重点热点。** 体制改革一般由央行和监管发起，银行会积极跟进。经济仍在高速发展，银行还将成倍扩张，决定了制度创新仍有相当长的阶段。创新特征是：制度创新坚持中国特色，跨业创新受政策管控，境外产品拿来改造，创新机制逐步向经营性转变。

**4. 产品创新的空间和重点在哪里？未来创新一定富集在新市场、在混业交叉的边缘地带、在市场与金融政策摩擦地带，那里有大批等待开放开垦的处女地，非传统业务领域、非银行金融业务领域的创新更活跃，是热点、重点，是财富社会主要的金融功能和特征。**

**（1）传统存贷汇业务不再是银行创新的重点。** 几百年来，这些主体功能早已程式化。例如，存贷款业务的经营本质是利差，制约了创新空间；结算工具是支票、汇票、银票、现金和卡，加上电子支付，产品精简高效、收费透明、监管严格，难有创新空间。

**（2）主要的创新区。** 一是创新分布在银行与证券、保险、投行等业务交叉地带，是结集的富矿带，形成产品、工具、机构、管理的创新空间。二是在分业经营中，银行需要与证券、保险等做好政策衔接，等待政策开放。每开启一扇门都释放出大量的创新需求，涌出一批创新产品，并牵动组织创新。要准备等待市场机会和改革进程，当出现经济梗阻与财富冲击下，政策定会放开。三是金融多元化改革将形成创新机构的需求，例如设立各种非银子公司。

金融衍生品、投行、资管理财、金融市场业务等都具有上述特征，大量新产品、新业务、新工具将创造出来，成为现代化社会亟待发展的重点，当然是创新的发源地。

**（3）盯住市场趋势，效仿成熟市场现成的产品方式，洋为中用，复制嫁接依据国情改造创新。** 在全球市场上，金融产品早已丰富多彩无所不包，适用于资金运作的所有需求。我国仍处在初级市场，在产品上无需处处自搞一套，拿来仿效即可。技术与业务是中性的，难在产品服务要与传统文化相结合，经过中国化改造才能适用。跟跑是一种有效策略，紧跟就未必落后。主要是学习西方的市场化经营理念、产品策略和管理方式，设计适用于我国国情的金融产品，才是真正有效的捷径。

# 四、未来 15 年经营走向成熟期

发展是什么？成长期银行的发展含义包括：一是规模的扩张；二是内涵的丰富；三是领域的扩展；四是功能的增强；五是架构的完善；六是管理的优化。如果说过往银行的成长一路艰难，脱胎换骨，那么走向成熟之路依旧是腥风血雨，别无选择。未来 15 年至关重要，大银行真正变得完善强大，中型银行完成定位定型，小银行摆脱基础性风险，进入各具特色的成熟期。

**1. 速度造就了前 20 年经营模式的基本特征。** 第一个 10 年以 4 年翻番的增速积聚了能量，奠定了银行业的生存基础；第二个 10 年进入全面小康，奠定发展的实力基础，跻身于全球第一梯队，走出了中国特色之路。未来 15 年现代化的宏图已确立，具备持续发展势头。

**（1）前20年银行业发展轨迹的特点**。一是保持了高速增长态势，**银行总资产增长到300万亿元，年均递增15.2%**，2001～2016年保持两位数增长；2017年国家整治金融风险控制 $M_2$，增速回落；2018年触底后转为向上。二是奠定了银行业整体的规模实力，资产质量良好，再发展基础扎实。

**（2）未来10年银行仍将保持发展的势头，先预测2021～2025年的状态更切实际**。按5%～10%的增速推算：以2020年为基点，预测2025年银行总资产将达到404万亿～489万亿元，分别是1.33～1.61倍。粗看数额巨大、难以置信，足以令人联想万千，细算并不为过、实为正常，应当充满信心。见图15－1。

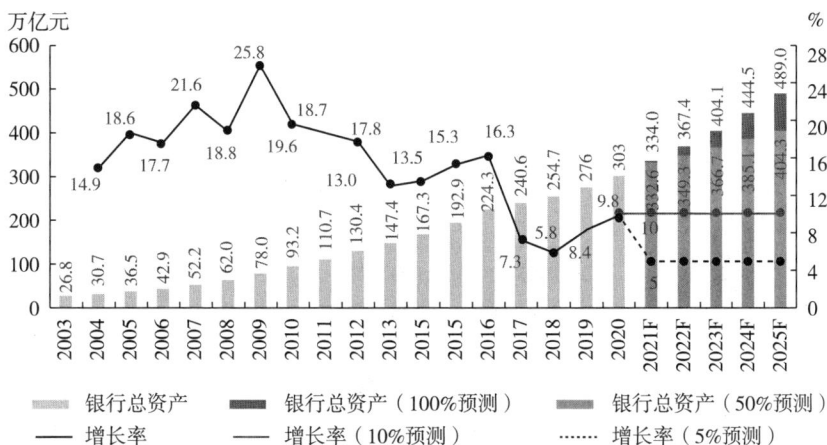

**图15－1 银行业总资产增长预测**

（资料来源：银保监会官网。2003～2006年为境内数据，2007年后为法人合计）

**（3）在经济驱动下信贷扩张仍是大趋势**。信贷扩张为满足企业的融资需求，是货币政策安排。在实现现代化的2021～2035年，信贷增长会到什么程度？2010～2020年，信贷平均增速为13.36%，截至2020年末银行人民币贷款余额172.8万亿元。假设未来10年增速减半，以递增6%～8%保守地测算，那么，预计2025年信贷总量达245万亿元，是1.42倍。这个数据与银行总资产比重的增速相近，应当是适度的。图15－2是信贷增速在5%～10%的各种增量预测情况。

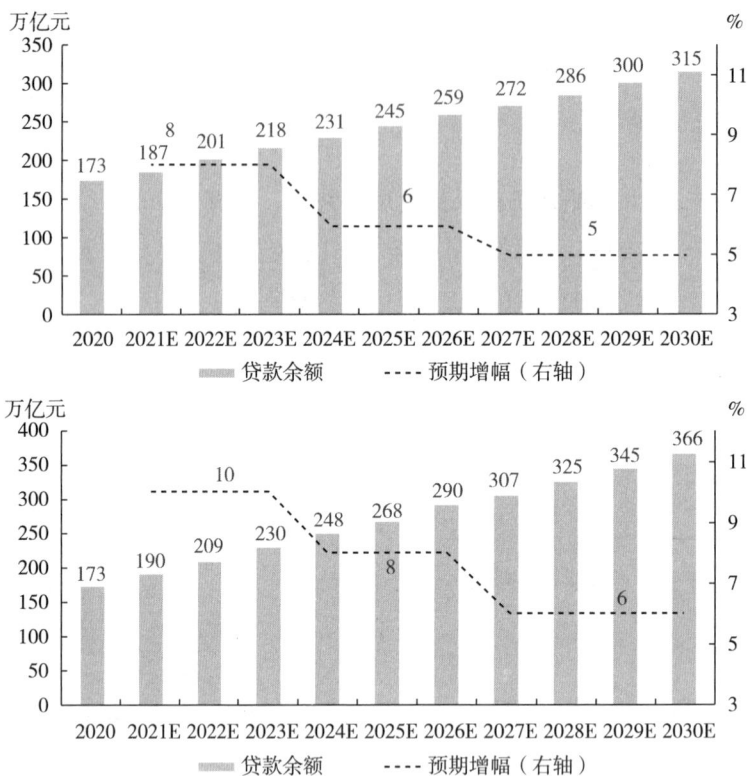

图 15 - 2　未来 10 年银行贷款余额增长预期

**2. 直接融资增量会影响银行总资产的增量增速，成为决定银行发展的主要因素。经济增长需要融资增量的支撑，包括直接融资与间接融资之和，两者之间此消彼长。未来直接融资发展可划分为 3 个阶段，前 5 年增速不会剧烈，中间逐年加快，最后 5 年走向均衡。**

**（1）直接融资增长至多影响银行几个百分点。**据央行官网披露，2020年直接融资占社会融资总额存量的 12.6%，增量的比重 15.31%。假如 10年后提升到 30%，则每年需要提高 1～2 个百分点，这对间接融资总量的影响似乎很低，基本不影响银行业的扩张。同时，直接融资市场的发展中，银行业扮演着最重要的中介作用，同样推动银行业大发展。例如，信贷资产的证券化、企业债券的发行、投资银行等，能使一部分企业融资从信贷转向资产管理，这正是西方银行市场化经营的模式。

**（2）只有万分之一的企业能够上市，直接融资有局限性**。直接融资不是万能的，受限于风险与规则。第一，直接融资一般只是解决极少数企业的资金需求，在我国 1.4 亿户市场主体中，有 9000 多万户小微个体户，它们基本处在直接融资的禁区。第二，股市容量有限，上市公司比重只占企业的万分之一，极其稀缺珍贵，可望而不可即，其他企业主要依赖银行，况且上市公司也要从银行大量贷款；能发行企业债的只是知名大公司，小企业可望而不可即。第三，个人消费类贷款只能靠银行提供，约占贷款余额的 4 成，未来国民消费融资主渠道仍靠银行。因此，银行融资才是市场主渠道，不能停滞。

截至 2020 年末，30 年来中国只有 4154 家上市公司，只占同期全国各类市场主体的 0.03‰，占法人企业总数的 0.1‰。如果期待有 1‰ 的法人企业上市，数量将增加 10 倍，达 4 万家，几乎是全球上市公司的总和，能承接吗？绝无可能。因此，股市不是解决企业融资的出路，几十年来我国倚重信贷模式，始终未能形成直接融资模式。有无必要去改变、有无能力去改变、有无渠道去改变？假如变不了说明金融格局业已形成。改弦易辙不易，难在牵动整个金融管理体制，牵一发而动全身。

**（3）企业负债积重难返，绝大多数缺乏直接融资的条件，发展直接融资模式不易**。企业模式决定了信贷的模式，企业状态是信贷模式的基础。我国企业资产负债率达 60% 以上，信贷从来是最稳固的基础融资方式，占企业融资的 7 成多。这十年来，企业融资逐步走向多元化，但实质上许多是信贷分流到了表外，风险更大了。

照搬西方直接融资模式行吗？以美国为例，2018 年美国企业负债率仅为 43.74%（贷款只占 15.11%），资本类占 53.82%①，与我国企业的反差太大。因此，如今改变我国信贷模式的力量太弱，多年来反倒越来越依

---

① 张衢，《信贷与风险》，中国金融出版社，2019。

赖。只有企业强大资本充足了，信贷格局才有希望变化，别无分流的力量。

**3. 经营方式：规模扩张＋质量结构完善，各银行自有倚重，形成各自特色。快速增长仍将持续5～10年，假如总资产年均递增8%，即9年翻一番，仍然是高速发展特征；但管理也需同步完善跟进，带着深化转型的意义。两者构成现代化初级市场银行业发展方式。**

**（1）两种方式相辅相成。** 规模扩张指速度不减，重在扩展边界领域，向更深更广泛市场推进；8%的预测速度只有前20年增速的减半，应当切实。高质量、调结构是经营转型，重在完善经营方式，使扩张变得有效，经营要素得到优化重构，聚合成高品质的银行。这是银行的成长性规律。

改革开放以来，银行业一边扩张一边转型，通过发展形成的财务积累去消解不良资产，为转型提供了厚实的经营基础。因此，以外延式扩展推进，做大规模服务经济；以内涵式转型跟进，做好管理完善经营，仍是未来发展的两个轮子。

**（2）未来15年将是财富的快速积累期，不同规模的银行趋向不同的发展目标。** 主要是：大银行会推动管理体制改革，探求经营更大银行的模式；中等银行在市场竞争中逐步分化，确立差异化经营的市场定位，走向特色银行；小银行通过整合重组增强实力、抗风险能力，更加适应市场。

环顾全球，与一个大国复兴的金融需求相比较，与发达国家完善的金融体系相比较，我国金融业基础服务能力总体不足，机构数量、种类、从业人数、资产总量不是多了，而是差距还大，现有银行的服务、产品与渠道方式，仍然跟不上经济发展与人民生活提升的需要。**这是银行业发展中的主要矛盾。**


# 五、小银行亟待做大，抓住最后的增长机会


银行机构中风险最大的当然是中小银行，中外无例外，未来10年应当

重点关注、扶持发展，刻不容缓。

**1. 中小银行经营的难点在哪里？** 经营依靠基础规模支撑，形成合理的回旋余地，才有正常经营状态，规模太小则基础性风险很大。亚当·斯密的《国富论》提到，市场规模决定了你的分工深度，而分工深度决定了你的生产效率，生产效率决定了你的成本和利润。

**（1）基本规模不足，构成小银行先天性经营弱点。** 达不到基本经营规模，就很难构建起合理的避险资产结构，更谈不上用战略管理去分散风险、分摊成本。只能依靠对单笔贷款的技术性把控，完全指望运用战术与策略管控风险，寄托于员工能力与责任心，恰恰靠不住。小银行数量众多参差不齐，关键是高管素质能力普遍弱，公司治理不足以应对复杂的经营环境，这个弱点构成了经营之难。

中小客户风险最大、游兵散勇般，加上地域经济造成产业分布同质化，常是一荣俱荣、一衰俱衰。小银行不具备从结构上制衡风险的条件，也难从行业、产业和区域配置上分散风险，最担忧经济的风吹草动。因而总受到行业、产业周期性冲击，尤其经济转型政策的冲击最大，常是一次冲击一蹶不振，数年难有转机，直接造成了信贷风险。

**（2）小银行在同业竞争中处于下风。** 大银行是正规军，小银行如地方军，资本不足管理不规范，业务技术不强，在资金和成本上无优势可言，整体管理水准约有 10 年的差距，这是基本事实。我国的银行缺乏市场的分工定位，例如大银行进入小微市场后，依仗资金成本低的优势，大批收割掠走优质客户，抢夺小银行的饭碗。小银行眼巴巴地看着好客户被掐尖流失，继而被推入更低端市场，经营风险更大更难了。

**（3）市场改变了原先的优势，经营模式遇到难题。** 10 年前小银行人多网点多成为一种优势，如今市场已流行集约精简网络化，旧时优势反变为成本压力，人多网点多成了一种经营包袱。显然，粗放经营已经留不住客户，资金越来越向高附加值、深层次金融市场流动，转型势在必行。

这 10 年来，比拼机构人员数量模式已不再被银行家认可，经营热点难点逐步从操作性转向经营性、转向资产类市场业务。这种趋势十分强烈，无需再论证,多年前互联网金融混乱的市场已经排练了一回,改变银行经营方式迫在眉睫。

**(4) 城市化改变了小银行的市场领地,形成与大银行全面的竞争对峙。**

第一,中小城市和集镇、城乡结合部一直是中小银行的基本地盘,大中城市是大中银行的领地,但城市化改变了分工格局。富人和资金越来越加快流向大中城市,小城市变大也使大小银行之间竞争交错,压缩了小银行原来的空间。例如,原本工行与许多农商行竞争少、合作委托多,如今成了对手。这是市场驱动。

第二,当财富增长、中产阶层扩大,人们亟待投资理财,银行业务面临大转型。大银行早早起步部署未来,不断地设立子公司混业经营,而小银行仍在为眼前生计忧虑,投资理财业务能力几乎是空白。结果是,好客户被大中银行一个个钓走,小银行生存的层次更低。落伍不是好兆头,这是市场压力。

现代化金融将市场层次划分得更细,未来 5 年十分关键。小银行能不能获取新市场的发展机会?新金融可不是靠人多网点多干成的,需要新人才、新能力,亟待加快发展转型。

**2. 基本经营规模是生存的市场底线。银行有多大规模才养得活、经营得好?规模与成本绩效、与业务总量、与经营有效性紧密关联,构成了竞争力的生存平台。做大规模方可降低分摊的成本,在 ROA、ROE 一般标准下,资产越大经营越好,这是基本经营规律与逻辑。**

**(1) 各项成本都纠缠着经营。**成本对信贷利差最敏感,资金成本与业务成本是刚性成本,而减值准备下的风险成本却是最大的经营变量。信贷收益率的计算公式如下:

**贷款收益率 = 贷款利率 - 资金成本 - 业务成本 - 风险成本**

**= 贷款利率 - 刚性成本 - 风险成本**

假设一般的贷款利率为 5%、资金成本为 2.5%、业务成本为 1%,做经营分析的结论是:在资金成本、业务成本、风险成本三项成本要素中,每增加（降低）0.5 个百分点，利率须上浮（下浮）10% 才能平衡，否则该项贷款收不抵支。小银行经营的难点，正是三项成本都明显地高于大银行，一般情况下资金成本、管理成本合计约高出 2 个百分点。例如，2021 年 3 月发行的三年期储蓄国债年利率是 3.8%，这是社会资金的基本价格，降低吸存成本不容易。因此，贷款利率需上浮 40% 才能与大银行持平。这是生存的底线问题。

**（2）如何设定风险成本？** 据央行披露，2018 年中国银行业贷款核销 1.016 万亿元，约占贷款余额 141.8 万亿元的 0.72%；2019 年贷款核销 1.06 万亿元，约占贷款余额 158.6 万亿元的 0.67%；2020 年贷款核销 1.22 万亿元，约占贷款余额 178.4 万亿元的 0.68%。其中，公司类贷款核销坏账损失率大约在 1%，中小企业更高，这是真实的市场。因此，假如损失率是 1%，则贷款利率需再上浮 20%，方能维系正常经营。

分析一些银行的典型案例，许多小银行筹资成本在 3% 左右，业务成本约为 2%，两者合计高于平均值 2 个百分点，迫使贷款利率上浮 40%。假如贷款坏账损失为 1%，需要上浮 60%；如果按照监管要求小微不良率控制在 2%，还得再上浮。这就是中小银行一般贷款利率上浮高的财务根源，盈利不易。

**（3）资产规模决定了基本经营的难易程度。** 从高管的经营感受看，在现今的信贷模式下，**如果银行总资产不及 300 亿元，较难达到生存性指标的基本要求；如果总资产不到 400 亿元，很难应对意外不良贷款的冲击；如果总资产未上 500 亿元，很难消除较大风险冲击的阴影；当总资产达到 800 亿元，才具有稳定的经营平台。** 这是对小银行经营的注解。因此，基础规模是消解风险的必要条件，规模上一层则基础能力提一级，规模小的银行一路经营战战兢兢，不具备做强做好的基础。银行经营者必须具有规模经营的底线认知。

小船抗不住大风浪，小银行风险更大事事为难。规模是生存的土地，基础规模决定了基本经营状态，少有因大了倒闭的，只有规模小难生存的。美国金融危机期间，破产的 507 家基本都是小银行；我国 1997～2001

年 427 家中小金融机构以及 28588 家农村基金会关闭破产退出，766 家城市信用社购并、撤销等也如此。

**3. 小银行做大有两条路径：并购和生长，并购是整合，生长是基本发展方式。消解基础风险是发展战略的需要，达到基本经营规模是经营的保障。当然，做大不是简单扩充规模，必须同时调整结构和转型，是一个完善公司治理、提高质量与规范经营管理的过程。**

第一，中心城市是我国行政体系最重要的层级，如果小银行合并到市，其竞争力会极大地增强。大中银行都是以市级分行为基本核算单位，构成稳定经营的架构，既可配合政府管控经济与风险的责任，亦可保持经营的活力。而县级法人机构弱小又参差不齐，单个风险都大；集合组织才能聚成实力优势互补，假如整合为市级农商银行，可加强政府管理，结合转型规范管理，增加资本实力，风险能够降低一个数量级。难点在，政策要求"保持县域金融机构法人地位总体稳定"[1]，因而存在市场与体制的冲突。

第二，未来 10 年经济再翻番是做大银行最后的机遇盛宴。要抓住机会加快发展壮大，力求使中小银行总资产增长 1 ~ 2 倍，从根本上解脱小银行基础风险的局面，要在发展中改变增长方式，跟上经济金融的大转型。须知，在未来经济市场化运行下，风险对银行的冲击将更大更严重，粗放经营方式走到了尽头。绝不能以现在的思想模式去思考和应对未来现代化，否则一旦陷入困境便失去机会，到风险堆积暴露时救助的代价就大了。

# 六、大银行如何做"小"？市场趋势与经营要求

市场阶段、富裕程度、经济发展、金融体制四大因素的变化，推动了

---

[1] "中小金融机构改革方面，要从完善制度入手，支持中小银行和农村信用社持续健康发展，保持县域金融机构法人地位总体稳定，保持金融体系完整性，促进城乡协调发展。"中国人民银行副行长陈雨露接受第一财经记者专访，2021 – 03 – 09。

经营方式的市场化改革。终极目标是使得经营行为适应市场、提升效率，改革的重点一定指向现有的总分行管理模式。

**1. 总资产大却仍处在成长发展期，国家复兴刚走了半程，银行会继续长大。** 从增长的曲线看，快速扩张势头丝毫不减，谈不上成熟定型，至少未来 5 年摆脱不了这种状态。因此，大银行无需改弦易辙，只要适时调整革新，确立经营更大银行的思想、部署和规划。

**（1）准备再翻番，不必畏惧巨无霸银行的出现。** 10 年间，我国四大银行年年推高了单个银行总资产的全球标高，再过几年都将是西方大银行的一倍，成为全球品牌。大吗？大却仍在快速长大；怕吗？敬畏却能有效驾驭；难吗？经营最大银行岂有不难。如果说美国是直接融资模式的巨头典范，那么我国做大银行是走自己的路，成为一种间接融资模式典范，它维系了前 40 年的成功，应当自信。

不要只看数量，过去数一分钱的纸票，现在数一元钱的纸票，金额大了 100 倍，工作量差异不大，未来或许数 10 元钱的了。不用害怕数字，假如 40 年中物价长了 10 倍，除一下，数值不都相对小了？20 年来大银行资产扩张，员工机构反倒大幅减少，绩效巨变，因为经营方式与能力适应了。难的不在数量，而是市场和政策处处牵动着经营，难在要求高了责任大了。**谁说不能再大？确立了更大的目标，回首看当下就小了，体制变了经营就顺了。** 这是辩证的观念。

> 截至 2020 年末，工行总资产 33.3 万亿元，还有巨额的表外资产。当年新增存款 2.1 万亿元、新增贷款 1.89 万亿元，不良率仅 1.6%，状态是健康的、可持续发展的。经济再发展需要更多融资，银行岂能停步不前？问题出在观念上，假如把总资产目标设立在 40 万~50 万亿元，那么如今才过半，必须有充分的思想准备，因为 5 年后就是这个体量。

**（2）治大国如烹小鲜，管理更大型银行没有技术性难题。** 一旦形成了有效的经营制度与方式，如鱼得水般。当今银行除了资本不足之虞外，都毫不停步地发展壮大，以现有的经营能力，资产规模翻番仍是常态。我国已成功建立起有特色的银行体系，这种以分行为基础、条块结合矩阵式经营架构，能承载更大的经营规模却并不吃力，也与我国多级行政体制相适应。

经营难点和压力在哪里？当然在金融体制改革，在经济转型发展，在企业经营风险，冲突发生在银行经营运行中，矛盾暴露在总分行管理层面，成为体制与市场碰撞的锋面。银行体制的改革，总是围绕管理方式调整与权力的再分配。

> 分级经营的体系，聚合起来很大，分解开来不大。每一家城市分行的规模都有限，市场占比也不大。假如大银行规模再翻番，平均每家分行也仅万亿余元。截至 2020 年末，工行多家一级分行总资产达到亿万元，例如北京市分行总资产为 5.08 万亿元、广东省分行 3.28 万亿元，还有上海、江苏、浙江、四川、山东和深圳分行，依据他们的能力与水准，经营再多一点资产并不难。假如四大银行资产倍增，现今的模式能够承担。

**2. 大银行规模不断扩张，既是强大的信号，也是改革的预兆。银行还能做什么？是由社会生产力决定的，市场向深度发展带来的金融需求，政策的开放打开更广泛领域，船到桥头自然直，适时判断就行。银行该怎样去做？这才是经理人的责任，涉及体制改革问题。**

**（1）银行大了体制矛盾将突显出来。**四大银行逐年扩张被世人瞩目，早已是全球最大，仍年年长大一圈，但人与机构基本定型。不少分行的体量已经与股份制银行相当，该怎么经营呢？尽管制度对规模没有设限，但长大了衣服还能穿吗？经营方式应当变。

现有的银行体系是改革开放中构建的，它承载着发展大业，是有效保障的基础，不能否定必须珍惜。改革不是推倒重来，而是使之更完善，现代化银行一定构造在现有体系上。当市场越来越成为经济基础，行政作用在减弱，现有的体系只需增加市场化经营的色彩，与市场化的进程相适应。所谓经营转型，核心是如何持续有效发展，是完善发展方式的问题。

**（2）银行大了，经营难点一定凸显在总行。**无论银行大小，网点机构的经营方式大同小异，只有数量规模的差异。因此，分支机构对银行总体规模并无感觉，矛盾一定发生在总行管理方式上，分支行受其牵制，这才是大小银行的差别。

规模的扩张使总行最受挑战：第一，集权使得各种难题层层向上汇集，事事风险天天救火，既要把握宏观又要处理细节，岂会无错？领军者决策更难、出错是常态。第二，总行离政策源头近，离市场远，管理链太长而各地差异性太大，注定了许多决策与市场脱节，管理失效。第三，摊子大总行跑断腿也走不过来，再聪明努力也难解决社会的基本矛盾。需要适时改革调整架构，下放经营权，去适应变化了的市场。

**（3）挑战是什么？** 西方市场化银行可通过不断调节资源配置，调整市场定位，扬长避短抛弃一块相对弱的市场，在扩张中提升绩效，但我国的银行不能这样做。强大的行政机制与强劲的市场进程不断冲突，中央与地方利益的矛盾必定暴露在总分行关系中，规模越大越突出。总行着眼战略性、全局性决策，分行面对局部性市场需求，总行分行间天天要协调处理冲突。大银行组织架构再造从来是牵一发而动全身，这就是体制性挑战。

"分久必合"是世纪之初银行实行集权式改革的特征，如今"合久必分"提上了议事日程。**无非几种模式：要么是按事业部制分列，要么按照跨省市组合分块，要么按照省市格局分权，要么相互参合。** 政府习惯大的模式，市场需要小的模式，经营是两者的统一，市场化路径很多，难点一定在监管与行政体制。

**3. 大银行要在做"小"上做文章。市场很微观，每笔业务都很小；业务很具体，客户需求都不大；经营讲效率，管理要迅速解决问题。小而精致，大了粗放，这是管理的规律，经营总想划小核算单位。当银行越来越大时，靠聪明已经难以应对，期待制度的创新。**

**（1）总行应当放权，强化分行市场化经营，弥补总分体制的缺陷。** 20年来，在"一个银行"思想下集权收权，大中银行走向大总行模式，增设了许多操作性业务，机关数倍扩张变得庞大。管的越多越具体，效率问题越凸显，与市场的矛盾百出。未来现代化经济一定是市场化方式，重新调整精简机关职能势在必行，大银行期待现代化新模式。

加快总行职能转型，确立管理重点和自身经营的主要业务。总行最重要的职责是把握趋势与战略管控，面对极其复杂的国际国内环境与经济金融难题，应当走在最前面防病，而不总是被动治病。不该热衷于具体经营事务的权力，这是低层次的管理行为；而要指导导向，这才是高层次的领导思想。构造一种经营高效的新特色条块体制已经势在必行，利于维护国家对大银行业务的管控，强化战略管理、统揽经营、资源配置，总管业务政策、管理制度、资金平衡、统一核算和技术架构管理。

**（2）可尝试在一些发达区域设立子银行或大区分行，适应城市集群的兴起。**国家战略调整将改变城市化发展的格局，主导着特大城市、城市集群、大湾区经济兴起。城市化路径在变化，更多从粗放型转向集约型，从各大城市一起发展，转变为重要的城市群、都市圈各方面的集约发展。这是一种新动力，市场纽带链接起城市群资源，分工合作提升城市效率。

全国已形成京津冀、江浙沪、粤港澳、成渝等许多经济中心城市集群，从传统的经济关联到市场组合分工，成为区域经济的新形式。但是，现有的金融架构中缺乏区域这一层，使得分级经营体制很难适从，省市分行与监管在行政区划的边线上各自为政，阻碍了金融资源的市场化流动，暴露出弱点。

发展区域金融集群是大趋势，构建区域性银行机构不妨是一种有效尝试，核心是围绕支持经济大格局的转型。设想：子银行可由总行副行长兼任行长，在总行统一体系下推进市场化经营，运营要符合区域市场特征，组织模式应精简高效，赋予其更大的经营权力。这是一种区域分权式体制，如果有必要亦可独立上市。

**（3）可将银行内部直属非银子公司与银行分列，实行内部分业经营的组织架构。**大银行内部非银子公司越来越多，发展规模越来越大，市场需求越来越旺盛，地位与作用越来越重要，多元化业务的融合越来越深，也已成为金融发展与银行转型的大趋势。

由于非银机构的经营方式与银行的差异太大，管理方式与运营机制根本不同，加上隔离风险的要求极为严格，假如将其分列出来单独设立股份制公司管理，会更加有效地适应市场，也能单独上市解决资本不足的问题。例如，当未来市场从间接融资为主向直接融资为主过渡，必定约束银行业务的市场，也将触发资管和金融市场的大发展，此长彼消有利于经营转型。因此，不妨积极探索从组织架构上分列管理的新形式。

# ▶第 16 章　经营本性依旧是商人银行

"了解你的客户"是经营的至理名言。从经济谈客户，落脚于责任观上，揭示社会的意义；从经营谈客户，落脚于价值观上，揭示市场的定义。银行宗旨是将两者结合起来，在履行社会责任的原则下，服务客户做好银行经营。

寻根问祖，银行起源于为商人兑换货币；16 世纪后期有了早期的银行，是服务于商业的商人银行。到 1810 年美国的银行开始吸收平民储蓄，大门向民众开启；到 20 世纪后期而消费信贷才蓬勃兴起。可见，经营带着服务工商企业的原始基因，对公业务从来占据"本"与"根"的地位，构成了最基本的经营特征。经营银行必须弄懂对公业务，人们不懂银行，常是因不懂对公业务而生出了误解。

## 一、三套马车对公驾辕，决定着经营

对公业务是银行业起源，构成了银行功能与服务的基本体系。一直来银行以强大的储蓄功能筹集资金，投向工商企业，服务实体经济，成为宗旨与标志。到 20 世纪 90 年代后我国才有按揭贷款，21 世纪消费信贷才起步。

**1. 对公业务是银行三大业务板块的核心。**不懂个人业务便不懂服务之难，更不懂创新之迫切，成不了专业银行家；不懂对公业务便不懂市场风险，更不懂营销之技巧，成不了全面银行家；不懂同业业务便不懂金融市场，更不擅经营之道，不能成为成熟的银行家。

银行业务分为对公、住户、同业三大业务板块，各具特色难分伯仲，三足鼎立支起一家银行。有的顾客浩荡，有的余额高企，有的交易天量，各有经营分工，彰显社会多样的金融需求，扮演不可替代重要的角色。但从经营看，对公客户最重要，是市场的主体，是经营主题，法人客户资源左右着其他的经营要素，假如对公业务不强大，则一切资源都将低效。

三大客户群组成业务基础，第一，个人客户（住户），数量庞大，大银行都以千万、亿为数量级，14 亿国民奠定了基本市场。

第二，对公客户，有 9 千多万个体工商户，4 千多万个公司法人主体，千万级的机关团体、事业单位。例如大银行有数百万的法人客户。

第三，同业机构客户，数量少能量大，市场交易量动辄千万、亿元为单位。实务中把后两类称为对公范畴，因而分成对公、个人两大类，业务也分为对公、个人两大类。

第四，客户市场不同形成不同的业务模式、经营服务方式，在各自系统板块中运作、维护和发展，互为封闭，形成银行业务经营的复杂性。当然，各类银行自有客户群结构，成为经营定位的市场标志。

**2. 对公业务地位由存贷款属性引出。对公存款占总存款的 6 ~ 7 成，企业贷款占 2/3，消费按揭贷款流向企业，中间业务多来自企业，表外业务主要为企业服务。这些份额与投向，表明对公业务对经营的影响力，银行从资产结构到经营模式带着浓厚的工商业特色。**

银行业经营以存款为基础，只要分析存款结构便可看到公存的地位。截至 2020 年末，住户存款余额 93.44 万亿元，占 42.8%；非金融企业存款余额 68.82 万亿元，机关团体存款余额 29.92 万亿元，财政存款余额 4.52 万亿元，其他等存款余额 21.68 万亿元，**企业及各项对公存款合计占 57.2%。而且，由于个体经营户基本开户在住户账户中，存款约占住户存款的 1/5 ~ 1/4，因此，两者对公属性的存款合计约占 7 成，地位不言而喻** （见图 16 - 1）。

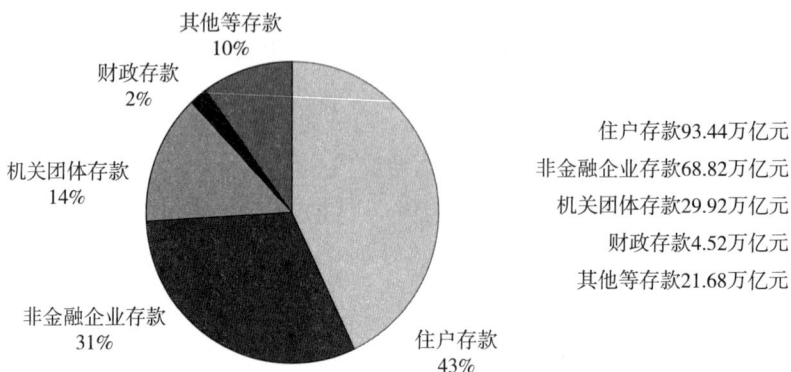

**图16-1 2020年末银行业各类存款的构成**

（资料来源：中国人民银行网站）

其次，银行贷款都直接、间接地指向对公业务。例如，住户贷款占总贷款额的36.7%（见表16-1），其实，个人贷款一旦发放，绝大多数资金立马流向企业账户。又如，个人购买金融理财产品，资金也汇入企业或同业金融机构，其他业务都如此。

假如细分各类银行的负债结构，股份制银行对公业务特征和地位更为显赫，存款约占8成，经营方式不言而喻。银行家谁都不敢怠慢对公业务，任何的犹豫怀疑都会迷失经营方向与责任。

**表16-1 2017年A股和港股41家上市银行个人存款、贷款的比重**

| 银行简称 | 证券代码 | 2017年个人存款占比 | 2017年个人贷款占比 |
|---|---|---|---|
| 浙商银行 | 2016. HK | 6. 47% | 19. 90% |
| 兴业银行 | 601166. SH | 13. 65% | 37. 47% |
| 杭州银行 | 600926. SH | 14. 82% | 33. 01% |
| 中信银行 | 601998. SH | 15. 65% | 38. 52% |
| 平安银行 | 000001. SZ | 15. 77% | 49. 82% |
| 浦发银行 | 600000. SH | 16. 02% | 38. 88% |
| 民生银行 | 600016. SH | 16. 59% | 39. 43% |
| 光大银行 | 601818. SH | 16. 90% | 40. 85% |
| 华夏银行 | 600015. SH | 17. 25% | 23. 18% |
| 天津银行 | 1578. HK | 17. 57% | 13. 81% |

续表

| 银行简称 | 证券代码 | 2017 年个人存款占比 | 2017 年个人贷款占比 |
|---|---|---|---|
| 江苏银行 | 600919. SH | 18. 62% | 25. 14% |
| 宁波银行 | 002142. SZ | 18. 73% | 30. 52% |
| 北京银行 | 601169. SH | 19. . 73% | 28. 65% |
| 贵阳银行 | 601997. SH | 22. 15% | 23. 88% |
| 上海银行 | 601229. SH | 22. 23% | 26. 21% |
| 徽商银行 | 3698. HK | 24. 04% | 35. 71% |
| 郑州银行 | 6196. HK | 26. 45% | 26. 56% |
| 重庆银行 | 1963. HK | 28. 37% | 35. 34% |
| 交通银行 | 601328. SH | 31. 99% | 31. 63% |
| 成都银行 | 601838. SH | 32. 20% | 26. 86% |
| 青岛银行 | 3866. HK | 32. 62% | 31. 35% |
| 招商银行 | 600036. SH | 32. 93% | 50. 08% |
| 哈尔滨银行 | 6138. HK | 34. 04% | 49. 86% |
| 无锡银行 | 600908. SH | 38. 59% | 13. 99% |
| 吴江银行 | 603323. SH | 40. 33% | 13. 52% |
| 中原银行 | 1216. HK | 40. 64% | 37. 17% |
| 中国银行 | 601988. SH | 41. 54% | 36. 01% |
| 甘肃银行 | 2139. HK | 42. 66% | 11. 24% |
| 建设银行 | 601939. SH | 43. 42% | 40. 92% |
| 工商银行 | 601398. SH | 43. 59% | 34. 75% |
| 锦州银行 | 0416. HK | 44. 27% | 4. 72% |
| 广州农商银行 | 1551. HK | 45. 05% | 32. 74% |
| 江阴银行 | 002807. SZ | 45. 80% | 9. 69% |
| 张家港行 | 002839. SZ | 46. 05% | 23. 52% |
| 南京银行 | 601009. SH | 46. 16% | 22. 97% |
| 常熟银行 | 601128. SH | 52. 77% | 47. 76% |
| 农业银行 | 601288. SH | 57. 10% | 37. 37% |
| 九台农商银行 | 6122. HK | 60. 72% | 25. 05% |
| 盛京银行 | 2066. HK | 63. 32% | 5. 37% |
| 重庆农村商业银行 | 3618. HK | 72. 50% | 33. 56% |
| 邮储银行 | 1658. HK | 85. 10% | 53. 62% |

**3.** 对公业务主导银行的经营活动，形成各自的经营特色和架构格局。这是经营规律在驱动，从现象中可见经营本质。外界看，局部的竞争扑朔迷离，彼此间深度纠缠如春秋战国，显得市场无序，但鸟瞰，银行间整体格局很清楚，竞争中阵线分明，总体十分稳定。

**(1)** 客户并不关注银行间竞争，也无意介入，也忌讳跳来跳去。银行都已形成了各自相对稳定忠实的客户群，只有在交叉地带烽火连天。所谓获客，是企图用产品、渠道侵入他行，挖一些特征客户，常是强者的竞争方式。

竞争对手是谁？天天在争夺，一线都明白，统计数据很清楚。例如，四大银行之间的竞争始终是全方位的，对公对私全面角逐。大中银行之间的竞争主要集中在对公市场；个人板块交叉得不多，主要竞争高端客户，这正是股份制银行的经营定位，他们向个人业务转型尚未集成规模效应。而对公客户主要靠营销，可通过贷款启动，或从总部延伸过来，更容易得手。

一位农商行的行长告诉我，他们业务的市场在城乡接合部，与工行、建行原本没有竞争关系，客户交叉很少，业务产品也不重叠，双方常有交往合作。但城市化引来了大中银行，政策要求使四大银行全面进入小微市场，引发了与本地小银行、农行的激烈竞争，彼此针尖对麦芒，交往变得十分敏感，很难合作，市场竞争复杂化。

**(2)** 要从经营结构去寻找经营的优劣与问题。存款结构最能反映一家银行的业务特征，一旦结构特征改变了，若不是主动调整，一定是市场发生了突变，顺藤摸瓜便可找到根源。因此，分析了解一家银行、一个区域的存款结构，便找到了一种市场分析的有效工具；分析贷款也一样。

有一年我去一家市分行调研，行长汇报说，在180亿元存款中有对公存款（以下简称公存）60亿元，住户存款120亿元，说该行个人业务具有传统强势。我不认同他的说法，两种存款的差距过大，一定是公存业务竞争力出了问题，丢失了市场。理由是公存应占一半，该行只占1/3。问题在哪里？随即细作询问分析，发现该行对公存款只占全市的8％，占四大银行的14％。再追问下，行长不得不道出原委：原本该行公存占有绝对优势，仅仅四年中，由于未能处好与政府关系，某大行把公积金存款一窝挖走，新设某股份制行把社保基金全部挖走，新设省市城商行把财政资金转走。市场退缩才是原因，未来的经营对策与目标也清楚了。省行行长也反思说，全省对公业务都在萎缩，只是未觉察分析原因，反以为是个人业务有优势。因此，用总行资金结构来衡量省行，用全省资金结构来衡量市分行，顺藤摸瓜就能找到竞争力短板。

# 二、对公业务全面体现经营

从舆论看，个人业务最受媒体与社会指指点点，似乎它就是银行，其实它是个配角。**对公业务才是主角，真正反映银行的本来面目，体现国家意志和职能功能，牵动实体经济，是认识银行的基本视角。**国家最关注信贷，从规模、利率到投向，从总量、结构到配置，受到严密调控、严格监管，经济货币政策牵动着经营活动，这才是真实的银行。

**1. 对公业务构造起银行经营的基本架构，极其完善有效，运行严密稳定，从核算作业、信贷管理（评信、审查、市场分析、信贷政策等）、风险内控（风险鉴别、控制、规避等）与营销服务等，各项管理子系统有分工约束与协同，体现出经营的个性与市场规律。**

**（1）对公架构体系代表了银行的经营模式。**对公体系庞大又精致，成熟完整，业务产品变化不多，却全面展示银行的功能与能力。设立对公业务部门时，一是按照客户类别，以特征归属，例如大银行设有公司信贷部、中小客户信贷部、机构客户部等；二是按照产品特征，从功能划分，例如结算业务部、国际业务部、金融市场部、养老金业务部、资产托管部、金融市场部等。为什么分类那么细？这是按市场需求的经营定位。

对公客户数量只及个人客户的一成，但对公部门分工明确、经营对象划分清晰，组织架构完善；施行严格的政策、权限、流程与内控管理，严密的风控；每笔贷款都核算利率定价，专业控制与考核问责机制完善；各专业平台自成系统，聚集各类的专业人才。对公业务员工的数量已占队伍的主体，甚至过半，股份制银行的个人业务不足一二成，只当小配角；政策性银行总资产为29.41万亿元（2020年末），占银行业总资产的比重为9.21%，更是对公的银行。

银行个人业务只设一两个机构部门统管，为什么少？因为社会财富市场尚处在生成时期，总体富裕程度不够，个人客户群仍在发育成长中，不足以使层次分化定型，还处在筛选、培育、推销的初级市场阶段，制约了个人业务的地位。

**（2）对公信息系统全面完善，从企业、行业分析到大数据**。针对部门多、渠道多、产品多形成的复杂性风险性，风控流程严密，促使信息化要求同步跟进。客户一开户就纳入系统管理，不时更新、详细登记，日常交易严密核查、每月对账联系等，具有一整套极为完善的管理措施。

对公客户战略中，目标客户定位明确，尤其是大户、贷款户，客户经理配备到位，业务熟责任到人，客户管理及网络层次清晰。还有质量及贡献度分析、客户筛选、管理及结构分析、客户关系维护等模型，大银行都做得很成功，精细程度超过了西方银行。

**（3）对公服务牵动着银企双方的高层，互动性强、效率高**。属于针对企业财务的专业性服务，业务技术含量更高，实时性强；围绕着客户关系，服务神经直连领导层，受到高层的关注与重视。对专职客户经理、产品经理的素质能力与要求高、责任到位，客户意识强，灵敏快捷讲求效率。当经营出现难题时，沟通渠道畅通，措施有效、响应快，体现对公客户服务的重要性。

对公服务带着客户战略的意图，从高层沟通确定一揽子服务，到客户经理实施落实。对公业务政策性专业性强，受到严格监管，使服务的互动性强，体现服务与营销、辅导培训紧密结合的显著特征，专业性远比个人业务复杂丰富。相比之下个人服务推行标准化模式，以解决数量庞大、内容宽泛、层次不一的客户需求，两者的方式与难度都不相同。

**2. 对公业务是经营主角、主体与主导，统领其他业务活动，经营价值的实现对它有依赖性。对公业务凸显价值链的经营特征，客户附加值更高，尤其优质大户；整体盈利性更强，是经营的支柱，更能深刻反映银行经营的复杂性、价值实现的风险性以及过程始终。**

**（1）对公客户的含金量显然更高。** 人们习惯于用专业标准划分客户，而经营却以价值界定、揭示客户价值。有两项指标影响银行的经营价值：一是账户的现金流，牵动业务量；二是客户的贡献率，是优劣标志。假如以此作为标准，对所有客户不分专业进行排序，再分组由低价值向高价值一层层叠上去，便聚成一个客户价值金字塔。**结果很清楚：大部分对公客户群都集聚在价值金字塔的顶端，而绝大部分个人客户群分布在底层。**孰重孰轻谁都明白，经营自有道理。

> 这样排序只是一种经营分析方法，不是低看个人业务、排斥低端顾客。因为服务大众是银行履行的社会责任，服务企业同样是履行社会责任，两者紧密关联不可绝对拆分。明白经营之道，才能真正处理好两者的关系。**如何把握？一是珍惜大户优户，一户顶一千户；二是大户连着消费群体，一户带千万户。**例如，电信、电力、电商的用户几乎覆盖全城，通过大户追逐中间业务、追逐客户群。

**（2）对公业务使机构更快发展、形成风格。** 个人业务等客上门守株待兔，服务区域有限，柜员如农夫精耕细作，缺少网点的银行拓展个人业务难；而对公业务是猎人狩猎，走出去用各种方式渠道将业务延伸到单位。个人业务是慢活，一个网点增存一两亿元已是佼佼者；而新设分行年增几十亿元公存不算奇迹。对公业务大进大出、大上大下，呼风唤雨般显露巨大的市场能量，需要强大的经营管理能力，依靠经营的大智慧、大视野。

早期的银行机构大部分是单一储蓄所，成本高、余额小、经营单一，以后转型都增设对公业务，提升了经营力，正是对公业务经营价值所驱使。

**（3）对公业务的市场性强，破解个人业务困境的出路是对公业务**。两类业务相比较，个人业务管理侧重点在内部，针对客户多、产品多、金额小，经营讲究集成数量，风控重点是内部操作风险，重制度规则流程，讲究服务与效率。经营靠产品、靠便利、靠渠道、靠品牌，基于客户对产品的依赖性，构成了服务与信任的关系。

对公业务管理侧重点在市场，风控的重点是借款人风险，关注流程权限，讲究风险约束和系统控制。拓展市场靠银企互利、靠政策、靠信用、靠关系，充满着市场博弈，需要高层公关与维护。因此，经营对公业务的思路、方式市场性更强，竞争严酷经营难，考验着经营智慧与能力。

**对公对私两种业务相辅相成**，例如，**大多理财产品、消费信贷、按揭资金都直接流入企业**。个人业务也离不开对公，一项工资入户就把一家企业员工一网带进银行，效率最高。私人银行业务更带有对公因子，客户多是老板投资人，数量仅占总户数的 0.1%，在个人业务中属批发业务，围绕资产投资类企业产品。客户关系不靠关怀，要靠优质理财项目支撑，无好项目则一事无成。过去把它当作负债业务管，老总不懂资产风险、金融市场，这是失误的根本原因。

# 三、法人客户的金融价值

法人客户的金融价值在哪里？这是经营的首要问题，搞清了，经营就能开发资源，出手就会步步到位。

**1. 庞大的对公法人单位，代表着整个经济社会的基本功能和运行力量，金融为它们服务而生。对公客户是银行介入经济活动的渠道和基础，是发挥金融功能的市场与服务对象，是开展经营业务的主要领域和广阔市场。对公客户是主体、是企业，银行经营命系企业。**

**（1）法人客户是整个社会组织在银行的缩影**。从社会看，法人门类繁多、功能齐全，折射出完整的职能分工，成为经济活动单元；从**资本**看，在不同产权所有制、不同规模特征下，法人之间经营发展方式与金融需求差异大；从**产品**看，企业具有产业、行业与技术的特征，处于一个更新迭代、日新月异变化的浩瀚世界；从**经营**看，企业各有绩效、周期与风险的规律性市场特征，彼此间同样很难进行简单的比较。

从**市场**看客户，在市场风险、政策导向与监管限制中，谁都面对生死成败之争，市场大浪淘沙。强者代表先进生产力，当然成为银行追逐的对象；败者被无情地淘汰出局，吐故纳新才能带来活力。这是市场适者生存的机制，是生成万物的竞争力、经营发展力。

**（2）企业行为方式决定银行的经营方式**。市场无边无形，一面是经济繁忙的勃勃生机，一面是市场竞争的惨烈无情，复杂的经济金融现象眼花缭乱，谁都认不清、看不透企业。**银行的视角更加关注客户需求与风险的市场特征，观其竞争力与经营状态，通常从诚信度、风险度、负债率、贡献度、财务盈亏及资本实力等个多维度，对客户做分析，揭示其财务金融特征**。尽管不同银行有不同的客户标准，终究围之忙碌，受其左右，使经营手忙脚乱；视客户为上帝，不敢疏忽，叫银行谨慎畏惧。所有银行都全力盯住客户，不敢轻敌大意。

**（3）对公客户群的市场行为特征，影响银行的经营理念与经营方式**。

其一，客户是**分层次、异质的、有个性化色彩的**。只有个性化服务最能让客户感受温暖和特色，银行切忌千佛一面，大呼隆、一刀切地对待客户。应当细分需求，量体裁衣，采用不同的产品服务和定价策略，精准制导，投其所需，经营才能绘声绘色，营造品牌。

其二，客户是**流动的、自主的、跨地域经营的**。银行不能井蛙观天，仅局限于本银行有限的客户数量与结构去分析市场。跨出去海阔天空，在开放的市场上，应当从全区域去寻找发掘、营销拓展目标客户群。机构间不能各自为战，应谋求整合协同，分兵合围。

其三，客户**需求是综合的、创新的、多样化的**。市场多变、多彩，银行部门间不能抱着狭隘的专业之见，仅从本专业去思考分析客户需求。应采取分地域、多业务、多产品的整体视角，以新技术、新渠道、大市场的经营触角，去营销、服务、满足与稳定客户。

其四，**客户是趋利的、货比三家、多头开户的**。唯有合作共赢、互利互惠，才能最有效地牵住客户的心。银行不能只满足客户开了户、有了交往，而要精细管理，事事落脚到效益上，发掘客户商业价值，实现贡献率最大化。占有绝对业务量，才真正拥有客户。

所有这些，构成银行对公业务市场的客户观、经营观。

**2. 法人客户蕴藏着全面的金融需求，它从经济运行中产生，企业是源头。公司越优秀需求越旺盛，资金越大活动越频繁，与金融机构联系越紧密。银行经营发展始终盯着企业的需求动态，每每市场波动都牵动着资金，一旦需求衰减，只意味着经营减缓滋生风险。**

**（1）结算和信贷是企业最基本的金融需求。** 法人客户成立第一件事是开立账户，连接上银行系统，从此开展各种经营财务活动，金融业务随之而来。市场的风险带来企业生产的复杂性，尤其是投融资、资产管理、期货、国际业务、企业债等金融需求层出不穷，都依靠银行。

企业亟需借贷，贷款已占企业融资的 7 成多，平均负债率已接近 6 成，是决定生存发展的命根，生产经营离不开银行。例如，应收账款被拖欠、利润分配时有缺口、扩大生产及对外投资等都有资金周转短缺，发生季节性、临时性、突发性资金需求时，求助银行通常是最简便的选择。

**（2）企业经营中分布着四条金融需求链。** 生产经营渠道形成的各种金融需求，通过四条经营链与银行发生金融关系：

一是**供应链**，这是市场经营活动的网络，企业围绕着采购、生产、销售等各环节开展经营，形成对银行结算、借贷等相应的金融需求。供应链是企业生产经营、协作方式的基本形式，是最重要的经营纽带。

二是**行业链**，企业分工协作，产品环环相扣，资金围绕着市场，在上下游企业之间流转运动，形成对银行信用、信息等金融服务需求。如果交易双方同在一家银行开户，银行收效也更高，肥水不流外人田。

三是**资金链**，资本充足、资金保障是经营前提，形成借贷、股票债券、信托租赁、投资资管等各种的投融资活动。优秀成长性企业谋求扩张发展，资本运作频繁，金融需求旺盛活跃，也是银行业竞争热点。

四是**社会链**，企业是经济社会的基本单位，社会链包含着金融关系，围绕着企业与员工之间的薪酬、社保、医疗教育等各项支付行为展开，形成银行代理对公与对个人业务的服务关系，是两类业务交叉点。

上述金融需求中，**抓住了产品链，可获得基本的传统银行业务；抓住了行业链，可留住资金在本行有效周转；抓住了资金链，可获得存贷款、投融资类市场业务；抓住了社会链，可获得个人客户群及其代理业务。**伴随企业经营，有资金流动就有金融需求，使银行各种服务产品如鱼得水。当市场延伸向境外，就形成更多种类的国际业务。所有这些，构造起全面的银行业务范围。

**3.** 精耕细作对公客户的金融价值，金融业大有作为。公存、贷款占存贷款六成多，形成了银行核心客户群、主体业务板块的经营定位，其发展趋势引导着银行未来。资金流量大、金额大、金融需求广泛、市场影响力大而作业成本低，成为对公批发型业务的特征。

**（1）单位、企业集合了员工薪酬，是个人业务的源头。**为什么要抓代发工资？就是一把抓住源头。薪酬开户是决定个人在银行开户的基本因素，通过单位薪酬管理，将众多员工归到一家银行，连那些原本在其他银行开户的员工也会转入。一家单位一大员工客户群，银行为得到对公、个人两类业务，从来不肯轻易放弃对单位个人业务的营销。只要单位与银行关系正常，该员工群与银行的往来关系就稳定，不容易流失。变动代发工资有难度，对于稳定银客关系的作用很大，交往越久越紧密，个人客户对银行的依赖性忠诚度也越高。

**（2）重视由企业供应链结成的客户群。**市场使众多企业通过供应链连接起来，形成从原料、生产、销售到消费的紧密关系。产业链上下贯通，链接众多供应分销企业，形成了资金链、物流及信息链。大企业周围分布着无数零部件、元器件、原辅料供应商、制造商、服务商、销售商，银行可顺藤摸瓜，一个个向客户群延伸，带来资金流、业务流、信息流及各种中间业务。客户群越是密集，带来的银行业务量越大、信息越准确，银行把握规律开展专业化服务，把控行业风险就更到位，银企关系也越加密切。

# 四、对公户的经营特性与要领

服务需了解客户，交易要懂得对手，竞争知己知彼，都是商业常识。营销有目标、服务要定位、风险要防范、创新看市场、竞争讲策略，当你熟悉了客户，一切经营难题迎刃而解。法人市场从来是风起云涌，银行追逐对公客户不断高潮迭起，从中见识对公市场的竞争，看到对公业务的特征。

**1. 维系法人客户关系的三根支柱：产品功能、服务水准与社会关系。三根支柱相辅相成但力度不同，发生作用的程度不同，对不同类型客户各有侧重，有时一项特别强大，弱化了其他两项。实务中，与对公客户人际关系起的作用更加重要，客户越大作用也越大。**

**（1）三根支柱哪根出问题，都会导致银客关系的倾倒垮塌。** 客户关系表明客户与业务的稳定性，反映一家银行经营市场的能力、重点、深度和力度。

**产品是纽带，是银行基础功能，** 银行间产品基本相类同，差异主要表现在综合化、个性化及业务专长上。增强关系的路径，是通过量身定制，创新适合企业、喜欢适用的产品，形成一种市场营销优势，使之欲罢不能；或优良适用的技术网络系统，使之不愿改换门庭。

**服务水准时时刻刻牵动着日常关系，** 优质服务能日日增进友情，服务不善则天天摩擦积怨。市场化使彼此交往越来越计较利益，对功能、增值、价格、质量、效率与品牌要素的要求，远远高于场景、便利与感受。各家银行都十分重视经营性功能，来满足客户的需求。

**社会人际关系从各方面、各渠道切入，**如同催化剂，在重要时刻起到关键的影响作用。当然是围绕着经营活动展开，呈现一种利益交换的背景，或者受到某种因素干预。它使得银行特别关注与客户单位的关系，从领导层到经办人都不能忽视，还会延伸到外部关系。

从趋势看，市场化使客户更关注利益，毕竟生产力是决定因素。同时，客户多头开户取各银行所长，都想维护好关系。因此，重视日常维护，天长日久生情，不靠临时抱佛脚，播上了种子时常耕耘，一旦季节到来，自然发芽开花结果。

**（2）根本利益是忠诚度的底线。**市场是利益场，银企两类资本相依为命，谁都清楚利益所在，谋求利益所得，但都有利益底线，相互在选择。**忠诚度是一个相互、相对的概念，没有无缘无故的爱，没有单向的忠诚度，要共同维护关系，帮忙是对等的，常有吃亏但只要总体利益在，否则必有妖。**利益场中的关系场，受到政策、市场、经营及社会因素的制约，强者选择权更大。共同点是离不开稳定的合作伙伴，期待关系更加密切，得以应对多变的市场。

银行单靠信贷结算功能很难稳住客户。最难是存款大户，无需贷款但谋利形式却多样。优质企业不缺钱，融资渠道更多，能否提供特征性服务是利益焦点。因而银行一要创新，二要改善服务，把开辟新渠道、创造新功能、提供高附加值服务放在首位。这本该是好银行的特性，是提高客户忠诚度的根本要素，也是新时期的挑战。

**2. 存款户、贷款户代表存款、贷款两类客户，金融需求不同、服务取向不同，经营服务方式全然不同，不要简单混同。存款受成本约束，贷款受风险约束，是两类账户管理的经营底线。客户管理从账户入手，关注账户后面法人的动态，他们是主人，真相是他们。**

庞大的存款户组成了公存的主体，其自主性大，不受银行约束。大中存款户才真叫上帝，始终占有一种强势地位，银行都要围着转，唯恐服务不到位。大户实力强大，资金大量地流入流出，财务活动频繁，存款只是庞大资产的冰山一角。企业在财富集聚与发展中经营多变，金融需求变得复杂化。因此，企业形式上在存、贷、汇等传统金融方式下运作，深层次运营着复杂的投融资市场经营活动，这才是银行提升金融竞争力的着眼点。

贷款户最为重要，数量占5%左右，是交易的风险对手。它们也是重要的存款户，现金流事关贷款安全，有时存贷两头大。借款人是政策宠儿，全社会都关注它们，也受到信贷的严格控制与风险管理。它们是经营的上帝，利息与风险时刻影响银行的命运，经营伴随信贷走向市场化，借款人从不安稳。银行凭借贷款对借款人施展影响，并利用信贷杠杆扩大中间业务，盯着供应链款项的流向，抓住结算结汇、咨询服务、资产管理等收入。

**3. 对公客户的黏性靠精细化服务。第一，对公行业分布在生产、流通各行各业，管理方式差异大，使银行对公机构多、业务分类细，经营越来越复杂。第二，业务面对多元化、差异性、个性化需求趋势，这是企业为谋求效率拓展市场，也是因激烈竞争应变市场。**

对公业务分布在整个市场经济运行中，涉及银行几乎全部的功能，使经营变得不易，相比之下个人业务较为简单，主要围绕消费支付和财富管理。看客户分类，有行政部门、事业单位、行业企业不同，有所有制属性、规模、新老不同，有合资、独资、外资不同，有经营状态、市场与前景不同，有信誉与交往史不同……银行只能以个性化服务去适应，政策、环境与经营不时在变，合拍才能黏住。

**如何稳住优质客户？唯有精心用心。**第一，优户是指大户、强户、守信户，比重不大。银行以余额、现金流、票据量区分大小强弱，票据金额涉及资金流量，而票据数量事关业务量，两者牵连银行经营状况。第二，中小客户是银行经营的主体，绝大多数机构根本没有大户。例如，大集团名气大，总部多在大城市，组织架构多是以分公司、子公司存在，企业划小经营核算单位，到银行开户时也成了中小户。客户选择银行有利益驱使，银行选择客户也有经营策略，客大欺店，总体看银行拜倒在优户裙下，客户主导着经营。

客户不是无声佛，既会跟你论理，也向他人传播，好事孬事都广告；客户不是泥菩萨，尽管多数人不评价，可服务优劣谁心里都清楚；客户更是行走佛，多用脚表态，不打招呼一走了之，叫你干着急。心有客户得天天烧香，不要临时抱佛脚，客在心中，体验才显灵；以客户为中心，用户利益才能维护，银行才与市场合拍。

**4. 银客关系＝客户利益＋人际关系，关键是得到领导认同。市场在乎品牌，经营更寻求关系，营销既要重视品牌服务，更要配好客户经理，至关重要。善于挖掘、寻找与结识各方关系，多渠道疏通、联络与链接，细心维护、沟通与结网，都是成功营销的要领。**

**（1）客户关系的实质：法人关系人格化。**单位关系落点到具体人，再大的单位，与银行打交道的就几个人。市场永远掺和着人际关系，包括领导人、有权管理人的工作关系，也有个人的、关联方的利益关系，无论正常非正常、合理不合理、与公与私，都直接间接地存在。部门单位、国企民营都脱不掉关系，加上潜规则，有时力量强大得令人纠结，不得已为之，这就是市场。因此，成功的营销总会维护好整个关系链，从"县官"到现管哪一环断缺都不行。

**（2）起关键作用的是领导人及财务主管。**他们的动机、个性与私交，会影响关系的稳定与程度，当有权人变动时最易发生变化。单位和上级领导人不停在交流轮换，每次调整都引出紧张忙碌，当发现企业已确定改换门庭，补救为时已晚，事态难以挽回。当然利弊两说，是危机也有机会，带给一家银行危机，却是另一家银行的契机，考验着各家银行的市场能力。维护高层关系从来都不简单，很耗精力，行长都要亲自出马，稳妥接上新关系，丝毫不能疏忽。

营销与沟通是重要的方法，感染他才会亲近你，关心你才会协助你。有的干部与客户存在明显的代沟，难沟通或不愿不懂沟通，在情感爱好、方法节奏、思想观念上格格不入，不了解则难理解，不对路没激情，话不投机擦不出火花，或脾气性格不对路，聊不上几句就熄火，怎能交心呢？因此，配备客户经理时的人选很关键，否则不办事、办不好事，甚至还会坏事。

**5. 企业运行在三大规律下，生命周期带来风险与机会。市场告诫银行家，做金融要守住本职有定力：**第一，放贷不算本事，收回本息论英雄。记住，企业不长青，成败在"惊险的一跳"。第二，银行有职业道德，忠于职守是天职，守住规矩把控风险尽职方称职。

没有夕阳行业，行业是由社会的分工与职能生成，这是**社会运行的规律**。总有夕阳企业与产品，是企业品质和市场竞争造成的结果，这是**市场运行的规律**。企业的生存状态，受到技术、投资、管理、竞争等多因素影响，呈现生存周期性的强烈特征，从创立→成长→成熟→衰退，各阶段的金融需求与风险特征都不同，这是**企业运行的规律**。之外，还有技术迭代进步的规律、政府管理调控经济的规律、全球经济金融运行的规律、政府换届的规律……无数规律对市场发生作用，相互共振不断生出金融机会，也带来不可预测的风险灾难。这些都是应当学习把握的基本常识。

百年老店多是后人的广告词，不知生死过几轮。法人寿命真不长，市场中一方凯旋一方丧歌，破产每天在发生，每个人都能遇到一茬茬企业从辉煌走向没落的故事。市场一次次告诫人们：警觉风险，放贷意味着责任。第一，金融有分工，创立期企业属投资银行业务范畴，商业信贷定位在企业成长、成熟期，衰退期的策略是撤退，退不出就做了陪葬。第二，只对诚信可靠企业放贷，以确保本息安全，保障社会资源的有效。因为，国家有信贷规则和问责制，法规定义了贷款要以回收本息为前提。这是天条法则，岂有疑义？

信贷问责无情，有时一次失败决定一生命运。

**6. 进入小微市场就要转型，**第一，对公业务早已向个金部门侵入，专业分工体制不再适应，需全面地向零售银行模式转型；第二，改革账户体系提上日程，亟待弄清真实的客户信息。现实中，银行对法人客户的认识肤浅，至多了解10%的企业，也就形不成紧迫感。

**（1）个人业务从侧重负债向重视资产业务转型，成为经营大趋势。**小微企业的经营业务本属对公范畴，为什么通过个人账户运作？说明对公账户体系并不适应。蓬勃兴起海量的小微个体户打破了个人与对公业务分割的界限，促使回归零售银行的本性。千万数量级小微企业成为了政策关注重点，银行改变经营体制迫在眉睫。

实务中，大多数市场主体未纳入银行对公客户的统计。据披露，截至2020年9月末，全国市场主体共计1.34亿户，其中企业4200.0万户，个体工商户9021.6万户，农民专业合作社222.2万户。我国每千人拥有企业数增长到30.0户。个体工商户已成为市场的重要成分，绝大多数是通过银行个人账户从事经营活动，占个人业务交易量、存款额的比重很大。①

小微企业偏爱个人账户灵活的资金交易模式，交易结算采用银行卡、现金和网络支付比支票、汇票更高效安全、便捷隐秘。但造成了如今账户统计失实，分不清存款中多少是储蓄，多少是经营性存款，多少是个人支付，多少是经营结算。因此，必须改革账务核算、统计体系，与之相适应。

**（2）统计数据并不代表真相，市场只有模糊的真实。**市场信息不对称，了解对公客户的真实性并不容易。企业生死存亡是市场的规律，天天有欢庆开业，日日有淘汰出局。据原工商总局披露，2012年终结企业中，因不参加年检被吊销的占77.6%，主动注销的仅占22.4%，其中因违法等被吊销的不足5%。还有大量的死僵户、名存实亡户。

结算账户也一样，比重不小的不动户未被清销，企业开立多种账户、多头开户、异地开户。其原因，既有企业经营管理的需要，也是银行服务与竞争的结果。了解真实的市场仅凭统计数据不行，弄清楚才知道有多少实户、虚户，识别庐山真面目经营才理性。

# 五、案例：对公市场使邮储成为银行

2007年邮储银行成立后的几年，我受邀给其各级行长培训讲座，在广

---

① 2020年全年新登记市场主体2502万户，日均新登记企业2.2万户，年末市场主体总数达1.4亿户。资料来源：国家统计局官网。

泛接触中我深感邮储银行改弦易辙是一次涅槃，最难在缺少强大的经营基因。

**1. 有信贷才是银行，主要特征：一是牵手实体经济；二是受到政策调控。邮储银行的竞争力以踏进对公市场、开展信贷业务为标志，真正融入经济，开始与风险、与市场、与经营形影不离，纵使管理步入复杂多变的境地，经营之舵沉重起来。这正是经营的难点。**

那时我讲的内容，围绕以对公与信贷业务展开，阐述经营的市场难度与风险特征。我说，从今往后全行上下都面对风险、市场、客户，处处是严峻挑战，面临科技、人才、资本方面的难点，需做好充分的精神与管理准备。上了银行的船，风险责任大了，风浪颠簸是常态，各种风险事件迎面扑来，带来无数烦恼，而你们是一支庞大而缺乏风险意识、刚组建进入的新兵队伍。谓之艰难突出表现在两点：

**(1) 市场拓展之难。**过去邮储只是邮政的副业，守株待兔坐等顾客，与市场、实体经济及企业关联少，管理专注遵章守纪、按部就班。一朝变银行进入市场与经营的逻辑下，不再有安稳之日。过去邮储的特征是坐商，而对公业务是行商，假如手中空无人脉缺少客户关系，连请客吃饭都找不到对象，而走出去打通社会关系，决非一件易事。不少支行长告诉我，招聘客户经理时报名不踊跃，或做一段就为难想换岗，正是遭遇市场之难。行商之路怎么走？行长们很无奈。

**(2) 风险内控之难。**对公业务与风险伴行，打开了潘多拉盒子，管理变得万般复杂。经营不易风控多难，只感到风险幽灵在到处游荡。经验与案例早已证明，缺少职业风险意识与能力的人，很容易被信贷权力的虚荣与诱惑捕获，储蓄高管一旦轻率地转向信贷，跌跟斗、落陷阱是常见之事。

有支行长提问："我没当过信贷员，但年底完成贷款指标任务很急，怎么办？"我告诫：完不成至多扣点奖金，放坏了贷款影响你的职业生涯，好自为之吧。只要一二年，贷款风险开始冒头；再过三五年，更多风险暴露缠身时才真要命。这样说绝非耸人听闻，而是银行经营一般的风险常识，哪家银行都曾为之付出昂贵的学费，绝无例外。实话难听，后来接连不断的案件打破了宁静，才是事实。

道理简单但对初学者难有呼应，新手们更多是新奇和憧憬，缺少对艰险与挑战的体验。那年正是美国金融危机爆发的前夜，许多基层邮局负责人转为行长，未经市场洗礼，未感悟竞争与风险，更未品尝经营的酸甜苦辣，他们要在市场折磨中一次次跨越风险鸿沟，我们都经历过。

**2. 对公业务、信贷业务难点在经营。经营与市场打交道，经营方式一变困难接踵而来，新银行对两个市场一无所知、对风险毫无经验，却要承担起庞大的负债，艰险可想而知。一家新银行，十年只是起步，二十年才算成型，三十年才叫成熟，领悟到经营的真谛。**

**（1）难在建立基础客户平台与客户关系。**办银行从新建基础客户群起步，路径无非是握手政府关系，联络朋友熟人，依靠内部网络，或以信贷开路。对公客户在社会生产关系中，对公业务在为单位及企业服务中，处处牵连经济往来，与社会联系，考验银行的营销力、服务力，是新银行最难。

客户数量不足则经营方式难以成型，更何谈改善品质。而聚成客户群需要时间与过程，通过筛选鉴别、相互取信、协作共赢的长期积累。新机构从零起步一片空白，亟须了解市场、培育关系，假如不在体制、机制上突破，开拓市场的难度很大。走不进市场就不见到客户，牵不上手便办不了业务。

**（2）难在对公与信贷是风险之源。**企业求贷无可非议，既带来市场机会，也带来经营风险，成败要靠银行的辨别与选择，选对了是机会，选错了是风险，上当了是失败。对公与信贷有大风险，是大要案的源头。

其一，险从客户来。借款人带着各种动机，从前门、后门、旁门左道无孔不入，背景关系复杂。市场雾茫茫信息不对称，单凭遵章守纪流程制度靠不住，需要火眼金睛，要靠经验、专才、信息，需要严格管理与专业体系。

其二，险从员工来。外部的诱惑、利益的陷阱，总有意志薄弱者、道德失范者被拖下了水，伸手被捉者每年不在少数。骗贷是最主要的方式，案件防不胜防，哪家银行都难杜绝。

由于支票、汇票、银票及信贷类产品的金额大，远高出个人业务几个数量级；而业务周期长市场潮起潮落有成有败，交往中鱼龙混杂有博弈有欺诈，客户多在异地、异行、网络，放大了操作风险。日常业务如海，危机隐于细节，九牛一毛引祸害，一时疏忽千古恨。问题都指向管理能力和责任心。对公业务强调政策、流程、权限管理，重视严控过程和事后监督。

**（3）难在整建制地缺乏内行高管、专业人才、机制及经验。**老银行新设一家机构，只要调几个骨干，招一批人才，对公业务就能快速增长，关键靠领头人，他们具有全套的经营管理和市场能力。对公业务是行商，那么狩猎方式与猎人技能决定一切。对公业务发展状态与速度，完全取决于经营方式与高管能力，个人作用的色彩极重，常常几个人就可搞定，而日常管理只起到联络维护作用。

对公市场很神奇，有人步履维艰，日复一日地苦守；有人轻车熟路，年复一年地摸高。差别在哪里？在高管层、在优秀人才、在内部机制和经营能力。整建制地缺乏这些基本经营要素，正是新建银行的软肋，需要时间才能积累。

**（4）难在高管的素质能力。应当懂得经济、牵手企业、联系政府。所谓懂经济**，是懂市场、懂企业、懂风险，才能懂银行经营。**所谓牵手企业**，既是选择市场定位做好服务，也是确保风控、保障经营品质。熟悉企业生产方式、把政策落实到企业，是市场的风险难题，不是空谈而是策略措施。**所谓联系政府**，是因政府是社会管理者，统管着巨大的财金资源，决策区域重大项目的安排，对与哪家银行合作、给多少份额具有发言权，关系远了别指望天上掉馅饼。高管强一点更能顾及平衡，让企业信任你、政府惦记着你，绝非一日之功，需要脚踏实地经营。

如今邮储银行成立十几年了，在转型发展取得了极大的进步和成功，来之不易。但走向成熟还需要时间，经营文化是不能跳跃式发展的，只能在积淀中醇化。

## ▶ 第 17 章　经营的参照系：标准是锚

参照系是目标，经营用它去发展、竞争与激励；参照系是标准，经营用它去规范、导航与评价；参照系是锚，经营锚住它就自信、踏实与稳当。为何设立？第一，使经营者心中有数，经营达到了什么状态程度，清楚明白；第二，使股东了解运行的状态，得以评价经理人业绩，有据合理。

有参照系如同有了准星，可结合经济环境、形势政策的变动，不时进行校验判断，以此分析银行经营运行情况，踩得准步子。一个优秀行长一定善于设立参照系，了解所处的位置才清醒，有对比才有压力动力，对策措施才恰如其分；一个糊涂行长一定心中缺少参照系，把指标当目标，不知状态地行驶，所谓战略自欺欺人，缺少经营的市场含义。

## 一、经营需要三类参照系：状态、竞争与竞赛

经营始终在比较中行进，自我确定指标与标高，自我判断方向与状态，自我选择对手与内容，弄清在同业位置与指标距离，进入市场中才心知肚明，当一个清醒的领导者。

**1. 但凡经营者离不开三类参照系：**第一，状态参照系，盯住指标，用以检验修正机构的经营状态，谋求控制与效益；第二，竞争参照系，盯住同业，用以赢得市场影响力，谋求定位与效率；第三，竞赛参照系，盯住同伴，用于行内的考核激励，谋求地位与利益。

**（1）**状态类指标如北斗，经营对照它控制，中高层管理者都需要它。

分为两项内容：**一是基础状态类指标**，判断是否正常运营，一般会选择大银行的指标作为基准。为什么？因为它们经营历史长久，分布广泛，业务均衡全面，能够体现银行业的经营特征，运营轨迹更符合经营的一般规律，指标具有普遍性意义。**二是同类机构指标**，规模相似、特征类同的银行才具有运营状态、经营特色与指标的相对可比性，可在经营方向、业务状况上作出比较选择，选作参照的模板。

**（2）竞争、竞赛类参照系是选择对照市场对手，分支行行长最关心、需要。**无论市场竞争对手有多少、竞争如何激烈复杂，分支行行长只需盯住两个对手：前面你要赶超的是谁？后面是谁在追赶你？这才是最重要、最明确的，对象多了就挑花了眼。简单说，他们就是你的参照系，当然确定是谁并不简单，因为业务类别繁多、经营方式有异或不在同一区域，彼此策略信息不透明，只能是朦胧中的判断感知。因此，确定参照系不是一件容易的事。

**2. 跟谁对比更恰当？一般方法是：规模相近更合适，环境相似更可比。比较是找对象，参照目标只选一个，多了就乱思路，简单明了盯住就行。比较是战略导向，定位在哪指向哪，标高在哪向哪拼，设立的参照目标要明确不轻率，每个行长心中都有对手与高度。**

**（1）本银行的历史数据是基本依据，常作为基准参照。**历史是经营的真相，现实是过去的业绩，年复一年完整地记录绘出一条成长轨迹图，有高低点、振幅和均值，铸就了品性。当下在哪种状态？上行、持平还在下降期？对应着经营方式与策略。纵向比较最简单真实，知根知底直指经营，可比性强，常是股东采用的考核依据。

长周期数据能反映规律性、发展性；年度数据反映经营的状态与效应；季度月度数据反映经营的动态与变化。行长最关心余额、增量、增幅和主要指标的变动，它们动态反映了经营的市场要素，成为经营思考的一般方法。

参照系不是照搬监管指标，监管设定的叫规则，是底线；而自我设定的是经营的标高，做参照。标准来自市场，必须是真实的，反映经营规律的，由本行选出定标的模板。

**（2）同业是一面镜子，本地银行的可比性大**。规模相近则经营类同，看数据就能发现差异，做结构分析便可判断状态差异。例如，对比年度数据，可知一家银行市场地位的变化；对比月度季度数据变化，可知近期的动态动向及力度。

小银行数量多，何以比较？由于相互间经营状态、地域环境的差异性较大，东部银行不会选择西部银行去比。但不立参照系就不懂全局，比较才清晰，有两种方法：第一，做分类比较，将小银行大体分为优等、一般与差等三类，各家银行对号入座找到位置，继而盯住同类相对更好银行的指标状态，或盯住平均值指标状态，作对比。第二，省市内同类银行的可比性更大，相互熟悉，差距即问题，优势即经验，直接感受得到。两种方法都合理可行，国内有许多中介机构都有现成的分类信息可查询。

**（3）与国际同业比较的意义不大，或只适用于大银行**。中西方银行是两股道上跑的车，经营共性表现多在财务上，经营结构也值得借鉴。例如，资本回报率、资产回报率体现盈利性，资产不良率表明经营品质，基本相同；总资产表明经营的规模能力，资产负债结构表明流动性、安全性等，这些是市场特征。由于银行业经营风险类似，都受到市场规律的约束，因此，可研究和借鉴西方银行的经营特征，取长补短洋为中用。

国际参照系只有两个选项：第一，只能选择大国的银行，中美经济总量趋势越来越接近，是唯一具有可比性的大国，而选择中小国家毫无意义。第二，只能选择全球大银行，因为四大银行规模已经最大，相近才可相比。中小银行无需进行国际比较，因国情背景、市场定位的差异太大，经营方式与监管基本不同，有何优劣可比？优则自欺欺人，劣则自取烦恼。

**3. 选择参照系的方法与内容：抓住竞争力的核心指标，作为参照比较的重点**。经营指标有很多很细，只需抓住最重要的几项，便可一目了然；再大的银行，几项核心指标足以勾画出经营轮廓。重要的要使领导者心中有数，有了基本判断就行，这是参照系的意义。

**（1）以多样灵活的方法去选择指标。** 可以是时点数、平均数、中间数、典型数或最优数值，也可选取上限下限数值、某类业务的数值，也可灵活组合。分支行面对着市场较量，最重要是判断主要业务的进退。赶超一家银行，增量超越是前提，才有可能存量超过；先有时点超越，再有均值超过，增量与时点都是潜能的体现，舍其谈不上赶超。

借鉴不是简单复制，而是超越更优，并保持个性特色。能力是本、数据是标，所谓比照参照系，只求运营在一个正常区间内，经营自有波动，要力求避免出现异动。因而无需纠结于某几个指标时时去比较，采用一个区间数值更合理些。

**（2）重点关注核心竞争力指标，用它判断经营的状态及变化趋势。** 主要有：

一是看资产规模与利润，判断经营状况水准，一般说：**规模＝能力，利润＝效率，增量＝活力，存量＝实力**。

二是分析利率与息差，存贷款利息对经营的影响最大，一般说：**资金价格＝议价能力，息差＝财务能力**。

三是看风险质量情况，判断经营的状态与管理能力，一般说：**质量＝品质，损失＝风控，不良率＝定位**。

四是分析中间业务收入比重、结构与成本，以及表内表外业务的构成，一般说：**中间业务＝综合经营，表外业务＝理财能力**。

五是看信贷收入、同业业务的合理比重及风险点，一般说：**业务板块＝市场定位，结构变动＝市场变化**。

**（3）盯住年末经营指标，它事关考核利益的最大化。** 例如在一家市分行内部，支行在同一考核下竞赛，名次决定分配和荣誉，超越中位才能多得薪酬。上级领导也看重排名的升降，盯住兄弟支行成为关键。

主要围绕着财务、业务与工作三大类指标，关注4个类别的参照系：

一要以年度经营计划为目标，分析各行完成指标的进度、分值，指导经营。

二要与最优机构做比较，找到与各项指标的差距，确立各方面努力的方向。

三要比较下属机构，找到均值、先进值，作为各机构提升等级的努力目标。

四要与全行、省行分专业比较，看排位并规划目标，确定明年赶超的计划。

> **位次的逻辑：**一家银行业务的排位应与该区域的经济地位大体相当，即经济与金融对称。例如，该省市经济在全国 GDP 排在第几位，银行的存贷款也应基本相近。假如 GDP 排在第 10 位，存贷款排位落后在第 13、第 14 位，说明真落后了；如果超前 3、4 位定有特殊因素，则保住这个先进很难。省内也大体这样。

# 二、确定资本收益 ROE、资产收益 ROA 的合理区间

社会对银行非议最多的历来是利润，多了少了都争议。利润是魔，资本要利润，低了考核鞭挞；社会要平衡，高了舆论指责。什么是合理盈利？标准收益该是多少？本银行盈利状态是优是劣？经理人最关心，有标准才能正确评价，专业的方法是要找到参照系，看市场摆事实，按规律作比较。

**1. 从四大银行大周期中寻找 ROE、ROA 的合理区间。**银行经营收益与政策调控、经济波动的依存度极其紧密。**2004 年起大银行陆续股改上市，从财务破产转型进入到稳定发展，时逢西方金融危机走下坡路、我国经济跃上新台阶，银行业从经营大周期中揭示了盈利关系。**

四大银行 ROE 变动呈现出规律性特征：

第一，从**经营周期**看，银行业净资产收益率 ROE 呈现出**经济上行期高，下行期低的显著特征**，波动的幅度基本反映了经济运行周期的状态。

401

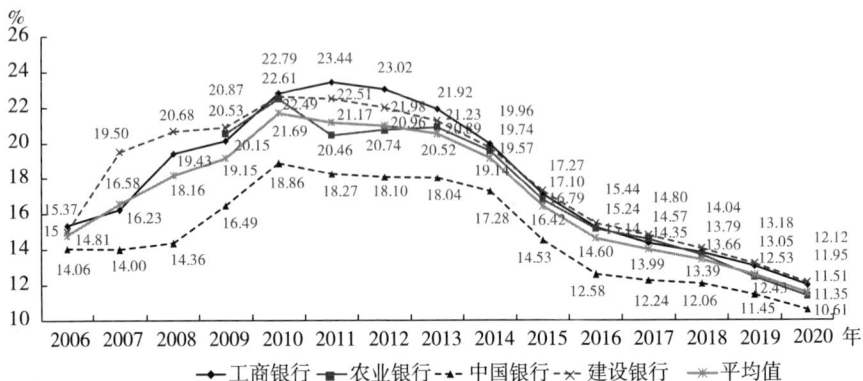

图 17 - 1　2006～2020 年四大银行加权平均净资产收益率 ROE

波动的原因主要是受到信贷资产质量的变动，经济上行期信贷质量好，而下行期风险暴露损失加大，资产的损失影响到利润。

第二，从**周期长度**看，一般从最高点到最低点的财务周期是 10 年，一个完整的波形周期约需 20 年。高低值之间的差距，表明银行利润收益在前、风险损失延后的经营特征。2020 年经济受到新冠疫情的严重影响，冲击到银行的经营，预计数值仍会下行数年才能见底。

第三，从**财务状态**看，在 2006～2020 年，各行 ROE 的峰值在 2010～2011 年，工行为 23.44%；建行为 22.61%；农行为 22.49%，中行为18.86%，2010 年四行均值为 21.69%，这有银行上市后资产质量好，又有经济政策刺激的原因。之后一路下行，2020 年分别为 11.95%、12.12%、11.35%、10.61%，均值为 11.51%；预计下降的最低值在 10% 左右，可得出 ROE 的简单均值约为 15%，幅度在 20%～10% 区间。

**结论是：大银行平均净资产收益率 ROE 在 10%～20% 区间是正常合理的；ROE 平均值在 15% 上下。**四大银行历史长久实力最强，该数值应当代表我国国情下银行业较高的经营水准。这个区间的数值，可视作金融资本谋求的财务标准，亦可当作经理人业绩的参照系，作为经营活动的指南。

**2. 确定股份制银行 ROE、ROA 的合理区间。**由于经营中受政策的干预比四大银行相对弱一些，盈利更具有市场化特征。2003～2020 年的 18 年间，ROE 的中位数为 16.62%，加权平均值为 17.28%。预测未来 5 年仍然处在低位区间，下行至最低点后回归，预测均值在 15% 左右区间。

（1）经营周期大约是 10 年，至今 ROE 周期性曲线逐步见底。其主要原因，一是 2008 年国家为应对美国金融危机，实施对经济 4 万亿元的内需政策，使原本开始下降的势头再度拉起，形成双峰现象，至 2012 年后转入下行；二是美国对中国经济的打压与新冠疫情影响，拉长了周期。

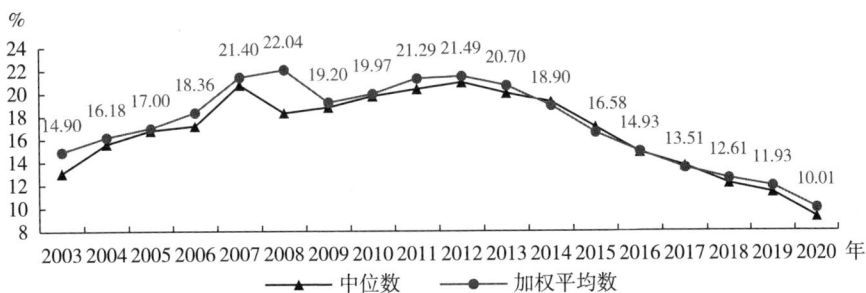

**图 17-2 上市股份制银行 ROE 平均值**

（资料来源：Wind，在 A 股上市的股份制银行有 9 家，标注的数字是加权平均数的数值，权重是总资产规模，2003～2006 年缺少光大银行数据）

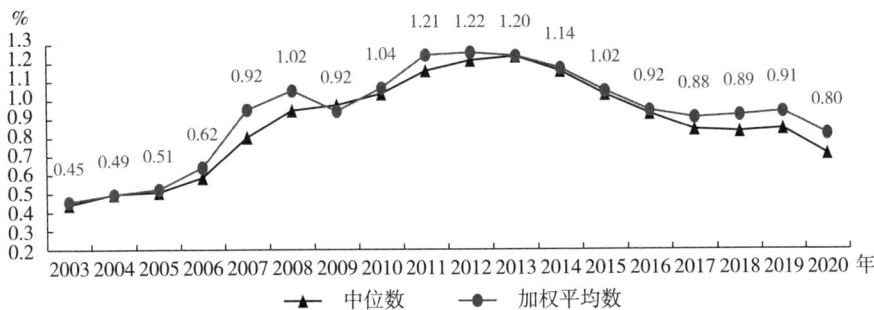

**图 17-3 上市股份制银行 ROA 平均值**

（资料来源：Wind，在 A 股上市的股份制银行有 9 家，标注的数字是加权平均数的数值，权重是总资产规模，2003～2006 年缺少光大银行数据）

（2）**2003 年以来 18 年间资产利润率 ROA 的中位数为 0.85%，加权平均数为 0.90%**。在 2003～2006 年，上市股份制银行资产规模进入高速增长期，而部分利润用于消化经济下行中的不良资产，之后才开始进入正常的经营阶段。

中大银行的 ROA 较为稳定，表明各项金融资产中饱含着价值，只要扩张资产就能够获取各类收益，因此，经营不要只是盯住信贷。这也是从总资产衡量银行收益的一个重要视角。

表 17－1　　　　　上市股份制银行 ROE 和 ROA 数据表

| 年份 | ROE（%） | | ROA（%） | |
|---|---|---|---|---|
| | 中位数 | 加权平均数 | 中位数 | 加权平均数 |
| 2003 | 13.06 | 14.90 | 0.43 | 0.45 |
| 2004 | 15.59 | 16.18 | 0.49 | 0.49 |
| 2005 | 16.76 | 15.39 | 0.50 | 0.50 |
| 2006 | 17.16 | 18.17 | 0.57 | 0.66 |
| 2007 | 20.75 | 21.40 | 0.78 | 0.92 |
| 2008 | 18.29 | 22.04 | 0.92 | 1.02 |
| 2009 | 18.79 | 19.20 | 0.95 | 0.92 |
| 2010 | 19.76 | 19.97 | 1.01 | 1.04 |
| 2011 | 20.37 | 21.29 | 1.12 | 1.21 |
| 2012 | 20.95 | 21.49 | 1.18 | 1.22 |
| 2013 | 20.01 | 20.70 | 1.20 | 1.20 |
| 2014 | 19.24 | 18.90 | 1.12 | 1.14 |
| 2015 | 17.04 | 16.58 | 1.00 | 1.02 |
| 2016 | 14.86 | 14.93 | 0.90 | 0.92 |
| 2017 | 13.68 | 13.51 | 0.82 | 0.88 |
| 2018 | 12.15 | 12.61 | 0.81 | 0.89 |
| 2019 | 11.38 | 11.93 | 0.82 | 0.91 |
| 2020 | 9.23 | 10.01 | 0.69 | 0.80 |
| 平均值 | 16.62 | 17.28 | 0.85 | 0.90 |

资料来源：Wind。在 A 股上市的股份制银行有 9 家，加权权重是总资产规模，2003～2006 年缺少光大银行数据。

**3.** 上市银行与上市企业的净资产收益率比较。上市公司多属优秀企业，经营状况具有行业特征与代表性。做两者的经营比较，可加深了解银行业的经营特征与市场地位。银行盈利高成为股市稳定的压舱石，应是一大利好，不应当作是造成其他企业盈利差的原因。

**（1）银行业 ROE 一直居 A 股上市公司最高位，尽管均值已逐年下行走向低谷**。据披露，2009～2020 年 A 股全部公司的净资产收益率 ROE 平均值为 12.05%，分为三大类，其中非金融企业平均值为 9.45%，非银行金融机构平均值为 11.84%，银行业平均值为 16.66%。从经营周期看，已从最高点一路下行，2016 年起降至 15% 以下，银行的波动一般晚于企业波动 2 年。依据银行 ROE 中位数的 15% 测算，预计近年降至 10% 的低位，见表 17 - 2。

表 17 - 2　　　　　2009～2020 年 A 股净资产收益率（ROE）　　　　单位：%

| 年份 | 全部 A 股 | 全部 A 股（非金融） | 银行 | 非银金融 |
|------|-----------|---------------------|------|----------|
| 2009 | 13.59 | 10.78 | 19.35 | 17.66 |
| 2010 | 16.01 | 13.69 | 20.69 | 15.08 |
| 2011 | 15.18 | 12.36 | 21.35 | 10.69 |
| 2012 | 13.31 | 9.70 | 20.98 | 7.02 |
| 2013 | 13.54 | 9.97 | 20.28 | 10.05 |
| 2014 | 12.71 | 9.13 | 18.59 | 12.88 |
| 2015 | 10.99 | 7.08 | 15.95 | 17.43 |
| 2016 | 10.26 | 7.93 | 14.16 | 9.73 |
| 2017 | 10.83 | 9.38 | 13.32 | 10.71 |
| 2018 | 9.71 | 8.20 | 12.69 | 8.14 |
| 2019 | 9.51 | 7.57 | 11.91 | 12.10 |
| 2020 | 8.95 | 7.61 | 10.61 | 10.54 |
| 平均值 | 12.05 | 9.45 | 16.66 | 11.84 |

资料来源：Wind。ROE 计算采用整体平均法，∑（成分股.归属母公司股东的净利润×2）/∑（期初归属母公司股东的权益＋期末归属母公司股东的权益）。

**（2）银行业利润占 A 股市场的比重基本稳定在 40% 以上，居高不下**（见表 17 - 3），与股市结构有关。银行股因利润高颇受质疑，需要解释清楚这种现象。

表 17-3　　　　　　2000~2020 年 A 股银行业净利润情况　　　　单位：亿元

| 年份 | 全部 A 股 | 上市银行 | 银行利润占比 |
|------|-----------|----------|--------------|
| 2000 | 789.96 | 106.21 | 13.44% |
| 2001 | 743.44 | 112.58 | 15.14% |
| 2002 | 918.99 | 187.08 | 20.36% |
| 2003 | 1350.23 | 704.89 | 52.21% |
| 2004 | 1834.63 | 1232.81 | 67.20% |
| 2005 | 1731.89 | 1494.03 | 86.27% |
| 2006 | 3777.61 | 1918.77 | 50.79% |
| 2007 | 9956.95 | 3365.29 | 33.80% |
| 2008 | 8704.16 | 4341.04 | 49.87% |
| 2009 | 11317.57 | 5132.17 | 45.35% |
| 2010 | 17432.76 | 6842.74 | 39.25% |
| 2011 | 20268.89 | 8824.74 | 43.54% |
| 2012 | 20789.40 | 10355.68 | 49.81% |
| 2013 | 23908.67 | 11682.91 | 48.86% |
| 2014 | 25626.22 | 12589.25 | 49.13% |
| 2015 | 26416.54 | 12829.65 | 48.57% |
| 2016 | 29504.16 | 13510.43 | 45.79% |
| 2017 | 35841.99 | 14108.39 | 39.36% |
| 2018 | 36612.14 | 14993.08 | 40.95% |
| 2019 | 40812.11 | 16988.60 | 41.63% |
| 2020 | 43022.49 | 17106.51 | 39.76% |

资料来源：Wind。

第一，从经济学常识看，不同行业扮演不同的角色地位，各有经营标准，跨业很难做简单类比。我国大中银行处在历史最好时期，位居全球银行业最佳层，假如相比 20 年前银行处在落魄亏损期，就悲惨了。而其他非银企业在全球的地位层次总体不高，在品质规模上也无法对比。

第二，银行经营与其他上市企业关联度不大，经营交集不多，盈利并非此消彼长，不能因其他企业盈利少而责问银行盈利高了。况且上市公司仅占法人户的万分之一，贷款户更少。这是基本面。

第三，影响企业经营的主要是市场竞争力因素，直接牵动利润收益。经营成败多出自企业内部，产品与技术品质因素都与银行无关，盈利多少原因不在银行。

第四，好银行都上市了，但经营较差的常是中小银行，质量差风险高亏损大，拉动了整个银行业 ROE 指标的下行。截至 2021 年 3 月，A 股上市银行有 38 家，单独在香港上市的银行有 16 家，合计为 54 家，约占我国 4113 家银行的 1.3%。数量少却资产大，并不代表更多小银行的状态。

应当指出，银行盈利是大好事，假如银行业 ROE 大幅下降至制造业水准，即要下降 30% 以上，情景会如何？一定出现更多银行因风险而陷入困境，引发股市全面下跌，这种严重性谁都不愿看到。

# 附：美国上市银行数量、市值统计

美国 5033 家银行中有上市银行 428 家，约占 8.46%。

**1. 狭义口径：上市的商业银行共有 346 家（本土银行 302 家）。** 其中：纽交所（NYSE）上市 83 家，平均市值为 359.5 亿美元；纳斯达克（NASDAQ）上市 253 家，平均市值为 16.1 亿美元；美交所（AMEX）上市 6 家，平均市值为 7.1 亿美元；其他场外市场上市（OTC）上市 4 家。

表 17-4　在美国上市银行基本情况表（截至 2021 年 3 月 5 日）

| 上市场所 | 商业银行 | | 其中：本土银行 | |
|---|---|---|---|---|
| | 数量（家） | 平均市值（亿美元） | （家） | 平均市值（亿美元） |
| 纽交所（NYSE） | 83 | 359.5 | 41 | 399 |
| 纳斯达克（NASDAQ） | 253 | 16.1 | 251 | 15.9 |
| 美交所（AMEX） | 6 | 7.1 | 6 | 7.1 |
| 其他场外市场（OTC） | 4 | 未披露 | 0 | 0 |
| 合计 | 346 | 99.3 | 302 | 68.5 |

资料来源：Wind。按照美股 SIC 行业分类，以狭义的商业银行范围，按金融、保险及地产业—存放机构—商业银行—国家级银行、州级银行和其他银行口径统计，以单独一个美股证券编码为一家机构；本土银行指注册地在美国的银行，下同。

**2. 广义口径：包括储蓄机构和信用合作社的商业银行口径统计，增加 80 家，即在美国上市银行共 426 家（本土银行 382 家）。** 截至 2020 年末，在 FIDC 投保的银行机构合计 5033 家，其中商业银行 4401 家，储蓄机构 632 家，以此统计上市商业银行占比约为 8.46%。

表 17 −5　　在美上市银行数量及占比（截至 2021 年 3 月 5 日）

| 统计口径 | 数量 | 占美国商业银行比重 | 占美国商业银行比重（含储蓄机构） |
|---|---|---|---|
| 所有上市银行 | 346 | 7.86% | 6.87% |
| 本土上市银行 | 302 | 6.86% | 6.00% |
| 广义上市银行（包括信用社和储蓄机构） | 426 | 9.68% | 8.46% |

资料来源：Wind，FIDC 官网披露。

**3. 上市银行市值普遍偏小，市值在 5 亿美元以下的 187 家，5 亿～10 亿美元的 50 家，合计占 55.64%。**

表 17 −6　　在美上市商业银行统计表（截至 2021 年 3 月 5 日）

| 市值区间（亿美元） | 上市银行数量 | 占比 | 上市银行（含信用合作社和储蓄机构）数量 | 占比 |
|---|---|---|---|---|
| 5 以下 | 136 | 39.31% | 187 | 43.90% |
| 5 ～10 | 48 | 13.87% | 50 | 11.74% |
| 10 ～50 | 88 | 25.43% | 101 | 23.71% |
| 50 ～100 | 22 | 6.36% | 25 | 5.87% |
| 100 以上 | 48 | 13.87% | 50 | 11.74% |
| 合计 | 346 | 100% | 426 | 100% |

资料来源：Wind。有 4 家银行、10 家储蓄机构和信用合作社在场外市场上市，未取得市值数据，计算合计数量仍然计入。

# 三、找不到规模类参照系，就自立模板

　　未来怎样经营？先会想到银行有多大。规模与结构是绕不过去的两大经营难题，规模影响经营战略与架构模式，结构决定市场取向与资源配置，有参照系方能认识趋势早做安排，不断地修正经营发展方式。

**1.** 我国银行已找不到规模参照系，一级资本、总资产、存贷款、人员机构、利润额等指标都已是全球最大，还在增长，西方银行都是小弟，失去模板的意义。怎么办？答案是：不要削足适履，无处参照就自立模板，长到多大就多大，锚定自身的经营能力与结构。

**（1）没了选择就勇往直前，大国银行岂能坐等别人？无奈却是机遇，自立路标有风险，但要担起历史的责任。**四大银行早已成为全球最大，按照现有发展速度，不用几年将比西方大银行大一倍，一种挡不住的趋势。不妨走一条新路，需要自立自信。

总资产大了就有危险吗？这是资本股东的问题，**经理人应当探求路径，思考怎么才能经营好，创立合适可行的模式。**第一，过去是这样走过来的，有党和国家的坚强领导，有经济发展的强大基础，是成功之路。第二，已经具备强大实力与经营能力，现代化前景在召唤，经营处在稳定的发展期，状态尚可。第三，在坚定地推进深化改革中，国内环境在改善，如今已经铺开了架势，无需杞人忧天。发展转换是渐进式的，哪怕是未来直接融资市场发达了，银行经营方式也能随之应变，调整总资产结构、组织架构与经营内容，实现多元化经营的竞争力。

**（2）大银行模式已成为我国银行业基本模式，为股份制银行确立参照系。**第一梯队是四大银行，第二梯队是股份制银行，这种格局在21世纪初期10年已成雏形，后10年的发展已经成型。股份制银行代表的中大银行可以对标四大银行，探索中做得更有特色，如今它们的规模已相当于10～15年前的四大银行，未来将毫无悬念地继续扩张。

第三梯队的中小银行模式呈现多样化，未来将在深化体制改革中，假如通过合并重组设立更多省市级银行，会形成一批千亿、万亿级资产的银行，抗风险性将显著增强。

**2.** 寻找总资产结构的模板：应当设立业务板块参照系。未来我国是否会向直接融资转换？取决于国情和市场，由国家行政制度、经济发展、金融改革和货币政策决定，不由经营者决定。但是，在**5～10年内很难有逆转性改变，这个阶段成为银行规模最后的扩张期。**

改变以银行为主体的格局，是长期渐进的过程，经理人无需提前准备什么，而要拿出怎么经营大银行的措施。未来银行该有怎样的资产负债结构？什么国情养育什么银行，什么市场决定什么体制，经济结构生成资产负债需求，找不到西方样板。政策受到经济规律的约束，经营受到经营规律的支配，两种力量的共同作用，才形成银行的资产负债结构。因此，要深刻了解规律，去营造未来安全有效的结构模式。

原本中西方银行资产结构就不同，但具有可借鉴之处。只要细分市场，细看西方专业的板块，亦可发掘出专业业务的参照系，可拿来当作通用的标准和标高。中外银行差异在体制与管理方式，而在专业方面相同点最多，有值得学习的经验做法。从经营看，尽管银行规模很大了，但只需分类做好每一个资产板块，确立起稳健的专业结构保障，就不惧怕资产规模的不断扩张。

西方银行的市场化专业能力很强，值得仿效，可作为专业参照系。**资产规模由经济生成，银行阻挡不了；专业产品由市场生成，反映客户需求，业务方式与体制无关，这才是我们亟需寻找的参照系目标。**可用于调整经营结构与方式，保障安全运行与有效经营，它涉及业务结构、产品分布、渠道板块的合理配置，实现盈利与风控的最佳组合。这些对调整结构、稳定架构最重要，都是经营大事。

**3. 形式上资产扩张令人忧虑，实质上资产流量才令人畏惧。我国银行模式基本稳定无大危机，而西方模式危机不断，即不是规模惹的事。问题出在结构，金融衍生品如同房地产般更容易引发危机。规模扩张并不是主要的风险源头，监管与风控能力才是要害所在。**

有三大因素会影响总资产的增长：第一，当存款分流、资金减少，自然约束贷款增量，**这是市场的因素**，取决于金融市场发展的趋势。第二，当贷存比接近监管极限值，自然约束资产的增长，**这是风控的因素**，预计10年内会走向最高值。第三，当经营方式改变，贷款可出售或资产证券化市场开放，**这是政策的因素**，10年中改革势在必行。三大因素一定会改变银行的发展模式。

西方银行总资产为何未高速增长？因为打通了金融衍生品市场之路，资产流向金融市场，看似增速慢了，却在有限资本下发放了更多贷款；看似规模有限，但银行业核心作用未变。因此，假如中西方只比余额，就遗漏了流量这个最重要的信贷周转特征，结论自然出错。流量裹着风险，美国金融危机不正是金融衍生品造成的吗？阿里某小贷公司100倍的杠杆率风险不正潜伏着危机吗？

# 四、寻找全球参照系：全球银行业 ROE 的比较

关门说事易生疑，开放比较见真伪，ROE 需要全球数据做比较。

**1. 从全球看，选择 12 国主要经济体上市银行，做 21 年连续性数据比较，结论是：尽管各国国情与银行经营方式不同，但净资产收益率 ROE 的高点相近。市场化经营是一面镜子，是资本按照市场逻辑运作，银行业的基本经营状态与财务收益，可做为标准规范的参照系。**

表 17 - 7　　2000 ~ 2020 年主要经济体上市银行 ROE 数据表　　单位：%

| 年份 | 中国 | 美国 | 英国 | 法国 | 德国 | 西班牙 | 意大利 | 葡萄牙 | 希腊 | 爱尔兰 | 日本 | 韩国 |
|---|---|---|---|---|---|---|---|---|---|---|---|---|
| 2000 | 11.85 | 19.32 | 20.16 | 11.68 | 10.02 | 20.09 | 11.47 | 27.52 | 26.28 | 20.36 | 3.91 | 6.2 |
| 2001 | 8.49 | 16.96 | 15.73 | 18.54 | 15.52 | 14.12 | 13.06 | 29.88 | 20.46 | 19.2 | 2.65 | 21.11 |
| 2002 | 11.94 | 15.83 | 13.19 | 11.72 | -1.4 | 13.96 | 10.39 | 25.5 | 12.97 | 15.81 | -18.45 | 10.97 |
| 2003 | 11.66 | 16.29 | 12.94 | 11.9 | -4.48 | 12.18 | 10.99 | 3.63 | 10.47 | 17.87 | 0.33 | 15.01 |
| 2004 | 11.88 | 12.78 | 17.01 | 12.2 | 7.56 | 15.87 | 10.86 | 15.26 | 16.53 | 19.46 | 13.85 | -0.93 |
| 2005 | 13.78 | 15.42 | 16.82 | 11.5 | 9.78 | 11.99 | 14.57 | 24.17 | 19.81 | 25.29 | 11.39 | 9.82 |
| 2006 | 14.67 | 15.81 | 18.38 | 16.79 | 13.87 | 22.77 | 14.3 | 21.54 | 20.16 | 19.38 | 12.91 | 15.08 |
| 2007 | 12.73 | 14.41 | 18.44 | 16.25 | 18.04 | 19.19 | 13.96 | 14.66 | 20.29 | 23.81 | 7.89 | 16.07 |
| 2008 | 18.69 | 1.81 | 11.83 | 2.5 | 5.95 | 17.92 | 8.29 | 6.03 | 20.10 | 23.41 | 5.84 | 15.61 |
| 2009 | 16.78 | -0.74 | -3.85 | -0.25 | -7.09 | 12.88 | 2.2 | 3.29 | 9.88 | 15.36 | -5.77 | 7.94 |
| 2010 | 19.13 | 4.47 | 4.43 | 6.27 | 4.82 | 11.41 | 3.49 | 3.22 | 2.42 | -19.09 | 7.15 | 5.07 |
| 2011 | 19.95 | 7.14 | 4.74 | 7.04 | 6.8 | 9.19 | -3.43 | 2.73 | -13.03 | -10.94 | 8.24 | 7.84 |
| 2012 | 19.48 | 7.45 | 1.79 | 2.09 | 4.75 | 0.74 | -10.98 | -54.98 | -3.98 | -16.76 | 7.31 | 9.04 |

续表

| 年份 | 中国 | 美国 | 英国 | 法国 | 德国 | 西班牙 | 意大利 | 葡萄牙 | 希腊 | 爱尔兰 | 日本 | 韩国 |
|---|---|---|---|---|---|---|---|---|---|---|---|---|
| 2013 | 19.35 | 8.76 | 3.18 | 0.94 | -1.29 | -3.43 | -1.51 | -40.1 | 18.83 | -17.18 | 9.87 | 5.37 |
| 2014 | 18.29 | 8.07 | 2.49 | 2.07 | 0.81 | 4.79 | -14.98 | -5.19 | -2.76 | 0.03 | 8.12 | 6.12 |
| 2015 | 16.14 | 9.46 | 2.63 | 6.67 | -3.67 | 6.4 | -0.69 | 2.92 | -27.55 | 5.92 | 7.03 | 5.82 |
| 2016 | 14.48 | 8.97 | -0.39 | 6.53 | -1.14 | 6.21 | 3.88 | -6.98 | -14.95 | 6.84 | 5.83 | 6.97 |
| 2017 | 13.75 | 9.8 | 1.91 | 6.24 | 0.14 | 6.8 | -5.59 | 6.81 | 3.44 | 3.13 | 5.59 | 8.85 |
| 2018 | 13.29 | 9.69 | 4.67 | 6.41 | -0.79 | 6.98 | 8.53 | 5.4 | 1.51 | 6.23 | 5.44 | 9.35 |
| 2019 | 12.32 | 12.49 | 5.78 | 6.27 | -3.51 | 6.69 | 7.9 | 4.9 | 4.9 | 3.75 | 4.23 | 9.37 |
| 2020 | 10.83 | 7.78 | 1.03 | 4.09 | -1.79 | -2.45 | 2.48 | 2.83 | -0.91 | -5.57 | 3.3 | 8.35 |
| 平均值 | 14.74 | 10.57 | 8.23 | 7.97 | 3.47 | 10.20 | 4.72 | 4.43 | 6.90 | 7.44 | 5.08 | 9.48 |

资料来源：datastream（路孚特数据库），数据为导出的原始数据，由于 ROE 的计算方法、取值样本、统计口径、数据处理方式不同等原因，可能存在一定误差，为保证国别数据可比未做进一步处理。例如，表中的中国上市银行 ROE 数据，可能与 wind 计算的数据略有差异，但基本趋势类似。表中有底纹格中的数据高于平均值。

**（1）国家之间的比较，主要为了发现规律与趋势。**不同的会计制度与监管使得银行经营方式的差异很大，统计口径也难统一，往往越细越不准确。因此，无需纠缠于某些数据的差异。

上述银行的 ROE 情况，总体可分为两大阶段：2000～2008 年是第一个阶段，西方国家银行业经营状态正常，业绩普遍不错，总体处在高位。2009～2020 年是第二个阶段，受美国金融危机和欧债危机的严重影响，银行业一蹶不振，至今除美国银行业经营恢复转好之外，其他国家仍在徘徊中，处境不佳。在新冠肺炎疫情的严重冲击下，这种困难状态至少会延续 3 年。

**（2）中国银行业的经营态势与西方正相反。**在第一个阶段，我国银行业处在转型与摆脱亚洲金融危机恶果的过程中，直至 2008 年经营状态开始上行，进入一个新的发展期。

中西方银行会计制度最大的区别在拨备与核销方式。由于西方有完备的处置环境与机制，一旦出现不良资产便立即处置，直接导致当年利润迅速下降，哪怕造成巨额财务亏损。我国因处置周期漫长，采用的方式是力保账面利润基数维系表面利润，从新增利润中逐年消化，拖长了财务周期，带来持续性的压力很大，需拖长 3 ~ 5 年的周期。两种方式并无对错之分，因为银行经营存在风险滞后性，利息先期入账而损失核销在后，先期利润隐含风险成本，并不真实。

**（3）细看西方大银行的经营，在金融危机前 ROE 很高。** 西方银行在金融危机前留下了辉煌业绩，2006 年国际大银行的 ROE 是：巴克莱银行 24.1%、瑞士银行 23.9%、巴黎银行 21.2%、德意志银行 20.3%、摩根大通 20.0%、花旗银行 18.7%、汇丰银行 15.7%（见表 17 - 8），这是经济正常时期国际银行业的经营状态，不能只看后期危机中的"走麦城"。

总有峰期的高位，也有谷底的难堪，高位过后就下滑，过了低谷定上行，波动才是市场逻辑与经营规律，还有各自特征的小规律。它告诉我们，同类互为参照更加准确，运营出现差异是在提醒。

表 17 -8　　　　　　　　金融危机前 2005 ~ 2007 年

西方 6 大银行资本利润率（ROE）　　　　　　单位：%

| 年份 | 巴克莱银行 | 德意志银行 | 巴黎银行 | 花旗银行 | 摩根大通 | 瑞士银行 | 汇丰银行 |
|---|---|---|---|---|---|---|---|
| 2005 | 21.1 | 12.5 | 20.2 | 22.2 | 13.0 | 39.7 | 16.8 |
| 2006 | 24.1 | 20.3 | 21.2 | 18.7 | 20.0 | 23.9 | 15.7 |
| 2007 | 20.3 | 17.9 | 19.6 | 3.0 | 21.0 | - 11.7 | 15.9 |

资料来源：各家银行年报。

**2. 对中外经营的评价：在正常经济环境下，银行业经营的净资产收益率 ROE，一般在 15% 是正常的，存在 30% 幅度内的合理摆动。冲击利润的最大因素是经济波动和金融危机，会使银行业亏损。例如，2008 年美国金融危机 7 年间 507 家小银行倒闭，约占美国银行数量的 8%。**

**（1）影响银行 ROE 的因素：ROE = 净利润/资本，基本要素是利润与资本额。** ROE 是个相对值，是专业分析的视角；利润总额是绝对值，与经营规模相关，是社会分析的视角，两项都不完整，问题的关键是遗漏了资本充足率因素。

ROE 与资本充足率紧密关联。假如一家银行资本充足率为 15%，另一家为 18%，低了近 1/5。资本少则收益率被抬高，尽管都符合规定，但使 ROE 的比较失去意义。假设一家小银行资本金为 4 亿元，实现净利润 1 亿元，看似经营不错、分红很高，ROE 有 25%，但其资本充足率不足。若资本金提高到 10 亿元，ROE 就降为 10%。这种政策性红利建立在风险上，不符合稳健经营规则，岂能相互比较参照？

银行之间资本充足率的差异不小，表明经营的风险偏好不同，使之很难对经营作简单比较。例如，2020 年末，26 家西方大银行中只有 12 家银行一级资本资本充足率高于平均数（表 17 - 9 中有底纹部分），数值高低之间相差 1/3，有的年份几乎差一半，自然影响 ROE 的可比性。

表 17 - 9　　　2010～2020 年西方主要银行一级资本充足率水平　　　单位：%

| | 2010 年 | 2011 年 | 2012 年 | 2013 年 | 2014 年 | 2015 年 | 2016 年 | 2017 年 | 2018 年 | 2019 年 | 2020 年 |
|---|---|---|---|---|---|---|---|---|---|---|---|
| 摩根大通 | 12.1 | 12.3 | 12.6 | 11.9 | 12.7 | 13.7 | 14.1 | 13.9 | 13.7 | 14.1 | 15.0 |
| 花旗集团 | 12.9 | 13.6 | 14.1 | 13.4 | 13.8 | 15.5 | 15.8 | 14.1 | 13.5 | 13.4 | 13.3 |
| 美国银行 | 11.2 | 12.4 | 12.9 | 12.4 | 13.1 | 12.9 | 13.6 | 13.4 | 13.2 | 12.6 | 13.5 |
| 富国银行 | 11.2 | 11.3 | 11.8 | 12.3 | 12.5 | 12.6 | 12.8 | 14.1 | 13.5 | 12.8 | 13.3 |
| 纽约梅隆银行 | 13.4 | 15.0 | 15.1 | 16.2 | 12.2 | 12.3 | 12.6 | 14.2 | 14.1 | 14.8 | 15.8 |
| 道富集团 | 20.5 | 18.8 | 19.1 | 17.3 | 14.7 | 15.9 | 14.8 | 15.0 | 15.1 | 14.6 | 14.4 |
| 高盛 | 16.0 | 13.8 | 16.7 | 16.7 | 13.8 | 17.6 | 15.0 | 14.1 | 15.3 | 15.2 | 16.7 |
| 摩根斯坦利 | 16.1 | 16.6 | 17.7 | 15.7 | 14.1 | 17.4 | 19.0 | 20.0 | 19.2 | 19.2 | 19.4 |
| 汇丰控股 | 12.1 | 11.5 | 13.4 | 12.0 | 12.5 | 13.9 | 16.1 | 17.3 | 17.0 | 17.6 | 18.7 |
| 巴克莱 | 13.5 | 12.9 | 13.2 | 11.3 | 13.0 | 14.7 | 15.6 | 17.2 | 17.0 | 17.7 | 19.0 |
| 巴黎银行 | 11.4 | 11.6 | 13.6 | 11.7 | 11.5 | 12.2 | 12.9 | 13.2 | 13.1 | 13.5 | 14.2 |
| 德意志银行 | 12.3 | 12.9 | 15.1 | 16.9 | 16.1 | 14.7 | 15.6 | 16.8 | 15.7 | 15.6 | 15.7 |
| 瑞士信贷 | 17.2 | 15.2 | 15.2 | 16.8 | 17.1 | 18.0 | 18.0 | 18.9 | 16.2 | 17.1 | 18.6 |
| BPCE 集团 | 10.1 | 10.6 | 12.2 | 12.8 | 12.7 | 13.3 | 14.5 | 15.4 | 15.9 | 15.7 | — |
| 法国农业信贷银行 | 10.3 | 11.2 | 11.7 | 10.9 | 13.7 | 13.7 | 15.1 | 14.1 | 13.7 | 13.7 | 14.9 |
| 荷兰国际 | 12.3 | 11.7 | 14.4 | 13.5 | 13.5 | 14.5 | 16.3 | 16.2 | 16.2 | 16.7 | 17.3 |
| 桑坦德银行 | 10.0 | 11.0 | 11.2 | 12.6 | 12.2 | 12.6 | 12.5 | 12.8 | 13.1 | 13.1 | 14.0 |
| 法国兴业银行 | 10.6 | 10.7 | 12.5 | 11.8 | 12.6 | 13.5 | 14.5 | 13.8 | 13.7 | 15.1 | 15.7 |
| 渣打银行 | 14.0 | 13.7 | 13.4 | 12.2 | 11.4 | 14.1 | 15.7 | 16.0 | 16.8 | 16.5 | 16.5 |
| 瑞士银行 | 17.8 | 15.9 | 21.3 | 13.6 | 19.4 | 21.0 | 19.7 | 18.3 | 17.5 | 20.0 | 14.0 |
| 意大利裕信银行 | 9.5 | 9.3 | 11.4 | 10.1 | 11.3 | 11.5 | 9.0 | 15.4 | 13.6 | 14.9 | 18.2 |
| 加拿大皇家银行 | 13.0 | 13.0 | 13.3 | 13.1 | 11.7 | 11.4 | 12.2 | 12.3 | 12.3 | 12.8 | 13.2 |
| 多伦多道明银行 | 12.2 | 13.0 | 12.6 | 11.0 | 10.9 | 11.3 | 12.2 | 12.3 | 13.7 | 13.5 | 14.4 |

续表

| | 2010 年 | 2011 年 | 2012 年 | 2013 年 | 2014 年 | 2015 年 | 2016 年 | 2017 年 | 2018 年 | 2019 年 | 2020 年 |
|---|---|---|---|---|---|---|---|---|---|---|---|
| 三菱日联 | 10.6 | 11.3 | 12.3 | 12.7 | 12.5 | 12.6 | 13.2 | 13.4 | 14.3 | 13.9 | 13.6 |
| 瑞穗金融 | 9.1 | 11.9 | 12.8 | 11.0 | 11.4 | 11.5 | 12.6 | 13.3 | 15.4 | 15.9 | 14.5 |
| 三井住友 | 11.2 | 12.5 | 12.3 | 10.9 | 12.2 | 12.9 | 13.7 | 14.1 | 16.7 | 18.2 | 16.6 |
| 平均值 | 12.7 | 12.8 | 13.9 | 13.1 | 13.2 | 14.0 | 14.5 | 15.0 | 15.0 | 15.3 | 15.6 |

资料来源：彭博，数据为原始导出数据，未做进一步加工处理，不排除个别数据由于统计口径原因略有差异，但基本趋势应类似。

**（2）中外银行 ROE 数额的比较中，还受汇率等各种因素影响**。第一，汇率的影响很大，2019 年末人民币对美元的汇率是 6.9762；2020 年末为6.5249，相差 6.92%，当然折算中影响很大。第二，我国银行信贷比重高风险也高，因而收益率应当高些。第三，我国银行业 ROE 的峰值仍未达到西方大银行的最高值，并未出格。

假如大银行在全球位次降低，压力反倒减少，这是先进惹的，国人对国有银行还不自信。假如大银行一拆为二规模小了，指责便少了，这是太大惹的，树大招风。假如企业更加强大，有几十家像华为一样盈利的大公司，银行利润就不显了，这是太强惹的，枪打出头鸟。利润是经营之果，是几百万银行人奋斗的结果，利润来之不易，靠努力经营撑着，一旦放松就垮下去。让别人去说吧，坚定地走自己的路。

# 五、美国银行业经营指标能参照吗？

美国是以间接融资为主体的金融化社会，强大的银行牵动全球，是全球银行业的灵魂，地位无法替代。中美银行的业务结构与格局显然不同，彼此的差异性是否代表变化的趋势？共同性是否呈现经营的规律？需做分析参照。

**1. 美国从 2007 年起遭遇严重的金融危机，历经 6、7 年转危为安，逐**

步恢复到正常的经营状态。2007～2020年商业银行与储蓄机构经营指标的特点：一是在成熟市场中形成的经营轨迹；二是体现金融危机下经营变化的全过程，显示经营周期性规律，具有参照系意义。

**（1）2020年末，美国商业银行（包括储蓄机构）的基本经营指标（见表17–10）**：资产回报率为（ROA）为0.72%，资本回报率（ROE）为6.88%，净息差（NIM）为2.82%。贷款不良率（包括非应计贷款及逾期90天以上的贷款）为1.18%，其中房地产贷款不良率为1.65%，工商贷款不良率为0.99%，个人贷款不良率为0.86%，拨备覆盖率为184.1%。从2008年美国爆发金融危机，到2020年新冠肺炎疫情肆虐，10年间银行经营指标呈周期性波动，变化很大。它展示了一种完全市场方式下的经营状态，我国银行业可作为对照系。

**（2）从14年间财务类指标的变动中，揭示了美国银行业一般的经营规律与常识。**主要有：

第一，显示银行在金融风险大危机过程中各项指标的升降幅度，例如，不良贷款率最高达5.44%，有6年在2.63%以上，最低是0.91%，幅度接近6倍。

第二，拨备覆盖率不高，有9年不足1%，至2017年才好转，背后表明金融危机期间银行核销不良资产的压力很大。

第三，净息差持续稳定在3%以上（仅2020年存款猛增下例外），并不低，表明资金的成本低而收益高，高于我国10%～20%。

第四，在新冠肺炎疫情打击下，刚逐步恢复中的多项经营指标又急转直下，例如2020年ROE回落到10年前的状态，预计还要多年才能复原。

**（3）发展类指标揭示出，总资产、存贷款增长缓慢是常态。**2007～2019年间，美国银行业总资产从13.03万亿美元增加到18.65万亿美元，是1.42倍，**年递增3.03%**；贷款从7.91亿美元增加到10.52万亿美元，是1.33倍，**年递增2.41%**；存款从6.91万亿美元增加到13.22万亿美元，是1.91倍，**年递增5.55%**。这就是成熟市场下银行业发展的常态速度。2020年银行总存款猛增22.6%，是货币政策的例外。

表17-10　2007~2020年美国商业银行与储蓄机构经营指标

单位：10亿美元，%

| 年份 | 2007 | 2008 | 2009 | 2010 | 2011 | 2012 | 2013 | 2014 | 2015 | 2016 | 2017 | 2018 | 2019 | 2020 |
|---|---|---|---|---|---|---|---|---|---|---|---|---|---|---|
| 总资产 | 13034 | 13841 | 13087 | 13319 | 13891 | 14450 | 14731 | 15554 | 15968 | 16780 | 17415 | 17943 | 18645 | 21884 |
| 总贷款 | 7906 | 7874 | 7282 | 7375 | 7474 | 7695 | 7893 | 8309 | 8839 | 9305 | 9721 | 10152 | 10518 | 10863 |
| 总存款 | 8415 | 9036 | 9227 | 9423 | 10186 | 10817 | 11192 | 11764 | 12190 | 12895 | 12081 | 13399 | 14535 | 17824 |
| 净收入 | 99.94 | 4.50 | −9.96 | 85.49 | 118.41 | 141.04 | 154.31 | 152.25 | 163.44 | 170.51 | 164.09 | 236.77 | 232.77 | 147.87 |
| ROA | 0.81 | 0.03 | −0.08 | 0.65 | 0.88 | 1.00 | 1.07 | 1.01 | 1.04 | 1.04 | 0.97 | 1.35 | 1.29 | 0.72 |
| ROE | 7.75 | 0.35 | −0.73 | 5.85 | 7.79 | 8.90 | 9.54 | 9.01 | 9.29 | 9.27 | 8.60 | 11.98 | 11.38 | 6.88 |
| 净息差 | 3.29 | 3.16 | 3.49 | 3.76 | 3.60 | 3.42 | 3.26 | 3.14 | 3.07 | 3.13 | 3.25 | 3.40 | 3.36 | 2.82 |
| 权益乘数 | 10.34 | 9.33 | 10.88 | 11.15 | 11.16 | 11.17 | 11.15 | 11.15 | 11.24 | 11.10 | 11.22 | 11.25 | 11.32 | 10.17 |
| 不良贷款率 | 1.42 | 2.97 | 5.44 | 4.87 | 4.20 | 3.60 | 2.63 | 1.96 | 1.56 | 1.42 | 1.20 | 0.99 | 0.91 | 1.18 |
| 房地产贷款不良率 | 1.75 | 3.86 | 7.22 | 7.03 | 6.61 | 6.00 | 4.45 | 3.35 | 2.48 | 1.95 | 1.66 | 1.32 | 1.12 | 1.65 |
| 工商业贷款不良率 | 0.67 | 1.69 | 3.43 | 2.44 | 1.29 | 0.88 | 0.63 | 0.50 | 0.78 | 1.28 | 0.90 | 0.68 | 0.79 | 0.99 |
| 个贷不良率 | 1.43 | 1.77 | 2.18 | 1.76 | 1.43 | 1.17 | 1.05 | 0.89 | 0.85 | 0.92 | 0.97 | 1.03 | 1.02 | 0.86 |
| 拨备覆盖率 | 91.66 | 74.42 | 57.72 | 64.47 | 60.98 | 58.55 | 65.59 | 75.39 | 85.97 | 92.18 | 106.30 | 124.39 | 129.89 | 184.1 |

资料来源：FDIC官方网站。统计范围包括在FDIC投保的商业银行及储蓄机构。不良贷款率包括不良贷款和逾期90天以上贷款两项之和。权益乘数：1－资产负债率。

同期相比，我国银行业总资产从 52 万亿元增加到 290 万亿元，是 5.58 倍，**年递增 15.4%**；贷款从 26.2 万亿元增长到 158.6 万亿元，是 5.82 倍，**年递增 16.19%**；存款从 40.1 万亿元增长到 198.2 万亿元，是 4.55 倍，**年递增 14.24%**。中美增速的差距太大。未来，随着我国银行业从成长期走向成熟期，或改变经营发展方式后，速度会逐步放缓。

**（4）金融危机前，美国银行业正常发展期的经营结构。**例如 2002 年末，其各项贷款约占总资产的 57.63%，其中，不动产作保证的贷款占 51%，工商业贷款占 22%，消费贷款占 17%，其他贷款占 10%。各项债券约占总资产的 18.79%，其中固定收益债券占 95%。

当年经营指标中：ROA 为 1.33%，ROE 为 14.49%，不良贷款率为 1.12%，拨备覆盖率为 108%，核心资本充足率为 7.83%，总资本充足率为 12.77%，盈利资产收益率为 6.17%，效率比率为 55.86%，显示出资产质态良好，是一种较好经营状态下的结构特征。这与我国银行的经营阶段较为相似，亦可比较。

**2. 中美银行业资产结构的比较：资产结构表明营业收入板块的分布，见其总资产结构，可了解银行业务的市场分布与赚钱渠道，即从哪些产品渠道赚了多少钱，也反映业务构成、风险资产的组合结构。中美银行资产结构的差异很大，美国是成熟市场的发展模式。**

中美银行间的资产结构很难做比较，为什么？原因是：第一，中美的经济结构与金融需求不同，企业负债率与借贷的比重大不同，银行功能定位与业务结构必定也不同；第二，金融开放度不同，开放一类则多一类资产，不开放则少一类市场业务，结构必然不同；第三，各国会计制度不同，有着不同统计口径方法与数据来源，差异较大很难搞清楚。可比性差是中外数据分析中造成结论错误的根源，只能当作一般参考。

但从经营的视角，还是能够看出许多结构性问题。例如，美国银行业证券投资占总资产的 22.81%；房地产类贷款约占 22.68%，比重不低；个人贷款占 7.41%，其中信用卡及其他循环贷款占 3.65%，其他个人贷款占 3.76%，汽车贷款占 2.26% 等，都可作为我们发展中的思考参照。见表 17-11。

表 17-11 美国2020年末商业银行资产结构表 单位：10亿美元

| 主要科目 | 2020年末 | 占总资产（%） |
|---|---|---|
| 1. 证券投资部分 | 4689.6 | 22.81 |
| 1.1 国债及机构证券 | 3728.0 | 18.13 |
| 1.2 其他证券 | 961.6 | 4.68 |
| 2. 贷款及租赁款项 | 10378.0 | 50.47 |
| 2.1 工商业贷款 | 2616.3 | 12.72 |
| 2.2 房地产相关贷款 | 4662.8 | 22.68 |
| 2.2.1 住宅抵押贷款 | 2244.0 | 10.91 |
| 2.2.2 商业地产贷款 | 2418.9 | 11.76 |
| 2.3 个人贷款 | 1523.9 | 7.41 |
| 2.3.1 信用卡及其他循环贷款计划 | 751.5 | 3.65 |
| 2.3.2 其他个人贷款 | 772.3 | 3.76 |
| 其中汽车贷款 | 464.8 | 2.26 |
| 2.4 其他贷款及租赁款 | 1575.0 | 7.66 |
| 2.5 扣减项：贷款及租赁款损失准备 | 219.0 | 1.07 |
| 3. 现金资产 | 3221.6 | 15.67 |
| 4. 联邦基金及逆回购 | 827.5 | 4.02 |
| 5. 对商业银行贷款 | 8.8 | 0.04 |
| 6. 其他资产（固定资产、商誉、未合并子公司投资、应收账款、衍生品投资等） | 1656.8 | 8.06 |
| 总资产 | 20563.2 | 100% |

资料来源：美联储官网，数据经过季调，统计口径是所有美国商业银行：国内特许商业银行和美国外国银行的分行和机构等。

**3. 美国银行业贷款的结构也在渐变，对公、住户信贷的比重变了。2011～2020年，公司类贷款比重逐年提升，从46.3%增加到56.4%，增长10.1个百分点；住户贷款比重持续下降，从53.7%下降到43.6%，主要是住房类贷款在下降，这种信贷的走势十分明显，运动轨迹与我国反相（见表17-12）。**

表 17 –12　　　　2011～2020 年美国商业银行贷款结构　　　单位：%

| 年份 | 2011 | 2012 | 2013 | 2014 | 2015 | 2016 | 2017 | 2018 | 2019 | 2020 |
|---|---|---|---|---|---|---|---|---|---|---|
| 贷款占总资产的比重 | 53.8 | 53.3 | 53.6 | 53.4 | 55.4 | 55.5 | 55.8 | 56.6 | 56.4 | 49.6 |
| 对公类贷款占总贷款比重 | 46.3 | 48.0 | 49.9 | 51.3 | 52.4 | 52.7 | 53.1 | 54.0 | 54.0 | 56.4 |
| 其中：商业或工业贷款 | 18.0 | 19.4 | 19.8 | 20.6 | 20.8 | 20.8 | 20.7 | 21.3 | 20.9 | 22.4 |
| 有房地产担保贷款 | 19.1 | 18.3 | 18.5 | 18.5 | 18.8 | 19.2 | 19.5 | 19.3 | 19.5 | 19.6 |
| 政府等机构相关贷款 | 1.1 | 1.3 | 1.5 | 1.7 | 1.8 | 2.0 | 2.1 | 2.0 | 1.8 | 1.9 |
| 存款机构贷款 | 1.6 | 1.3 | 1.4 | 1.2 | 1.1 | 0.9 | 0.9 | 0.8 | 0.7 | 0.6 |
| 农场贷款 | 0.8 | 0.9 | 0.9 | 0.9 | 0.9 | 0.9 | 0.8 | 0.8 | 0.7 | 0.7 |
| 融资租赁款项 | 1.3 | 1.4 | 1.4 | 1.4 | 1.3 | 1.4 | 1.3 | 1.3 | 1.3 | 1.1 |
| 其他类型贷款 | 4.4 | 5.4 | 6.2 | 6.9 | 7.6 | 7.5 | 7.9 | 8.5 | 9.1 | 10.2 |
| 住户贷款占总贷款比重 | 53.7 | 52.0 | 50.1 | 48.7 | 47.6 | 47.3 | 46.9 | 46.0 | 46.0 | 43.6 |
| 其中：住房抵押贷款 | 28.1 | 27.6 | 26.5 | 25.7 | 25.4 | 25.6 | 25.4 | 25.1 | 25.3 | 24.8 |
| 住房净值贷款 | 8.1 | 7.2 | 6.5 | 5.9 | 5.3 | 4.7 | 4.2 | 3.7 | 3.3 | 2.8 |
| 信用卡贷款 | 9.2 | 9.0 | 8.8 | 8.6 | 8.6 | 8.6 | 8.9 | 8.9 | 9.0 | 7.6 |
| 汽车消费贷款 | 4.0 | 4.2 | 4.5 | 4.6 | 4.7 | 4.7 | 4.6 | 4.5 | 4.6 | 4.5 |
| 其他个人贷款 | 4.3 | 4.0 | 3.9 | 3.8 | 3.7 | 3.7 | 3.7 | 3.8 | 3.9 | 4.0 |

资料来源：FDIC 官网，统计范围包括在 FIDC 投保的美国商业银行和储蓄机构。

　　美中银行对比的差异是：第一，美国住户类贷款比重高于我国约 6.9 个百分点，2020 年我国住户贷款比重为 36.7%；第二，我国的住户贷款仍在增势中，走势与美国相背，当然因国情不同。未来趋势如何？一切要看消费方式的变化、城市化进程与国家宏观政策调控，尤其是对按揭与房地产类的贷款。

　　从表 17 –12 中，我们还能看到各项贷款的结构，尽管分类不同，却都是经济对信贷的需求，反映了经济结构的内涵。例如，工商业贷款、房地产抵押贷款、农业贷款等借款人的分类与比重，都具有参照的意义。

　　**4. 美国中小商业银行的国情特征很强，其组织架构、业务、经营方式与我国的差异较大，完全失去了参照的意义，难做比较。第一，9 成多小**

银行资产规模非常小，若仅靠一点存贷资产很难存活，靠中介类服务支撑；第二，中等规模的银行不多，跨州经营也少。

**（1）美国大银行数量不多**。截至 2020 年末，总资产规模在 3 亿美元（折合人民币 19.6 亿元）以上的商业银行，共 2037 家（资料来源：美联储官网），合计总资产为 19.91 万亿美元，其中，美国国内的总资产 18.07 万亿美元。分类见表 17－13。

表 17－13 美国资产规模在 3 亿美元以上商业银行的分类 单位：人民币

| 总资产规模（亿元） | 银行个数（个） | | | | 资产规模比重（%） | |
|---|---|---|---|---|---|---|
| | 个数 | 占比 | 累计数 | 累计比重（从小到大） | 占比 | 累计比重（从大到小） |
| 19.6～50 | 1086 | 53.31% | 1086 | 53.31% | 3% | 100% |
| 50～100 | 424 | 20.81% | 1510 | 74.13% | 2% | 97% |
| 100～500 | 376 | 18.46% | 1886 | 92.59% | 6% | 95% |
| 500～1000 | 47 | 2.31% | 1933 | 94.89% | 2% | 89% |
| 1000～5000 | 68 | 3.34% | 2001 | 98.23% | 11% | 87% |
| 5000～10000 | 16 | 0.79% | 2017 | 99.02% | 9% | 76% |
| 10000～20000 | 9 | 0.44% | 2026 | 99.46% | 8% | 67% |
| 20000～30000 | 5 | 0.25% | 2031 | 99.71% | 10% | 59% |
| 30000～40000 | 2 | 0.10% | 2033 | 99.80% | 5% | 49% |
| 100000 以上 | 4 | 0.20% | 2037 | 100.00% | 44% | 44% |

资料来源：美联储官网。汇率按照 2020 年末 1 美元 = 6.5389 元换算。

从结构看，10 万亿元规模的银行有 4 家，即摩根大通、美国银行、富国、花旗，总资产比重占 44%，鹤立鸡群；4 万～10 万亿元区间断档；1万～4 万亿元规模的银行共 16 家，总资产比重占 23%；上述 20 家银行合计总资产比重占 67%。1 千亿～1 万亿元区间的银行共 84 家，总资产比重占 20%，104 家银行构成了 87% 的银行业资产。相比下，**我国万亿元规模的商业银行有 27 家，1 千亿～1 万亿元区间的银行有 97 家，大中银行的数量更多一些**。

表 17 - 14　2020 年末总资产超过 1 万亿元的美国商业银行列表

| 银行名称 | 总资产（百万美元） | 总资产*（万亿人民币） | 国内资产比重 | 分支机构数量 | |
|---|---|---|---|---|---|
| | | | | 国内 | 国外 |
| 摩根大通银行（JPMORGAN CHASE BK NA） | 3025285 | 19.78 | 77% | 4913 | 33 |
| 美国银行（BANK OF AMER NA） | 2258832 | 14.77 | 95% | 4241 | 26 |
| 富国银行（WELLS FARGO BK NA） | 1767808 | 11.56 | 98% | 5123 | 11 |
| 花旗银行（CITIBANK NA） | 1661507 | 10.86 | 59% | 699 | 154 |
| 美国合众银行（U S BK NA） | 544774 | 3.56 | 98% | 2475 | 1 |
| TRUIST BANK | 498944 | 3.26 | 100% | 2783 | 1 |
| PNC BANK | 463097 | 3.03 | 99% | 2217 | 1 |
| TD BANK | 401512 | 2.63 | 100% | 1225 | 0 |
| 纽约梅隆银行（BANK OF NY MELLON） | 386515 | 2.53 | 68% | 2 | 14 |
| 美国第一资本银行（CAPITAL ONE NA） | 363522 | 2.38 | 100% | 373 | 0 |
| 道富银行（STATE STREET B&TC） | 311181 | 2.03 | 67% | 2 | 10 |
| 美国高盛银行（GOLDMAN SACHS BK USA） | 271652 | 1.78 | 100% | 2 | 1 |
| 五三银行（FIFTH THIRD BK NA） | 203174 | 1.33 | 100% | 1149 | 1 |
| 汇丰银行（美国）（HSBC BK USA NA） | 197980 | 1.29 | 100% | 151 | 3 |
| 公民银行（CITIZENS BK NA） | 183366 | 1.20 | 100% | 1025 | 1 |
| 摩根斯坦利银行（MORGAN STANLEY BK NA） | 175627 | 1.15 | 100% | 0 | 0 |
| ALLY BANK | 172019 | 1.12 | 100% | 0 | 0 |
| NORTHERN TC | 169571 | 1.11 | 67% | 54 | 5 |
| KEY BANK | 168975 | 1.10 | 100% | 1094 | 0 |
| BMO HARRIS BK NA | 154260 | 1.01 | 100% | 530 | 0 |

资料来源：美联储官网。

注：ALLY BANK 是一家直营银行，无分支机构，通过互联网和移动终端提供服务，拥有超过 150 万的储蓄客户，是 Ally Financial 的全资子公司。摩根斯坦利银行从投资银行转为商业银行，无分支机构。

\* 汇率按照 2020 年末 1 美元 = 6.5389 元换算。

**（2）对小微银行的组织架构、资本及经营方式，还待了解。** 表 17 - 14 中资产规模在 19.6 亿 ~ 1 千亿元区间的中小银行共 1933 家，占总数的 94.9%，但其资产规模只占 13%。这些中小银行分支机构数量以 10 个以下为主，少部分银行分支机构在 10 ~ 20 个左右，超过 20 个的银行数量很少。

据 FIDC 官网披露，截至 2020 年末，在 FIDC 投保的银行机构合计 5001 家，其中商业银行 4374 家，储蓄机构 627 家。去掉资产规模在 3 亿美元以上的 2037 家银行，其余 2337 家银行的规模更小了；还有 627 家储蓄机构。这样的规模类同于我国的小贷公司，假如仅靠存贷款经营很难，一定是开展多种中介服务。

# 六、中美两大银行巨头的全面比较

谈论中西方银行时，人们总会选取最具影响力、最具代表性的大银行进行对比。依据英国《银行家》杂志等国际主要权威部门披露的数据，自然选择工商银行与摩根大通银行，一家是中国之最，一家是西方之最，最有比较的意义。

比较什么？第一，全面的经营指标对比，不只是比较某些项目，以数据为证。第二，10 年来主要指标的发展性对比，从相对长期间见证可持续发展性，也揭示未来的趋势。

**1. 据英国《银行家》杂志披露数据，结论是：2019 年度工行在绝大多数经营指标中继续保持多年的领先地位。其中，经营能力与效益类方面的指标，差距已经很大，且继续在拉开距离。两大银行巨头的对比度十分强烈，充分见证我国银行业的经营特征与市场地位。**

工行跻身全球同业首位已经多年，这种领先不再局限于个别项目，差距还在继续拉大，从表 17－15 中一目了然，无需一项项地述说，表明了银行的经营品质得到了真正改善，已被全球所认可。

表 17－15 　　　　　2019 年度中外两大银行的比较

和在全球 1000 家银行中的排位

| 分类指标 | | 工商银行/排位 | 摩根大通/排位 | 工/摩（倍数） |
|---|---|---|---|---|
| 总量指标 | 一级资本 | 3802 亿美元/第 1 | 2144 亿美元/第 5 | 1.77 |
| | 总资产 | 43075 亿美元/第 1 | 26874 亿美元/第 7 | 1.60 |
| | 存款 | 35762 亿美元/第 1 | 15624 亿美元/第 6 | 2.29 |
| | 贷款 | 25451 亿美元/第 1 | 9935 亿美元/第 10 | 2.56 |
| | 人数 | 44.51 万人/第 2 | 25.01 万人/第 7 | 1.78 |
| | 机构 | 16605 个/第 4 | 4976 个/第 14 | 3.34 |

续表

| 分类指标 | | 工商银行/排位 | 摩根大通/排位 | 工/摩（倍数） |
|---|---|---|---|---|
| 利润 | 净利润 | 450 亿美元（人均10.1） | 364 亿美元（人均14.6） | 1.24 |
| 营运效率 | 营业收入 | 1114 亿美元/第 2 | 1163 亿美元/第 1 | 0.96 |
| | 营业费用 | 298 亿美元/第 9 | 655 亿美元/第 1 | 0.46 |
| | 成本收入比 | 25.79%/第 58 | 57.00%/第 622 | 0.45 |
| 品牌 | 品牌价值 | 808 亿美元/第 1 | 229 亿美元/第 10 | 3.53 |
| 市值 | 总市值 | 2944 亿美元/第 3 | 4372 亿美元/第 1 | 0.67 |
| 结构指标 | 信贷资产占比 | 54.22% | 35.23% | 1.54 |
| 盈利能力 | ROA | 1.08%/第 376 | 1.33%/第 189 | 0.81 |
| | ROE | 13.05%/第 248 | 15.00%/第 142 | 0.87 |
| | NIM | 2.24% | 2.46% | 0.91 |
| 结构指标 | 非利息收入 | 21.79%/第 636 | 50.49%/第 117 | 0.43 |
| | 手续费及佣金 | 20.05%/第 315 | 33.19%/第 193 | 0.60 |
| 风险管理 | 不良率 | 1.43%/第 421 | 0.43%/第 231 | 3.33 |

资料来源：主要取自英国《银行家》杂志公布的历年榜单及其数据库；有关银行年度报告；品牌价值取自《Brand Finance》杂志发布的 2020 年全球银行品牌价值榜单；总市值取自彭博数据库。

**2. 比较两大银行在 2009～2019 年期间的发展情况。** 选择一级资本、总资产、存款和利润四项，分别代表资本、资产、负债和效益，前 3 项总量指标表明经营规模、实力与市场能力，税前利润表明盈利能力、经营水准与效率。结论是：工行在 11 年间基本保持领先地位。

经营轨迹已直观地勾画出状态与趋势，无需分项目详述，见图 17－4。

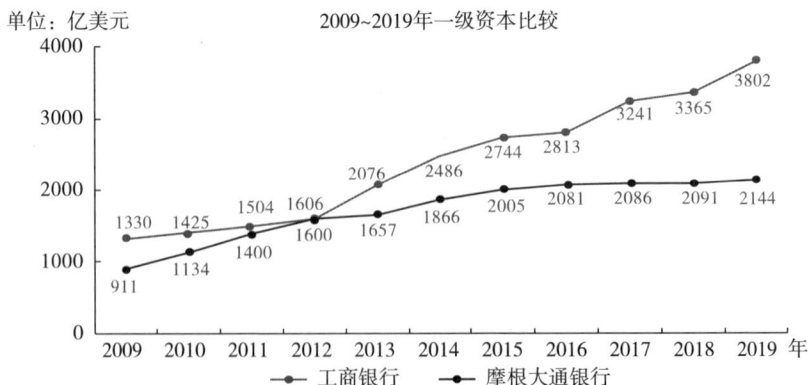

图 17－4　两大银行 2009～2019 年发展比较

单位：亿美元 2009~2019年总资产比较

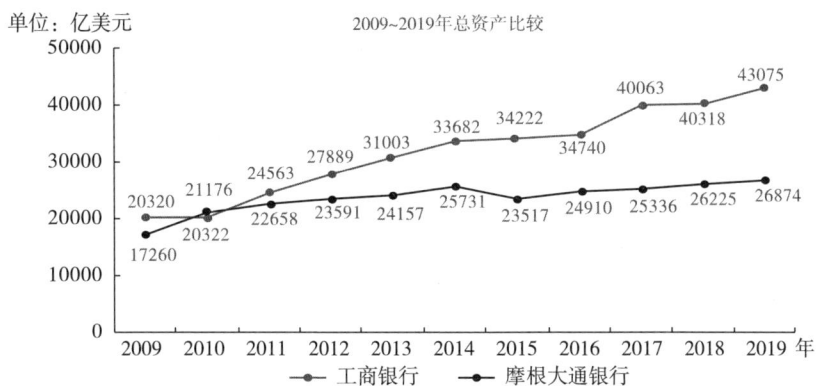

单位：亿美元 2009~2019年存款比较

单位：亿美元 2009~2019年税前利润

图 17-4 两大银行 2009~2019 年发展比较（续）

表17-16　2009~2019年两大银行巨头的比较

单位：亿美元

| 年度 | 一级资本 | | | | 总资产 | | | | 存款 | | | | 税前利润 | | | |
|---|---|---|---|---|---|---|---|---|---|---|---|---|---|---|---|---|
| | 工行 | | 摩根大通 | | 工行 | | 摩根大通 | | 工行 | | 摩根大通 | | 工行 | | 摩根大通 | |
| | 金额 | 位次 | 金额 | 位次 | 金额 | 位次 | 金额 | 位次 | 金额 | 位次 | 金额 | 位次 | 金额 | 位次 | 金额 | 位次 |
| 2009 | 911 | 7 | 1330 | 2 | 17260 | 11 | 20320 | 8 | 14754 | 1 | 9384 | 5 | 245 | 1 | 161 | 5 |
| 2010 | 1134 | 6 | 1425 | 2 | 20322 | 10 | 21176 | 9 | 16829 | 1 | 9304 | 4 | 325 | 1 | 249 | 2 |
| 2011 | 1400 | 3 | 1504 | 2 | 24563 | 5 | 22658 | 9 | 19459 | 1 | 11278 | 3 | 432 | 1 | 268 | 2 |
| 2012 | 1606 | 1 | 1600 | 2 | 27889 | 1 | 23591 | 7 | 21886 | 1 | 11936 | 3 | 491 | 1 | 289 | 2 |
| 2013 | 2076 | 1 | 1657 | 3 | 31003 | 1 | 24157 | 6 | 24120 | 1 | 12878 | 3 | 555 | 1 | 259 | 3 |
| 2014 | 2486 | 1 | 1866 | 3 | 33682 | 1 | 25731 | 5 | 25075 | 1 | 13634 | 5 | 591 | 1 | 305 | 6 |
| 2015 | 2744 | 1 | 2005 | 3 | 34222 | 1 | 23517 | 7 | 28203 | 1 | 12797 | 7 | 560 | 1 | 308 | 6 |
| 2016 | 2813 | 1 | 2081 | 5 | 34740 | 1 | 24910 | 5 | 25655 | 1 | 13752 | 5 | 523 | 1 | 346 | 3 |
| 2017 | 3241 | 1 | 2086 | 5 | 40063 | 1 | 25336 | 5 | 29527 | 1 | 14440 | 5 | 560 | 1 | 359 | 4 |
| 2018 | 3365 | 1 | 2091 | 5 | 40318 | 1 | 26225 | 5 | 31161 | 1 | 14707 | 5 | 544 | 1 | 408 | 3 |
| 2019 | 3802 | 1 | 2144 | 5 | 43075 | 1 | 26874 | 7 | 35762 | 1 | 15624 | 6 | 560 | 1 | 445 | 3 |

资料来源：《银行家》杂志历年的榜单。

图表中的 4 项指标说明了什么？

**（1）一级资本数额表明银行的实力**。资本是经营发展的核心资源，是对抗各种风险的基础能力，包括股本、资本公积、盈余公积、一般准备、未分配利润、其他权益工具（优先股、永续债）等。

**（2）总资产表明银行的市场经营能力**。资产是通过经营逐年积累起来的盈利资源，体现服务社会经济的广度深度，依靠业务、渠道、人才、技术与管理支撑。经营的资产中，分为表内现金存款、拆放同业、短期贷款、应收账款和坏账准备等，表外或有资产，以及管理的客户资产三部分。

**（3）存款数额表明银行的筹资服务能力**。存款是运营之本，代表了市场客户的信任，银行通过吸收存款、主动负债等方式获取，成为支撑信贷等投融资业务的最主要资源。吸收存款依赖服务能力、客户数量与服务信誉，从来是同业竞争的焦点。

**（4）税前利润表明经营的品质效益**。利润依靠经营水准与风险控制能力的支撑，是规模、质量、创新与管理的综合效应，哪一项单薄都不行。利润的稳定性、可持续性是经营状态最终的反映，保持 10 年利润的稳定增长极为不易。

工商银行自 2005 年股改转制之后，一直处在高速增长，至少在未来 5 年中，发展势头尚无缓和迹象，依旧保持着经营竞争力和可持续发展能力。原因是中国经济仍在成长期，未来现代化社会的进程刚开始，而健康的经营指标预示着基础扎实，定能行稳致远。

## ▶ 第 18 章　考核之鞭

有经营就要考核，市场在约束；入职场就有考核，职业在约束。当干部必须懂得考核，是管理工具；当员工也要了解考核，是职场规则，竞争机制背后充满各种的经营关系、利益关系。

# 一、考核是什么？

考核的内容很重要，它决定了经营难度；但考核机制、方法更重要，它贯穿着管理思想。指标变化是常态，方法一变机制随之而变。无论指标设置是否合理，照做就是了，它是游戏规则总有理由，无须问为什么，别人能做自己也该去做。别在乎指标的高低，下达的任务岂容下级讨价还价？去努力吧，这是执行者应有的态度。然而，对一个领导者最重要的，是要懂得考核机制、擅用考核。

**1. 考核有一明一暗两个目的：明里下达任务考核经营，引导约束机构的行为，是硬要求；暗里评价工作考核干部，约束鉴别人员的行为，是软安排。考核是上级行使的管理手段，出自对经理人的管控，一切为了保障和推动经营，为充分调动积极性去实现既定目标。**

通过考核，去了解机构的状态、趋势，识别市场的变化、潜力，改善经营机制作出下一步安排；去评价各级经理人的状态、能力，鉴别是否尽职、敬业，作为调整干部的依据，确保机构的竞争力。

经营考核围绕绩效，重点是财务与业务发展指标；工作评价重在履职，要点是业绩与经营管理要求，有的评价很难用指标衡量，却能在考核中感知。两者分不开，有时合而为一，经营结果也列入工作评价中，上级领导常以经营指标印证工作状态。一般用经营指标说明工作状态最直观明了，这是分支行行长的基本方法。

> 价值有不同的表现，同一个人，在资源丰富的机构业绩丰满，可在资源贫乏地区很无奈；观念不同思路不同业绩不一样，方法不同能力不同绩效两重天；体制机制不同造就不同的英雄，有人成名在指标下，有人成功于市场中。深圳一位新设分行行长告诉我，该行从零起步，10年来，年年增长都大幅度超过上级下达的指标，2020年末总资产已达到2572亿元，成为一种经典。这种发展不是靠某种指标体系激励出来的，动力来自经营的天赋与追求。总行领导跟他说：你自己定指标吧。这是市场的英雄，经营早已挣脱了考核指标的境界，从必然进入了自由。

**2. 无论采用何种方法，设立考核指标都围绕着怎么把目标任务分解下去；无论套用何种复杂公式来运算，好像神秘化了，但市场绝不是算出来的。经营围绕着市场与意图，简化方显市场的本质。经营实务必须简捷高效，复杂化正是帕金森定律效应下的大企业病。**

**(1) 常用三种方法定指标，并不复杂神秘。**一是基数法，以上年实现的指标为底数，顾及一些特殊性因素，加上发展性要求，增增减减。二是形势法，看政策变动、环境压力和战略安排，确定测算目标要求。三是比较法，期待市场地位，设立赶超某个目标。

第一，设计指标首先要确立计划目标，作为基准点，发达地区加一点，不发达地区减一点，拉开一点差距，形成一定的分配激励机制。

第二，指标无法兼顾各机构的特殊性，越细化越出错。即考核做不到精确制导，不能兼顾个性化特色，无法细分市场顾及政策影响的程度。因为指标是主观制定的，客观市场太复杂，偶然性因素太多，因而考核不等于真实的经营。

第三，指标要求只是当时政策下的意愿，常有政策多变动摇了指标设计的初衷，但环境变了一般不会同步修正指标。例如，新政令要求银行降息让利企业、不收费少收费，釜底抽薪，完成指标就难了。

**（2）指标越来越多，因为专业分工越来越细，都要行使权力。**每个部门都要求设一份指标，部门越多指标越多，放不下了就再造一个补充体系。这是帕金森定律效应。

部门有指标就有了抓手，可检查问责牵住基层，指标多少、分值大小背后是权力，没有列入意味着被边缘化，缺了管理杠杆力。这样，体系就被分割成为一个个区间，经营变成了填空，分值被压缩平均化，基层要削足适履。如此岂能培育打造各行经营特色和优势？只能综合平衡式发展。设计指标的初衷与各地经济、与差异化经营特征不一致，基层无奈。这也是中西方考核的根本差异。

经营的核心是财务，市场的核心是发展，应当给予分支行更大的空间。看西方银行以财务为中心设立指标，干预少了管理自然精简了。当然，由于我国银行仍处在市场成长期，所有业务都要争夺，隔几年就增加指标，加上部门太多权力过度集中，要求都高，因此，不要指望指标能精简，也别期待考核打满分。

**3. 考核的复杂性、局限性起因三大基本关系：第一，利益分配关系的调整，是新旧体制的转换；第二，经营要素间关系冲突，是市场化进程的必然；第三，社会政治经济关系的约束，是由大环境决定的。经营是市场的，关系是社会的，只能在发展中逐步去完善。**

**（1）各种关系制约着考核。**如果问你：手脚、眼鼻耳……哪个重要？一样都不可缺，少了会畸形。经营是一盘棋，要素缺一不可，所有业绩都需要平台支持，**这就使行内分配差距拉不大**，大平均小差异。例如，量化考核无情无奈、似乎公平，但数据有主观性，且管理中大多事项无法量化，**这就使职能间差距拉不开**。又如，考核与资源配置并不匹配，而发展必须要有资源保障，给多少决定了飞跃高度，但资源总量不足还要顾及平衡，**这就使发展资源不配套**。再如，薪酬总量受控，业务大步流星，分配小脚女人，**这就属有限总额下的分配**，等等。

**（2）赢得考核的关键，是奋力求得本机构整体绩效最优，争取做大蛋**

糕。只有当绩效在全行平均增长额以上，才能获取薪酬分配的增量，这是唯一的利益路径。得不到优秀如原地踏步，只在平均值区间，无需怨天尤人。

实务中，绩效并非完全取决于努力，有政策效应、技术效应、市场效应、品牌效应的背景因素，还有运气，有时几个人、几笔业务就扭转乾坤，有时努力了却没有赶上别人，讲不清道不明。但是，唯有九牛爬坡个个出力，想方设法有所突破，使取胜的机会大一些，命运在手中。这就是经营的特征。

**（3）该做的要做到位，努力调整考核难点，力求相对公平合理。**例如，在一个城市内支行的规模悬殊，有的管辖七八个、十几个机构，有的独自一个，担子责任的轻重差异大，考核岂能公平公正？公允才有激励。解决并不难，机构归属调整一下不就平等了吗？许多问题都要着手去解决。

寻找突破路径，**一个行长必须认识以下各方面的关系：**政策性变动对经营的影响；增量与存量关系；业务量与效益不匹配问题；当年与今后的关系；前任与后任的关系；时点与余额的关系；当期收益与未来风险的关系；总量差（好）与局部好（差）的关系；个别指标差影响大局的问题；基本工作与临时任务的关系；新旧业务的考核关系；新老机构与网点分布的关系；岗位职责分工的关系；领导营销与员工职责的关系；集体指标与个人的关系；交易操作与营销关系；前后台间的关系；新老员工关系，等等，都不容易解决，却都影响考核与分配。只有懂得关系，才能注意去协调好，如果不懂谈何平衡？

**4. 考核不是一剂万能的良药。**指标是对机构的期待，为保障经营利润与健康发展；考核是对人的期待，两个主体并不一致，决定了考核作用的局限性。同时，经营涉及诸多复杂的环境政策与发展因素，考核只限于经营责任制，无法应对社会性、政策性经营问题。

**（1）考核从来解决不了所有问题。**经营如同一个大社会，是多产品、多层次、多业务、多渠道、多领域的集合，几千种产品运营中内外矛盾无时不出，部门、员工职责分工各异，考核分配就能解决吗？不能。因此，领导者别指望考核解决问题，它作用受限不是万能钥匙，必须多种方法共用。

管理中，领导者最重视过程与关系，绝不是单纯的利益，限薪使利益机制效应有限，拉开一点差距就引出矛盾。人们更受到关系约束，谁会因分配撕开脸皮？经营以经济为中心，指标必定多元化，兼顾财务、发展、管理与重点工作的各方面目标，完成指标不完全靠员工自身的努力，这些都是经营责任制的软肋。

**（2）考核不能根本解决分配问题。** 考核是面对整体的尺度，不能解决个别特例。它从上级全局引出，并不针对某一家机构的经营问题。总体上考核分配离不开大锅饭格局，总量限定下只能做好相对平衡，要拉开差距又不能太大，要向重点倾斜又不能太斜，稳定比分配更重要。

> 我任杭州市分行行长时，该行绩效贡献最高，但考核不一定最好，比如基数大必定增长率低，得分不会高；上级又不能少给，因为多数分行不行，全靠你盈利，指望要你挑重担，贡献更多。我当省分行行长后，领悟到分配之难，落后的分行也得照顾激励，只能兼顾公平。全国都一样，专业间也一样，都是相互依存不可分离的一部分，绩效有不同，重要性没差别。

问题在**薪酬总额受严格控制，** 但业务总额控制不了，业务量、总资产几年翻番，人均业务量早已领先，分配怎么办？这是大背景。因此，别指望考核能实现梦想，要讲奉献，相对理想一点就行。

**（3）管理成功与否，全在能否获取增量资源。** 靠增量调节存量是管理的一般方法，假如增量不足则管理为难。存量是既得利益，假如存量减了，队伍就不稳定，熬一年能忍受，两年不见曙光队伍就不稳定有跳槽，这是基本的规律。行长必须在二三年中转危为安，否则解决经营问题更难、损失就大了。

谋求增量收入是管理队伍的抓手，做到了状态就转好，做不到就难办，别指望员工有好评价。因此，行长必须认识到，无论如何三年必须改变面貌，求得增量。一旦年年有增量调节就活了，也能不断提高基数，人心稳定意见就少了，持续三年再回头看，谁能不满意？当人们懂得了只有靠增加绩效去换得增量，能不努力吗？

# 二、三种角色、三层认识

考核面前，一个分支行行长扮演三种角色，形成三层认识：第一个角色是被考核者，接受上级考核，应当如何应对？第二个角色是考核者，考核下级机构，应当如何善用？第三个角色是经营者，应当如何认识？端正认识才能理顺关系，有效运用就使考核给力，并使一切自然。

**1. 被考核者该怎样做？必须弄清指标内涵，完成指标任务，超额指标谋利。指标是方向要求，确立了经营导向内容，如方向标；指标是工作标高，用以衡量经营状态与成果，如温度计。指标一经下达全盘皆定，清楚界定了经营的难易程度，你得想方设法去落实。**

**（1）弄清指标才懂得上级的经营意图，心中有数才能有效驾驭。** 指标就是要求，是考核督查依据，是最基本的经营指南。其特点如下：

一是相互间隐藏着复杂的勾稽关系，有的相向、有的相冲、有相约束，只有多角度深入分析才弄得明白，是对行长的一张专业水准试卷。实现中，多半行长是一知半解说不清。

二是要分解指标归类，有综合类、有市场类、有管理类、有发展类、有监督类，有重点要求也有平衡关系，有的是本行优势，有的是短板软肋，分析清楚，落手才能准确到位。

三是指标设计做不到完全合理，面对无数有个性差异的分支机构，岂不生矛盾？视作要求别较真，更别纠缠于个别指标。市场原本不合理，当作是导向和依据，得以心态释然。

四是完成指标有难度，不难的话会重视？指标太多必内耗相争，兼顾差异必有平均化，过程中指标不变而政策不断在变，带来考核管理的难点。找到难点、窍门方能趋利避害。

**(2) 千方百计去完成指标，这是应有的态度。**经营必有考核，指标如同标高，用以评价与决定分配，成为考评理由与尺度，拿它横挑鼻子竖挑眼。指标论英雄，位次定成败，不可小视。完成任务是职责，总得为员工谋求基本利益，好汉不吃眼前亏。由于指标的分值权重不同，占用资源不同，主次难易不同，心中有数措施才到位，分出重点和一般，有底线有必成有期成。当发生有的指标完不成或出现冲突时，也要决断选择，敢于舍弃和弥补，无须浪费心思与资源。

**(3) 力求超额完成指标，为了发展市场，为谋求员工利益。**从市场看，眼前的市场机会绝不轻言放弃，一旦失去可能难以挽回；某些业务事关命运，哪怕不考核也得上，一切为谋取发展战略的主动权。从利益看，分配向绩效倾斜，如果仅完成指标只能保持现状，超过均值才是提高薪酬的唯一路径。因此，为了获取超额利益，必须努力挤上一个绩效档次，拼力去超额完成考核指标。这就是考核的激励机制。

**2. 考核者如何设立指标？指标要能导向市场，指标要去打造优势，指标应当衔接战略规划。为什么要求行长亲为设计考核体系？因为指标体现经营思想与意图，指标是否正确、合理是决定考核机制的关键，指标有效则动力更强，人们对指标内容极为敏感和关注。**

**(1) 善用指标杠杆去引导经营，贯彻经营意图的指标才具有杆杆力。**考核是领导者行使权力、表现意志的管理抓手，指标越有效管理杠杆力越大，得以借力运筹推动经营。简单照搬照套下达的指标，其实是放弃了管理权，忘记了分支行经营的个性化。其根源，常是不懂得运用考核杠杆，不善于借力推动重点工作。指标的设计要思考两头：一要支持经营重点；二要调整业务结构，引导有效发展，营造竞争力。

总行、分行设立指标的出发点不同，总行着眼于整体全局，重在战略思考与市场地位，同类银行暗中会相互打听参照；而分行针对省市的环境背景，重在具体的市场安排，贯彻落实。矛盾很多，比如，工行在全国最大而在不少省市却是老二老三；有的分行在总行排不上重要，却在地方占主位。这种经营方式必定与考核相冲突，如何多一点个性化因素，少一点平均化色彩？实事求是才能适应市场。

**（2）着眼于打造经营优势，始终是考核的难点和提高竞争力的焦点。**指标是主观的，市场是客观的，经营是两者的统一。融合则激励性强，分离则生怨或弄虚作假，适得其反。**以考核为杠杆引导资源配置，培育竞争优势才是最高境界。**

由于不同区域、地段、规模的分支行差异性很大，如何培育各行的特点优势？指标要与之紧密结合，设计要因地制宜切合市场，也要避免指标的负面效应。例如，过于考核人均、网点均数值后，会导致撤并机构的取巧行为——减少机构提高网均，看似眼前指标不错，却是杀鸡取卵市场萎缩，影响长期竞争力。

**（3）指标要与发展规划相结合，确立制高点与导向性。**年度指标更使人关注眼前，而行长要有发展目标与任期安排；上级指标出自整体，而分行长盯着局部市场。这种机制下，分行一定比总行想得更远更具体，做着当年得顾及明年。因此，年度指标必须与任期目标相互衔接，至少要与三年规划衔接，考核自然是规划发展的抓手，提高立足点与针对性，才能打造自身的竞争力优势。

不同国情下中西方银行经营差异大，考核本质也不同。第一，指标方向不同，西方考核以财务利润为中心，简单明了。例如，国际同业主要比较总资产、资本、营收、利润与市值等市场能力的竞争力指标，少有专业产品类指标。第二，经营机制不同，我们不以利润为上，考核以工作为中心，服从政策服务经济又致力发展，指标就多元多变复杂了。区域性不平衡需要兼顾，市场化定位服从政策优先，这种考核分配机制不具备市场的意义，重在工作的责任。

**3. 经营者如何看待指标？正视指标辩证对待，重视指标不可小视，驾**

取指标免受其伤。做经营的主人，坦诚地面对考核，不能处处为指标奔波，不要事事怕考核失分。把经营主动权牢牢握在手中，亦是自我把握命运，实现内心的经营自主，才有市场的行为自在。

**（1）指标不是领导者全部的工作业绩，更不是经营银行的全部内容。**在考核指标之外还有更多内在的管理要素，约束着经营，更需要经营者去耗费精力。例如改革、品牌、稳定、创新、服务、人才、管理与文化，还有党团工会、思政工作、社会责任与公共关系等，多不在指标之列，却如根茎绿叶生存攸关，更决定着领导者职业命运，哪一项出纰漏都不行，来不得半点马虎疏忽。

**（2）决定职业升迁的依据不全是指标。**干部晋升属于生产关系的范畴，提拔干部有政治规范与全面考核的标准，当然重视经营绩效，但更关注工作态度、表现与状态等是否符合任职条件。**晋升不是竞赛出来的，不由考核名次而定，而是法人（领导）的选择。**经营考核只做参照，重要的是考察工作中体现出的政治素养、经营素质和管理能力，见其立场观点与方法，是否具备晋升条件要在经营管理过程中、在群众口碑中、在改革发展实践中得到检验。

**（3）经营是实现自我价值的路径与舞台，去成就理想事业。**指标体现竞争力，但不代表竞争力；指标不等于经营力，更不等同于一个人的能力。经营的内涵极为宽泛深邃，指标只是识别状态的一种视角，只是一部分的内容，不是全部的工作业绩，有志者不要陷于其中。**人不为考核工作，但考核是职场设置的一道道关卡，伴随着职业生涯。工作追逐结果，但人生需要享受过程，成功出彩的东西一定在指标之外，展示能力能量，蕴藏成功的机会。**

一个行长应将经营当作实现梦想的奋斗舞台，重要的是在完成指标的过程中，有所创造地走出自己的路，作出自身的特色与风格，才能真正品尝到成功果实的甘甜，收获那份属于自己的成就感。这叫作经营的个性化、多样化，享受"经营精神"之乐趣，经营才成为一件快乐的事。

早在 1934 年，著名经济学家约瑟夫·熊彼得这样描述企业："它首先是一个有梦想的地方，是一个发现私人王国的地方……财务结果只是它次要的考虑，或者不过是成功的一个主要指标和胜利的标志。"伟大不用营收、利润来衡量，标准是：是否改造了世界（比尔盖茨）。**指标只是某些阶段性成功的标志，路上有无数个里程碑，当你攀登上更高平台的时候就会感到，成功不是指标的堆积，人生不仅在追逐指标，而是为实现自身的理想价值，在改造世界中改变自己。**

# 三、考核要讲究杠杆效应

鞭下很痛，怕才听指挥，马夫们很清楚鞭子的用处，考核之鞭也是这种用意。但好马自奋蹄，不会挨鞭子；弱马要关照，抽鞭不管用，也是事实。

**1. 如何使考核能发挥杠杆效应？一要内容适合；二要传导机制。有雇佣就有考核，有层级就会考核。一方面饱受上级考核约束之苦，另一方面又严厉运用考核去指挥下级，一级一级地传导下去，再分解到人、到部门、到业务、到产品、到客户。这就是考核机制。**

**（1）指标要有力量，才能成为杠杆。**所谓力量，第一，对症才有作用力；第二，压力下才有动力。指标低了肯定不行，轻松完成不在乎；也不能太高，高了反易生情绪；跳一跳正好。

一般可**把握两个心理平衡点**：第一，努力了才能完成，只能很少人完不成，确保了绝大多数人的积极性，也拉开了距离；第二，有高有低、有易有难相掺和，易的保底数，难的拼一拼，低的有把握，高的跳一跳，总体有希望。这样才具有迎合考核、完成任务的心态。同时，指标间还得平衡，例如，某个部门把指标定得很高，本想促使分行努力，结果业绩不错考分不妙，努力完成了也没加分，相对其他专业反倒落后，落个怨声载道，伤害了情绪与利益。

**（2）指标是刚性的，还要辅之解释、沟通和激励来柔化，减少抵触消**

**极情绪，这是成功的关键**。如何使冰冷的考核转化生成活力、竞争力？活化的关键是使员工自觉接受，为之而战，把指标当作作贡献。因此，不是简单下达了事，而要告诉员工指标的含义、为何这样设、难点重点在哪里、怎么去完成、完不成的后果？使上下同心，努力消除内部歧义化解消极情绪。这是必不可少的管理措施，叫统一思想。

还有绩效量化挂钩，谁有业绩谁受益、多贡献多收入、激励与问责并重；分配要及时到位、信息要及时透明；要鼓励专业协同、共享资源、整体联动形成合力，营造有生命力的考核。这是激励原则。

**2. 找准考核的着眼点：对领导层重在考核履职，对员工考核更关注利益。指标是牛鼻子，抓住了才能落实到位，抓到要害才能展示效应。形式上都是一个个经营指标，背后是一项项上级的要求，对应的都是人们多样的行为动机。考核不简单，用好才有杠杆力量。**

**(1) 考核是一根无形的指挥棒，牵动着人们的神经**。这是最重要的管理杠杆和基本手段，上级经营者离不开它，下级执行者受其支配，维护一种内在有效的管理秩序，保障经营方式的有效性。

考核围绕着经营目标，但着眼于人，着力在人的行为。考核对干部员工形成了多方面的利益机制：是薪酬评级的依据，是界定业绩、能力与状态的依据，通过考评体现自身价值、潜能和素质水准，并与晋升评价等切身利益紧密相关，事关职业生涯。**如果管理者占 10%，期待进步者占20%，合计就有 3 成骨干成员十分关注业绩考核，就能组成经营的核心动力**。因此，考核要顾及他们的基本利益诉求与愿望。

**(2) 考核机制具有内生性动力，指向很明确**。如何发掘考核的能动机制？使指标一下达，不用扬鞭自奋蹄。假如缺少这种机制，完全依赖领导者施压，必生对峙心态。关键在于设计指标，聪明的管理者会把考核之鞭紧握手中，注入什么思想元素是一种智慧与艺术，显示领导者经营治理的动机与意图。过程中一张一弛、松紧适度，不顾考核等于弱化管理，必使经营无力，如同轮胎撒了气。

考核是管理杠杆，巧用杠杆靠经验与方法。指标要与每个人岗位职责相结合，具体明确，才能重视并付之行动，才算抓住了要点。考核不能单纯围绕着分配，还要与员工流动、晋级、能力拓展、职业生涯相结合，才能强化效应。不但关注考核结果，更要评价行为过程中的表现，形成业绩与行为并重的机制，总结指导、表扬鼓励，去提升全员的素质能力。

**3. 如何使考核更有效？考核是方法论，本该是领导职责，本应亲力亲为指导落实，不能全由部门替代，许多事他们意识不到；更不要照搬照套上级的指标，图了方便却打了折扣，丢了得心应手的管理工具，失去结合本机构特色与工作重点的机会，减弱了杠杆力。**

**（1）一把手要确定基础指标，基点一经确定，框架便构成。** 考核只是杠杆，不是全部，指标不需要面面俱到，体现指导性与可操作性，有重点、有导向即可。假如总行对分行是一级考核，那么分行下达二级考核时，应当对指标筛选，去掉定能完成的，抓住核心关键的，突出必须强化的，加强市场功能的，使指标直观突出，一目了然效应就好。假如行长自己都对指标体系模糊费解，何况员工？

**一定要围绕自身的特点，需要什么就突出什么，什么困难就加强什么，什么落后就侧重什么。** 这样做不容易，需要精心思考分析动脑筋，需要对发展任务与指标内核十分了解，才能把握自如。指标太少难以顾及全面发展，考核指标过高、一旦下级消极而不理它，考核就失效了；考核太繁琐适得其反，事项太多、分值平均化、重点不突出等于没有考核，着眼点是关注效用，提高对重要事项的杠杆效应。

考核要以市场为导向，假如考核的结果中，二线部门排列在前，而一线部门都排列在后，那么导向一定错了，会引导不愿意做市场致使竞争力下降。

**（2）考核内容与时俱进，适时修正调整，不能一成不变，不要超过3年。** 因为三年的变化很大，市场使经营重点变了、基数或许大了半倍一倍、结构变了、新产品成熟了，问题也会堆积形成。因此，内容必须适时而变。不搞颠覆式大动，在基本盘大体稳定下，变动少数指标得以触动。

**什么时候变？** 当你感觉一种考核方式或指标不灵了，就得尽快调整，或辅助其他手段；当你感到某项要求不落实，就得加大考核；当一个阶段性目标实现了，就得及时转向下一个目标，始终不让杠杆弱化失灵。考核周期不能太短、变动过频，否则人们会只顾眼前或消极怠慢。执行中若受到政策的冲击较大时，亦可作出承诺性安排。这就要求在经营中十分关注指标的效应，亟需敏感性。

**（3）指标只是载体，考核内容不拘形式，以调动每个人之长。** 经营本质是逐利，一家银行应当确立一种价值转换机制与标准，阐明指标之间的价值关系，作为经营价值的参照系，使人们都能够看得到、记得住，导向业务行为。例如，许多人缺少吸收存款的社会渠道，如果只考核存款，就有抵触、消极无为；假如以经营价值为导向，将各种机会、能力转变成为收益，效果就不一样了，这才是经营本意与本事。

例如吸存 100 万元，其价值会生成 2 万元利差。假如一个员工通过推动卡业务的消费增加 2 万元服务收入，或清收 2 万元损失类贷款，或多清收回 2 万元应收利息，或节约了租金费用，或降低了成本费用等，本质都一样。在这样的经营价值观指引下，人们各尽所能，更能调动起积极性，发挥各自所长想方设法完成经营目标。我在广东分行任职期间采用类似的考核方式，十分有效。

如何提升考核的杠杆力？办法是以发展导向，向人均最高、最低者两端开刀。人均问题是市场问题，人均高是因市场有潜力而人员不足，人均低主要是人员多，对前者要增加人，对后者要减员分流。这都要由上级行结合考核采取措施，靠其自身无能为力。

例如，某分行一家支行 30 多人人均盈利 1000 万元，在各支行中鹤立鸡群，考核就摆不平了。怎么办？我建议对该行每年增加 1/4 人员，并要求不能降低人均，意味着利润总额每年增加 1/4。为什么？因为人均高说明金融资源环境好，必须争市场，主动增加人员是最直接有效的办法。当然还有其他办法，如考核增量，或调整权重，将一些特殊因素排除在外，都能增加进取的压力。

# 四、态度很重要：考核经营是考察干部

每当上级行下达考核指标时，总有一些行长不冷静，抱怨指标高了不合理，表露出消极为难情绪，对上对下都产生不良影响。这是一种失态，并非不能完成。如果年底又完成了，这不是自找麻烦吗？事实上绝大多数机构总能超额完成，错误的表态出卖了自己，当了出头鸟，输在起跑线上。态度很重要，上级很在意，贯彻指标的过程就是一次检验。切记：千万别在指标上讨价还价惹出麻烦，下级应当以一种积极担当的风貌表现自己。

**1. 不要质疑指标，别去辩理，上级有考核的意图和理由，基层的个别情况不足以解释全局。上级领导经过反复地研究确定了，一经下达绝不会因提意见而再改动。对于下级重要的是表态，正确做法是勇于担当，认真地贯彻执行，应当表现出一种主动精神与态度。**

工作不是交易，下级是代理人、执行者，经理人重要的是服从，布置的任务只有全盘接受。这才是应有的态度，也是国情特色。有意见可以事后个别反映，绝不能在公开场合出头论理，况且你的理由能对吗？指标从来都是预测，没有对错一说，是否合适只能到年底验证。一开始就强调困难，只会使人反感，如同打仗岂能讨价还价？好好表态、敢于挑战才是领导的期待。

案例：1992年，杭州市分行推行新的经营考核办法，开年就早早贯彻下去。可春节后省行又下达目标责任制新办法，内容复杂，并不适合省会城市的经营特点，权衡之下我们未再改动。到年终市行绩效显著、非常成功，未料及省行以未落实某些措施为由，大会上批评并扣发全行一半的奖金，教训很深刻。案例揭示了管理的一般逻辑，即上级很在乎形式和权威，以形式看态度，不到位不行。那时太幼稚，汇报疏通也不够，受伤的总是下级。

在九十年代，省行与计划单列的省会行之间存在体制性矛盾，一些强势的市级行行长都很受伤，教训值得汲取。

**2. 对于任务，领导者重要的是看信心，这种信心表现在言行上，代表了机构的态度。市场兵不厌诈，员工看行长，你说能够完成就能够完成。无需议论指标高低，要因势利导抓落实。不可涣散意志情绪，哪怕有想法情绪也不能愁眉苦脸，一句消极话会泄了气。**

**（1）分析难在哪里？细分指标找出难点、易点、问题，做到心中有数。**指标大有学问，先要弄清构成、分值与关系，指标的含义、难度与潜力在哪里？完不成有何后果？向全员指明路径，说清利弊关系，鼓动信心和热情，看到方向去努力，继而研究对策，找到路径机会，拿出针对性措施去破解困难。

**（2）重要的是通过经营责任制将指标分解到各机构、部门和员工，将压力传导到每个人。**千斤重担众人挑，使人人明确自己的任务责任，感受具体指标的压力与难度，唯有担当不可推卸。要求拿出措施、检查进度与补救办法，并严格绩效考核。一般而言，**总有80%的人能顺利完成任务，10%的有难度，至多10%的困难些，因此，任务到人总有8~9成的稳定性，不必担心。**

**（3）行长要把握全局，掌握平衡，及时发现问题，对症下药。**一要鼓动鼓劲、帮助指导、组织员工想方设法完成任务，高指标面前不消极、不讲泄气话，造就进取氛围与信心。二要做机构间进度的分析比较，抓好的和差的两头，发掘推广典型经验，找出差异着力改进工作。三要分析管理财务收支、成本费用，动用财务及分配杠杆进行考核等。

**（4）关键是算账，成功的经营起步于是否能算清账、算细账。**假如当家人不懂算账，则机构一定是糊涂账。要求分支行、专业都算好如何执行的经营账，账算清楚办法思路就来了。

这是一套布置任务的组合拳，力求营造一个积极进取的良好氛围，去冲锋陷阵。当领导最重要的是控制过程，抓好落实，监测异变，关注运行状态与指标轨迹的偏离度，发现问题及时解决，抓进度抓细节保障完成。

指标的落实情况要公告于众，使人人皆知，既张扬先进，也让落后者着急。这是一个经营管理的过程，几项关键措施都要抓到位，不能缺漏。

**3. 沟通最重要，无论是否完成都要及时主动地向上级报告。要使领导能看到你的工作状态、思路与努力过程，得到指导与帮助，得以明确方向并贯彻到位。许多事光靠自己苦思冥想会犹豫不决，而高位领导一点即通。这种工作汇报的效果，不去不知道，去了领悟到。**

至少每个季度末都要向上级汇报经营执行情况，无论情况好坏都认真做好分析，表明工作状况和态度，使得上级了解机构运行情况、措施办法、市场动态和问题难点。尤其在半年度、第 3 季度末都是重要的时间节点，不可疏忽遗忘。

假如你行实现了超额利润，一定要早早报喜，越早越好。例如，当上半年完成了 50% 以上，预示全年会超额很多，因而汇报时就能以多缴利润为由，请求增加一些费用、薪酬和投资。要求合情合理，因为"多劳多得"，既要为发展做铺垫增后劲，也可正当地降低利润基数，都可理解和鼓励。假如你不及时争取，到年底就失去了争取资源的机会，又拉高了来年的基数，增加了难度。

假如这两个时点指标不佳，预示着很难完成年度计划。情况不佳时更应汇报，说明原因，表明再努力的态度和措施，使上级能够分析判断出主客观原因，得出正确的评价。一般而言，第 3 季度末状况基本定局，指标已能说明问题，也是上级做调整的最后的机会。如果上级觉得指标下高了，或政策变动造成的影响太大时，一般也会采取核减、转移支付或减少下年度指标的办法给予解决。

综上，要用正确的工作方法解决经营难题，矛盾只能逐步地揭示，要在把握进程中做好每一步，才是对应考核正确的态度。

# 五、考核是约束，经营要自由

考核的指挥棒敏感有效、简洁明了、导向清晰，无论对领导、对员工都发挥作用，有时讲一百个道理不如指标一变，是否列入考核结果也绝不相同。考核什么就重视什么，哪项权重大就关注哪项，无不自觉去奔忙。它体现上级的意志，指标一经确定，就树起了经营活动的方向，有了目标和验收标准；它像命运之绳，牵动着全行的行进。一位老总说，没有考核能听从管理吗？要么一把米，要么一根鞭，考核功能兼而有之，特具奇效。

终究是拿指标说事，考核是抓手。人们离不开考核，用它鉴别工作业绩；人们也怨恨考核，它简单一刀切不公平，不能完整地囊括经营工作内容。**考核毕竟只是一种管理手段，不能替代经营管理，更不管百事治百病。**尽管领导们不断地劝告人们别做指标的奴隶，多从长远从整体安排经营，但在考核内生机制下，谁都不得不打着自己的算盘，磁石般不可抗拒地运作在指标下，这种遗憾正是考核的负面作用。

利益机制是考核最敏感的神经，利益驱动必然发生各方博弈。中国有句老话："取法其上，得乎其中。取法其中，得乎其下。"这当作上级设定指标时的动机和理由，让下级跳起来摘桃子，激发潜能潜力，求得最大效应；而"留有余地，预防万一"也是经营常识，这也是确定计划的动机和理由，为防范复杂市场的异动，博弈就这样展开了。把指标都下的太高是幼稚的，不懂员工心理，适得其反，一旦完不成难堪的是自己，两头都败。

有一年在下达电子银行计划时，我想以高指标将分行导向新业务，抢占市场比重，提出新增 1000 万户（比上年增长一倍），而部门老总却不同意。他说 1000 万户能够完成，但用尽气力才落个刚完成，考核得分低会吃亏，相比其他专业低指标多超额反倒占便宜。依他建议改为考核 600 万户必成数，其余作为期成数，这是现实与动机的妥协统一，给人余地，缓解了关系更能接受，而结果更好。为了避免年年为指标争执，我采取了市场目标定位的方法，即在 3 年内力求建立起 6000 万客户群，以抢占网民 30%的比重作为各分行的目标计划，促使各行从市场找到定位，回避了利益纠缠，尽力抢占新市场。

一位支行长对我说，考核项目或权重总在调整变化，前年第15位，去年经营得更好反倒变成20位了。这种变化使其颇感压力，一脸懵懂和无奈。我说，**一种是为市场而战收获指标，一种是为指标而战不顾市场，下级算不过上级，围着指标必定如此。**一个优秀的行长应当解放自己，做经营主人不当指标的奴隶。跟着市场奔跑吧，那才是经营的真谛。

上级领导者都清楚，**从无不偏不倚的公平，从无精确合理的指标，从考核指标设计到实施的过程，一切皆为解决全局经营的主要矛盾，一切都服从于实现经营大目标。**调整调节是必要和经常的，环节与矛盾在行进中不断演变，没有假设的乌托邦，更无学院式的纯粹。既要认真应对，也别过于认真，否则心太累反受其害。这就是考核。

面对着条块体制下层层考核的天罗地网，不妨轻看一点考核。乖孩子不一定有出息，列入考核的众多纵横指标事项中，总有做得好的、做得差的、做不到的，有先天之因有后天之故，有优势之长有劣势之短，总得有取有舍扬长避短。如果事事求完美，就得小心翼翼，可是经营环境如意吗？资源投入足够吗？市场中一切并不完美，经营之道是扬长避短、有所为有所不为，在全方位竞争较量中，天下难有事事全，眼下做到了，明年呢？

**考核要结果，而经营之精彩处蕴藏在工作中、风景在过程中，聚集着娓娓道来的故事。**一块块的铺路石倾注着多少艰辛，有顺畅、有迂回、有屡攻不克、也有得来全不费功夫，有时眼看功成名就却又遽然失去，有时濒临心灰意冷或然柳暗花明，充满着搏击、洋溢着激情、凝聚着智慧、耗费着心血，每个人都忘不了那些亲身的经历，却从未记住年年考核的数字。人生该坦荡地面对考核，重视结果而别计较结果，更别忘却了过程之美，其伟大之处在于充满生活，催人奋进，使人在锤炼和提高中成熟，无论是成功还是挫折。进入这样的境界，就不再对一时的考核过于兴奋或者惆怅，眼光自然移向经营活动的内核中去。这正是市场所望，是考核本质所求，才有经营的乐趣。

一样的魔术有人演得引人入胜，有人演得却乏善可陈，这体现出演技的生动性。名角妙手高招频出，别具一格，观众们欣赏评价的正是艺术。经营也一样，鞭子终究只是鞭子，不能打坏马，更不能当马骑，考核后面上级更关注竞争力，关心执行者的一招一式，期望他们顾及长远、标本兼治，只有那样，经营价值观才会生动地回归自由，符合市场的特性。

# 六、排名机制的内在魔力

考核一定有排名，人们很在乎排名，因为它是相互做比较，是评价的阶段性结论，事关名声。人们争强好胜，不甘落后，在排名中强者希望得到鉴别，进步者从中得到肯定，退步、落后者也得到触动，即便是保守求稳者也不得安宁。排名具有一种魔法，一匹"黑马"扬鞭而上，即刻打乱了原先的秩序，它超越得越多波及面越大，搅动起一片竞争氛围。这种气息深深地压迫着人们的胸腔，生出不安的情绪，感受到无形的压力，不得不紧张地去研究思考。

考核牵动切身利益，人们当然计较排名，那些未纳入考核的排名也这样，因为排名具有一种机制的魔力。记得我在广东分行任职时，为了分析经营机构的状态，将所属220多个支行按照6项指标自然排序列表，按季公布。我走到哪个支行，只需查阅或让行长自报各类排序号，就清楚地显示出该行的经营规模和状态等级，如跳水动作编码一目了然；而支行长都清楚自身状况，会一五一十地汇报经营位次、变动和工作情况，上下定位准确，方向明确，工作指导不会误诊走调。

最使我受触动的是，行长们十分计较位次的变动，上升者以此为荣，下滑者焦虑寻因，似乎上行是先进而下滑就是退步，出现争先恐后的景象。起初的指导思想，只是为使大家知己知彼了解情况，使管理能对症下药，却收获了分支行奋起的竞争机制，是我未所料及却是求之不得的。例如，总有10%的机构跳升了十几位，几乎将所有机构的位次向后移，引得众多行长坐立不安，不进步总不能退步吧？触动力极其强大，正是排名机制的奥秘。

一般情况下，各项经营因素总会催生出"黑马"跃起，搅得不宁静、坐不住、很热闹，既想赶超又怕被超越，急待打听盯着季度公布排行榜。一旦公布，支行班子总会分析指标或找出原因，制定措施并确定下一个赶超的新目标——不超越别人，就会被人赶上。上级行坐观其争，引导其上，不用扬鞭就把两百多个支行的经营氛围调动起来，这是一种内生的竞争机制，引出管理的活力。

应当指出，排名有内外之分，系统内排名不等于市场排名，财务排名不等同竞争力排名。一家银行内的排名，是在同一制度下的经营效率竞赛，至多表明财务与经营能力的差距，因为各行画地为牢处在不同区域，市场不同说不清竞争力。例如，不会说该市的工行比他市的农行强，只有同处一地的银行间才能较量经营力的高下。因而市场排名才体现竞争力孰强孰弱，强者为上。在一家银行内部经营管理的位次大体稳定，少有"黑马"，短期内变化不大，因此，容易滋长保守的心态。

增强竞争力是银行重要的管理目标，就必须将其纳入考核，来校验分行的经营状态。**外部排名是社会竞争力的名片，是社会对一家银行的解读，一旦忽视就会减弱竞争机制**。例如，有些分行早已在当地同业中落伍，竞争力退缩过快却无人察觉或反映，分行长们满足于系统内排名与分配未变，犹如南郭先生安然度日。正是 IBM 前总裁郭士纳（Louis Gerstner）在《谁说大象不能跳舞》一书中十分肯定地说："人们只会做你检查的，而不会做你期望的。"谁都清楚，在当地争强不容易，那可是真本事，超越别人必须有过人之招，平庸者必定下滑。我对一些分行长说：**当地的排位更重要，对经营的影响力更大，千万别小看。别以为系统排名靠前就行，除了一纸文件，别无再多的意义。可天天在当地经营，竞争力不强就抬不起头，口碑差受压抑营销更难，天天受气必人心涣散，队伍怎么带？这才是可悲的。区域竞争力下降不正有你的领导责任吗？别当鸵鸟，瞒不住员工和心态。**

考核排名不足以表明经营力、竞争力，只有市场排名才是首要标志。银行上市后进入了国际大市场，随之引入了多种的比较体系，激励银行摩拳擦掌一争高下，但是这些对于分支行经营毫无意义。分支行行长经营的着眼点在当地，在同业、在相互之间，用何种考核排名机制来鉴别和激励经营？这是最重要的经营课题，只要把考核的内核移向市场竞争力，排名就会施展其魔力，逼得机构奋进。

# 七、案例：一种有效的考核方法
## ——两堂会审、分行赶考

我从当市行行长开始，每年年初有一件事从不放手，就是听取各支行的年度财务汇报。后来在浙江、广东省行任省行行长的几年，仍坚持二级分行财务汇报制度，审核年度工作安排。**形式上围绕着财务计划指标，用心远不在财务。因为比指标更重要的是措施，经营之要义在于措施是否得当，而措施需要上下认识和步调的协同，这是抓手。**

每年下达财务计划都很难，中途的变动因素也多。上面总希望把指标定高一些，叫下面跳一跳，挖出最大的潜力；下面总希望把指标定低一些，有个保险系数，多完成也有超额成果，图个好名声并得到加分。上面总有充足理由把计划分下去，下面总能超额完成任务。上面算的是大账，管着下面小账，不行的话就调一调权重系数，像是如来佛；下面算的是细账，总能找到大账不切实之处，是个孙悟空。年初叫难年底报喜，心战年年轮回，一本计划时常闹出开年的烦恼或不舒畅。**既是指标就有博弈，尽管上级不必征求意见就下达，但不能不考虑被考核者的意愿与情绪——他们终究是执行者。**

其实，领导者想让分行接受指标，只是如来佛戏弄孙悟空之易，凭借权力与指令；只有当领导者着眼于增强分行竞争力，才感受到谋划应对市场之难，才有关爱与鼓劲。只要精心努力经营，哪会不冒利润？**必须引入**

竞争力的大目标，**让市场压力来替代上级的压力，把上下的着眼点从指标之争转向市场竞争**。上级行长无须貌似公平做裁定，只为摆平各方的矛盾关系，重要的是在指导经营策略上下功夫，拿出切实的竞争力措施去应对市场。

　　**下达指标不难，难的是让经营者心中有市场目标。预期的计划指标，依赖于执行者的信心和勇气去分解落实，依赖于领导者的指导和鼓劲去精心推进，上级指挥者与前沿战斗者间的沟通，成为确定经营事项最重要的平台。**每年下达指标时，必须与分行共同分析经营形势与环境状况、确立资源配置方案、明确目标任务，达成共识才能形成有效的对策和措施。与谁商谈指标呢？当然要与分行班子谈，因为财务是全行经营大事，包括指标和措施两个方面，财务算的只是指标，关键在落实经营事项，要靠行长们去安排组织，班子是纲，纲举目张。

　　出于这样的思考，我紧紧抓住沟通这一环节不放，每年不厌其烦地抓经营汇报。要求二级分行汇报五项内容：简述上年工作情况；分析当地的经济金融状况、本行市场地位与优劣势；本年度工作目标和经营指标；制定的依据及主要措施；以及对上级行的要求。二级分行班子及主要的业务科长约十余人参加，省行班子与处长全部参加，一家分行半天，过程中每个人都能提问、解答，氛围紧张又活跃，面对面地沟通、建议、指导，透明度大，最后我做总结并提出要求。

　　这称之为两级会审，审议汇报内容、确认财务指标、确定经营方向及措施，认定了就照此执行和检查。整个过程检验着分行班子的能力，识别管理干部的素质、思路和水平，使省行得以全面了解情况、当面解决问题并明确经营要点，使两级行高度统一了认识，犹如是现场培训得到经验和启示。**经营汇报成为年度的大检阅大考察，各行的精神状态、班子和领头人的水平、机构管理水平全都真实地暴露出来，哪家强哪家弱，哪家优哪家差，创新、干劲、思路都摆在省行面前，是一场赛马会，众人皆伯乐，公正地评价打出分来，也看到了全行经营中的薄弱环节。**

　　对二级分行的触动最大，在各方专家和领导面前，一切都被解剖得清晰、真实而无法躲藏，一切都需现场应答而无法拖延，一切都在考验管理基础而无法推诿，被称为"赶考"。尽管会前作了详尽准备或演示，汇报提纲已经烂熟，几乎把每项业务都了解透彻清楚，每一笔账都反复算对核准，副行长、科长们都做好精心准备，不敢怠慢，但仍担心经不起上级行家的挑剔，指标更不敢糊弄做假，否则岂能过关？**汇报的意义就在过程，迫使行长们全面去了解掌握本行的经营情况，搞透财务经营，变粗放为精细，外行变内行，办法就有了**。紧张的汇报结束后，省行班子再陪汇报人员一起吃顿工作餐，说着热乎乎的心里话，也是交流鼓励，关照指点策略，安抚解决困难。士为知己者死，哪个人心不是肉长的，哪个不会动心去奋斗呢？

这种场景中，汇总各分行上报的财务指标一定高于省分行的预算，因为低了丢脸，且很难应对省行专业部门的分析计算，只能落败难堪；如果报高了，我会主动提示估算中的错误，如实地减去一块，换来了感动。会后，行长们落实指标的意愿很强，每个月都在算账，一旦发现问题尽快补救。第一年汇报时战战兢兢，第二年就截然不同，早早做了安排，有的二级分行自信地提出了阶段性发展指标，没有人讨价还价，个个当拼命三郎。市分行也学着用这种办法听支行汇报，使经营机制往下延伸，做得更细，几乎落实到每一笔贷款状况、每一户存款情况，调动起支行行长努力地按月管控计划使指标落到位。几年下来都成了行家里手，广东大多分支行行长都能条理清楚地讲出经营状况，就是这种机制所促成的。

一个有趣的插曲是，当办公室写报导上报时，却受到了质疑：这是不深入基层，要改进作风。我说，别去惹是生非，管理经验留着自己用，好花自赏，岂不美哉！**管理不落俗套，内容重于形式，一切做法皆围绕着使经营出实效，使管理者认识自己、认识环境、把握资源，使上下思想统一起来，就会顺人心**。这是我基本的管理手法之一。